FINANCIAL
SHARED

财务共享
——财务数字化案例精选

付建华 刘梅玲 等／著

立信会计出版社
LIXIN ACCOUNTING PUBLISHING HOUSE

图书在版编目(CIP)数据

财务共享：财务数字化案例精选 / 付建华等著. —
上海：立信会计出版社，2019.12(2022.6 重印)
ISBN 978 - 7 - 5429 - 6362 - 8

Ⅰ.①财… Ⅱ.①付… Ⅲ.①财务管理系统—案例
Ⅳ.①F232

中国版本图书馆 CIP 数据核字(2020)第 020627 号

责任编辑　　赵新民
封面设计　　南房间

财务共享——财务数字化案例精选
CAIWU GONGXIANG　　CAIWU SHUZIHUA ANLI JINGXUAN

出版发行	立信会计出版社			
地　　址	上海市中山西路 2230 号	邮政编码	200235	
电　　话	(021)64411389	传　　真	(021)64411325	
网　　址	www.lixinaph.com	电子邮箱	lixinaph2019@126.com	
网上书店	http://lixin.jd.com	http://lxkjcbs.tmall.com		
经　　销	各地新华书店			
印　　刷	上海盛通时代印刷有限公司			
开　　本	710 毫米×960 毫米	1/16		
印　　张	22.75	插　　页	4	
字　　数	443 千字			
版　　次	2019 年 12 月第 1 版			
印　　次	2022 年 6 月第 5 次			
印　　数	14 501—15 600			
书　　号	ISBN 978 - 7 - 5429 - 6362 - 8/F			
定　　价	98.00 元			

如有印订差错，请与本社联系调换

案 例 项 目 组

战略顾问：王　健

组　　长：付建华　刘梅玲

副组长：周钢战　李　凯

组　　员（以姓氏首字母排序）：

陈　丽	陈志光	丁慧茹	龚宇丽	胡文杰
季　周	吉培尧	刘曜榘	李占森	林存峰
林　楠	李志伟	刘　林	吕华新	李　桢
宋廷剑	佟成生	唐江武	唐　勇	吴忠生
吴永红	王　琴	王忠锦	胥正楷	许　力
萧　枭	杨　寅	张建勇	张革文	郑良文
郑丹蕊	曾　明	张　恒		

项目组秘书：李春影

前言

　　数字技术日渐成为数字化商业的核心元素，正在为企业的资产、设备、组织、人员重新赋能，从而催生了数字化商业。未来只会有两种企业：一种是按照数字化或云化模式建立和运行的新生代企业；另一种是通过数字化转型实现重生的企业。数字经济时代，唯有进化，别无选择，数字化转型已经成为了传统企业未来发展的必由之路。在数字化浪潮下，已经有越来越多的企业开始制定数字化转型战略，并探索、研究、启动、实践数字化转型。

　　企业数字化包含"数字化管理""数字化经营"和"数字化商业"，其中数字化管理又涉及从营销管理、生产管理、物流管理、供应链管理到财务管理、人力资源管理等企业经营管理的各个领域。其中，财务管理作为企业管理的中枢与核心，财务管理的数字化对企业数字化管理的转型和实践来说，均起到了决定性作用和基础性作用。因此，有众多的企业展开了企业数字化整体设计，并先行启动财务数字化转型。

　　在财务数字化转型探索实践过程中，中国企业的CFO及其带领的团队，迫切希望得到财务数字化转型路径和规划指导，希望有丰富优秀的财务数字化转型案例予以借鉴参考，更希望能够得到专业IT厂商在数字化支撑方式、工具、手段方面的良好支持和建议。而财务共享服务管理模式的创新以及其中蕴含的对数字化手段的驾驭和灵活应用，是当今企业财务数字化实践中一个卓越的"管理实践＋数字化实践"。因此，本书力求于从"财务共享服务＋财务数字化"融合实践的角度，总结出典型优秀的实践案例，供数字化转型中的企业思考和借鉴。

　　与之前市场上出版的很多财务共享服务相关的书籍相比，本书的独特之处在于：第一，本书是用友公司即将推出的财务数字化系列丛书之一，即是从数字化与财务管理创新两者良好互动的角度，总结了 14 个优秀实践案例供读者参考，从一个全新的视角来解读和剖析财务共享服务实践；第二，入选本书的 14 家优秀企业财务共享实践案例，不仅覆盖了众多行业，而且涵盖了亚洲地区近几年财务共享实践的各种模式，每一种模式均得到了有效验证、均有其独特的背景和价值，力求给希望开展和正在实践财务共享的企业主管们更加开放的视野和借鉴；第三，本书中所阐述的案例，均是从管理模式创新到管理设计，再到管理落地的闭环实践案例，有理论、有管理思想、有数字化执行工具，可参考性强；第四，本书中的案例由用友公司的数字化专家团队与上海国家会计学院的教授团队合作开发完成，让案例的管理实践总结与数字化实践展现更为饱满生动。相信这本书能够为财务数字化实践中的企业带来灵感与思想，并指明数字化实践的路径和方向。

本书所呈现的案例成果兼具理论与实践双重指导作用，适合所有对财务共享建设感兴趣的读者阅读，包括政府及企事业单位财务共享的管理人员和执业人员，政府监管机构，会计中介机构，大学和研究机构的财务共享研究人员以及会计专业的研究生和大学生。

同时需要特别说明的是，本书案例的编排顺序不分先后，封底推荐词的顺序亦不分先后，一切基于内容呈现需要。

财务共享服务应用实践正随着时代的发展不断创新升级，不同阶段也会呈现不同的特征和轨迹，由于所处时期、应用阶段、研究视角、评价方式不同和作者研究水平的限制，本书所呈现的内容一定会存在不足和局限，敬请读者在阅读时给予批评与指正！

用友公司副总裁

2019 年 12 月，于北京

序 一

　　未来已到，我们已经由工业经济时代迈入数字经济时代。在数字经济时代，商业范式发生了前所未有的变化，这些变化具体体现在客户导向、员工能力、全球资源、数据驱动、智能运营、实时企业等各个方面。

　　这一系列的变化，要求企业的管理模式也作出相应的调整。回顾工业经济时代的企业管理模式，我们不难发现，企业为了提高劳动效率、组织效率和人工效率，进行了分工、分权和分利，建立了"责、权、利"对等的科学管理模式。

　　面对数字经济时代，企业应该突破"分"的管理模式，引入"合"的管理理念。我们理解"合"的管理理念就是整合、连接、协同、共享，把企业原来分散在各级的特定子功能集中整合起来，形成一个新型的、具有独立自治能力的经营组织，该组织按照数字经济时代的要求运营，即以客户为导向，以服务为载体，以数据为中心，以流程为支持，模拟市场化运营，追求实时、透明、协同、共享、智能、高效。具备这一特征管理模式的组织就是共享服务中心。

　　近十年，共享服务在中国被大量集团型企业广泛应用，应用领域从财务，延伸至人力、采购、信息、法务、行政、后勤等领域。相关企业借助共享服务，实现了由"分散层级式"向"共享集中式"管理模式转型升级，建立了"战略管控、业务经营、共享服务"三位一体的新型管理模式，从而提升了集团运营质量与效率，降低了集团运营成本，加强了集团管控力度，支撑了集团扩张发展。

　　目前，财务共享服务中心建设在中国如火如荼，截至 2018 年年底，中国共建立了 412 家财务共享服务中心。截至 2019 年 11 月，用友集团为服务的 160 多家企业建立了财务共享服务中心，并提供全方位一站式服务，包括项目可研、咨询规划、产品支撑系统实施和系统运维等。

用友集团财务共享服务中心的客户分布在各行各业，其企业性质和规模不同，财务共享服务中心组织和运营模式也各不相同。为了给探索和有意建设财务共享服务中心的各类企业提供成功经验和有益借鉴，用友集团与成功实施财务共享服务的不同类型企业合作出版此书，共同回顾建设历程，提炼成功经验，探索未来之路。

用友公司董事长

2019 年 11 月，于北京

序二

案头一本书稿《财务共享——财务数字化案例精选》，内容为用友网络科技股份有限公司直接服务的 14 家大型企业财务共享实践总结，即将正式出版。本书 14 个财务共享案例，分别选取不同行业、不同背景、不同共享模式、不同共享阶段、不同信息化水平的企业。

本书的内容通过"管理创新＋数字化智能化"展开。与市场上多见的财务共享案例书籍相比，本书进一步充实了如何借助数字化智能化手段，对财务共享服务中心的建设和运行给以支持。案例既有理论总结高度和体系，也有深刻的管理经验总结，还有信息化应用的精准分析，读者可以通过借鉴案例企业的财务共享管理实践和数字化实践，来推动自身企业财务共享实践升级。

本书中所有案例企业，均为用友公司服务的客户。在一年多时间的具体实践中，企业财务主管作为甲方，与上海国家会计学院教授、用友财务数字化专家共同工作完成。案例内容充实，具有相当的深度，企业管理实践经验介绍细致翔实，案例专业性强。

"用友"二字，在中国商界和财经学界具有高知名度，很大程度上因为用友公司对财经教育领域持之以恒的支持。高校会计专业、财务专业的毕业生，很少不知道用友的。学生毕业以后进入业界，自然能熟练地应用用友软件。学术研究领域的"粘性"一词，在一定程度上可以对用友与企业界的密切联系给出解释。

欧美商界普遍接受的共享服务概念，到了中国更多地被演绎为财务共享。为"共享服务"加上前缀词"财务"，利弊并存。有利的一面是，"财务"让共享服务中心/平台具有明显的轴线，功能的针对性强；不利的一面是，"财务"强化甚至固化了共享服务中心的财务特征，不利于财务体系与业务体系的协调和相容。对此，我们应该保持清醒的认识。

认识和解析共享服务中心，我在这里强调几点：

第一，共享服务中心三大要素：业务内容数字化、IT技术、数据库。作为企业的功能中心之一，共享服务被认识到已有时日，但是有效的共享服务在数字化时代才有可能成为现实。

第二，被共享的信息，在共享服务中心/平台运行初期，可能会以财务信息为启动、为主体，以后随着业务内容的数字化和对共享服务需求的升级，更多的信息将是生产要素信息、运营信息、管理信息。而且，具有服务功能的信息，不是原始信息本身，而是经过设计、加工的功能信息。

第三，"服务"是共享服务中心功能的核心。共享服务中心汇聚了企业各领域的信息，目的不是拥有占有，而是输出运用，服务于企业所有责任中心和运营单位。包括但并不限于：服务于重大决策（董事会）、财务报表/报告编制（财务部）、税务及筹划（财务部）、物流和供应链（logistics and supply chain）、资产管理（设备、建筑物）、生产管理（生产、质量）、人力资源管理（HR）、研究开发（R&D）、内部审计/控制（审计部）、绩效评价（HR、财务部）等。

第四，共享服务中心自身的架构和功能对于所有企业来说，并非千篇一律。不同企业的共享服务中心，有共性也有个性。换句话说，共享服务中心自身的架构设计，应该是需求导向。企业所有责任中心和运营单位的信息需求无止境，共享服务中心的自身建设也必须与时俱进，满足企业治理、管理和运营需求。

以我所见，企业建立共享服务中心，实践中大致有两种模式：第一，以财务部门为基础；第二，以信息和业务部门为基础。两种模式各有长处和短处，关键在于如何在实现业财融合中减少摩擦，实现高信息价值。可以说，有效的共享服务中心/平台，最能集中体现"业财融合、信息化、数字化时代"。

作为一位在会计与财务领域教学、研究了40年的从业者，我深切感受到业界和学界对于共享服务中心的浓厚兴趣，并愿意向大家推荐《财务共享——财务数字化案例精选》一书。共享服务中心的建设，对于新一代财务人员的成长、对于企业高效运转和发展，具有重大的变革意义。

2019 年冬，于北京大学光华管理学院

目录

案例四　北汽集团：财务信息化"行有道"　助力"达天下"
——北汽集团财务信息化建设实践

案例五　友阿股份：全流程共享
——友阿股份财务共享服务应用实践

案例六　绿城物业：数字物业、智慧物业的先行者
——绿城物业财务共享服务中心建设历程

案例十一　雅居乐集团：智能化财务共享　推动千亿级地产集团管理转型升级
——雅居乐集团财务共享服务应用实践

案例十二　榆能集团：财务共享与平台外包探索
——榆能集团财务共享服务应用实践

案例十三　中冶天工：业财税资一体化　管控与服务并重
——中冶天工财务共享服务应用实践

案例十四　珠江投资：财务共享的前后台工作模式探索
——珠江投资财务共享服务应用实践

致谢　　…345

鞍钢集团：财务共享助力集团高质量发展

——鞍钢集团财务共享服务应用实践

一、钢铁行业概况

钢铁行业是以从事黑色金属矿物采选和冶炼加工等工业生产活动为主的工业行业，包括金属铁、铬、锰等的矿物采选业、炼铁业、炼钢业、钢加工业、铁合金冶炼业、钢丝及其制品业等细分行业，是国家重要的原材料工业之一。此外，由于钢铁生产还涉及非金属矿物采选和制品等其他一些工业门类，如焦化、耐火材料、碳素制品等，因此通常将这些工业门类也纳入钢铁工业范围中。2019年上半年，钢铁行业运行总体平稳，但存在产量大幅增长、铁矿石价格急剧上升、行业利润明显下滑等情况。

（一）产量大幅增长

据国家统计局数据，2019年上半年全国生铁、粗钢和钢材产量分别为4.04亿吨、4.92亿吨和5.87亿吨，较2018年同期分别增长7.9%、9.9%和11.4%。2019年上半年粗钢日均产量272万吨，较2018年同期日产量增加23万吨。4～6月份，单月粗钢产量分别为8 503万吨、8 909万吨和8 753万吨，较2018年同期分别增加12.7%、10.0%和10.0%，均创历史同期新高。

（二）价格稳中有降

2019年上半年钢材综合价格指数平均为109.5点，同比下降4.5%；长材表现优于板材，长材平均价格指数为115.8点，同比下降2.5%；板材平均价格指数为105.6点，同比下降6.3%。其中，螺纹钢价格为4 002元/吨，同比下降1.3%，热轧卷板价格为3 976元/吨，同比下降9.3%。

（三）铁矿石价格急剧上升

截至2019年6月，中国铁矿石价格指数为398.32点，同比增长67.4%，较年初上涨56.8%。其中进口铁矿石价格指数为410.18点，同比增长71.1%，较年初上涨60.0%；国产铁矿石价格指数为335.55点，同比增长48.4%，较年初增长40.1%。6月28日，我国直接进口的铁矿石占铁矿石总量的62%，其中，品位干基粉矿到岸价格为110.79美元/吨，同比上涨71.1%，较年初上涨41.6美元/吨，涨幅为60.0%。

（四）行业利润明显下滑

2019 年 1～5 月，我国钢铁工业盈亏相抵后，实现的利润额为 1 399.3 亿元，同比下降 16.6%，但降幅较年初有所收窄。中国钢铁工业协会统计的 92 家重点大中型企业实现的利润额为 855 亿元，同比下降 18.2%。

（五）进出口双双下降

据中国海关总署数据，在 2019 年第一季度钢材出口量同比增长 12.6% 的情况下，第二季度钢材出口量大幅下降。上半年我国累计出口钢材 3 439.9 万吨，同比下降 2.6%；出口金额为 1 902.5 亿元，同比下降 2.3%。同期，我国进口钢材 582.3 万吨，同比下降 12.7%；进口金额为 471.7 亿元，同比减少 12.3%。

综上，钢铁行业属于资本密集型、劳动力密集型企业，是影响国计民生的重要基础工业。虽然随着新材料工业的不断发展，钢铁行业已经变成夕阳产业，但在可预见的未来，钢铁行业在许多方面仍不可替代，仍存在较大的机遇和发展潜力。钢铁行业要想继续发展，就要进行有体制、有机制的改革，并不断更新技术和产品，生产出适用性更强的钢铁产品。

二、鞍钢集团概况

（一）鞍钢集团的整体情况

鞍钢集团[①]于 2010 年 5 月由鞍山钢铁集团有限公司和攀钢集团有限公司联合重组而成。鞍山钢铁集团公司是新中国第一个恢复建设的大型钢铁联合企业和最早建成的钢铁生产基地，为国家经济建设和钢铁事业的发展作出巨大贡献，被誉为"新中国钢铁工业的摇篮""共和国钢铁工业的长子"；攀钢集团有限公司是世界最大的产钒企业，是我国最大的钛原料和重要的钛白粉生产基地。2019 年，鞍钢集团以2018 年度 236.19 亿美元的营业收入第 6 次进入世界 500 强，位列榜单第 385 位，创历史新高。

作为中央直管大型企业之一，目前鞍钢集团在中国东北、西南、华北、东南、华南等地，拥有 7 个各具特色的生产基地，并有效掌控着位于中国辽宁、四川和澳

---

① 为描述方便，下文有时简称鞍钢。

洲卡拉拉地区丰富的铁矿资源，是中国最具资源优势的钢铁企业。

鞍钢集团拥有矿山采选、烧结、炼铁、炼钢、轧钢及焦化、耐火、动力、运输等整套先进的钢铁生产工艺设备，具有矿山、钢铁成套技术和管理输出能力，具备每年 3 900 万吨钢的生产能力，可生产 3 000 个牌号高技术含量、高附加值的钢铁、钒钛精品，拥有包括热轧板、冷轧板、镀锌板、彩涂板、冷轧硅钢、重轨、无缝钢管、型材、线材、钢绳制品、不锈钢等完整的钢铁系列产品，钒氮合金、三氧化二钒、高钒铁等钒系列产品，高钛渣、钛白粉、海绵钛、钛材等钛系列产品，这些产品被广泛应用于铁路、建筑、汽车、机械、造船、家电、集装箱、石油石化、航空航天等数十个行业。其中，汽车用钢、铁路用钢、家电用钢、造船和海洋工程用钢、集装箱用钢、电工钢、石油石化用钢、高端制品用钢和特钢等系列产品为国内领先。目前，鞍钢集团已经成为中国最大的钢轨、船板生产企业，是世界最大的产钒企业和中国最大的钛原料和重要的钛白粉生产基地。

鞍钢集团的产品销售覆盖全球 60 多个国家和地区，包括 26 家境外公司及机构、500 多家国内外客户及合作伙伴，年进出口贸易额超过 50 亿美元。其产品应用于我国的"西气东输"、青藏铁路、三峡水利枢纽、南京长江大桥、港珠澳大桥、国家体育场"鸟巢"和美国韦拉扎诺海峡大桥、塔纳纳西河桥等国内外重大工程项目。鞍钢集团与蒂森克虏伯、维苏威、通用电气等世界级企业有着长期的战略合作，是德国大众、宝马，美国通用汽车，韩国 STX 等众多国际知名企业的全球供货商。

鞍钢集团不断创新冶金技术、工艺和产品，是中国首批"创新型企业"之一，也是中国首家具有成套技术输出能力的钢铁企业。

鞍钢集团始终把履行社会责任放在突出位置，坚持"为股东、为客户、为员工、为社会创造价值"，努力成为依法经营、诚实守信、节约能源、保护环境、以人为本、构建和谐、奉献爱心、精准扶贫的表率企业，不断推动企业、社会和环境的可持续发展，积极打造诚信央企、绿色央企、平安央企、活力央企、责任央企的良好形象。

面向未来，鞍钢人以"制造更优材料，创造更美生活"为己任，深入践行"创新发展、协调发展、绿色发展、开放发展和共享发展"五大发展理念，着力落实"推进供给侧结构改革、推进国有企业改革发展、推进干部作风转变"三个推进，抓好"调整、改革、创新、加强党的建设"四项重点工作，稳步发展钢铁产业、优先发展非钢产业、协调发展资源产业，坚定不移地把鞍钢集团做强做优做大，向着最具国际影响力的钢铁企业集团目标阔步前进！

（二）鞍钢集团的组织架构

鞍钢集团的组织架构如图 1-1 所示。其中，财务运营部是集团总部的一个业务

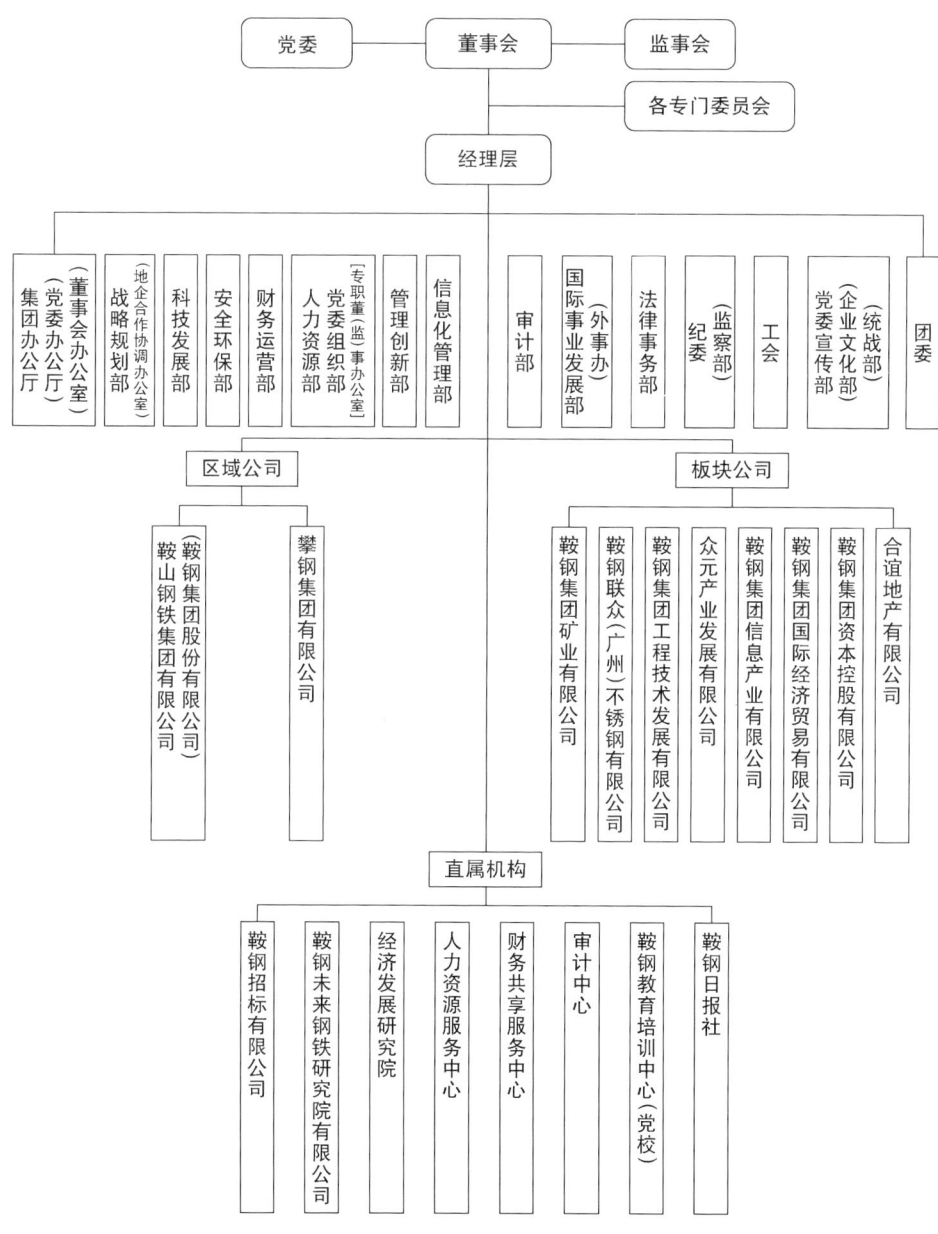

图 1-1　鞍钢的组织架构

部门，财务共享服务中心（简称"FSSC"）是集团的一个直属机构，财务运营部与FSSC是战略财务与共享财务的关系。

（三）鞍钢集团的管理特点

鞍钢的管理特点体现在三个方面：一是规模大。鞍钢具备每年3 900万吨钢的生产能力，可生产3 000多个牌号、60 000多个规格的高技术产品。截至2018年年末，其资产总额为3 400亿元，在职职工为13.6万人，退休职工为22.9万人；2018年度年产铁量为3 476万吨、产钢量为3 736万吨、产钢材量为3 491万吨，全年营业收入为2 200亿元。二是业态多。鞍钢的主营业务为钢铁、矿业，非主营业务涉及医院、金融、建设、房地产、汽运、信息、实业等7大板块。各板块下属单位、子集团、孙子集团众多，跨产业结构众多。三是管理复杂度高。随着企业不断发展壮大，鞍钢集团的业务覆盖钢铁、钒钛、工程、信息、金融等多个领域，管理层级多（5级），法人链条长，管理复杂度高，管理效率较低。

三、鞍钢集团财务共享服务中心的建设规划

（一）FSSC的建设目标

鞍钢集团FSSC的建设以落实"鞍钢集团战略管控体系"为目标，通过财务共享服务中心项目的建设，促进鞍钢集团财务管理在"四个方面"转型升级，实现鞍钢集团财务管理的"四个重要目标"。其中，"四个方面"为：一是明确财务管理体系建设方向，通过制定财务转型升级蓝图规划，明确企业阶段性关键提升任务，为未来财务管理体系建设指明方向，促进财务管理工作与企业战略规划的有效衔接，推动企业实现高质量发展目标；二是优化资源配置，通过集中财务操作性职能实现规模化运作，有效提高核算效率，降低运营成本，通过精细财务管理职责分工，平衡有限的财务资源，充分发掘财务人员潜能；三是强化集团财务管控，全面完善业务流程操作规范、管理制度、组织架构保障等内容，降低一线信息传递失真率，提升财务管控能力，有效降低运营风险；四是有效提升财务管理效率，通过流程、平台的规范化、标准化、统一化，提升财务工作的管理效率。聚焦战略财务价值管理、共享业务财务支撑、业务财务管理协同等决策支持核心工作，促进集团财务管理由传统的集分权混合管理模式向追求企业价值最大化的成熟价值管理模式转型升级。"四个重要目标"为"核算流程标准化、操作平台统一化、会计制度规范化、财务管理价值化"。

（二）FSSC 的建设范围

鞍钢集团财务共享项目分为统一核算、财务共享、中央账务仓三个子项目。其中，统一核算是指建立集团统一核算系统，将鞍山区域所有未实现业务财务一体化且未使用 ERP 财务成本核算系统单位的财务核算系统统一；财务共享是指建立财务共享服务平台，把全集团范围内的财务共享业务集中到 FSSC 进行管理，以支撑 FSSC 业务的运转；中央账务仓是指建立中央账务仓平台，归集集团财务核算数据并实现查询分析功能。三个子项目的建设范围如表 1-1 所示，包括用户范围、组织范围和功能范围。

表 1-1　鞍钢集团财务共享项目的建设范围

子项目	用户范围	组织范围	功能范围
统一核算	涉及单位的财务核算人员及报表管理人员	鞍山区域范围内，所有未实现业务财务一体化且未使用 ERP 财务成本核算系统的境内单位	包括多账套集中管理功能、财务主数据管理功能、总账管理功能、资金核算功能、应收应付核算功能、存货核算功能、工程核算功能、成本核算记账功能、资产账务核算功能、薪酬核算功能、投资核算功能、对外借款核算功能、月结年结管理功能、报表管理功能等
财务共享	FSSC 人员以及需要在财务共享服务平台处理业务的人员	鞍钢集团范围内，所有纳入合并报表范围的境内单位，总计 397 户，其中鞍山区域为 256 户，攀钢区域为 141 户	财务核算涉及的基本业务，包括资金收付、费用报支、销售收款、采购付款、工程付款、薪酬发放、税费缴纳、筹融资核算、代收代付、上划下拨等；有固定规则、能固化到系统流程中的业务，包括非业财集成销售结算、非业财集成且无采购系统抛账的其他总账业务等
中央账务仓	涉及单位的需要对财务报表进行统计分析的人员	鞍钢集团范围内，所有参与合并报表的境内单位，总计 397 户，其中鞍山区域为 256 户，攀钢区域为 141 户	包括财务凭证集中功能、账务查询分析功能、报表合并功能、账表校验功能、多口径合并层级管理功能等

（三）FSSC 的推进思路

鞍钢集团财务共享项目的整体上线策略是交叉建设并行推进，在统一核算系统完成试点上线进行推进时，并行启动财务共享的调研与蓝图分析工作，在完成财务共享试点上线开展推进工作的同时，启动中央账务仓的建设规划。

财务共享的建设采用先试点、后推广，分功能逐步上线，分批次推广上线。选取集团直属单位等进行试点上线，总结经验后推广上线。首先上线费用报支业务，其次上线应付结算业务、应收结算业务，最后上线总账业务。

项目上线单位的推进策略为：第一阶段为使用统一核算系统的单位共享上线，通过此项工作实现财务共享服务平台基础功能模块与业务实践总结；第二阶段为使用 SAP 系统的单位共享上线，在前期财务共享服务平台的基础上继续深入优化系统，提升财务共享系统的对接能力，完成 SAP 系统接口功能的实施与上线；第三阶段为使用其他异构系统的单位共享上线，主要包含鞍钢集团国际经济贸易有限公司（以下简称"鞍钢国贸"）、攀钢集团有限公司、鞍钢联众（广州）不锈钢有限公司（以下简称"广州不锈钢"）等。此阶段结合了使用 SAP 系统的单位的上线经验，构建了基于鞍钢集团财务共享服务平台统一的标准接口。

（四）FSSC 的组织设置

FSSC 是鞍钢集团的一个直属机构，设有 7 个部门，包括总账报表部、应收结算部、应付结算部、费用报支部、统计结算部、运营管理部、综合管理部。

四、鞍钢集团财务共享服务中心的建设过程

FSSC 的建设划分为三个阶段：一是建设统一核算系统；二是建设财务共享服务平台；三是建设中央账务仓。

（一）统一核算系统的建设过程

鞍钢集团统一核算系统的建设时间为 2017 年 1 月至 2017 年 9 月，建设过程如表 1-2 所示。该建设过程包括调研及需求分析，蓝图设计，鞍山区域直属机构试点实施及上线，实业板块推广上线，工程板块、信息板块、金融板块推广上线，钢铁板块等相关单位推广上线，共计 6 个阶段。

（二）财务共享服务平台的建设过程

鞍钢集团财务共享服务平台的建设时间为 2017 年 5 月至 2019 年 12 月，建设过程如表 1-3 所示。该建设过程包括调研及需求分析，鞍山区域蓝图设计，开发与测试，鞍钢矿业试点实施及上线，鞍山区域直属机构试点实施及上线，实业板块推广上线，工程板块、信息板块、金融板块推广上线，钢铁板块等相关单位推广上线，鞍山区域其他业务财务一体化单位推广上线，攀钢区域蓝图设计，使用攀钢集团 NC 财务系统的单位推广实施，使用西昌钢钒 NC 财务系统的单位推广实施，使用攀钢钒整体产销系统财务模块的单位推广实施，共计 13 个阶段。

（三）中央账务仓的建设过程

鞍钢集团中央账务仓的建设时间为 2018 年 12 月至 2019 年 12 月，建设过程如表 1-4

表1-2 鞍钢统一核算系统的建设过程

序号	项目阶段	主要活动	成果	甲方任务	乙方任务
1	调研及需求分析阶段	• 下发调研问卷 • 收集业务需求、对业务需求进行整理、归类、分析 • 需求分析阶段文档评审和确认	• 调研报告（电子版） • 需求分析报告（电子版和纸质版） • 项目实施计划（电子版）	• 主持调研问卷下发与收集业务需求工作 • 协助乙方完成需求分析 • 评审需求分析报告 • 评审项目实施计划	• 编制调研问卷并协助甲方完成需求分析 • 完成需求分析报告 • 制订项目实施计划
2	蓝图设计阶段	• 集团统一核算系统未来业务流程图集 • 集团统一核算系统《蓝图设计报告》（电子版和纸质版）评审和确认 • 财务核算系统标准化软件的安装与测试并出具测试报告	• 集团统一核算系统未来业务流程图集（电子版） • 集团统一核算系统《蓝图设计报告》（电子版和纸质版） • 财务核算系统标准化软件的测试报告	• 评审《蓝图设计报告》	• 完成《蓝图设计报告》
3	鞍山区域直属机构试点实施及上线阶段	• 系统功能开发 • 用户权限设计及开发 • 系统功能测试 • 系统性能测试 • 系统数据准确性测试 • 收集用户权限并设置 • 收集初期数据 • 初期数据导入 • 用户培训 • 系统上线 • 上线支持与功能完善 • 上线运行问题跟踪	• 应用程序 • 程序规格说明书（电子版） • 配置手册（电子版） • 测试计划（电子版） • 测试报告（电子版和纸质版） • 培训计划（电子版） • 操作手册（电子版） • 上线方案（电子版）	• 签审程序规格说明书 • 完成系统测试 • 完成最终用户培训 • 用户权限数据收集 • 期初数据导入 • 评审上线方案 • 组织业务人员使用系统 • 系统调整需求	• 编写程序规格说明书 • 系统配置 • 二次开发 • 制订测试计划 • 完成操作手册的编写 • 完成关键用户培训的编写 • 制订关键用户培训计划 • 培训关键用户 • 配合甲方完成最终用户培训 • 期初数据导入 • 编写上线方案 • 建立上线支持策略 • 系统功能完善

（续表）

序号	项目阶段	主要活动	成果	甲方任务	乙方任务
4	实业板块推广上线阶段	用户权限设计及开发 系统功能测试 系统数据准确性测试 收集用户权限并设置 收集期初数据 初期数据导入 用户培训 系统上线 上线支持与功能完善 上线运行问题跟踪	配置手册（电子版） 测试计划（电子版） 测试报告（电子版和纸质版） 培训计划（电子版） 操作手册（电子版） 上线方案（电子版）	完成系统测试 完成最终用户培训 用户权限数据收集 期初数据收集 评审上线方案 组织业务人员使用系统 系统调整需求	系统配置 二次开发 制订测试计划 完成操作手册的编写 完成关键用户培训计划 培训关键用户 配合甲方完成最终用户培训 期初数据导入 编写上线方案 建立上线支持策略 系统功能完善
5	工程板块、信息板块、金融板块推广上线阶段	用户权限设计及开发 系统功能测试 系统数据准确性测试 收集用户权限并设置 收集期初数据 初期数据导入 用户培训 系统上线 上线支持与功能完善 上线运行问题跟踪	配置手册（电子版） 测试计划（电子版） 测试报告（电子版和纸质版） 培训计划（电子版） 操作手册（电子版） 上线方案（电子版）	完成系统测试 完成最终用户培训 用户权限数据收集 期初数据收集 评审上线方案 组织业务人员使用系统 系统调整需求	系统配置 二次开发 制订测试计划 完成操作手册的编写 完成关键用户培训计划 培训关键用户 配合甲方完成最终用户培训 期初数据导入 编写上线方案 建立上线支持策略 系统功能完善

（续表）

序号	项目阶段	主要活动	成果	甲方任务	乙方任务
6	钢铁板块等相关单位推广上线阶段	<ul><li>用户权限设计及开发</li><li>系统功能测试</li><li>系统性能测试</li><li>系统数据准确性测试</li><li>收集用户权限并设置</li><li>收集期初数据</li><li>用户培训</li><li>系统上线</li><li>上线支持与功能完善</li><li>上线运行问题跟踪</li></ul>	<ul><li>配置手册（电子版）</li><li>测试计划（电子版）</li><li>测试报告（电子版和纸质版）</li><li>培训计划（电子版）</li><li>操作手册（电子版）</li><li>上线方案（电子版）</li></ul>	<ul><li>完成系统测试</li><li>完成最终用户培训</li><li>用户权限数据收集</li><li>期初数据收集</li><li>评审上线方案</li><li>组织业务人员使用系统</li><li>系统调整调整需求</li></ul>	<ul><li>系统配置</li><li>二次开发</li><li>制订测试计划</li><li>完成操作手册的编写</li><li>制订关键用户培训计划</li><li>培训关键用户</li><li>配合甲方完成最终用户培训</li><li>期初数据导入</li><li>编写上线方案</li><li>建立上线支持策略</li><li>系统功能完善</li></ul>

表1-3 鞍钢集团财务共享服务平台的建设过程

序号	项目阶段	主要活动	成果	甲方任务	乙方任务
1	调研及需求分析阶段	<ul><li>下发调研问卷</li><li>收集业务需求、对业务需求进行整理、归类、分析</li><li>需求分析阶段文档评审和确认</li></ul>	<ul><li>调研报告</li><li>需求分析报告（电子版和纸质版）</li><li>项目实施计划（电子版）</li></ul>	<ul><li>主持调研问卷下发与回收工作</li><li>集成业务需求</li><li>协助乙方完成需求分析</li><li>评审需求分析报告</li><li>评审项目实施计划</li></ul>	<ul><li>编制调研问卷并协助甲方完成需求分析</li><li>完成需求分析报告</li><li>制订项目实施计划</li></ul>
2	鞍山区域蓝图设计阶段	<ul><li>财务共享服务平台未来业务流程图集</li><li>财务共享服务平台《鞍山区域蓝图设计报告》（电子版和纸质版）</li><li>《鞍山区域蓝图设计报告》评审和确认</li></ul>	<ul><li>财务共享服务平台未来业务流程图集</li><li>财务共享服务平台《鞍山区域蓝图设计报告》（电子版和纸质版）</li></ul>	<ul><li>评审《鞍山区域蓝图设计报告》</li></ul>	<ul><li>完成《鞍山区域蓝图设计报告》</li></ul>

（续表）

序号	项目阶段	主要活动	成果	甲方任务	乙方任务
3	开发与测试阶段	• 系统功能开发 • 与其他系统接口开发 • 用户权限设计及开发 • 系统功能测试 • 系统性能测试 • 系统数据准确性测试	• 应用程序 • 程序规格说明书（电子版） • 配置用户手册（电子版） • 测试计划（电子版） • 测试性能报告（电子版和纸质版）	• 签审程序规格说明书 • 完成系统测试	• 编写程序规格说明书 • 系统配置 • 二次开发 • 制订测试计划
4	鞍钢矿业试点实施及上线阶段	• 收集用户权限并设置 • 收集期初数据 • 初期数据导入 • 用户培训 • 系统上线 • 上线支持与功能完善 • 上线运行问题跟踪	• 培训计划（电子版） • 操作手册（电子版） • 上线方案（电子版）	• 完成最终用户培训 • 用户权限数据收集 • 期初数据收集 • 评审上线方案 • 组织业务人员使用系统 • 系统调整需求	• 完成操作手册的编写 • 制订关键用户培训计划 • 培训关键用户 • 配合甲方完成最终用户培训 • 期初数据导入 • 编写上线方案 • 建立上线支持策略 • 系统功能完善
5	鞍山区域直属机构试点实施及上线阶段	• 收集用户权限并设置 • 收集期初数据 • 初期数据导入 • 用户培训 • 系统上线 • 上线支持与功能完善 • 上线运行问题跟踪	• 培训计划（电子版） • 操作手册（电子版） • 上线方案（电子版）	• 完成最终用户培训 • 用户权限数据收集 • 期初数据收集 • 评审上线方案 • 组织业务人员使用系统 • 系统调整需求	• 完成操作手册的编写 • 制订关键用户培训计划 • 培训关键用户 • 配合甲方完成最终用户培训 • 期初数据导入 • 编写上线方案 • 建立上线支持策略 • 系统功能完善

（续表）

序号	项目阶段	主要活动	成果	甲方任务	乙方任务
6	实业板块推广上线阶段	• 收集用户权限并设置 • 收集期初数据 • 初期数据导入 • 用户培训 • 系统上线 • 上线支持与功能完善 • 上线运行问题跟踪	• 培训计划（电子版） • 操作手册（电子版） • 上线方案（电子版）	• 完成最终用户培训 • 用户权限数据收集 • 期初数据收集 • 评审上线方案 • 组织业务人员使用系统 • 系统调整需求	• 完成操作手册的编写 • 制订关键用户培训计划 • 培训关键用户 • 配合甲方完成最终用户培训 • 期初数据导入 • 编写上线方案 • 建立上线支持策略 • 系统功能完善
7	工程板块、信息板块、金融板块推广上线阶段	• 收集用户权限并设置 • 收集期初数据 • 初期数据导入 • 用户培训 • 系统上线 • 上线支持与功能完善 • 上线运行问题跟踪	• 培训计划（电子版） • 操作手册（电子版） • 上线方案（电子版）	• 完成最终用户培训 • 用户权限数据收集 • 期初数据收集 • 评审上线方案 • 组织业务人员使用系统 • 系统调整需求	• 完成操作手册的编写 • 制订关键用户培训计划 • 培训关键用户 • 配合甲方完成最终用户培训 • 期初数据导入 • 编写上线方案 • 建立上线支持策略 • 系统功能完善
8	钢铁板块等相关单位推广上线阶段	• 收集用户权限并设置 • 收集期初数据 • 初期数据导入 • 用户培训 • 系统上线 • 上线支持与功能完善 • 上线运行问题跟踪	• 培训计划（电子版） • 操作手册（电子版） • 上线方案（电子版）	• 完成最终用户培训 • 用户权限数据收集 • 期初数据收集 • 评审上线方案 • 组织业务人员使用系统 • 系统调整需求	• 完成操作手册的编写 • 制订关键用户培训计划 • 培训关键用户 • 配合甲方完成最终用户培训 • 期初数据导入 • 编写上线方案 • 建立上线支持策略 • 系统功能完善

（续表）

序号	项目阶段	主要活动	成果	甲方任务	乙方任务
9	鞍山区域其他业务财务一体化上线推广上线阶段	• 收集用户权限并设置 • 收集期初数据 • 初期数据导入 • 用户培训 • 系统上线 • 上线支持与功能完善 • 上线运行问题跟踪	• 培训计划（电子版） • 操作手册（电子版） • 上线方案（电子版）	• 完成最终用户培训 • 用户权限数据收集 • 期初数据收集 • 评审上线方案 • 组织业务人员使用系统 • 系统调整需求	• 完成操作手册的编写 • 制订关键用户培训计划 • 培训关键用户 • 配合甲方完成最终用户培训 • 期初数据导入 • 编写上线方案 • 建立上线支持策略 • 系统功能完善
10	攀钢区域蓝图设计阶段	• 编制《差异分析报告》 • 财务共享服务平台《攀钢区域蓝图设计报告》（电子版和纸质版） • 《攀钢区域蓝图设计报告》评审和确认	• 《差异分析报告》（电子版） • 财务共享服务平台《攀钢区域蓝图设计报告》（电子版和纸质版）	• 评审《攀钢区域蓝图设计报告》	• 完成《差异分析报告》 • 完成《攀钢区域蓝图设计计划报告》
11	使用攀钢集团NC财务系统的单位推广实施阶段	• 收集用户权限并设置 • 收集期初数据 • 初期数据导入 • 用户培训 • 系统上线 • 上线支持与功能完善 • 上线运行问题跟踪	• 培训计划（电子版） • 操作手册（电子版） • 上线方案（电子版）	• 完成最终用户培训 • 用户权限数据收集 • 期初数据收集 • 评审上线方案 • 组织业务人员使用系统 • 系统调整需求	• 完成操作手册的编写 • 制订关键用户培训计划 • 培训关键用户 • 配合甲方完成最终用户培训 • 期初数据导入 • 编写上线方案 • 建立上线支持策略 • 系统功能完善

（续表）

序号	项目阶段	主要活动	成果	甲方任务	乙方任务
12	使用用友昌钢轧 NC 财务系统的单位推广实施阶段	• 收集用户权限并设置 • 收集期初数据 • 初期数据导入 • 用户培训 • 系统上线 • 上线支持与功能完善 • 上线运行问题跟踪	• 培训计划（电子版） • 操作手册（电子版） • 上线方案（电子版）	• 完成最终用户培训 • 用户权限数据收集 • 期初数据收集 • 评审上线方案 • 组织业务人员使用系统 • 系统调整需求	• 完成操作手册的编写 • 制订关键用户培训计划 • 培训关键用户 • 配合甲方完成最终用户培训 • 期初数据导入 • 编写上线方案 • 建立上线支持策略 • 系统功能完善
13	使用攀钢轧整体产销系统财务模块推广的单位的实施阶段	• 收集用户权限并设置 • 收集期初数据 • 初期数据导入 • 用户培训 • 系统上线 • 上线支持与功能完善 • 上线运行问题跟踪	• 培训计划（电子版） • 操作手册（电子版） • 上线方案（电子版）	• 完成最终用户培训 • 用户权限数据收集 • 期初数据收集 • 评审上线方案 • 组织业务人员使用系统 • 系统调整需求	• 完成操作手册的编写 • 制订关键用户培训计划 • 培训关键用户 • 配合甲方完成最终用户培训 • 期初数据导入 • 编写上线方案 • 建立上线支持策略 • 系统功能完善

表 1-4　鞍钢集团中央账务仓的建设过程

序号	项目阶段	主要活动	成果	甲方任务	乙方任务
1	调研及需求分析阶段	• 下发调研问卷 • 收集业务需求、对业务需求进行整理、归类、分析 • 需求分析阶段文档评审和确认	• 调研报告 • 需求分析报告（电子版和纸质版） • 项目实施计划（电子版）	• 主持调研问卷下发收集 • 集成业务需求工作 • 协调乙方完成需求分析报告 • 评审需求分析报告 • 评审项目实施计划	• 编制调研问卷并协助甲方完成需求收集 • 完成需求分析报告 • 制订项目实施计划

（续表）

序号	项目阶段	主要活动	成果	甲方任务	乙方任务
2	蓝图设计阶段	• 中央账务仓《蓝图设计报告》 • 《蓝图设计报告》评审和确认	• 中央账务仓《蓝图设计报告》（电子版和纸质版）	• 评审《蓝图设计报告》	• 完成《蓝图设计报告》
3	开发与测试阶段	• 系统功能开发 • 与其他系统接口开发 • 用户权限设计及开发 • 系统功能测试 • 系统性能测试 • 系统数据准确性测试	• 应用程序 • 程序规格说明书（电子版） • 配置手册（电子版） • 测试计划（电子版） • 测试报告（电子版和纸质版）	• 签审程序规格说明书 • 完成系统测试	• 编写程序规格说明书 • 系统配置 • 二次开发 • 制订测试计划
4	鞍钢矿业 SAP 财务成本系统财务凭证归集阶段	• 收集用户权限并设置 • 收集期初数据 • 初期数据导入 • 用户培训 • 系统上线 • 上线支持与功能完善 • 上线运行问题跟踪	• 培训计划（电子版） • 操作手册（电子版） • 上线方案（电子版）	• 完成最终用户培训 • 用户权限数据收集 • 期初数据收集 • 评审上线方案 • 组织业务人员使用系统 • 系统调整需求	• 完成操作手册的编写 • 制订关键用户培训计划 • 培训关键用户 • 配合甲方完成最终用户培训 • 期初数据导入 • 编写上线导入 • 建立上线支持策略 • 系统功能完善
5	鞍山区域鞍钢股份 SAP 财务成本系统财务凭证归集阶段	• 收集用户权限并设置 • 收集期初数据 • 初期数据导入 • 用户培训 • 系统上线 • 上线支持与功能完善 • 上线运行问题跟踪	• 培训计划（电子版） • 操作手册（电子版） • 上线方案（电子版）	• 完成最终用户培训 • 用户权限数据收集 • 期初数据收集 • 评审上线方案 • 组织业务人员使用系统 • 系统调整需求	• 完成操作手册的编写 • 制订关键用户培训计划 • 培训关键用户 • 配合甲方完成最终用户培训 • 期初数据导入 • 编写上线导入 • 建立上线支持策略 • 系统功能完善

（续表）

序号	项目阶段	主要活动	成果	甲方任务	乙方任务
6	鞍山区域其他财务核算系统财务凭证归集阶段	• 收集用户权限并设置 • 收集期初数据 • 初期数据导入 • 用户培训 • 系统上线 • 上线支持与功能完善 • 上线运行问题跟踪	• 培训计划（电子版） • 操作手册（电子版） • 上线方案（电子版）	• 完成最终用户培训 • 用户权限数据收集 • 期初数据导入 • 评审业务人员使用系统 • 组织上线方案 • 系统调整需求	• 完成操作手册的编写 • 制订关键用户培训计划 • 培训关键用户 • 配合甲方完成最终用户培训 • 期初数据导入 • 编写上线方案 • 建立上线支持策略 • 系统功能完善
7	攀钢集团NC财务系统财务凭证归集阶段	• 收集用户权限并设置 • 收集期初数据 • 初期数据导入 • 用户培训 • 系统上线 • 上线支持与功能完善 • 上线运行问题跟踪	• 培训计划（电子版） • 操作手册（电子版） • 上线方案（电子版）	• 完成最终用户培训 • 用户权限数据收集 • 期初数据导入 • 评审业务人员使用系统 • 组织上线方案 • 系统调整需求	• 完成操作手册的编写 • 制订关键用户培训计划 • 培训关键用户 • 配合甲方完成最终用户培训 • 期初数据导入 • 编写上线方案 • 建立上线支持策略 • 系统功能完善
8	中央账务仓的实施上线与对集成阶段	• 系统功能开发 • 与其他系统接口开发 • 用户权限设计及开发 • 系统功能测试 • 系统性能测试 • 系统数据准确性测试 • 收集用户权限并设置 • 收集期初数据 • 初期数据导入 • 用户培训 • 系统上线 • 上线支持与功能完善 • 上线运行问题跟踪	• 应用程序 • 程序规格说明书（电子版） • 配置手册（电子版） • 测试计划（电子版） • 测试报告（电子版和纸质版） • 培训计划（电子版） • 操作手册（电子版） • 上线方案（电子版）	• 签审程序规格说明书 • 完成系统测试 • 完成最终用户培训 • 用户权限数据收集 • 期初数据导入 • 评审业务人员使用系统 • 组织上线方案 • 系统调整需求	• 编写程序规格说明书 • 系统配置 • 二次开发 • 制订测试计划 • 完成甲方关键用户培训计划 • 制订关键用户培训计划 • 培训关键用户 • 配合甲方完成最终用户培训 • 期初数据导入 • 编写上线方案 • 建立上线支持策略 • 系统功能完善

所示。该建设过程包括调研及需求分析、蓝图设计、开发与测试、鞍钢矿业 SAP 财务成本系统财务凭证归集、鞍山区域鞍钢股份 SAP 财务成本系统财务凭证归集、鞍山区域其他财务核算系统财务凭证归集、攀钢集团 NC 财务系统财务凭证归集、中央账务仓的实施上线与对外集成，共计 8 个阶段。

（四）总体推进时间表

鞍钢总体计划利用 3 年时间，搭建集团财务共享服务平台，使平台具备统一核算、财务共享、中央财务仓三大功能，从而建成新型的集成化、标准化、流程化财务核算体系，实现财务信息公开透明共享，提高财务管理效率。通过财务共享服务平台建设，各单位经济事项流程公开、信息透明、减少人为干预、实行刚性约束、实现数据共享，使信息可穿透监察，为监督监管提供手段。

鞍钢集团财务共享项目的总体推进时间安排如图 1-2 所示。鞍钢目前正在持续进行财务共享服务平台在异构核算系统单位的推广，以及中央账务仓的后续建设。

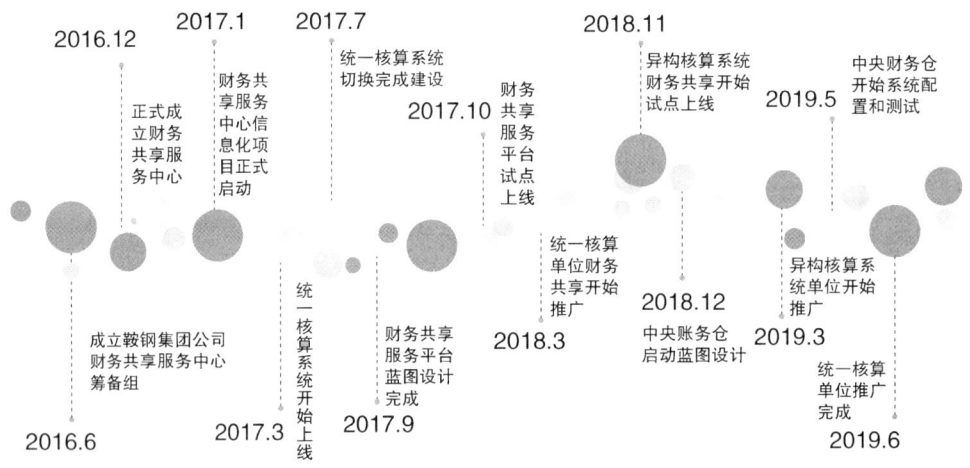

图 1-2　鞍钢集团财务共享项目的总体推进时间表

（五）推进小组设置

在项目建设期间，鞍钢 FSSC 所有人员按项目需要分组工作，总体上分为三个大组：核算组、共享组和主数据组。在项目建设的不同阶段，FSSC 人员根据需要被分配到不同的组内工作。

核算组在项目初期集中了主要业务人员，组织统一核算系统的上线工作，待上线完成后，只保留少量人员负责核算系统运维和中央账务仓建设工作，其他人员转入共享组工作。

共享组分为总账组、应收组、应付组、费用组和资金组五个小组。其中，总账组主要负责在职职工薪酬和退休职工各类费用、融资业务、投资业务、资本业务、利润分配业务、涉税业务等相关功能的开发与上线工作；应收组主要负责销售结算、收款相关业务相关功能的开发与上线工作；应付组主要负责原燃材料、设备备件采购和维修、技改工程相关挂账付款业务相关功能的开发与上线工作；费用组主要负责各类对公、对私费用报支业务（包括借款和核销）相关功能的开发与上线工作；资金组主要负责资金计划编制、控制及资金结算业务相关功能的开发与上线工作。

主数据组主要负责组织、部门、人员、用户、权限等基础数据的准备工作，其中客商及银行账户由应收组负责。

五、鞍钢集团财务共享的建设成果

（一）财务管理模式的转变

在鞍钢集团财务共享建设完成之后，整个集团的财务划分为战略财务、共享财务和业务财务。其中，战略财务的职能由总部和二、三级子集团财务部门履行，共享财务由 FSSC 履行，业务财务由成员单位财务部门履行。三类专业财务之间的职责划分如图 1-3 所示。

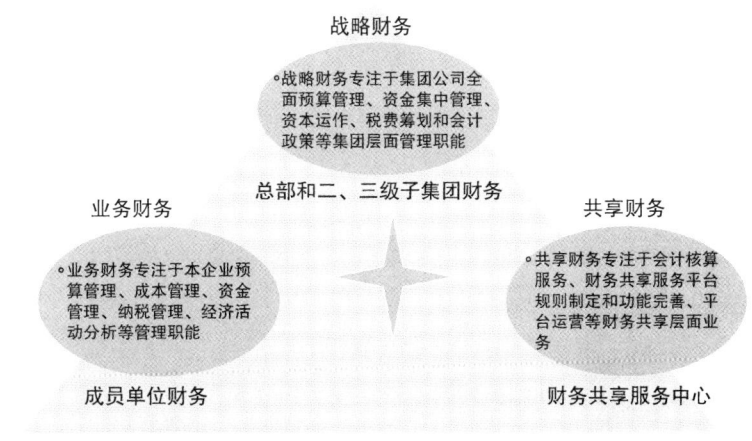

战略财务

◦战略财务专注于集团公司全面预算管理、资金集中管理、资本运作、税费筹划和会计政策等集团层面管理职能

总部和二、三级子集团财务

业务财务

◦业务财务专注于本企业预算管理、成本管理、资金管理、纳税管理、经济活动分析等管理职能

成员单位财务

共享财务

◦共享财务专注于会计核算服务、财务共享服务平台规则制定和功能完善、平台运营等财务共享层面业务

财务共享服务中心

图 1-3 鞍钢三类专业财务之间的职责划分

1. 战略财务的职责

鞍钢的战略财务主要负责集团的会计政策、全面预算、资金运营、资本运作、纳税筹划和相关管理制度建设等集团层面财务管理工作，为集团整体高效运营提供全局性、长远性、系统性、科学性的决策支持。具体职责如下：

（1）依据相关法律法规，规范鞍钢集团财务会计与管理会计标准，负责财务政策等制度的建立工作。

（2）负责建立和完善集团的全面预算管理体系，组织集团的年度全面预算编制工作，对子公司的预算执行情况进行监督、检查和考核。

（3）负责建立集团的资金管控体系（包括票据、外汇资金）；负责集团的资金预算管理、资金平衡、银行账户、筹融资及担保管理等工作；总体协调银行授信工作，对子公司资金的管理工作进行监督和检查，防范资金风险。

（4）负责集团的资本运作；负责对投资计划及项目进行专业审核；综合协调、组织向国家有关部委申报国有资本经营预算项目、反馈项目执行情况以及开展项目绩效评价等工作；负责对集团的上市以及已上市公司的配股、增发、债券发行、资产收购、兼并重组、子公司资产证券化等资本运作事项进行审核和监管；负责制订集团利润分配政策，监督检查子公司股利分配政策的落实情况。

（5）负责建立健全鞍钢集团纳税管理体系，完善管理制度和流程，研究税收及相关政策；负责鞍钢集团重大投资项目及重大合同的税务咨询和纳税筹划；负责协调国家税务机关相关税务事项。

（6）负责编制鞍钢集团财务信息化的规划及管理工作。

（7）负责根据鞍钢集团战略发展与运营的管控目标，要求业务财务及时提供报表和分析报告。

2. 共享财务的职责

鞍钢的共享财务主要负责会计核算和财务共享服务平台规则制定、功能完善、平台运营等财务共享层面的业务，为集团总部及各成员单位提供标准、规范、高效、便捷的财务共享服务。其具体职责如下：

（1）负责执行战略财务及业务财务所规定的政策制度，规范、优化、统一核算流程，运用信息化手段将会计核算、资金结算流程固化于财务共享服务平台。

（2）负责财务共享服务平台业务制度的建设工作；负责制订、修改和完善财务共享服务平台操作用户手册、业务处理规范以及主数据和工作流程管理等制度文件。

（3）负责鞍钢集团财务共享项目建设和上线的推进工作，以及鞍钢集团财务共享服务平台的功能优化、完善和整体运营；负责设计、配置、维护共享服务平台操作环境、用户角色及操作权限等，以及平台业务处理界面、主数据、业务功能的日常维护。

（4）负责与各成员单位签订《财务共享服务协议》，并按照其约定内容，基于设定的业务流程、系统影像和制度标准等，对成员单位发起的业务申请单进行财务审核及账务处理，并通过银企直联为各成员单位提供托管账户资金结算服务。

（5）负责统一核算平台财务报表和财务共享服务平台统计报表工作，为鞍钢集团和基层单位提供财务管理基础数据。

（6）负责统一核算平台的维护、升级、优化和推广工作，保证统一核算系统稳定运行。

（7）负责财务共享服务平台处理业务的电子会计档案归档。

3. 业务财务的职责

鞍钢的业务财务主要负责本单位的财务制度建设、预算管理、资金管理、成本管理、税务管理、财务报告和财务分析工作，为本单位的经营决策提供支持。其具体职责如下：

（1）负责承接并执行战略财务制订的会计政策和相关管理制度，以及本单位财务制度的建设工作，并将相关管控标准量化后提报共享财务。

（2）负责本单位的全面预算管理工作，在财务共享服务平台上维护本单位批复后的费用预算额度；当费用预算变动时，负责调整费用预算额度。

（3）负责本单位及下属单位的资金运营和管理，组织资金预算的编制、提报、汇总及调整，批复和平衡下级单位资金预算，在资金管理系统上根据资金计划逐级解冻下级单位资金，并跟踪资金预算执行情况，定期进行分析和考核评价；负责本单位票据管理工作，对票据业务的真实性、合法性负责，监督检查下属单位票据的管理情况，严控票据资金风险。

（4）负责做好本单位的成本核算、纳税申报、业财沟通、经济活动分析等会计业务管理工作；按照战略财务的要求提供报表和分析报告等材料。

（5）负责本单位税金的计算和申报、所得税汇算和税收筹划；负责发票认购、开具以及认证工作；负责协调本单位相关税务事项，进行纳税分析。

（6）负责本单位投融资、关联交易、债权债务、资本运作、成本、资产、住房公积金等管理工作，并对下属单位进行指导、监督和检查。

（7）负责积极配合、协助 FSSC 开展财务共享项目的推进工作，做好业务财务人员岗位分工，确定财务共享服务平台操作用户人员、角色、权限，提报内控审批流程，对业务人员开展财务共享业务操作培训，并指导业务人员在财务共享服务平台上规范地处理业务。

（8）在财务共享服务平台上线前，与 FSSC 签订《财务共享服务协议》，并按照其约定事项履行相关职责。

（9）负责财务共享服务平台业务申请单据的真实性、准确性，接收、核对并整理本单位在财务共享服务平台上发起业务的纸质单据；负责本单位会计凭证、财务报表、审计报告等会计资料的装订、归档工作。

（10）统一核算系统的个性化报表可向 FSSC 申请统一开发或自行开发，统一核算系统生成的财务报表由各单位负责确认和上报到各相关报表系统；SAP 系统及其他异构核算系统的财务报表由各单位自行开发、编制。

（11）对于非统一核算平台成员单位，负责组织其使用的异构核算系统的维护、升级工作，并保证其稳定运行；在系统升级、改版前向 FSSC 提报变更方案，同时，财务共享服务平台作出调整。

（12）鞍钢集团财务公司是鞍钢集团内部金融服务平台，业务财务负责为财务共享服务平台提供资金结算服务，按财务共享项目推进计划做好银企直联系统与财务共享服务平台的接口贯通、结算流程的规划设计及软硬件的准备工作；负责维护财务公司资金管理结算系统的稳定运行，在财务公司资金管理结算系统升级改版时，提前与财务共享服务平台协调沟通，制订切换方案，保证资金结算业务顺利运行。

（二）财务共享服务平台的功能架构

鞍钢财务共享服务平台总体架构如图 1-4 所示。财务共享服务平台以基础应用平台 UAP 为基础，以相关业务系统集成接口为手段，以财务共享服务平台、移动平台为依托，实现鞍钢财务共享核算、资金管控、预算控制、合同控制、费用报支及应付、应收、总账全业务共享；通过异构系统业务单据、主数据同步、集成接口，实现财务共享的快速实施和高质量集成；最终建设中央账务仓，实现鞍钢集团"一本账"。

其中，财务共享服务平台中的资金管理系统功能如图 1-5 所示，包括账户管理、票据管理、内部结算、认款平台、银企直联、资金平衡、资金计划和资金监控。资金管理系统实现了对资金计划的精细管理，主要体现在三个方面：一是全流程，涉及资金的业务申请、审批、汇总、再审、发布、控制、调整、追加；二是精细化，

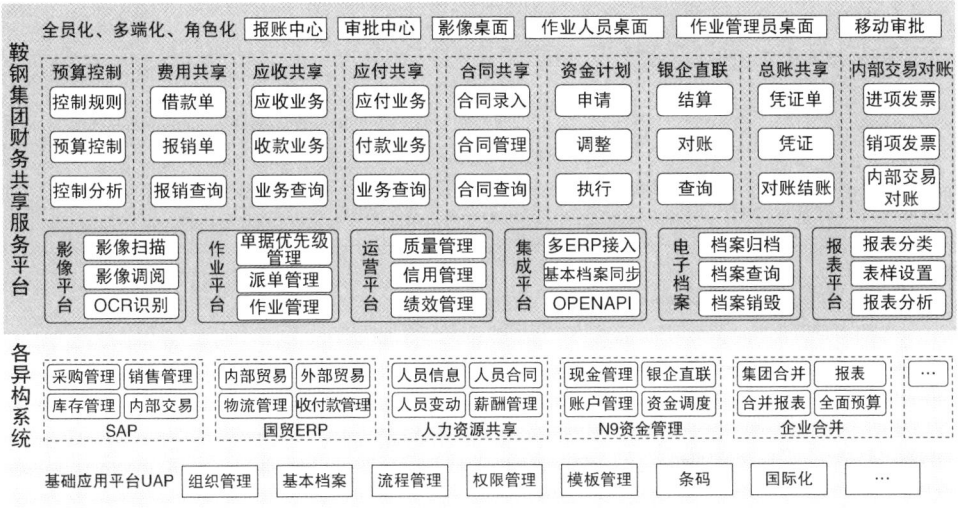

图1-4 鞍钢财务共享服务平台总体架构

按未清项拉式编制①、列示资金计划；三是强控制，逐笔控制资金支出。

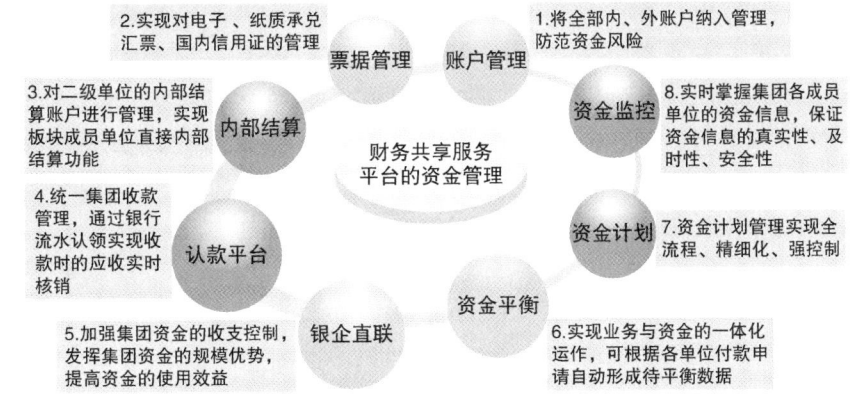

图1-5 鞍钢财务共享服务平台中的资金管理功能

（三）财务共享服务平台的集成架构

鞍钢集团财务共享服务平台的集成架构复杂，涉及30多个平台，50多个基础接口，238个数据接口，其总体集成架构如图1-6所示。

---

① 拉式编制，是指从已有的数据中自动拉取数据形成数据初稿。

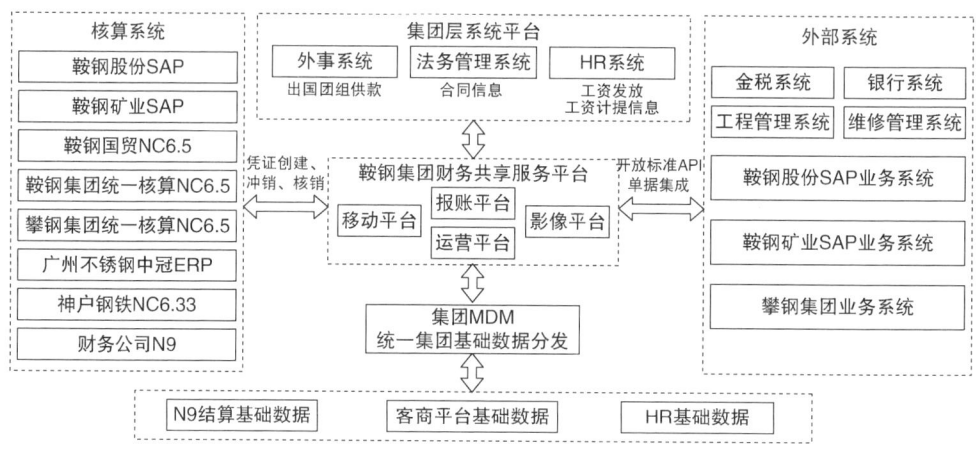

图1-6 鞍钢财务共享服务平台的集成架构

鞍钢集团财务共享服务平台通过与企业管理软件 SAP ECC 的深度无缝集成，实现了全自动实时清账。该集成包括四个方面：一是主数据集成，即主数据的对接匹配，完成公司代码、会计科目、业务范围、付款条件、利润中心、银行档案等 50 多项主数据的对接匹配工作。二是凭证集成，即凭证的双向集成，共享单据生成用友 NC 正式凭证，凭证触发生成 SAP 凭证；业务冲销时，在财务共享服务平台触发自动生成 SAP 冲销凭证。三是业务集成，即采购销售集成，SAP 采购订单业务集成生成 NC 应付单，SAP 销售订单业务集成生成 NC 应收单。四是清账集成，即未清项集成，财务共享服务平台抽取 SAP 所有未清项，形成待核销数据清单；每月挑选或按规则选择付款清账条目，付款凭证集成 SAP 自动进行清账处理。

（四）财务共享服务平台的部署架构

鞍钢集团财务共享服务平台的部署架构如图 1-7 所示。

服务器总体架构设计采用双上联、全冗余，最大限度地保证性能和可靠性。其中，数据库服务器的每台服务器均安装数据库软件，并以 ORACLE RAC 的方式搭建群集以保障数据库系统的可靠性，同时可实现数据库访问的负载均衡；应用服务器的每台服务器均安装相同的财务共享服务平台应用软件及中间件，统一提供应用服务并通过集群软件实现负载均衡；影像服务器用于收集用户的影像扫描文件或照片，提供影像识别功能并通过集群软件实现互备；移动服务器用于提供用户移动应用功能，实现申请发起、移动扫描、影像上传、业务审批及查询处理、推送提醒消息、显示用户待办或已办信息、推送移动报表等功能；缓存服务器为应用服务器提

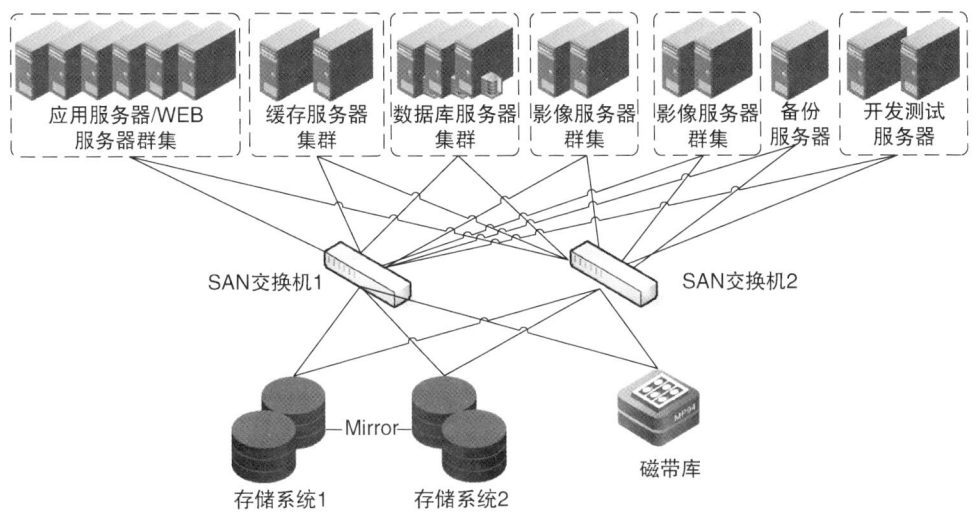

图1-7 鞍钢财务共享服务平台的部署架构

供缓存功能，配置 2 台缓存服务器增加用户并发数量，通过操作系统群集软件实现冗余；备份服务器配置备份软件，提供应用系统及数据库的备份功能，同时也作为系统备份管理的服务器；存储系统为所有应用系统提供磁盘空间，通过存储镜像实现存储数据热备，保障系统的安全性；磁带库对数据库及系统定期做全备份及增量备份，并将这类备份文件和历史数据存储至磁带库，以减少磁盘柜的压力。

六、鞍钢集团财务共享的特点

（一）鞍钢财务共享的建设特点

对于鞍钢而言，财务共享服务平台的上线运营不改变集团各成员单位的资金所有权、使用权、财务自主权；各成员单位的纳税义务和责任、审计主体责任、经济事项的法律责任不变；各成员单位对经济事项发生的真实性负责，FSSC 对纳入共享的成员单位的核算合规性负责。鞍钢集团的财务共享具有以下四个建设特点：

（1）全组织。在一个财务共享服务平台里实现鞍钢集团范围内所有纳入合并报表范围的境内单位的财务共享，覆盖 2 个区域公司及各板块公司、直属单位，全国各地 1～5 级子、孙企业共计 397 户。

（2）全行业。我国国民经济行业共 20 个门类、97 个大类，鞍钢集团涉及 18 个门类、48 个大类业务，包括钢铁、矿山、施工、机械、房地产、公铁海路及管道运输、信息、金融、教育、酒店、餐饮、城市服务等。没有涉及的 2 个门类是国际组织和社会组织。财务共享服务平台不体现这些行业分类，全部统一设置。

（3）全业务。鞍钢集团所有涉及资金收付及相关应收、应付的全业务上线财务共享，包括资金收付、费用报支、销售收款、采购付款、工程付款、薪酬发放、税费缴纳、筹融资核算、代收代付、上划下拨等；有固定规则、能固化到系统流程中的业务，包括非业财集成销售结算、非业财集成且无采购系统抛账的其他总账业务等。

（4）多套异构系统集成。鞍钢财务共享服务平台与多套异构核算系统集成，对接 2 套 SAP 系统、3 套 NC6.5 系统、1 套 NC6.33 系统、1 套中冠 ERP 系统、1 套 N9 系统，实现即时推送会计凭证和即时清账功能。

（二）鞍钢财务共享的业务特点

1. 费用类业务特点

鞍钢财务共享中的费用类业务具有以下四个方面的特点：一是控制标准复杂，分差旅费、招待费和主办会议费，其中差旅费分集团级和组织级标准；二是审批流程复杂，分自管费用和监管费用、机关费用和基层费用、党务费用和行政费用，不同费用需要设置不同的流程，党政相关费用要与企业费用分离；三是报支方式复杂，需要区分支付费用、挂账费用和借款费用；四是需要处理代付外币业务。

2. 应收类业务特点

鞍钢财务共享中的应收类业务的结算方式多样，既有工业企业正常的应收、预收结算方式，也有商品零售、餐饮、幼教等企业多样化的小额结算方式，还有房屋出租、报纸发行等分摊收入结算方式等，每种结算方式都需要系统相应的功能支撑。

3. 应付类业务特点

鞍钢财务共享中的应付类业务与资金管理密切相关，受多种付款政策管控。鞍钢各单位资金计划管理颗粒度小，明细到每笔挂账业务，实现了财务共享服务平台与业务系统、核算系统的紧密集成。特别是两个 SAP 系统的应付业务集成、资金计划集成、未清项集成，是该项目最大的特点。

4. 总账类业务特点

鞍钢财务共享中的总账类业务涵盖业务内容多，涉及国家有关政策较多，包括薪酬、保险、税费、融资、投资、资本、票据、财务费用、政府拨款等业务。比如，对于缴税，支持多种支付方式；又如对于政府拨款业务，会计核算要符合国家有关规定。

七、鞍钢集团财务共享建设中的难题与对策

鞍钢在财务共享建设过程中，主要遇到六个方面的难题，其描述及应对策略如下。

（一）核算规则统一难度较大

鞍钢集团所属单位行业多、层级多，企业组织形式多样化，各类企业核算规则差异大。面对这一难题，鞍钢在统一核算平台上线之初，选取典型行业中的重点企业进行会计科目与收支项目的梳理，在此基础上进行全集团会计科目统一设置，实现末级管理。原来的9 000多个会计科目，经梳理后精简至2 000多个。

（二）业务流程统一难度较大

各级基层单位各有特色，其经营范围、业务模式、管理强度各不相同，若想统一审批流程、业务流程有较大困难。面对这一难题，鞍钢财务共享团队基于各成员单位的业务模式，对核算流程进行梳理分类，整理会计核算流程并逐级细分。对每个流程节点的归属地、岗位和职责进行识别，分析其归属地、岗位和职责的合理性以及将其纳入财务共享的可行性。结合财务共享需要，平衡流程效率和风险控制的关系；根据调研信息，对差异和问题进行总结分析，识别影响流程的关键因素和影响实施财务共享的关键问题；根据流程中的信息传递，分析每个流程环节系统的支撑是否到位和合理；结合财务共享项目目标，识别系统功能的改进方向，并将改进方向拆分至每个流程节点，对同质流程每个节点的业务规则进行对比分析，形成几套集团级的标准审批流程，成员单位在上线时选择适合本单位的审批流程，对于上线的成员单位中业态复杂、规模大的企业适配独立的审批流程，以满足企业管理需要。

（三）基础数据梳理工作量大

鞍钢集团与财务共享相关的基础数据统一的工作量大，需要统一各类主数据。面对这一难题，鞍钢财务共享主数据组在前期先进行人工数据整理，再按照财务共享要求的统一格式进行数据清洗。随后与鞍钢集团主数据系统进行对接，完成部门、人员、岗位、客户、供应商数据的统一接入。

由于异构系统使用单位的历史数据量大、业务清理复杂，因此，将这些单位以集团为主进行对照映射，完成异构系统上线单位的基础数据清洗工作。

（四）财务信息化程度差异大

在鞍钢集团中，有些企业已实施全面 ERP，有些企业业务信息化系统非常少，信息化程度差异非常大。面对这一难题，鞍钢财务共享系统实施的策略是在业务上区分集成业务与非集成业务两种，即对业财一体化单位和非业财一体化单位区分对待，原则是在不打破业财一体化本身完整性的基础上，实现相关财务业务共享。上线单位按照统一核算单位、SAP 单位、其他异构核算单位三个阶段进行上线，采用不同的集成策略。

（五）多套异构核算系统并存

除统一核算系统外，鞍钢还有 7 套核算系统，包括 2 套 SAP 系统、2 套 NC6.5 系统、1 套 NC6.33 系统、1 套中冠 ERP 系统、1 套 N9 系统，导致财务共享服务平台实施困难。面对这一难题，鞍钢财务共享团队研发了标准数据接口和 SAP 数据接口，分别用于 SAP 之外的核算系统对接和 SAP 的核算系统对接。此做法在统一集成标准接口的基础上考虑了 SAP 的个性化集成需求，同时满足标准化和个性化的需要。

（六）业务人员观念转变不易

财务共享服务平台上线后，报销人员需要到系统中提交申请，并负责粘贴单据、上传影像，做一系列过去由会计人员完成的工作，报销人员对此表示很不理解。面对这一难题，鞍钢财务团队采取了一系列措施。集团财务部发布管理规定，同时，财务共享服务中心对成员进行共享宣贯，提供共享上线基础资料收集培训、关键用户使用培训、系统管理员技术培训、上线用户培训；财务共享服务中心还为上线成员单位提供电话、微信、远程在线支持服务；对于特殊单位进行专人专项指导服务，解决上线单位业务人员填单操作等问题；与成员单位管理层进行沟通并取得其支持。

八、替换子公司财务共享服务平台的考量与做法

鞍钢集团在建设 FSSC 之前，其子公司鞍钢集团股份有限公司（以下简称"鞍钢股份"）与鞍钢集团矿业有限公司（以下简称"鞍钢矿业"）各自拥有自己的 FSSC，并分别单独运作。

（一）鞍钢股份 FSSC

鞍钢股份 FSSC 与共享前的业财模式基本一致，除费用报支外，其他人员分散在各个业务点，未发生太大变化。由于共享模式与原业财模式基本一致，共享人员仍处理原单位的业务财务。其财务共享服务平台的架构如图 1-8 所示，其财务组织架构如图 1-9 所示。

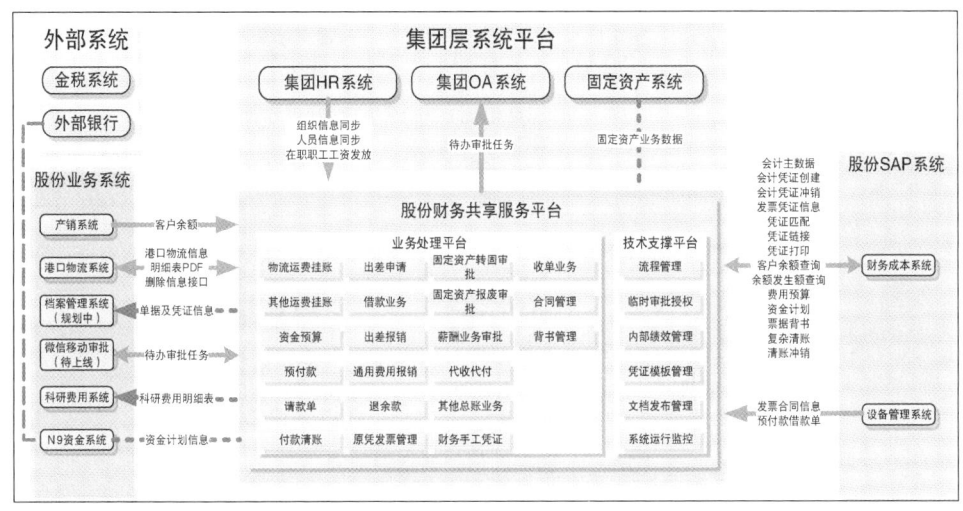

图 1-8　鞍钢股份财务共享服务平台的总体架构

鞍钢股份财务共享服务平台通用功能包括影像管理、收单管理、流程管理、凭证生成、业务监控、主数据管理、资金预算，定制功能包括固定资产报废、转固审批、物流报支、票据新开、票据配票、个人代收代付。

鞍钢股份的计财部包括会计管理人员 12 名、资金结算人员 8 名、驻厂组人员 43 名、化工事业部人员 10 名。其 FSSC 分成 6 个组，分别为费用结算组 19 人、设备采购组 28 人、销售结算组 50 人、原燃材料组 17 人、物流结算组 6 人、资本结算组 7 人，还包括 3 位领导。

（二）鞍钢矿业 FSSC

鞍钢矿业财务共享服务平台功能包括影像管理、收单管理、流程管理、凭证生成、业务监控、主数据管理等。鞍钢矿业 FSSC 作为鞍钢集团 FSSC 筹备组管理，其组织架构如图 1-10 所示。

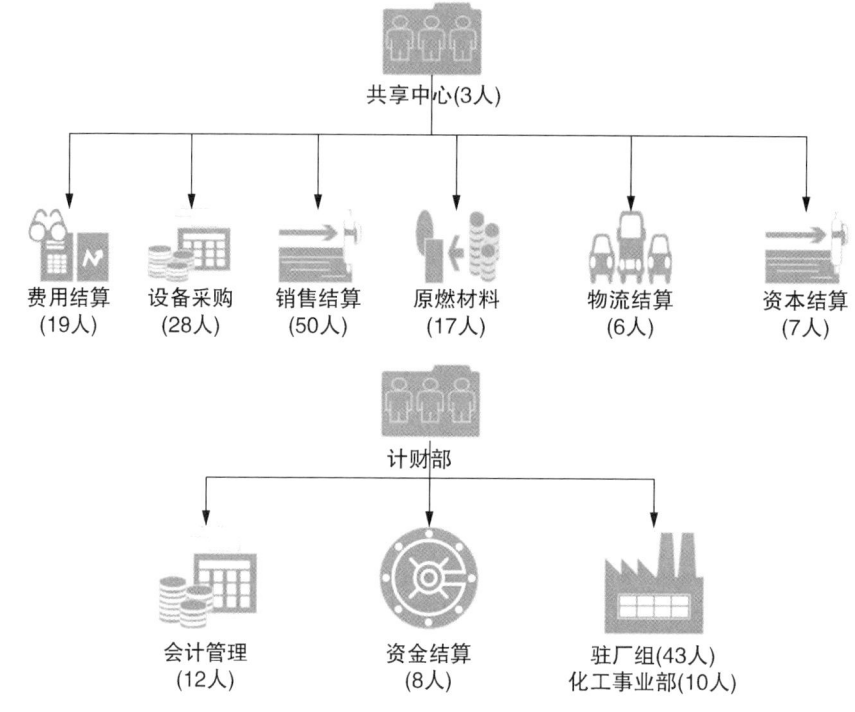

图 1-9　鞍钢股份财务组织架构

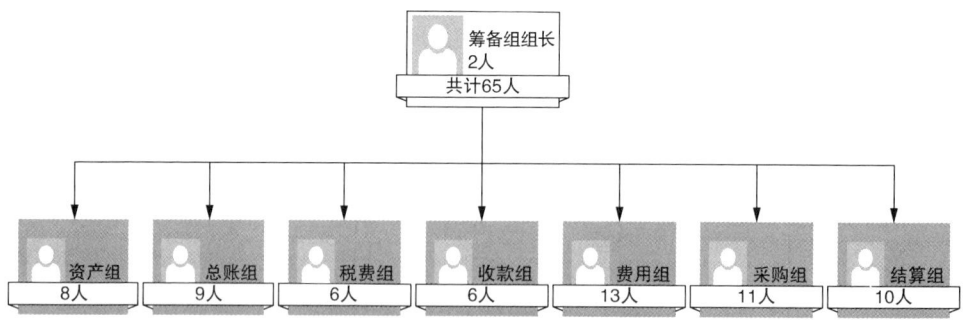

图 1-10　鞍钢矿业 FSSC 的组织架构

（三）集团 FSSC 与子公司 FSSC 的比较

集团 FSSC 与子公司 FSSC 的比较如表 1-5 和表 1-6 所示。其中，表 1-5 进行的是财务共享产品与系统层面的比较，包括产品整体定位、平台稳定性和产品灵活度，

表 1-5　财务共享产品与系统层面的比较

比较项目	原有财务共享服务平台	用友财务共享服务平台
产品整体定位	• 定制化开发平台（项目导向型）	• 完整 ERP＋财务共享服务平台
平台稳定性	—	• 经历过客户系统，平台具备强有力稳定性；成熟，但存在前端后端切换问题，目前正在逐步轻量化 • 无质量管理，绩效管理不可定制，其他如知识管理、企业社交等共享 2.0 产品正在进化中
产品灵活度	• 项目导向型，所有单据按照客户要求定制，无内置模板 • 所有单据界面、流程、质量管理、绩效看板等内容，均按照客户需求定制，无内置模板，全部实施顾问按照需求顾问提交的成果实施	• 产品导向型，具有常见各类单据模板，实施需修改模板，也存在个性化开发 • 产品中内置各类单据模板，并且在逐步轻量化的过程中，实施人员可以参考模板，相对减轻对人员经验的依赖程度 • 各个环节环环相扣，一项功能需要各个环节的设置，能保证产品的严密性和功能的延展性
总结	• 产品以报账为核心，具备共享的主要功能 • 产品体量小，仅具备核心功能，无业务沉淀 • 主要与友商集成方案为主 • 项目导向型：定制化 • 轻量化 • 案例相对少，客户群集中 • 对未来产品发展方向规划不明确	• 产品功能全面，包括主要功能和辅助功能，具备相对完整的产品体系 • 产品庞大，业务沉淀多，逻辑较严密，具备业务和财务各个环节的产品功能 • 主打业财一体化应用 • 产品导向型：产品＋客户化开发 • 重量端＋轻量端 • 案例多，客户群大 • 对未来产品发展方向有明确规划

相比之下，用友"专业版"财务共享服务平台更优。表 1-6 进行的是财务共享方案和实现方式方面的比较，包括方案完整性、咨询与实施捆绑落地模式和方案倾向性，相比之下，用友"专业版"财务共享方案更优。为此，鞍钢集团决定用用友"专业版"财务共享服务平台替代两家子公司原有的财务共享服务平台。

表 1-6　财务共享方案与实现方式的比较

比较项目	原有财务共享服务平台	用友财务共享服务平台
方案完整性	• 方案相对完整（产品可能不具备成熟功能） • 主打集成方案 • 产品功能推进主要以项目需求为主 • 无行业解决方案	• 方案完整 • 主打业财一体化方案 • 全产品线方案完整，产品有规划、正在开发中或已投产 • 有行业解决方案

（续表）

比较项目	原有财务共享服务平台	用友财务共享服务平台
咨询＋实施落地模式	• 无咨询落地方案	• 蓝图设计质量较高 • 全业务共享咨询设计 • 异构系统集成方案 • 资金收付集中方案
方案倾向性	• 限于鞍钢股份、鞍钢矿业层面业务	• 业务财务一体化方案 • 集中资金收付 • 统一集团流程及标准
总结	• 实施方案层面：相差较小，主要差距在方案是否有成熟产品支撑落地 • 原有财务共享服务平台实际是财务集中，非真正意义的财务共享 • 用友财务共享服务平台实现了真正意义的共享，集团层面管控集中 • 咨询方案：原有共享实施缺失	

（四）集团 FSSC 替换子公司 FSSC 的做法

集团 FSSC 替换子公司 FSSC 的方案为停用鞍钢股份和鞍钢矿业两家子公司的财务共享服务平台，统一在集团财务共享服务平台上进行资金计划编制、审批、业务发起、影像扫描、业务审批及共享审核。

九、鞍钢集团财务共享服务中心进一步的建设重点

根据鞍钢 FSSC 的负责人介绍，鞍钢 FSSC 进一步的建设重点包括两个：一是税务管理。未来考虑建立集团的发票池，满足集团各成员单位所有企业的进项税、销项税的管理，满足各成员单位对于发票全生命周期的管理，并结合现有财务共享服务平台的功能，进一步提升财务管理，释放财务人员工作量。二是智能化技术的引入。进一步学习吸收行业内其他企业的先进经验和典型做法，引入开票机器人、收单机器人、对账机器人等一系列财务机器人，提高财务审核效率，进一步优化财务人员结构。

扫码观看鞍钢集团财务共享应用访谈实录

案例二

中国国旅：业务驱动财务共享 助力数字化运营

——中国国旅财务共享服务应用实践

一、中国国旅概况

中国国旅股份有限公司（简称"中国国旅"）近几年财务管理模式不断创新，财务管理边界不断扩展，财务管理绩效在央企中名列前茅，连续多年取得"央企控股上市公司市值管理第一名""上市公司信息披露评比 A 类企业""A 股最佳上市公司""A 股上市公司行业冠军""最受投资者尊重的上市公司"等荣誉称号，很多企业慕名向中国国旅学习财务管理变革经验，效仿中国国旅财务管理模式的先进做法。中国国旅这些成绩的取得离不开它的财务当家人、中国国旅党组成员、总会计师陈文龙。

为了探究中国国旅财务管理的先进做法与经验，我怀着忐忑不安的心情邀约陈总，本以为陈总会婉言谢绝，没想到他却爽快地答应了我，我们之间的谈话就约在陈总的办公室。陈总给我的第一印象是特别精神，带着一股奋发向上的力量。他十分健谈，在交谈中没有给我带来局促和紧张，轻松地将我带入了中国国旅财务管理变革的历程中。

首先，陈总介绍了一下中国国旅的企业概况：2004 年，中国国旅由中国国际旅行社和中国免税品集团两家央企整合而成；2009 年，A 股主业整体上市（股票代码601888），是中国最大的旅行社和免税品公司，主业涵盖线上及线下旅行社、签证中心、会展、机车票、有税及免税零售、大卖场、商业地产、旅游客运、景区景点、物业管理、电子商务等；各级子公司 260 余户，分公司及门店超过 2 000 家；各级公司及门店分布在全国各地，很多是在比较偏僻的边境口岸，包括海外 20 多家子公司。2017 年，中国国旅与中国港中旅集团实现央企间重组，现为中国旅游集团旗下的央企上市公司。

在财务转型之初，中国国旅当时的基本情况概括起来有如下特征：

（1）点多面广。法人单位特别是分公司和门店众多、地域分布广，很多门店位置偏僻；业务面广，主营业务有 10 多种。

（2）业务及经营模式灵活多变。旅游行业及其零售业务面临激烈的市场竞争，业务及经营模式多种多样，市场变化快。

（3）人员流动大。近几年旅游行业高管及业务人员流动频繁，财务人员流动性更大，财务管控风险和难度显著增加。

（4）业务系统多。集团内各企业现有的业务系统众多，包括 B2B、B2C、C2C、小地球外联系统、外交部签证系统、海关仓储系统、供应链系统、终端零售系统、物流系统、OA 系统等。

（5）核算细、数据量巨大。集团内部交易多，合并抵销细化到单团、发票号等；旅行社按单团核算，1 年团档近 100 万个；零售按商品类别进行核算，商品品类超过 1 万个；月单据量及凭证量巨大，如总社本部 1 个单户企业月单据量平均在 1.5 万张、凭证量 1 万张以上（含大量合并制单）、单日付款 1 000 笔以上。

二、财务变革动因

谈到财务变革动因，陈文龙说中国国旅财务变革动因需要从三个层面去寻找答案：第一个层面是财务本身，财务自身的定位是服务和监督，服务和监督的质量和效率不断提升是驱动财务不断变革的内因；第二个层面是企业发展，企业发展对财务管理的要求是服务战略、支撑经营、创造价值，需要建立面向业务创造价值的集团化财务管理体系，即面向业务、管控风险、服务决策、创造价值；第三个层面是社会环境，当今社会科技飞速发展，互联网、移动应用、大数据、云计算、区块链、人工智能等科技的进步让财务的边界不断被突破，财务管理模式不断创新，不断与其他业务融合，与社会化资源协同。财务只有不断地变革，才能适应不断变化的当下社会，才能不被淘汰和颠覆。

概括起来，中国国旅财务变革动因为：

（1）提升财务服务和监督的质量和效率。

（2）建立面向业务创造价值的集团化财务管理体系。

（3）适应不断变化的当下社会，力求不被淘汰和颠覆。

三、财务变革历程

2014 年，陈总从另外一家央企调到中国国旅。初到中国国旅时，陈总通过统一集团财务核算标准和报表报告体系，基于月报的统一财务数据展示与分析平台（BI），实现了会计核算标准化，提高了会计信息质量及应用基础。

在夯实会计核算基础的同时，陈总又开始思考如何打破业务和财务之间的"部门墙"，让业务驱动财务，做到业务即财务，实现实时会计、自动处理，消灭传统财务会计中一些低附加值的岗位，彻底解放财务基础工作人员，让其向更有价值的业务财务和战略财务转型，实现财务管理的转型升级；让财务融入业务，使业务能够轻而易举地获得经营所需的财务数据，财务能够自然而然地获得管理所需的业务数据，实现数据驱动业务及数字化运营的更高目标；让财务在企业"三轮驱动"中创造价值，在业务经营中间接创造价值，在资产与资本经营中直接创造价值，实现财务的价值创造功能。

为了实现上述财务管理变革目标，中国国旅在"十三五"战略规划中确立了"面向业务创造价值的集团化财务管理体系"，即从面向业务、管控风险、服务决策、创造价值四个维度推进财务变革。2014年8月，中国国旅开始了业务驱动型财务共享服务中心的建设，助力中国国旅迈入数字化运营新时代，2016年5月，完成中国国旅全部各级单位上线。

通过财务共享服务中心建设实现财务管理转型升级后，陈总在策划中国国旅"十四五"战略规划时，将更多借助科技手段，比如移动应用、云服务、人工智能、大数据、区块链等，在继续夯实目前财务转型成果的基础上，建立面向社会创造价值的社会化财务管理系统，比如税务、银行、互联网平台等，实现与社会资源协同，实现人人财务、数字财务、智能财务，助力企业数字化运营和价值的实现。

四、财务共享服务

（一）财务共享服务中心建设背景

陈文龙很早就在调研和学习中接触到了财务共享服务的概念，并结合自己的工作实践深入研究，理解了财务共享服务的核心理念和运行原理。Robert Gunn 于1993年首先提出了企业共享服务的概念，他认为，共享服务是企业试图通过共享组织人员和技术等资源，从而从分散管理中取得竞争优势的一种新型管理理念。共享服务由于本身服务性、规模性、统一性和专业性的特点，能够为企业带来降低成本、加强管理、集中资源的积极作用，因此在大型集团企业中被广泛地重视和运用。企业共享服务目前的主要类型有信息技术共享服务、人力资源共享服务、财务共享服务和金融共享服务等。

其中，财务共享服务采取了流程优化再造的方式，以企业内部用户需求为核心，将大量分支机构的财务处理和会计处理工作集中到一起进行"规模化处理"，从而大幅度降低运作成本，实现提高效率、优化管理的目的。根据国外研究机构IMA 的数据，世界500强企业中选择实行财务共享服务的企业的财务管理成本平均下降了83%。

随着中国国旅业务范围的不断扩展和公司规模的逐渐扩大，中国国旅在财务管理上点多面广、业务复杂、信息量大的特征及其带来的财务管理难度愈加突出，建设财务共享服务中心的需求也随之逐渐显现出来。中国国旅在分析自身业务特点和发展战略的过程中，明确了财务共享服务中心的实行可以切实帮助集团规范财务处理流程、提高财务信息质量、实现财务管理战略转型。因此，中国国旅以"十三五"战略转型为契机，建设财务共享服务中心，将企业财务管理重新定位为以面向业务为基础，以管控风险、服务决策为职能，以创造价值为目标的集团化财务管理体系，期望建立业务驱动型的财务共享服务中心，早日实现中国国旅的财务转型。

（二）财务共享服务中心建设动因

中国国旅建设财务共享服务中心的原因和动机主要分为解决痛点、优化管理和战略转型三个方面。

1. 解决痛点

随着集团规模和业务的不断扩展，中国国旅的财务管理面临着新的挑战。解决这些制约中国国旅发展的痛点，从而促使其进一步高质量发展是中国国旅进行财务共享服务中心建设的重要原因和动机。在建设财务共享服务中心之前，中国国旅在财务管理过程中面临着以下痛点：

（1）业务多样性高，财务管理负担重。作为以旅游服务和免税品商店为主营业务的旅游行业集团，中国国旅拥有 260 余户各级子公司、2 500 余家分公司和门店，且遍布于境内外各地，有些甚至在较为偏远的边境口岸，财务人员水平参差不齐，财务人员招聘困难，财务队伍稳定性差，给集团的统一标准化管理带来了很多困难。同时，中国国旅的业务种类也覆盖很广，除了主营的线上、线下旅行社业务和有税、免税零售业务外，也涉及签证、会展、客运、地产、物业等相关业务。不同业务的管理运营各有特点，业务数量与种类"双高"的特点给中国国旅的财务高效管理带来沉重负担。

（2）管理系统组织复杂，财务管理难度大。中国国旅在境内外拥有大量的客户和分支机构，规模大，组织复杂。集团内部现存的管理系统众多，包括日常办公采用的OA 系统，旅游服务业务的多种交易系统，外交部签证系统涉及有税、免税零售业务的海关仓储、供应链、零售、物流系统等。此外，中国国旅内部管理链条共有 5 级，管理链条较长，信息传递效率低。在财务管理系统方面，中国国旅的各级子公司缺乏财务系统的统筹规划，分别使用了 4 套硬件、4 套财务核算软件、4 套报表软件，其核算、报表、数据、资金等系统均未统一，多种系统并存，即便这些分散的系统仅部分单位上线，信息汇总收集难度也很大，给中国国旅财务管理带来很大困难。

建设财务共享服务中心正好可以针对这两个痛点"对症下药"。一方面，财务共享服务中心可以为集团的各分支机构、各业务部门规定标准化的财务核算处理流程，方便集团大规模、高质量地处理财务信息，确保财务信息的时效性、可比性和准确性；另一方面，财务共享服务中心可以统筹联通现有的多个业务系统体系，构建上下左右联通的业务、核算、报表、数据、资金互通互联的一体化系统，为会计核算、报表报告、财务分析等创造便利条件。因此，建设财务共享服务中心可以"一石二鸟"地解决中国国旅财务管理方面面临的两大痛点。

2. 优化管理

中国国旅建设财务共享服务中心的另一个重要动因是为了满足集团优化财务管理体系的需要。中国国旅作为央企上市公司，对于市场投资者、各级监管部门及客户有着高质量运营管理、保障财务信息真实合规的责任。因此，财务管理体系的优化就显得格外重要。在建设财务共享服务中心之前，中国国旅财务信息处理各流程的效率和有效性缺乏技术保障。财务共享服务中心可以打通集团业务和财务管理之间的屏障，打通各级子、分公司各自为政的财务系统，构建财务信息生产和应用的"高速公路"，从而实现业财融合、信息集成、高速传达的财务管理体系，解决信息传达过程中常见的效率低下、准确度低的问题。财务共享服务中心可以使财务信息生成、传达、汇总、管理的效率和效果全面得到提升，从而使得集团财务管理能力和水平进一步与集团各级的决策需要和各利益相关方的知情需要相适应，并进一步为集团发展作出贡献。

3. 战略转型

财务共享服务中心是当前实现企业财务转型最重要的路径之一。为了在市场竞争中占据优势，巩固其行业龙头地位，中国国旅的产品和服务都会进一步快速扩大，向着多样化、个性化、灵活化的方向发展。与之相匹配，财务方面，中国国旅的财务管理体系也规划了发展转型战略。根据集团战略规划，集团将建成包含"业务财务、共享财务、战略财务"的扁平化财务管理体系。第一，借助财务共享低成本、高质量的优势，促进集团财务管理成本效益的提升，从而提高集团的盈利能力；第二，通过"虚拟办公室"式的财务共享服务中心，实现对各级财务人员能力的培训与提升，为财务转型做好人才准备；第三，财务共享服务中心建设将财务人员从烦琐的传统会计工作中解放出来，使他们可以有更多的时间和精力投入业务财务和战略财务当中，腾出手脚来为集团的管理和战略发展出谋划策，使得财务人员真正成为业务的好伙伴、企业价值的创造者。

（三）财务共享服务中心建设目标

中国国旅在"十三五"战略规划中确立的财务管理目标是构建面向业务、创造价值的集团化财务管理体系，中国国旅建设财务共享服务中心的目标也与财务管理总体目标相一致，其核心在于"面向业务、管控风险、服务决策、创造价值"，其中，面向业务是基础。

1. 面向业务

中国国旅建设财务共享服务中心的一个重要目标是打造服务于业务的财务管理体系。面向业务的财务共享服务中心的核心在于将财务核算与业务工作相匹配，使财务数据和业务信息相对接，财务工作服务于业务工作并最终推动业务发展。财务共享服务中心建设通常采用细节改进、流程再造的方式实现财务的流程化管理，利用层级纵向贯穿和职能横向聚焦作用，使以往零散的财务流程得到梳理整合、统筹规划，从而更好地服务于业务相关职能。同时，财务共享服务中心的信息源头直接来自业务信息，让集团内部的信息传递可以在财务系统和业务系统中实现无障碍的对接，避免了信息传递中出现的疏漏和错误。此外，面向业务的财务共享服务中心在实现财务流程化的同时，还可以带动集团业务的流程化，使集团的业务管理也更上一层楼，从而使财务发展真正惠及业务发展。

2. 管控风险

发挥财务管理在管控风险上的作用是中国国旅建设财务共享服务中心的另一个重要目标。通过财务共享服务中心的建设，集团总部和各分支机构的财务职能与信息得到了汇总和集中，为各级财务人员的工作提供了统一的制度、标准和流程，避免了过去由于分散化的财务管理导致的财务核算标准不统一、财务信息准确性和及时性无法保障的风险。同时，财务共享服务中心的建设，对财务人员的吸纳、培养、管理和考核比传统模式更加便捷有效，对错误和舞弊的风险管控强度会进一步加强。另外，财务共享服务中心集中了来自各分支机构和子公司的信息，可以使集团通过这一平台在更早的时间节点了解到各下级机构的经营成果和业绩趋势，提早发现问题和风险，将传统的事后危机管理转变为事前风险管理，从环境和市场的角度对风险进行管控和分析，从而起到更好地管控风险的作用。

3. 服务决策

实现财务管理的服务职能——服务决策，是中国国旅建设财务共享服务中心的第三个重要目标。财务的战略服务职能主要是采用分析、评价、预测等方法理清财务数据背后的业务、市场、行业、经营管理等信息，从而为企业管理者制定战略提供支持。对于中国国旅而言，财务共享服务中心为集团的服务决策职能提供了一个标准化数据集中平台。在这一平台上汇集、处理、分析来自不同业务、不同子公司的财务数据，出具多种形式的财务分析报表，对财务信息进行横纵向的比较，帮助企业从宏观立体视角来分析评价自身经营情况，从而制定或调整经营战略，实现财务为企业战略总体服务的目的。

4.创造价值

创造价值是中国国旅建设财务管理体系的最终目的，也是集团建设财务共享服务中心的目标所在。随着财务共享服务中心的建设落成和持续优化提升，集团的财务管理工作在成本效益提升、财务业务融合、流程体系优化、信息质量改进等多个方面逐渐完善。在财务转型过程中，相关管理会计工具在集团"三轮驱动"中的深度应用，最终都会服务于集团的整体利益，真正实现中国国旅财务创造价值的构想。

（四）财务共享服务中心建设历程

中国国旅的财务共享服务中心建设前后经历了约 2 年的时间，涵盖了可行性分析和软件供应商招标、调研考察和方案设计、实施方案和产品测试、分批推广和持续改善四个阶段。

1.可行性分析和软件供应商招标

财务共享服务中心建设的第一步就是进行项目的可行性分析，具体包括对财务共享服务中心的管理模式和服务模式的选择、成本效益分析和框架设计等流程。2014 年 5～8 月，中国国旅财务部对建立财务共享服务中心进行了可行性调研；8 月，集团相关会议批准了建立财务共享服务中心的初步方案；10 月，集团公布了软件供应商及产品实施商的招标结果，并确定了软件供应商及产品实施商。

2.调研考察和方案设计

2014 年 11 月，软件供应商的项目组及实施团队正式进场工作；2014 年 12 月，项目组及实施团队对主要业务所在的具有代表性的各级公司开展业务调研及方案研究；2015 年 1 月，项目组完成了项目的初步蓝图设计，并在过程中与子公司反复沟通修改。

3.实施方案和产品测试

2015 年 1 月开始，中国国旅财务共享服务中心项目组、软件供应商及项目实施团队完成了项目实施方案的设计，并将最终实施方案提交到软件供应商产品开发团队进行产品开发；2015年2月底，软件供应商完成了中国国旅财务共享产品中客户开发的部分功能开发；2015年3月开始，项目实施团队与中国国旅财务共享服务中心项目组逐步展开对产品的测试，并就产品与各子公司进行沟通，吸纳意见反馈，双方项目组对核算体系、流程及控制体系、业务系统接口、上线安排等细节进行确定；2015年5月，开始组织相关企业对产品逐一进行单元测试、全流程测试等。

4.分批推广和持续改善

2015年7月1日，财务共享服务中心先后共分10批启动在各级子公司正式上线，截至2016年5月1日，完成集团全部各级分子公司、门店的正式上线并完成系统切换。系统上线后运行良好，财务转型工作也在财务共享服务中心上线的过程中得到了有序推进。

（五）财务共享服务中心建设成果

1.实现财务管理模式扁平和协同

通过财务共享服务中心建设，中国国旅实现了财务会计与管理会计的相互支持、相互融合。财务会计在财务基础工作上往更深、更实的方向发展，管理会计在财务管理与价值创造上往更高处发展，前者为后者提供信息与数据，后者利用前者的信息和数据科学管理并创造价值，具体如图2-1所示。

图2-1 中国国旅财务管理模式图

2.建立"三位一体"财务组织架构

中国国旅主要由两个大型子公司中国国旅总社和中免集团组成，分别经营旅行社和免税零售两大业务。这两大子公司旗下又分别设置一系列分支机构和区域经营公司。在中国国旅进行财务共享服务中心建设的过程中，考虑到两家子公司本身独立性较强，经营业务也各具特色，区别较大，不具备一步到位的统一管理条件，因此在系统上建设了三个虚拟共享中心，即在集团整体集中部署一套信息化系统、一个平台，根据业务特点将作业池和作业组划分成三个，分别是集团总部中心、国旅总社中心、中免集团中心，三个中心的业务都在统一部署的一个财务共享服务平台上运作。这样使两大子公司的专营业务既不会互相影响，又能够有序统一。

其中，国旅总社中心服务于中国国旅总社及其旗下经营旅行社业务的各地分支机构，负责对中国国旅的旅行社业务进行财务处理、核算、记录、审核；中免集团中心则服务于中免公司及其下设的各分公司；集团总部中心起到兜底作用，服务于除上述两大业务以外的各项业务。

财务共享服务中心建立后，中国国旅的财务组织架构分为三个部分，即共享服务中心、管理会计中心、二级单位财务部。其中共享服务中心负责各级单位经营管理中的营业收入、成本费用、网报管理、资金结算、资金调度、报表报告、流程优化等工作；管理会计中心主要负责全面预算、绩效评价、产权管理、资本运作等工作；二级单位财务部依旧负责财务管理的前端环节，包括所在单位原始单据初核、会计档案管理、内控管理、业务财务等工作。如图 2-2 所示。

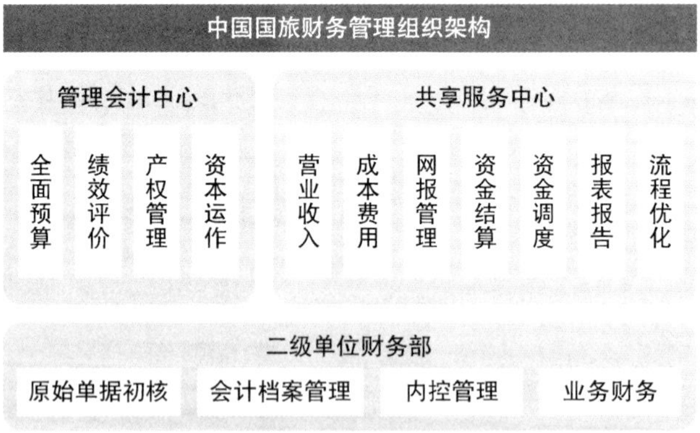

图 2-2　中国国旅财务管理组织架构图

3. 实现财务人员转型升级

通过财务共享服务中心的建设，逐步实现财务人员的转型升级，有序地使他们从传统的会计工作中解放出来。

（1）总账报表人员。通过实时报表、一键合并和全自动化生成各种报表报告、对标分析等，将各级单位中报表岗位、财务分析岗位人员率先解放出来，转型从事业务财务或战略财务工作。

（2）资金管理人员。所有资金通过自动归集和对外集中结算（联动支付），将各级单位中的资金管理岗位人员解放出来，转型从事司库管理工作。

（3）出纳人员。通过大力压减现金交易，大幅减少各级单位出纳人员，转型从事单据审核、档案管理等基础工作。

（4）其余会计人员。通过统一的财务人员工作平台及中国国旅特色的"虚拟办公室"财务共享组织和财务共享作业组的月例会、季例会、年度会议以及定期轮岗等机制，将这部分会计人员逐步培养成具有全局视野、熟悉各类业务的复合型人才，然后择优充实到业务财务、战略财务的岗位中。

4. 实现业务处理表单化

通过逐一梳理业务，把中国国旅现有的全部业务设计成 17 大类 165 张业务单据，并通过 853 个收支项目简洁直观地衔接业务与财务，与 1 806 个会计科目之间通过 21 984 个入账规则，实现了从业务单据到会计凭证到报表报告的全自动化处理。每张单据又根据不同单位、产品、收支项目、金额等组合，设置了 268 个工作流和 273 个审批流，实现了各类单据的自动流转和审批，实现了预算的自动控制与提醒。中国国旅财务共享通过数字化业务推动了业务处理的规范以及关键内控的有效控制，实现了"管理制度化、制度表单化、表单信息化"的管理目标。由于中国国旅财务共享主要是面向业务人员使用的，为保证非财务人员使用的便利性，所有页面和单据均是按照业务人员工作性质个性化设置的。

5. 实现业务财务一体化

中国国旅现有的业务系统有 20 多种，涵盖集团 80% 以上的主营业务，通过主数据形式实现了财务共享从业务系统自动生成相应业务单据，并完成信息向业务系统的同步回写与交互；对于没有业务系统的单位或业务，所有单据也是由业务人员手工录入的，所有单据的附件也是由业务人员通过移动扫描上传的，没有专门的扫描岗。中国国旅特色的业财一体化大幅提高了财务共享数据源取得的效率，保证了财务信息的及时性、准确性、追溯性，同时最大限度地把财务人员解放了出来，为业务前端提供财务支持和服务。

6. 实现共享内容全面化

中国国旅财务共享基本涵盖了财务会计全部内容及部分管理会计内容，并且融入了移动互联网、机器人等新技术在财务智能上的应用。中国国旅财务共享上线时的主要内容包括网报、核算、总账报表、银企直联、多结算中心、资产管理、预算控制、移动办公等，特别是收入成本的共享以及实时报表、一键合并。在财务共享上线后又逐步上线了分析平台（BI）、票据审核机器人、智能报账等产品。

7. 实现财务共享服务中心虚拟化

中国国旅财务共享服务中心采取了"虚拟办公室"模式，财务共享服务中心只有各个组的作业组长和少量几个本组业务骨干集中在北京，其余作业人员仍在本单位，也是本单位的业务财务。每个小组定期召开会议，分析讨论本组业务中的问题及改进措施，整个财务共享服务中心也通过定期召开会议的形式由作业组长通报本组过去工作中的问题及改进计划，作业人员也会定期轮岗，通过这样的形式实现财务人员综合能力的快速提升；通过"实时报表、一键合并"，不仅提高了财务信息的质量和效率，而且逐步把各级子公司的所有报表岗位人员解放出来，充实到业务财务或战略财务岗位中，并以此为起点启动财务转型之旅。这样的方式不仅解决了财务共享服务中心集中办公带来的诸多问题，也让大量业务财务承担起现场对收入成本等复杂业务单据的初审任务，解决了集中办公下财务共享服务中心难以审核业务真实性的难题。

8. 实现信息系统集成化

在建立财务共享服务中心之前，中国国旅的财务信息系统是独立的、割裂的，是一个个信息孤岛，这大幅增加了业务的处理难度和运维成本。根据建设统一信息化平台的规划，中国国旅对信息系统进行了重新规划，包括：①整合升级财务系统，将多套NC5.0财务系统升级到一套集中部署的NC6.0财务系统中；②替换部分系统，资金系统由九恒星财务系统替换为NC6.0财务系统、报表系统由久其财务系统替换为NC6.0财务系统；③ 业务系统保持不变，开发接口通过主数据方式与NC6.0财务系统进行数据传递。

建立共享后，中国国旅通过一套财务共享系统，包括财务共享服务平台、核算、预算、资金、报表、移动办公等，一个平台的一体化处理方式，实现了信息系统的高度集成，使得财务共享服务中心成为集团最大的信息池，为大数据分析提供了基础，建立了功能强大的BI。中国国旅财务共享服务中心除了能够实时生成和一键合并集团及各级子公司近200张统一的财务报表、附注及个性化报告外，子公司还可以根据自己的业务特性设置100多张业务分析报表。实现了5个一体化，即账表一体化、会计资金一体化、核算预算一体化、结算预算一体化、业财一体化，为财务转型奠定了基础。

中国国旅财务共享服务中心采用用友 NC6.0 平台，使用了 UAP 平台、财务共享服务平台、总账、固定资产、企业报表、合并报表、网上报销、资金管理（多结算中心、资金调度、账户管理、资金结算、内部存款、内部贷款、现金管理、银企直联)、全面预算、财务分析、移动应用等系统，并开发了与 B2B 系统、NC5.0 供应链系统、旅游业务管理系统、免税店门店系统等系统的接口与数据交互，实现了从业务处理、财务核算到资金集中支付的全业务流程管理，如图 2-3 所示。

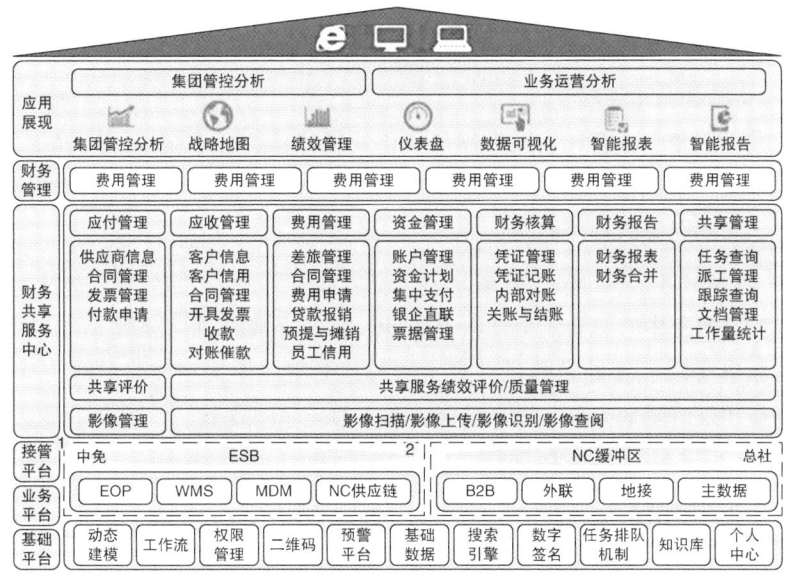

图 2-3　中国国旅财务信息化整体架构图

9. 实现多端应用同步化

在财务共享服务平台上，针对不同的用户分别以前端、后端和移动端三种形式展现，并且移动端同时上线。前端主要面向业务人员、业务审批、管理人员，系统具有界面简洁个性、操作简单友好、自控性强、对终端要求低、快速查询功能等特点；后端主要面向系统管理员、专业会计人员，系统具有强大快速的数据处理、简便友好的系统维护、与其他系统的强兼容等特点；移动端包括移动审批和移动扫描功能，系统具有终端兼容性强、操作简单快速、信息推送提醒、扫描便捷安全等特点。这些特点保证了不同人员，特别是各级业务人员和领导的快速上手和日常使用。

（六）财务共享服务中心建设价值

1. 加强财务管理，有力推动运营变革

中国国旅财务共享服务中心的建立有力地推动了运营管理模式的变革与创新，

促进了财务会计与管理会计更好地融合，促进了业务财务、共享财务、战略财务的协同发展，推动了财务转型目标的落地。

2. 实现有效监督，控制成本

财务共享服务中心客观真实地反映了财务状况、经营成果等内部管理数据，是内部进行监督管理、成本控制、预测决策、增加企业价值的重要环节，帮助中国国旅有效地进行财务管理。

3. 提升集团管控力

财务共享服务中心会计核算业务自动化处理的核算标准统一、流程统一、阳光账本、交叉复核与机器人票据审核、流程的系统控制、预算控制、数据集成等，有效地提升了集团财务的管控能力。

4. 提高会计工作效率和质量

财务共享服务中心整合了会计人员资源，保证了整体业务水平；通过财务共享服务中心派单实现会计处理随机，防止舞弊；采用计件式工作，即时统计工作量；实现移动应用随时随地办公，提高了会计工作的质量和效率。

5. 实现数据驱动与价值创造

（1）通过实时报表、一键合并及财务共享单据层的业务信息，形成了以财务为中心的实时数据仓库，实时数据的要求也推动了业务精益管理。

（2）通过决策支持系统，对数据进行分类整理，形成各类看板、管理会计报告、运营分析报表等，呈现了公司全貌、业务全程信息，及时预警纠偏，使集团有效地管控风险。

（3）通过系统数据分析诊断集团战略、经营中存在的问题，及时调整集团战略和经营方式，形成数据能够及时反映业务、驱动业务与战略调整的动态循环。

各级单位的业务财务利用数据在业务参与中间接创造价值，在资产经营与资本经营中直接创造价值，见图2-4。

（七）财务共享服务中心建设经验

从中国国旅财务共享服务中心的建设过程和实施效果来看，中国国旅财务共享服务中心建设从筹备到成功运行这一阶段，既有值得总结的成功经验，也有其他企业值得借鉴的地方和需要注意的问题。

1. 管理层的支持

中国国旅管理层的重视与支持是实施财务共享的重要前提，因为实施财务共享

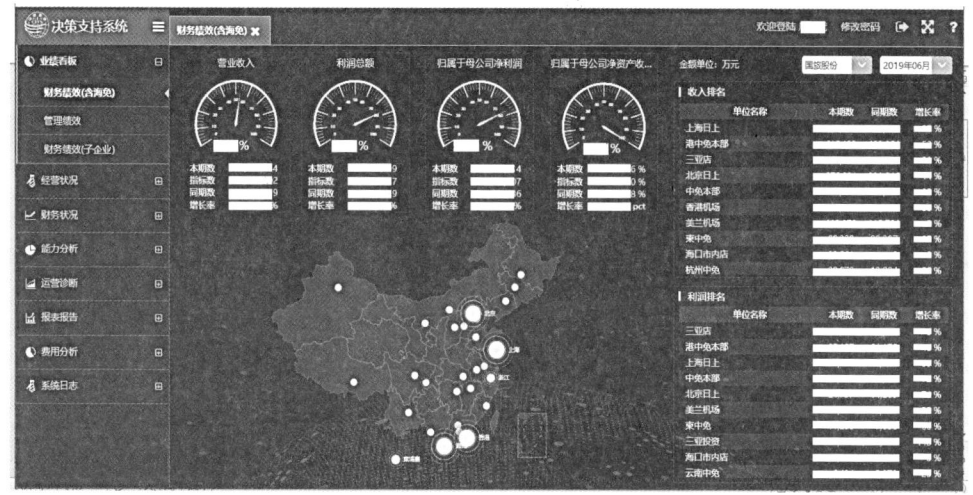

图 2-4　中国国旅决策支持系统图

要对原有的组织结构和运作流程进行改革，因此，会不可避免地影响集团内部员工的利益，进而对顺利推进财务共享造成阻碍，若管理层重视财务共享的建设工作，有坚定推动实施财务共享的决心和较强的执行力，那么建设并运行财务共享服务中心的过程便会顺利推进。另外财务共享服务中心的建设与集团内部控制、绩效管理、战略发展等方面均有一定程度上的联系，需要管理层统筹兼顾。中国国旅要通过实施财务共享促进财务管理转型，管理层的精力就可以更多集中于集团的战略发展，就能站在战略高度上指导集团的财务管理工作。中国国旅财务共享服务中心正是因为得到管理层的大力支持，才能够顺利推进建设。

2. 企业自身条件与定位

不同的企业要结合自身情况建设财务共享服务中心。中国国旅"旅游＋免税"模式的主业，业务差异大，因此在开始建立财务共享服务中心之初，为了使财务共享服务中心快速建成并运行，集团先对国旅总社和中免集团分别在两个独立的作业池和作业组中进行管理，在其对系统和业务比较熟悉后，打通作业池和作业组，不仅大幅减少了作业人员的培训时间和成本，也保证了财务共享服务中心的快速上线及良好运行。中国国旅建立财务共享服务中心的方式考虑到了自身特有的经营模式，符合其经营情况。每个企业都有其特有的经营特点，在借鉴其他企业经验时，既要合理采纳吸收，又要避免盲目照搬原有模式。企业在决定实施财务共享之前可以多走访几家财务共享服务中心，进行可行性分析，了解本企业建设财务共享服务中心的重点与难点，并结合本企业特点与软件供应商进行积极沟通交流，最后通过资料与信息的整合，采用最适合本企业的实施思路，以便能够合理有效地建设财务共享服务中心。

企业在建设财务共享服务中心时要有准确的定位，并且要考虑采用何种运作模式，以及确定财务共享服务中心的发展方向和目标。中国国旅在建立财务共享服务中心前，以建立"业务财务、共享财务、战略财务"三位一体的财务管理体系为目标，并且有一个整体的框架体系，通过参照目标与定位一步步建设财务共享服务中心。企业实施财务共享要对全局有整体性的把握，同时要与企业的发展战略相吻合，力求财务共享服务中心可以助力企业发展，降低企业成本，创造价值。另外，财务共享服务中心可以根据企业需要在不同的建设阶段有不同的侧重点，在前期侧重会计核算，到后期可以加入部分管理功能。

3. 信息系统的支撑

财务共享服务中心的建设与运行必须要有成熟的信息系统支持，财务人员要能熟练运用财务系统进行操作，要适应财务共享运作方式并快速进入工作状态。中国国旅在实施财务共享之前的信息系统并不统一，存在多套业务与财务系统，用友集团在帮助中国国旅建设财务共享服务中心时，将财务系统统一升级为 NC6.0 财务系统，使财务共享服务中心在统一的信息平台上运作，更加有利于中国国旅财务共享服务中心的建设与运行。

信息系统的安全防护工作也十分重要，财务共享服务中心会涉及企业的财务信息，重要财务数据的泄露会给企业造成极大的损失。因此信息系统的安全问题需要引起管理层的高度重视，对信息系统进行实时监控，保证系统的安全性；除此之外，还要经常对系统进行升级维护，一方面可以保证系统的安全性，另一方面还能够保证系统更加流畅地运行。

4. 以客户为中心

旅游业是服务行业，以让客户满意为标准。在符合相关规章制度的前提下，快速高效地满足客户的要求是财务共享服务中心运营效率的判定标准之一，中国国旅在建设财务共享服务中心时，着重强调财务共享服务中心特别是共享产品设计上的服务职能，以对待客户的标准为各级单位提供高质量、高水平的服务，一切以业务和客户为中心。因此，企业在建设财务共享服务中心时，也要注重以客户（包括共享产品的内部用户）为中心，提高业务处理效率，保证服务质量，提高客户满意度。

五、财务变革总结与展望

面对全球化、市场化的浪潮，企业唯有提升自身的竞争力，才能实现稳定发展，实现资产保值增值。以往国有企业传统的管理方式较为落后，对信息技术的运用不够深入，管理效率较低，且管理过程容易受人为因素干扰，不利于企业的长远发展。中国国旅通过财务共享服务中心建设，创新财务共享模式，推动企业财务转型升级，实现了财务服务与监督质量和效率的提升，支撑企业快速高效地发展，摸索出了一条适合中国国企财务变革管理发展之路，值得其他国有企业借鉴参考。

面对新经济、数字化的时代大潮，中国国旅从未停止变革创新的脚步，在夯实已有财务转型成果的基础上，结合"十四五"规划，将利用新技术作出更多的创新与探索，助力中国国旅向数字化企业转型。

参考文献

［1］康晔.财务共享服务在中国国旅的应用研究［D］.河北经贸大学，2018.

［2］徐诗玥.对于国企建设财务共享服务中心的相关研究［J］.中国国际财经（中英文），2017（04）.

［3］于跃.陈文龙：抓住时机［J］.新理财，2016（4）.

［4］于跃.国旅集团：一体化共享［J］.新理财，2016（9）.

扫码观看中国国旅财务共享应用访谈实录

案例三

奥德集团：财务转型　抓住大机遇　实现大发展

——奥德集团财务共享服务应用实践

作为 CGMA "2018 年度最佳财务共享服务中心第一名"，奥德财务共享服务中心 2018 年的直接经济效益近 800 万元，从建设到运营不足 2 年，奥德人，尤其是奥德财务人是如何做到的？本案例为大家揭开那并不神秘的面纱，其建设过程中的经验与得失供大家参考。

一、奥德集团概况

（一）奥德集团处于快速发展期

奥德集团有限公司（以下简称"奥德集团"）是一家以能源为主的综合性民营企业，集团下属企业主要分为能源、金融、城投、装备制造和工程建造 5 个业务板块。奥德集团下属的山东奥德燃气有限公司为中国民营企业 500 强。

近几年，全球的能源格局正在发生变化，高效、清洁、低碳已经成为世界能源发展的主要方向，世界能源低碳化进程进一步加快，天然气和非化石能源成为世界主要能源。近年来，我国能源行业坚定地践行新发展理念，以深入推进供给侧结构性改革为主线，主动对标高质量发展新要求，统筹推进稳增长、促改革、调结构、惠民生、防风险等各项工作，经济运行呈现"总体平稳、稳中有进、经济结构持续优化、新旧动能接续转换、质量效益双双提升"的良好格局，稳步推进高质量发展。

无论是从供应侧还是消费侧分析，中国燃气行业中天然气规模总体上均呈现较快增长态势，但目前国内燃气领域空白市场有限。燃气企业"兼并整合"和区域"精耕细作"成为"十三五"战略规划期间燃气行业发展的主旋律，"互联网＋燃气"也正成为燃气行业的新兴业态。

（二）燃气主业遍布全国

奥德集团是以能源、金融、地产、制造、建造、旅游和农业等多种产业综合发展的企业集团，集团下设金融控股、城投、装备制造、工程建造等二级集团，下属子公司 280 余家，其中，燃气类公司超过 160 家。

奥德集团旗下的山东奥德燃气有限公司为中国民营企业 500 强，其业务经营主要分布于东北、华北、华东、华中、华南等 8 个区域；能源产业分布在全国 15 个省，200 多座城市，并在海外开展油气田开发和燃气营销业务，是全球化的综合能源服务商。全部员工 7 600 余人，其中财务人员 295 人，占比约 3.9%。

从公司燃气业务的基本流程看，燃气的采购和销售是企业的核心业务，具备商贸特性；从公司业务配套合同开始的项目设计、工程施工、项目结算、竣工验收、转资等环节看，在燃气销售的商贸特性基础上，公司业务还具备工程项目特性。

（三）行业大发展的机遇和财务转型的升级需求呼唤财务共享服务

奥德集团的业务现处于发展上升阶段，且在未来 3～5 年内将新增约 100 家燃气公司或项目公司，但目前 280 余家公司，仅有 295 位财务人员，人员缺口较大，财务工作已经超出现有人员的负荷程度。公司需要建立财务共享服务中心，释放财务人力，整合财务与业务的信息系统，实现信息资源协同共享，提升财务作业的自动化水平。

1. 业务快速扩张，财务管控压力大增，财务共享服务成抓手

（1）产业处在上升阶段，集团需要不断扩张。在国家大力倡导清洁能源的大背景下，燃气正处于行业黄金发展期，奥德集团面临较好的发展机遇。2013 年，中共第十八届三中全会提出油气价格改革方案，要求放开竞争性环节价格；2015 年，国务院将"油气改革总体方案"列入年度工作计划，最终囿于现实未能出台；2016 年，油气改革再度成为年度改革计划。发展至今，管输价格、成本监督审查、混改试点等一系列问题逐渐梳理清晰，综合改革方案出台时机已经成熟。2017 年，煤改气方案的实施使得燃气企业业务井喷。

奥德集团进一步把握城市管道燃气这一主导产业，不断扩大以城市燃气投资、建设、经营为龙头的产业结构和区域性、战略性市场环链，拓展以石油、石化建筑安装工程为主导的市场空间，利用一切有效资源，寻找有利商机，盘活多种经营，不断增加新的经济增长点，并致力于成为客户信赖、社会尊重、造福民生和有重大影响力的企业。集团以燃气为核心的能源产业主要分布在燃气分销、液化天然气（liquefied natural gas，简称 LNG）贸易、分布式能源、车用燃气、储能等领域，向客户提供全方位的清洁能源整体解决方案；下设东北、华北、华东、华中、华南等经营管理区域；能源产业分布在全国各地 200 多座城市，并在海外开展油气田开发和燃气营销业务，是全球化的综合能源服务商。奥德集团自身能力与行业发展机遇相匹配，集团财务管理想要满足业务扩张并支撑公司的发展战略，就要改变集团原有财务分散核算、分级管理的传统模式。

（2）财务共享服务成抓手，转型升级迎未来。国内外众多企业实践证明，财务共享服务已成为优秀企业的财务管理新模式，方法成熟，实践有效。财务共享服务能够帮助企业实现业财深度融合、财务会计业务自动化、内外系统集成化、财务信息

标准化、业务处理规范化、会计作业集中化、财务组织共享化，解放财务生产力，为财务会计向管理会计转型夯实组织基础、数据基础和人才基础，让更多的财务人员从事高效率、高质量、高价值的财务工作，为财务人员从价值守护者向价值提升者的转型创造条件。

财务共享服务能促进会计信息生成与披露的标准化、规范化，促进会计信息与企业业务信息的同步化、集成化，把迟滞的信息变为实时在线的信息、单一信息变为整合信息。改变人员分工与模式，从以会计核算工作为主，转变为以参与企业战略规划和管理支撑为主。财务共享服务能融合财务与业务的信息系统，实现信息资源共享，延伸管理触角，实施精细管理，防范舞弊风险，辅助科学决策。

2. 人员不足、执行不力、信息孤岛、业务同质逼迫财务转型

（1）公司不断扩张，但财务人员不足。奥德集团核心业务为燃气板块，旗下有160余家基层燃气公司，共有财务人员295人，财务工作处于超载运行状态，财务人员缺口达50多人，传统的财务组织形式难以支持公司发展。近年来，国家在推行煤改气工程，公司业务量也在直线上升。然而，就公司目前的财务人员现状，平均1家燃气公司的财务人员不到2个，1名财务人员需要承担3家公司的财务工作，甚至负责更多单位的财务核算或出纳岗位职责，而且几乎每个财务人员都兼任了部分财务管理工作。对财务人力资源的需求，使得财务对公司战略的支持作用面临着严峻挑战。

（2）制度手册齐全，但执行贯彻不到位。奥德集团制定了统一的财务管理制度、费用管理制度、合同管理制度、燃气购销核算规定、会计核算手册等，但在执行过程中，财务人员受制于管理体制、财务人员更替频繁、信息系统支撑等影响，会计核算规范的执行随意性较大，制度执行情况在集团范围内参差不齐。因此，把握行业发展机遇、提升企业经营和财务管理能力成为必然，寻求新的管理工具和IT系统成为公司新需求。

（3）信息系统繁多，但缺少统筹规划。奥德集团缺乏信息化建设的统筹规划，对企业信息化建设的短期目标和长期目标不明确。目前在用的信息系统包括用友NC财务系统、拜特资金系统、泛微OA系统、运营管理系统、售气系统和加气站系统。各信息系统基本都是按部门需求逐步建立起来的，且现有的系统中，只有财务系统和资金系统能够信息共享。由于部门效率和个人效率的改善和提升都有限，多数系统之间存在信息孤岛，缺乏必要的人力资源系统、网上报账系统、主数据管理系统、项目管理系统、决策支持系统等。

（4）业务特性明显，业务呈现同质化。奥德集团业务主要为管道天然气、压缩天

然气（compressed natural gas，简称"CNG"）、LNG业务，能源板块旗下的燃气公司具有业务的同质性，会计核算相对单一。然而，公司销售类型呈现多样化，客户不仅有居民、工业企业，还有公共服务部门、政府机构。内部管理模块繁杂，工程施工、工程物资、材料采购、内部交易都需要进行管理，而且业务单元位于不同的地域，公司分布具有分散性，不利于集团进行管控。

（四）转型、降本增效、强化风控、承接战略成为共享建设目标

奥德集团建设财务共享服务中心的总体目标为推进集团财务转型，支撑集团发展战略。集团计划通过建立财务共享服务中心帮助企业在集中管控与操作规范的基础上逐步降低财务运作成本，同时推动财务组织的转型，在2～3年内稳定财务共享服务模式。通过实现财务共享，提升财务管理能力；通过实现业财融合，增强财务服务能力；通过实现战略财务，支撑公司决策能力。

集团建设财务共享服务中心的具体目标主要有四个：

（1）降低财务成本，使业务处理实现标准化、流程化、专业化、自动化，提高财务业务处理效率和处理质量，降低财务人工成本。

（2）加强风险管控、资金管控、预算管控、合同管控，完善合规流程，主要控制线上运行，强化运营风险控制。

（3）挖掘数据价值，规范基础数据标准，实现主数据编码统一管理，实现经营数据、财务数据的标准化管理，建立基于大数据的分析系统。

（4）支持企业发展，优化财务架构，强化战略财务职能和作用；提升财务服务的满足度，支持业务发展，适应公司快速增长的发展战略要求。

二、奥德集团财务共享服务中心建设咨询与实施概况

（一）项目筹备

2016年10月，奥德集团开始正式进行财务共享服务中心的筹备工作。奥德集团从三个前提、四大条件、四项基础和三种分析进行评估与判断，充分考虑企业文化、集团管控模式、发展战略等宏观前提的限制，从经济规模、组织数量、企业成长空间和业务差异性四大条件进行中观分析，再从财务组织及人力、标准化与规范化、预算与资金管理和IT信息化四项应用基础进行微观分析，最后从投资成本、效益和风险作客观分析，判断奥德集团自建财务共享服务中心的必要性和可行性。

按照总体规划，奥德集团秉承试点先行、逐步推广的原则。在咨询阶段，公司逐步构建集团财务组织体系及定位，着手设计财务共享服务中心的组织结构、职责、绩效、运营方案、制度，规划基础财务共享内容、业务流程、单据，决定财务供应链管理系统升级方案，资金、OA多平台信息系统集成方案，对财务共享服务中心进行系统性选址，出具集团财务管理现状调研及分析报告，制定财务共享建设步骤及实施策略，对集团管理相关系统升级提出优化方案建议，设计收费系统、项目管理系统，形成财务共享会计资料交接模式。

（二）建设历程

2017年6月，奥德集团完成项目公开招标，确定采购用友公司提供的业务咨询服务、软件产品和系统实施服务。2017年7月末，建设项目正式启动；10月中旬，完成业务咨询规划；2018年4月，完成实施方案、场景测试、产品及异构系统的开发与测试；5月，财务共享服务中心在华东大区正式上线运行。奥德集团选取了2家单位进行财务共享服务中心的试点运行，对相关单位进行员工培训，并编制财务共享服务中心手册的初稿。在软件实施阶段，奥德集团落实系统建设方案，进行组织固化、流程嵌入、产品测试、异构系统开发、系统调试、关键用户培训和上线前的准备等。2018年6月，集团内部已有12家单位使用财务共享服务平台，处理完成的业务量占总业务量的9%，同时集团不断优化手册内容。试点运行后，集团内其他企业也迅速开始应用财务共享服务中心，至2018年8月，已有100家单位开始应用财务共享服务中心，占集团总业务量的70%。2018年10月，奥德集团燃气板块有146家公司纳入财务共享服务中心，集团内部达到燃气板块100%上线，上线效果明显。2019年6月，奥德集团实现核心业务板块的160多家公司上线。计划2020年将实现全集团各业务板块的财务会计业务共享化。

为顺利开展财务共享服务中心建设，集团成立了以集团财务总监为首的项目领导小组，以集团财务部牵头，各大区财务总监监督，资金部、采购部、销售部、仓储部、人力行政部等部门配合，信息中心提供信息系统硬件、网络等技术支持方面的项目建设组织。从下属单位抽调业务能力强的骨干人员，分别充实到财务共享服务中心的不同业务小组中，担任小组组长。财务共享服务中心成立了应收应付组、财务核算组、费用组、总账报表组等业务小组，开展业务需求整理、流程规划、系统测试、培训、上线辅导等系统建设工作，协助支持咨询与软件实施方推进项目进程。

集团在推广财务共享服务中心的同时，不断进行员工培训，建立财务人员培养机制，构建新人培养、在职培养、人才梯队建设、能力提升和知识管理体系，打造学习型组织。为财务新人提供全流程培养计划，以文化融入、岗位胜任为目标，以财务集中培训、以师带徒为主要培养模式，强调新人自主学习，并以小组实践模式促进新人贡献产出；面向财务各岗位在职员工，以学习路径图为主要方法，以掌握业务专业技能要求为主要目标，通过任务分析与学习设计，为员工打造一条最佳成长发展路径；推动后备干部群体能力提升，以个人发展计划为起点，分析现状与差距，明确能力要点，通过目标牵引，给予挑战性任务，通过调整学习方法促进个人、团队与组织的学习成果最大化，打造管理梯队；面向在职管理者，通过组织人才的全方位评估，帮助其发现与觉察自我，并以管理干部读书班等培养方式推动管理人员的能力提升；大力发展知识管理体系的建设，有效推动财务内部的知识积淀，建设学习型组织氛围。

（三）持续运营

自财务共享服务中心建成后，传统的职能型、科层制、多层级的财务模式向扁平化、矩阵式、少层级的财务模式转化，基层财务组织的信息传递不再经过大区财务，而是直接到集团财务共享服务中心，组织的运营效率和管理效率大幅提升，各单位财务报表从月末后 4 日出具，变为月末后 3 日同时出具，并于 4 日内完成集团合并报表的编制，效率提升 300%。

随着财务共享服务中心的投入使用，集团内部的预算系统已经得到优化，并且构建出与集团业务相适应的电子发票系统与项目管理系统，逐步实现了预算、核算、结算"三算合一"的体系。但就目前而言，财务共享服务中心仅仅在燃气板块得到比较好的运用，其他业务板块尚未全面运用。因此，集团预计在 2021 年 12 月前完成财务共享服务中心全集团各个业务板块的应用，且预计在 2021 年实现以财务共享服务中心为基础，集合财务数据、业务数据、管理数据、外部宏观数据、行业对标数据的集团大数据分析中心，发挥集团决策支持系统的功能。

三、奥德集团财务共享服务中心的信息化建设情况

由于国家对能源产业的支持，奥德集团的业务数量快速提升，也为整个集团的财务管理带来了巨大挑战。集团虽然本身有独立的拜特资金系统，实现资金的集中管控，并通过银企直联实现"收支两条线"，实现集团级资金管理共享，但日常审批事项时使用泛微 OA 系统，财务管理及物资管理时使用用友 NC 财务系统。拜特资金系统、用友 NC 财务系统和泛微 OA 系统 3 套系统分别进行资金、预算、收付、审

批、会计核算的管理，相互独立，不能实现互联互通。

奥德集团财务共享服务中心信息化建设按照总体规划中"试点先行、逐步推广"的原则，在咨询阶段做好人员调整、组织重构、流程再造、IT系统设计、合理选址和办公场地装修等规划设计工作，在软件实施阶段落实信息系统建设方案，从组织固化、流程嵌入、产品测试、异构系统开发、系统调试到关键用户培训、上线前的准备等方面进行统筹安排。

（一）财务共享服务模式下奥德集团信息化整体架构总览

奥德集团财务共享服务平台架构（见图3-1）涵盖业务运作层、集成平台层、应用平台层和财务门户层四个层面。其中，财务门户层为企业内外用户提供统一门户；业务运作层主要包括网上报账系统、影像管理系统、预算管理系统、税务管理系统、资金管理系统、财务核算系统等，平台与银行系统、会计电子档案系统、电子发票系统、商旅服务系统相关联；集成平台层将各个分立的系统映射、关联；技术人员在应用平台层为整个系统提供维护、支持。

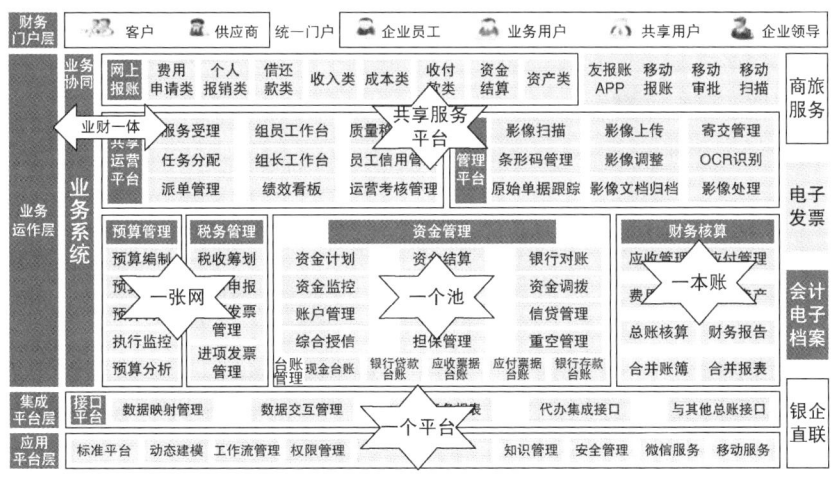

图3-1　奥德集团财务共享服务平台架构

（二）奥德集团财务共享服务中心信息化应用的特点

1. 全业务共享

奥德集团财务共享服务平台架构满足了财务共享服务中心实现销售与收款业务、

采购与付款业务、费用报销业务、存货核算、固定资产核算、内部交易、总账与报表业务等财务全系列、全品类的财务共享作业。

2. 财务业务一体化

奥德集团财务共享服务平台架构与采购系统、燃气系统、拜特资金系统、泛微OA系统的高度集成，实现了财务业务一体化，从而帮助奥德集团真正获得财务共享服务中心建设的价值。

3. 轻量级应用

奥德集团财务共享服务平台实现了网上报账平台、审批平台、共享服务作业平台、绩效管理平台、资金支付平台的全轻量化应用，使得一般员工可以轻松填单上报、领导可以一键审批，实现了财务批量审核、资金集中支付等功能。

4. 支持并发应用

奥德集团财务共享服务平台为"互联网＋条件"下的全员应用进行了专门设计，针对奥德集团现有的 7 600 多名员工，财务共享服务平台可以支持 7 600 多人同时在线。

5. 强大的财务共享服务平台

大量的财务单据经过业务单位审核，传送到财务共享服务中心的共享派单任务池中，经由事先预置的任务派单规则，按照审批环节、单据类型、紧急程度等条件准确无误地派发给有任务空缺的财务核算人员，进而避免等待任务以及串通舞弊的行为发生。

奥德集团财务共享服务中心的业务模块可分为 4 类：费用报销类、应收收款类、应付付款类、总账类。费用报销类单据共计 36 张，应收收款类单据共计 5 张，应付付款类单据共计 10 张，总账类单据共计 11 张。集团所属各燃气公司已全部成功上线，初步实现了统一的管理标准规范、统一的业务流程规范、统一的数据标准规范、统一的 IT 支撑平台。另外，自动生成凭证比率已达 98%，基本脱离了手工制单的时代。

财务共享审批后自动实时传递指令到资金系统，支付结果返回平台的频率是 3 分钟一次，资金系统通过银企直联做到即时支付，待支付结果指令返回，生成付款凭证。

充值售气系统的充值数据传递到平台的频率是 5 分钟一次，通过财务共享服务平台实现运营部门和财务单据的传递，达到控制风险及自动生成凭证的目的。

"云采购"和财务共享服务平台之间也是进行数据实时传递，共享整套基础数据，主要成果是完成了物资管理标准化、业务流程优化、供应商统管、招标比价上线、供应商协同、业财资一体化、自动化等功能。云采购使得集团通过一个平台管理就能实现多个管控目标，如图 3-2 所示。

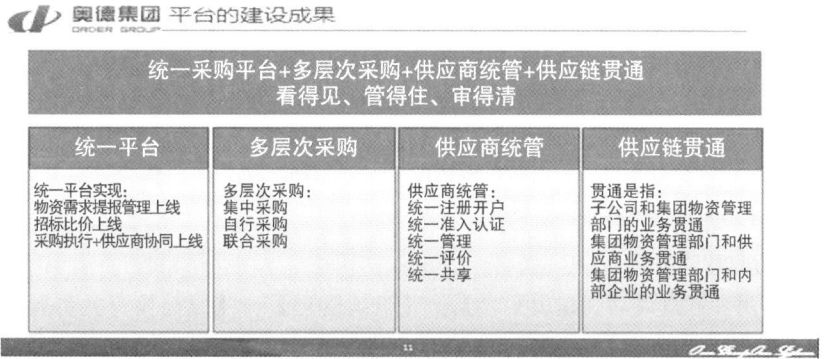

图 3-2 云采购平台功能与成效

（三）奥德集团财务共享服务中心信息化应用典型业务场景

自奥德集团建立财务共享服务中心以来，取得了一系列应用成果，其典型业务场景如下。

1. 集中付款业务

通过签收入库单，实现后续所有单据自动生成，内部公司自动清理往来，防止内部公司相互拖欠，形成信用风险；对外部供应商集中付款，增强了集团物资采购的议价权；基层公司具有验收使用物资权，集采中心集中采购、集中付款，便于对供应商进行集中管控，避免采购中的腐败行为；通过系统控制自动生成凭证，实现集采—分收—集付，并自动结算的自动化处理，此过程如图 3-3 所示。集中付款减

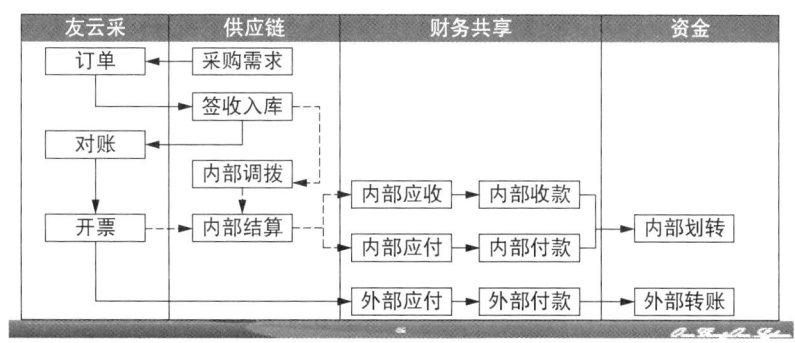

图 3-3 奥德集团集中采购平台

轻了物资管理员的工作量，实现了财务共享的自动化。

2. 自动合并报表业务

奥德集团实行集团、二级集团和分子公司三级财务管理模式，分子公司多达 280 余家，股权关系复杂，内部交易频繁。此外，能源集团对所属燃气公司管理需要考核息税前利润，致使集团内部需要编制多套合并报表，提供给决策者使用，因此给合并报表编制带来了困难。但财务共享服务中心上线使用后，合并报表可以通过系统进行自动编制，节约了大量人力，提高了工作效率，以下为奥德集团在用友 NC 财务系统中进行的合并报表业务的关键步骤。

1) 更新股权投资关系

平台使用者通过【动态建模平台】—【组织管理】—【股权投资关系】，更新股权投资关系，以便系统实时反映投资方与被投资方当前的持股比例及增减变动，如图 3-4 所示。

图 3-4　股权投资关系更新操作

2) 建立合并报表框架

平台使用者通过【动态建模平台】—【组织管理】—【报表合并体系】，以此添加、减少或更改需要合并的单位。目前集团采用大合并的方式，以奥德集团为主体，下属分子公司都设为二级。各大区、板块内的合并也采用大合并的方式，大区、板块内部体系的建立与集团一样。当合并体系发生变化时，如单位的增删、调整级次等，平台使用者需要先进行版本化管理，这样在查询之前的数据还是按照调整前的级次，查询以后的数据则是按照全新的合并体系。

3）合并报表项目分类

平台使用者通过【企业绩效管理】—【合并报表】—【合并报表项目分类】进行操作。合并报表项目主要分为合并资产负债表、合并利润表、合并现金流量表、合并所有者权益变动表、合并利润分配表、合并长期股权投资明细表以及内部销售明细表。

对合并报表项目进行分类便于用户按分类管理合并报表项目，可以为建立项目映射、录入调整凭证、生成抵销分录提供分类参照。

4）合并报表项目

平台使用者通过【企业绩效管理】—【合并报表】—【合并报表项目】，进行各个科目、所在合并报表项目分类以及各个指标的映射。图 3-5 为"其他应收款"科目所在合并报表项目分类以及 2 个指标的映射。

图 3-5　其他应收款合并报表项目示例

在【合并报表项目分类】中，选择【合并报表项目分类】里的一个类别，根据科目的借贷属性填写方向，在【对应报表指标】选项卡中，映射至"资产负债表"上的"其他应收款期末余额"以及"内部债权债务明细表"上的"其他应收款"。

5）调整及抵销模板

平台使用者通过【企业绩效管理】—【合并报表】—【调整及抵销模板】，可以对抵销分录进行下列设置：

（1）设置长期股权投资的抵销模板（见表3-1）。

表3-1 长期股权投资抵销分录设置

方向	科目	取数
借	实收资本	取对方单位的资产负债表里的"实收资本"（在母公司的角度，对方单位即指子公司）
借	资本公积	子公司资产负债表里的"资本公积"×（1－投资比例）
借	盈余公积	子公司资产负债表里的"盈余公积"
借	未分配利润	子公司资产负债表里的（"未分配利润"＋"盈余公积"＋"专项储备"）×（1－投资比例）－子公司"盈余公积"－子公司"专项储备"
借	商誉	
贷	长期股权投资	从内部交易表里取本方（母公司）的"长期股权投资"账面金额（即长期股权投资明细表里母公司"长期股权投资"的金额）
贷	少数股东权益	子公司资产负债表里的"所有者权益合计"×（1－投资比例）
贷	其他应收款	子公司资产负债表里的"实收资本"×投资比例－内部交易表里的"长期股权投资"金额（当该差额大于0时取数，小于0时则不取数）
差额	未分配利润	

（2）设置应收应付票据的抵销模板（见表3-2）。

表3-2 应收应付票据抵销分录设置

方向	科目	取数
借	应付票据	内部交易表（即内部债权债务明细表）里取本方的"应付票据"
贷	应收票据	内部交易表（即内部债权债务明细表）里取对方的"应收票据"

（3）设置其他应收（付）款的抵销模板（见表3-3）。

表3-3 其他应收（付）款抵销分录设置

方向	科目	取数
借	其他应付款	内部交易表（即内部交易债权债务往来核对表）里取本方的"其他应付款"
贷	其他应收款	内部交易表（即内部交易债权债务往来核对表）里取对方的"其他应收款"

（4）设置少数股东权益调整模板（见表3-4）。

表3-4　少数股东权益抵销分录设置

方向	科目	取数
借	归属于母公司所有者的净利润	子公司利润表里的净利润×（1－投资比例）
贷	少数股东损益	子公司利润表里的净利润×（1－投资比例）

（5）设置收入成本抵销模板（见表3-5）。

表3-5　内部交易抵销分录设置

方向	科目	取数
借	营业收入	内部交易表（即内部债权债务明细表）里取本方的营业收入科目
贷	营业成本	内部交易表（即内部债权债务明细表）里取本方的营业成本科目

（6）新建抵销方案。新增抵销方案时，需要进入【企业绩效管理】—【合并报表】—【调整及抵销规则】—【抵销方案—全局】，将之前建立的抵销模板加入新方案中，并设置对账规则。

（7）新建合并方案。进入【企业绩效管理】—【合并报表】—【合并方案】—【合并方案—全局】中，通过选择该合并方案的"关键字组合""会计期间""报表合并体系""抵销方案"和"调整方案"，引入需要参与合并的报表。

（8）查询对账及对账数据。点击【自动对账】，即可选择本次使用的合并方案、合并单位、会计月、抵销的项目。

（9）自动生成抵销分录。点击【生成抵销分录】，选择合并方案、合并单位、会计月，即可自动生成抵销分录。

（10）执行合并指令。点击进入【企业绩效管理】—【合并报表】—【合并】—【合并执行】，在【合并报表】平台中，通过合并按钮选择合并方案、合并单位、会计月，系统即可自动进行运算。合并完成之后，用户可以进入数据中心查询合并报表、合并报表工作底稿和合并抵销表。

3.费用报销业务

系统使用者在进行费用报销业务时，通过手机拍照或公司定点扫描等方式上传单据影像，影像包括原始单据的扫描件、工作请示、费用申请等。报销单据进入财务共享服务中心之后，只需要一步审批就可以传递到资金系统。在共享模式下，事前控制标准与报销过程勾稽关联，减少重复性审批，取消所有的线下审批，报销周期由原来财务共享服务平台上线前的8天缩短到4.5天，单据传递到财务共享服务中心后，保证在 1 天之内全部审核完毕，减少了员工报销的等待时间。审批过程在共享前后的变更情况如图 3-6 所示。

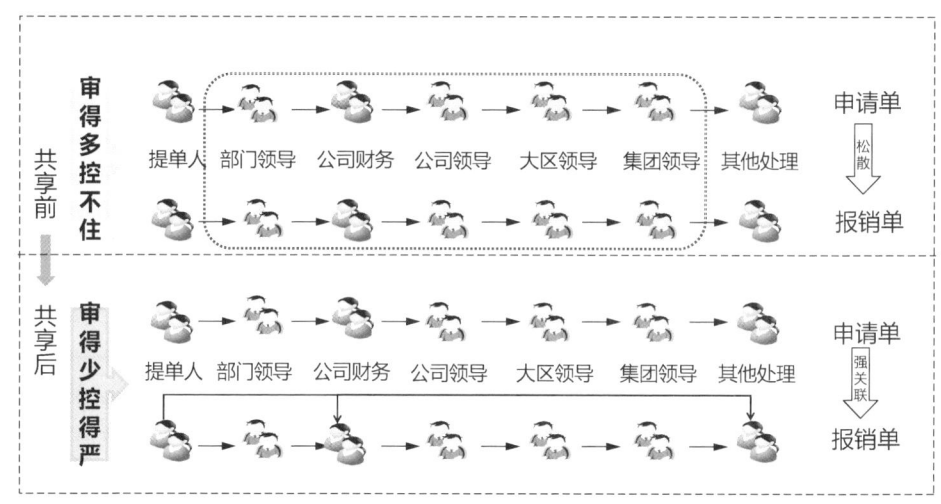

图 3-6　单据审批共享后的变更

使用者在填制单据的时候，涉及交通工具、补助、差旅的费用标准，如果超出标准，系统会自动提示超标，并自动提交给上层级领导审批。超标的申请一般都要经过上层级核心管理人员的审批，决定是否给予报销；业务部门负责人初审主要是对业务的真实性负责，保证部门费用的真实性并在部门预算支出范围内开支。

共享审批环节采用终审制，各组组长可以实行阶段性复审，并将复审结果反馈给本组审核人员，这样能减少审核人员的工作，节省了人力成本。

（四）通过新技术与管理工具的融合，财务共享效果明显

1. 推动以结果为导向的目标管理向流程管理转变

根据共享业务模式的特点，奥德集团梳理了 9 类业务流程，具体流程细化到 50 多个，设计单据 21 种。主要流程分类包括费用报销类流程，工程应付类流程，采购应付类流程，物资核算类流程，工程付款类流程，采购付款类流程，财务燃气收款类流程，薪酬、社保类流程，总账其他类流程。业务流程的梳理与再造，推动了企业过去以结果为导向的目标管理向以过程监管为导向的流程管理转变，强化事中过程控制，确保结果的可靠性。

2. 财务人员结构优化，财务运营效率提升显著

通过财务共享服务，优化财务人员结构，核算人员占比从 60% 多降至 30% 以

内，管理会计人员占比达到 50%。财务会计人员数量减少 68 人，直接经济效益突出。

构建财务共享服务管理统一平台，多套不同的软件形成同一个平台，集成资金系统、燃气收费系统和泛微 OA 系统互联互通，逐步提升业务、财务、资金系统的一体化水平，同时管理 200 多家公司的财务共享业务；财务报销周期提前 1 周，财务报表出具时间提前 5 天，显著提高了财务运营效率。

3. 企业财务转型初见成效

以前集团在预算管控执行、合同控制执行和资金计划执行过程中，主要依赖人工控制，下属单位难以真正落实。在财务共享服务新模式下，通过系统互联实现自动化、集约化控制，消除了人为因素的影响，有效防范了管理风险。

在项目建设前，财务人员缺口达 50 多人，集团持续扩张，每年新增若干家子公司，面临财务人员招聘难、留人难、培养难等问题。财务共享服务项目的建设和运营，解决了长期以来财务管理面临的人员难题，未来 3 年基本不用新招聘财务人员，更好地支持了集团业务的快速扩张。

在基础数据统一、会计处理方法统一、系统智能核算的基础上，改变了以往数据口径不一致、处理方式不统一的现象，实现财务数据及时、准确，并且做到了实时生成财务账簿、报表数据。财务报表次月 4 日即可完成，从而消除了管理层的决策时间差，财务总监可以据此对经营管理、筹资融资等业务提出相应的决策建议。

财务共享服务中心系统自动记录并实时统计财务共享服务中心作业人员的工作量，很好地解决了以往财务人员工作量不能准确计量的问题，引入竞争模式，极大地提高了财务人员绩效管理的质量和公平性。

财务管理六化，即财务流程标准化、自制票据电子化、费用报销自助化、外来票据影像化、凭证生成自动化、系统集成一体化也已初步实现。

四、奥德集团财务共享服务中心的特色及实现的价值

（一）采用单中心模式

奥德集团财务共享服务中心目前采用单中心模式。集团构建财务共享服务中心主要解决燃气板块财务会计业务的共享，燃气板块作为核心主业，其收入约占公司收入的 70%，燃气类成员单位有 160 多家，占比较高，业务的同质化水平很高，财

务会计工作的重复性和可标准化的程度也很高，采用单中心模式，更有利于发挥规模经济效应，更有利于降本增效。非主业板块涵盖的业务类型较多，包括投资板块、地产板块、建造板块和金融板块等，业务差异较大，且按板块分类后的组织数量和规模效应并不明显。因此，在后续纳入财务共享服务中心后，可以按业务板块差异设置财务机构，分类提供服务，没必要单独建立财务共享服务中心。

（二）主业单位全业务共享，非主业单位陆续共享

奥德集团财务共享服务中心接管业务，目前只将主业燃气板块的财务会计业务纳入了财务共享服务中心，如表3-6所示。

表3-6 奥德集团财务共享服务中心业务范围

业务范围	业务内容
费用报销	对公对私费用报销；个人借还款；费用预算管理与费用预算控制
应付业务	对公应收挂账；采购、工程及其他对公挂账
付款业务	对公付款；采购、工程及其他对公付款
应收业务	收入确认及挂账；燃气、配套费、材料等对公收入
收款业务	对外收款、对内收款
内部交易	自动生成内部交易单据，传入应付系统、资金系统
总账处理	凭证审核；记账；期间损益结转
报表作业	报表

奥德集团财务共享服务中心还将接管非主业单位的财务会计业务，计划在2019年下半年及以后将逐步实现投资板块、建造板块、地产板块和金融板块等100余家单位的财务会计业务的共享，逐步拓展和延伸财务共享服务中心的业务范围。

（三）采取"三中心"模式重构财务组织

1. 财务部门的组织架构

按照财务部门"三位一体"的财务运营新模式，奥德集团采取"三中心"组织架构，即财务管理中心、税务筹划中心、财务共享服务中心，明确各中心的职责和定位，加强各中心之间的联系。财务管理中心负责战略决策支持、投资并购、财务内控管理、预算管理、经营分析与绩效考核等；税务筹划中心负责税务筹划、清算和申报、税务机构关系管理等；财务共享服务中心负责财务核算、资金结算、报表

出具、财务人才培养等。

此外，集团实行总部、二级集团、分子公司的三级财务管理模式。二级集团是经营的主体和利润中心，财务管理主要职能为接受集团总部的领导与监督，输出二级集团的财务业务管理标准及规范，指导、检查、协调、监督下属各单位的财务。各分子公司是经营单元、成本单元和利润单元，其财务部门执行集团制度的标准，负责执行二级集团输出的业务管理标准及规范。

根据集团各级组织的定位，各级财务组织分级授权管理，自上而下一级管理一级，各级财务接受上级财务管理部门的业务监督、指导、绩效和业务能力考核，其服务态度、工作纪律等由其服务单位负责人考核与管理。这种"战略财务、共享财务、业务财务"三位一体的财务管理模式有利于各级财务人员及时执行集团财务的决策，保证了集团财务共享的推进和落实。

2. 财务共享服务中心的组织架构

目前奥德集团财务共享服务中心设立了 5 个业务小组，共 28 人，结构如图 3-7 所示。

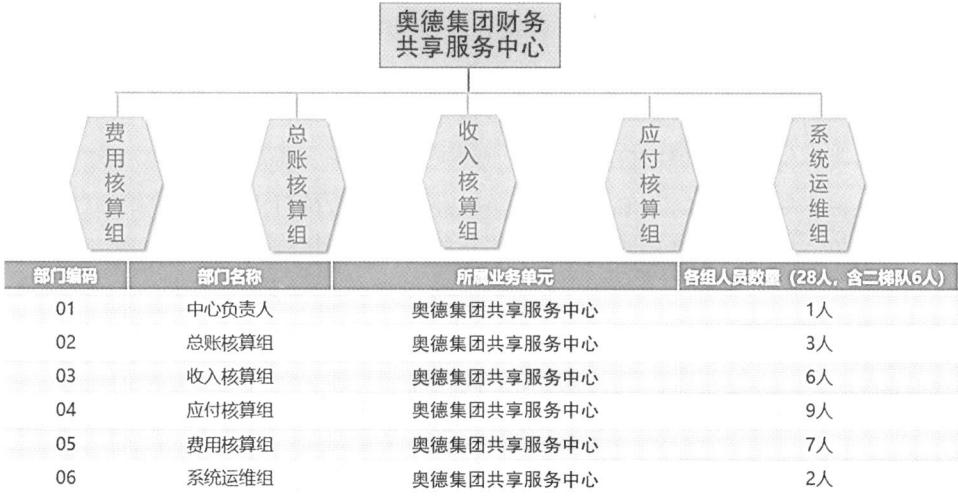

部门编码	部门名称	所属业务单元	各组人员数量（28人，含二梯队6人）
01	中心负责人	奥德集团共享服务中心	1人
02	总账核算组	奥德集团共享服务中心	3人
03	收入核算组	奥德集团共享服务中心	6人
04	应付核算组	奥德集团共享服务中心	9人
05	费用核算组	奥德集团共享服务中心	7人
06	系统运维组	奥德集团共享服务中心	2人

图 3-7 奥德集团财务共享服务中心组织架构

各业务小组的功能定位如下：

（1）收入核算组。收入核算组主要负责收款业务和收入确认的审核业务，涉及的单据有收入确认单、财务收款单、燃气充值单等。

其中，燃气充值单在审核时，要求营业厅、加气站录入的客户名称与用友 NC 财务系统中的客户名称一致，改变了以往客户名称不统一、财务人员月末对账困难的状况，加强了对营业厅、加气站的管理，客户管理更加规范化；收入核算组可以在系统内提取某大区、某公司营业厅、某加气站的当日收款额，能及时为领导提供收款数据。上线共享的公司可通过用友 NC 财务系统导入表格的方式实现多笔收入结转，不仅节省了财务人员的时间，而且提高了工作效率。应收单适用于集团内部公司材料调拨类业务；收入确认单适用于集团燃气板块结转主营业务收入、其他业务收入等收入结转类业务；财务收款单适用于财务收款业务。应收单是材料调拨生成的，由调出方的物资人员在用友 NC 财务系统中做内部结算清单维护，传至财务后自动生成应收单和应付单。

（2）总账核算组。总账核算组主要处理总账类单据在业务中的问题，审核集团下属公司总账类业务，包括税费计提、薪酬计提、税费缴纳、同户名资金划转以及往来款项调整单等单据，还负责集团各级公司报表生成、合并报表的调整汇总工作。

（3）应付核算组。应付核算组主要负责通过各种通信工具及时地解答各上线公司日常提出的业务问题、审核付款单据等。

付款单据总体分为挂账类和付款类，涉及的财务软件有泛微 OA 系统、用友 NC 财务系统、共享作业平台和拜特资金系统。泛微 OA 系统主要用于审批工程项目付款单和物资采购付款单以及筹资付款的单据；用友 NC 财务系统、共享作业平台主要审批应付单、工程项目挂账单、燃气采购付款单、拨款申请单、内部交易付款单、其他业务付款单、其他业务挂账单；拜特资金系统对需要付款的单据进行数据转移提单。应付核算组是涉及异构系统比较多、业务比较复杂的一个财务共享业务单元。

（4）费用核算组。费用核算组主要负责监督共享中心费用单据审批情况，费用核算组的小组组长因财务信息化水平较高，同时兼职为新公司开通共享中心服务、维护共享中心基础档案，根据实际情况调整共享中心费用表单。以上功能之所以没有移交给系统运维组，是因为奥德集团员工的个人能力和分工需要，这样的分工更适合集团本身的管理需求。

（5）系统运维组。系统运维组主要负责财务共享服务平台日常维护、产品升级、异构系统对接、数据备份与恢复等业务处理以及档案资料收集、方案验真、知识转移等工作。系统运维组是财务共享之后新增的部门职能。在集团内，技术人员与财务人员合署办公使得系统工程技术人员更加了解核算业务，有利于方案的落地实施，大大提高了工作效率，为核算业务自动化处理提供了保障。

（四）财务组织业务变革特色

在奥德集团财务共享服务模式下，业务流程需要按财务专业化分工和流水线作业方式进行调整和改造，还考虑了满足集团内控对审核权限、审批权限、岗位角色的定义，更重要的是，充分借助信息系统实现核算、预算、结算、清算等多算合一，利用信息系统端到端的流程闭环，实现企业内部控制的自动监管，最大限度地减少了线下作业和主观人为因素的影响。通过打通核算、资金、预算、售气系统和泛微OA系统，借助IT技术实现了共享服务模式下业务流程的改造，更好地满足了企业财务管理和经营管理的要求，有效提升了企业管理的自动化水平。

1. 费用报销业务变革

奥德集团建立财务共享服务中心后，费用报销业务经历了以下变革：

（1）将费用区分为有事前申请和无事前申请两类。

（2）统一集团的费用标准制度，公平公正地对待集团所属各公司的每一位员工。

（3）简化签批流程，由原来的线下审批加线上审批转变为现在的单纯线上审批。

（4）由原来的工作下放转变为财务共享服务中心统一处理，节约了时间及人力成本。

（5）通过影像系统联查凭证及单据，更好地掌握公司情况，有利于集团审计部门开展工作，方便档案管理工作。

（6）由原来的手工填制凭证转变为现在的自动生成凭证。

2. 应付付款业务变革

奥德集团建立财务共享服务中心后，应付付款业务经历了以下变革：

（1）由原本线下审批纸质原始凭证转变为线上根据影像资料审批单据。

（2）凭证由手动输入变为自动生成，报账全程信息化完成，规范标准。

（3）全程智能化操作，操作方式由复杂变得简单快捷，节约了工作时间，大大提高了工作效率。

（4）制订了统一的账务处理模式与业务规范，通过将财务与业务深度融合，进行集中式、标准化、统一化管理。

3. 应收收入业务变革

在奥德集团建立财务共享服务中心之前，应收收入业务的情况是业务和财务相分离，对账不及时，且存在充值不收费等现象。建立财务共享服务中心后，系统自动生成相应的会计凭证及各区域的收款分析报表。

4. 总账结算业务变革

在奥德集团建立财务共享服务中心后，总账结算业务统一了做账标准，使用影像系统上传原始凭证，为审查提供计提依据，便于审计人员进行审查，避免会计人员标准不统一以及操纵公司利润指标等问题。

5. 新增IT运营维护业务

奥德集团在财务共享服务中心成立之前不存在系统运维组，成立后组建系统运维组，由技术人员组成，负责财务共享服务平台的日常维护、系统升级、数据备份、数据恢复等工作。

（五）财务组织变革后的价值

1. 管理集约高效

奥德集团通过制订统一的标准与财务共享服务中心手册，使得全集团的财务、业务流程形成统一的操作模式，大大节约了工作时间，提高了工作效率。例如，目前集团的付款业务按照统一的模式进行支付审核，按照统一的模式进行账务处理，统一了业务的规范性，通过将财务与业务深度融合，进行集中式、标准化、统一化管理，使集团的政策上下通达，提升财务运营水平与效率，降低集团的整体运作成本，助力集团的战略发展。

2. 审批流程简化

在奥德集团建立了财务共享服务中心后，原本的线下审批转变为线上审批，且审批方式灵活多样，支持移动端线上审批，管理层无论身处何地都可以随时随地审批。

3. 档案管理便利

奥德集团引进影像系统，使得业务处理者可以通过系统直接线上审批单据，有利于建立电子档案，方便档案管理工作。

4. 决策能力增强

奥德集团财务共享服务中心自动生成各区域的收款分析报表，形成民用气、公服用气、工业用气历史数据纵向对比及各个区域的横向对比；对各用气占比进行结构分析，对比差异找到形成利润差异的原因，剖析结构用气变化对利润的影响幅度；进行人工效率差异对比等。财务共享后，系统形成的充值数据分析能及时反映前端业务数据，便于集团管控和分析。

（六）财务共享服务中心的组织岗位及职能特色

1．财务"三中心"实现管算分离

在财务共享服务模式下，奥德集团财务部门分为财务管理中心、财务共享服务中心和税务筹划中心，基本实现财务管理、财务核算、税务核算和税务管理的管算分离，专业化分工职能清晰、责任明确、优势互补、专业对口，更有利于发挥财务的职能。

2．资金结算组不设在财务共享服务中心

奥德集团单独设有资金结算中心，且与集团财务部门并行，为继续保持资金管理的独立性要求，财务共享服务中心没有设资金结算组，资金的收付结算业务继续保留在资金结算中心。

3．不拘一格，用人所长，因人设岗

费用核算组的小组长，因多年在财务部门既承担财务会计工作，还承担财务主数据（基本档案）的信息化维护工作，故在财务共享服务中心成立后，继续发挥其优势，不仅担任费用核算组的小组长，还兼职财务主数据（基本档案）的信息化维护工作。

（七）财务共享服务中心运营至今取得的各项成就

1．集团管理基础得到改善

财务共享服务中心按照统一口径、规则，对相同的业务进行加工处理，财务标准化水平显著提升。过去将办公费计入招待费，招待费计入会议费等错误不再发生；财务数据与业务数据的差异减少了60%；集团内部财务信息公开、透明，财务数据的真实性、完整性和及时性得到强化，较好地解决了财务数据的合规性问题。

财务共享服务推动集团从目标管理向流程化管理转变，强化事中过程控制、事前计划、事后考评，确保经营结果的确定性。通过统一制度、统一规则、统一表单、统一数据和统一作业，再造人员观念、再造组织结构、再造财务流程、再造信息系统，实现从关注结果的目标管理向更加强调过程的流程化管理转型升级。

2．业务流程持续优化

财务共享服务中心对集团业务流程的优化主要有以下几方面：

（1）优化审批流程。取消线下审批，全部线上审批，提高业务审批效率与员工满意度。

（2）加强业务管控。形成统一的集团内部报销标准，实现事前的预算控制。

（3）流程优化。集团对招待费、差旅费进行事前审批，加强了事中的资金控制，

并优化了票据的支付流程，解决了集团业务处理困难的问题。

3. 实现集团经济效益

单据的生成、发票的处理到财务报表的编制周期平均耗时从 15 天缩短到 7 天；费用报销周期从平均 14 天缩短到 3 天；记账、算账、报账和报告等事务性财务工作的处理原来需要 260 个财务人员，现在只需要 180 多人就能完成；财务共享服务中心的建设不仅弥补了传统财务模式下 50 多人的财务人员缺口，还进一步减少了 68 个基础财务人员，年直接经济效益增加近 800 万元。

4. 提升了团队能力和话语权

奥德集团通过建设财务共享服务中心，强化了队伍建设，方案团队负责为集团进行方案统筹计划，技术团队负责系统研发、系统日常维护以及系统升级等工作，财务人员与业务人员则是通过培训实现真正的财务共享，提升了信息化话语权。总体来看，财务共享服务中心建设为集团财务人员带来了两个转变和三点提升。

第一个转变，角色转变。财务人员的自我定位由原来的核算人员转变为管理型复合人才，经过集团财务管理部门的培训和指导具备了集团管理思想。集团在举办的培训会议以及日常的工作中就要求会计人员转变思想，集团财务管理部门的重点工作也是培养一批懂财务、懂业务的管理型人才。这些日常的工作指导都是为实现这一目标而作出的努力，也将在今后的集团管理中展现出财务人员的价值。

第二个转变，工作内容转变。会计核算事项由原来的各分子公司审核转为统一由财务共享服务中心审核，大量的会计核算业务由原来的手工录入转变为凭证自动化生成，解放了基层会计人员大量重复性的工作，对财务共享服务中心会计人员的业务处理效率和服务能力提出了更高的要求，财务人员将把更多的时间放在参与集团的经营效益分析、战略决策支持、预算管理和税务筹划等工作中。

第一点提升，数字化工具运用能力提升。能够依托财务共享提供的数据化工具，辅助集团决策，提升了决策的及时性和科学性，财务共享服务中心继续优化数据结构，及时提供集团财务分析的数据，未来可优化的空间还非常大，可利用财务共享的大数据，加强集团财务分析和管控的能力。

第二点提升，工作效率的提升。财务人员从繁杂重复的日常业务中抽离出来，有更多的时间分析报表、分析数据，同时工作模式的转变也带来了效率的极大提升，公司效益的提升，也使得财务人员在公司中的地位得以提升。

第三点提升，标准化、流程化意识提升。以往的工作方式都是依靠会计人员的职业判断，每个人的判断标准都不同，处理账务的手段和方法也不完全一样，现在的会计人员逐渐接受了财务共享服务中心采用统一标准和统一流程的处理方式，形成了用标准化、流程化的方式进行工作的思维。

总体来讲，财务人员的态度转变是明显的。通过财务共享服务中心内部轮岗、与二级集团的岗位轮岗，财务人员的综合业务能力得到显著提升。通过财务共享服务中心的建设，财务人员的整体管理素养、数据分析处理能力、信息化意识都得到了全面提升。无论是对集团发展还是个人职业发展都是非常有益的。

五、奥德集团财务共享服务中心建设的经验小结

（一）财务共享服务模式应用的基本条件

财务共享服务模式是一种可能取得良好成效的财务管理模式，但并不是每个企业都适合自建财务共享服务中心。基于自身建设经验，奥德集团认为，自建财务共享服务中心的企业应该从三个前提、四大条件、四项基础和三种分析进行判断，充分考虑企业文化、集团管控模式和集团发展战略三个宏观前提的限制，从经济规模效应、组织数量及分布、企业成长空间和业务差异性四大条件作中观分析，再从财务组织及人力、标准化与规范化、三算管理基础和 IT 信息化四项应用基础进行微观分析，最后从投资成本、效益和风险作客观分析，判断企业自建财务共享服务中心的必要性和可行性。①

（二）财务共享服务模式应用的关键因素

1. 选择技术强、专业优的合作伙伴

企业应先咨询规划，后实施落地，选择专业的合作伙伴。企业一般缺乏共享服务的设计经验，而共享又是一项复杂的系统工程，那么，成功率高的建设路线是：企业先开展财务共享业务模式的咨询工作，对组织、流程、职责、岗位、选址进行咨询设计，后期选择技术强、专业能力优秀的软件供应商进行系统落地，再通过信息系统进行固化。

2. 建立统一完整、闭环贯通的信息系统

导入财务共享服务模式的基础是业务信息化系统，过程是实施财务共享系统的融合。企业导入财务共享服务中心的前提条件是具备前端业务、中端共享、后端财

---

① 唐勇. 试析自建财务共享服务中心建设的条件和基础［J］. 财会月刊，2017（9）.

务等相关信息系统，成功的手段是结合系统对现有的流程、组织、体系进行融合。

企业通常存在多个业务系统，要实现信息系统覆盖业务的完整统一和各个系统的打通与集成，就要建立好各个系统的接口，打通流程对应系统的接口。

3. 自上而下的贯彻落实

建立成功的财务共享服务中心不仅需要领导的支持，而且需要各个部门的贯彻落实，不仅需要信息部门与业务部门做好配合，还需要打消财务人员的顾虑，动员和鼓励各级财务人员的积极支持与配合。财务共享模式的导入不仅仅是建设一个信息系统，而是一个业务模式、组织、流程的变革过程，涉及财务部门、业务部门、信息部门。领导的支持，特别是企业一把手及各部门一把手的支持，是成功的关键因素。有针对性地对基层财务人员进行专业培训和宣传引导，消除其顾虑，安抚并鼓励其积极学习新知识，转型到更有价值的财务工作，是项目成功又一关键因素。

（三）财务共享服务中心建设过程中的关键问题

奥德集团在设立财务共享服务中心的过程中，遇到了很多现实问题，并积极寻求应对策略，关键问题及应对策略如下。

1. 有效对接具有货币属性的业务系统

财务共享建设过程中的一个非常重要的工作就是和资金系统、收费系统进行集成。上述系统的特殊性（具有货币属性，基础数据分属不同部门管理），导致在对接过程中的沟通出现了障碍。奥德集团对此主要的应对策略就是搭建测试环境，隔离支付指令，通过模拟支付的形式进行测试，一直测试到配合部门承认对接接口的安全性为止。

2. 硬件资源处理能力预估不足带来的影响

财务共享项目的推进往往都是以需求、方案、软件落地为主线的，恰恰忽略了基础的硬件资源处理能力。上线前，测试的并发数量猛增，导致硬件处理能力的短板暴露，升级硬件资源的过程耗费的主要是时间，延迟了财务共享项目上线周期。

3. 共享匹配制度发布滞后可能带来的影响

审批流程的多数控制节点都是以企业的制度为原型依据的。因此，企业制度发布的滞后，导致系统在上线过程中没有可依据进行操作的标准。尤其在报销环节中，制度标准的缺失导致费用的上线不能正常推进，必须等到新制度通过之后才能进行。

4. 在项目实施过程中有效管理员工情绪

项目的实施过程是一个情绪管理的过程，因为，大部分的项目组成员并不清楚项目会经历什么样的过程，所以，集团管理层在项目早期就明确告知项目组成员，项目的低谷是必经之路。那么当面临情绪低谷的时候，大家心里都会有一个合理预期，通过测试系统的成功和不断的优化，让项目组成员逐步恢复信心。

5. 收集、管理和使用项目相关资料文档

资料文档的收集贯穿于整个实施过程。集团对资料管理的要求比较严格，将所有的关键知识点、上线方案、测试案例、培训视频、开发文档、参数配置都形成了文档并上传到知识管理平台进行集中管理，方便后续的技能培训和知识培训。

6. 做好财务共享人员技能培训和知识培训

财务共享服务中心的人员培养也是中心的重点工作之一。由于财务共享服务中心的人员需要定期轮岗，那么原有的工作需要有接替人员，这部分人员的培养需要通过多种形式的知识转移实现，例如，老带新、知识管理平台的开放、定向培养和定期考核等。集团为了更好地使员工适应工作内容，每天下午有半个小时以上的财务共享服务中心培训讲课时间，让所有人员参与讲课和听课，培养后续人才，提升财务共享服务中心人员的整体素质。

此外，选择在财务共享服务中心工作的员工时，公司一般会选择具备基本的财务知识、参与过基层业务管理并具备基础信息化认知能力的人员。进入财务共享服务中心后，系统运维组的技术人员会定期进行系统方案的培训，小组组长也会定期进行培训和考核，系统方案的落地由小组组长主导，提高小组组长的实操能力。

（四）各使用单位部门及人员的感受和体验

财务共享服务中心投入使用后，各成员单位的相关职业部门和业务部门也作出了一定的反馈。

信息部门表示："财务共享服务中心的建立加强了客商、组织、人员、会计科目等基础档案数据的规范化管理；倒逼前端业务和内部管理完善信息系统建设，提升公司信息化应用水平。"

业务部门表示："使用财务共享服务中心后，消除了管理盲区，减少了经营风险；将营业厅充值纳入核算体系；统一电池、工本、卡费等业务处理方式；将赠票、食堂用气纳入核算体系；建立公司级充值、收款及充值收款对比体系；规范了四种收款管理,包括财务部直接收款、加气站收款、营业厅收款和悦生活网上收款,强化了资金管理风险。"

基层燃气公司认为:"财务人员不再为基础财务的处理操心操劳,也不再为期末经营业绩'打擦边球'挖空心思,而是将全部精力用在开拓业务、勇创佳绩上。"

(扫码观看奥德集团财务共享应用访谈实录)

案例四

北汽集团：财务信息化"行有道" 助力"达天下"

——北汽集团财务信息化建设实践

在汽车制造业进入电动化、智能化、共享化的当下，新理念和新技术来势汹涌。传统的汽车制造商，一方面在新领域中积极布局，另一方面利用新技术和新型管理模式，提高企业的管理水平和经济效益。

随着"新财务、大共享"时代的到来，北京汽车集团有限公司（以下简称"北汽集团"）敏锐地意识到信息技术的发展势必为企业管理方式的改善提供源源不断的解决方案。作为一家大型综合性汽车企业集团，其财务管理所面临的问题更加复杂，所承担的角色也更加关键。北汽集团如何实现财务管理转型？财务转型过程中又将如何突破、实现创新？我们通过这篇案例走进北汽集团，探索在数字化时代中，北汽集团如何通过财务信息化建设实现财务管理转型，如何通过优化资源配置、强化精益管理、合理风险控制和实现价值创造，使财务成为企业价值的推动者、支持者和创造者，从而助力企业提升核心竞争力，实现战略目标。本篇从整体和局部两个视角，首先介绍北汽集团财务信息化建设的思路、架构和内容，然后聚焦两个成功案例——北汽鹏龙业财一体化项目和北汽海纳川财务共享服务中心项目。

一、汽车行业概述

汽车行业是我国的国民经济支柱行业之一，作为传统制造业的标杆，中国制造业发展质量的提升离不开汽车行业的全面转型升级。中国汽车行业经历了向国外学习的艰难前进历程，如今已经成功从"被动研发"转向"主动研发"，成为中国制造业的一个缩影。

2018 年，在复杂的国内外形势下，我国全年 GDP 增速 6.6%，就乘用车行业而言，受宏观经济环境、排放标准升级、前期基数过大等因素影响，乘用车产销出现近年来首次下滑。根据中国汽车工业协会（以下简称"中汽协"）数据，2018 年度中国乘用车销售量为 2 371 万辆，同比下降 4.1%。行业整体呈现负增长态势。但是，新能源乘用车发展势头依然强劲，豪华车市场保持高速增长，行业转型升级趋势明显。乘用车行业呈现如下特点：产业政策方面，产业结构调整以及供给侧改革进一步推动汽车行业变革；外资股比放开、购置税优惠政策退出、进口政策及零部件关税下调、双积分政策出台、新能源补贴规定调整、排放环保趋严等政策的变化给乘用车市场带来挑战与机遇，行业面临深度变革。豪华品牌的产品销量保持相对向好，国产豪华品牌第一阵营的产品均实现了两位数的销量同比增长，消费升级趋势明显。

根据中汽协数据，2018 年新能源乘用车增长态势强劲，全年销售量为 105.3 万辆，同比增长 82.0%；其中，纯电动乘用车销售量为 78.8 万辆，同比增长 68.4%。
新能源乘用车产品的续航里程进一步提高，产品技术路线趋向多样性。

2019 年，受中美贸易战等因素影响，经济增长存在较大下行压力，采购经理指数
（Purchasing Managers' Index，PMI 指数）下行和可支配收入下降导致居民消费信心下
降。从 2019 年度上半年的运行情况来看，我国汽车批发销量为 1 231.84 万辆，同比下
降 12.41%，其中乘用车批发销量为 1 177.82 万辆，同比下降 14.04%，预计 2019 年
我国汽车产销量下降幅度将有所扩大。

二、北汽集团概况

北汽集团的研发基地如图 4-1 所示。

图 4-1 北京汽车产业研发基地

（一）整体情况

北汽集团是中国四大汽车集团之一，是国内汽车产业产品品种最全、产业链最
完善、在新能源汽车市场领先的国有大型企业集团。北汽集团成立于 1958 年，目前
拥有 13 万员工，在 2019 年《财富》世界 500 强排行榜中，北汽集团以 726.77 亿美
元的营业收入入围，排名第 129 位。在 129 家中国上榜公司中排名第 31 位，位列全
球汽车行业第 14 位。

北汽集团已建立了涵盖整车及零部件研发、制造、汽车服务贸易、综合出行服
务、金融与投资等业务的完整产业链，实现了向通用航空等产业的战略延伸。近年

来，营业收入和利润稳步增长，毛利率处于较高水平。具体营业收入情况如图 4-2、图 4-3 所示。

单位：亿元

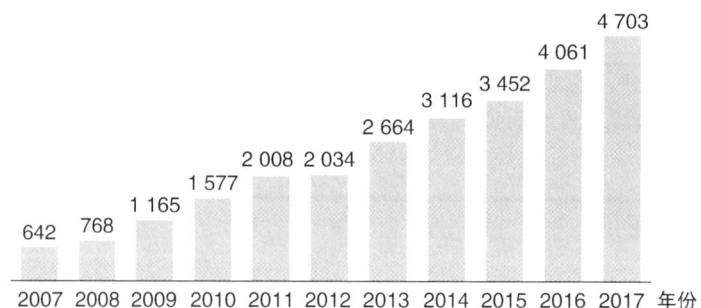

图 4-2 2007—2017 年北汽集团营业收入情况

单位：亿元

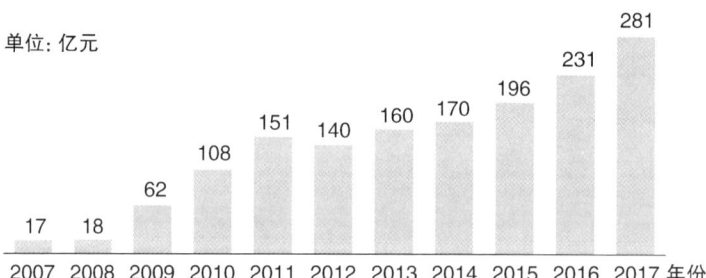

图 4-3 2007—2017 年北汽集团利润总额情况

（二）主要业务板块

北汽集团通过联营北京汽车集团财务有限公司、北京现代汽车金融有限公司、梅赛德斯－奔驰租赁有限公司等企业开展北京品牌、梅赛德斯－奔驰品牌、现代品牌的汽车金融及汽车后的市场相关业务。

1. 乘用车整车制造

1）合资品牌业务

北汽集团的合资品牌有三个，分别由子公司北京奔驰汽车有限公司（以下简称"北京奔驰"）、合营企业北京现代汽车有限公司（以下简称"北京现代"）和福建奔驰汽车有限公司（以下简称"福建奔驰"）经营。

（1）北京奔驰。北京奔驰成立于 2005 年，目前共拥有 A 级、C 级、E 级轿车，

GLA 和 GLC 系列 SUV 五大系列产品。经过多年的发展，奔驰在中国的销量逐年大幅增长并成为中国合资豪华乘用车市场的第二大生产商，是北汽集团乘用车业务核心企业。北京奔驰近年整车销售量大幅增长，近 3 年销售收入复合增长率为 87.61%，利润也大幅提升。

（2）北京现代。北京现代自 2002 年起生产和销售现代品牌乘用车，产品主要集中于经济型轿车和 SUV 领域，生产和销售涵盖中级、紧凑型、A0 级等全系主流轿车以及 SUV 车型的 10 余款产品。2018 年，北京现代产销量在中国累计突破 1 000 万辆，成功跻身"千万辆俱乐部"。

（3）福建奔驰。福建奔驰主要生产和销售梅赛德斯－奔驰品牌多用途乘用车，自 2016 年下半年以来，福建奔驰和北京奔驰在销售渠道方面进行了一定的协同整合，使福建奔驰能够进入北京奔驰的销售网点进行销售，福建奔驰销量出现大幅增长。

2）主品牌乘用车业务

北汽集团自主品牌乘用车业务主要由北京汽车股份有限公司（以下简称"北汽股份"）、北京新能源汽车股份有限公司（以下简称"北汽新能源"）以及江西昌河汽车有限责任公司（以下简称"昌河汽车"）负责经营。

北汽集团自主品牌产品包括轿车、SUV、MPV、交叉型乘用车和新能源汽车，形成了以北汽绅宝为核心，北京越野车、威旺、北汽新能源、昌河汽车、福田宝沃为辅助的六大系列的自主车型矩阵。

北汽集团于 2012 年正式推出自主生产的新能源汽车，分别由北汽股份和北汽新能源负责经营。北汽股份主要生产混合动力汽车，北汽新能源主要负责生产纯电动汽车，北汽集团在新能源板块产品种类与数量上连续多年均处于行业第一的地位。2017 年及 2018 年，北汽集团新能源汽车分别实现汽车销量 10.32 万辆和 15.80 万辆，在纯电动汽车领域均位居全国第一。

2. 商用车整车制造

商用车业务主要由北汽福田汽车股份有限公司（以下简称"福田汽车"）负责运营，福田汽车是我国品种最全、规模最大的商用车企业之一，连续多年处于商用车领先地位，产品涵盖轻型卡车、中重型卡车、轻型客车、大中型客车等整车以及发动机等核心零部件，旗下拥有合资品牌福田欧曼，自主品牌瑞沃、欧马可、奥铃等卡车和欧辉客车品牌。2018 年，福田汽车的轻卡业务市场份额位居国内第一，重卡市场份额排名第五。

3. 零部件业务

公司汽车零部件板块主要由子公司北京海纳川汽车部件股份有限公司（以下简

称"海纳川"），海纳川下属有 36 家零部件企业，其中中外合资合作企业 25 家，产品共 200 多个品种，覆盖汽车内外饰系统、汽车电子系统、汽车底盘系统及其他系统多个系列，形成了技术领先和成本领先的产品组合，具备了面向各层次商用车和乘用车的配套能力。近 3 年，受益于下游客户销量增长较快的影响，公司零部件业务营业收入逐年增长，毛利率逐年提升。

4. 服务贸易及其他业务

汽车服务贸易业务主要由北京北汽鹏龙汽车服务贸易股份有限公司（以下简称"北汽鹏龙"）经营，汽车服务贸易以汽车经销为核心，整车销售、售后服务和汽车金融占比较大。近年来受益于北京奔驰和北京现代销量增长，收入和毛利率逐年增长。

三、北汽集团财务信息化建设的战略目标

（一）北汽集团 2020 财务战略计划

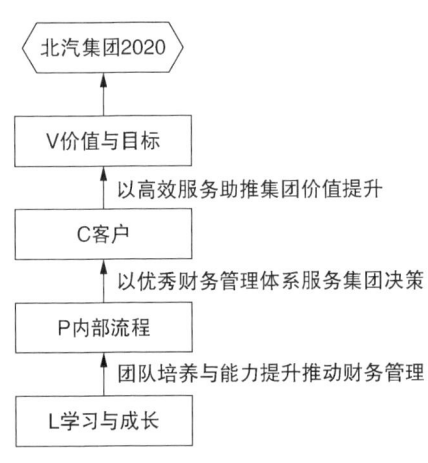

图 4-4　北汽集团 2020 财务战略地图

北汽集团自 2015 年提出财务转型战略后，一直强调高效推进 2020 财务战略计划——服务战略、加强管控、转型升级和价值创造，强调专业化、标准化、信息化和数字化，并搭建起了一幅战略地图，如图 4-4 所示。

从平衡计分卡原理出发，在学习与成长维度，注重信息化能力的提升，保证员工专业能力的培养；同时，由于北汽集团国际化市场的不断扩展，集团业务的国际化能力也有所提升，为"走出去打好基础"；另外，领导层的能力培养对于企业发展起到了"方向盘"的作用，在学习与成长环节，无论是基层员工还是上级领导，工作能力的培养做到两头抓，从整体提升执行能力，通过对财务团队员工的培养推动财务管理质量和效率。

在内部流程维度，集团对于预算管理、资金管理、核算管理、成本管理、风险管理、投资管理、财务分析、税务管理、绩效管理等诸多流程，应注重效率的提升和业务的优化，形成优秀的财务管理体系来服务集团决策。

在客户维度，应为其提供内外部的沟通平台，企业的目标是销售，只有了解客

户的需求和消费欲望，才能更好地反馈给生产设计部门来制造产品，还应该提供准确、及时的财务信息以便客户了解公司的运营状况和财务绩效；另外，做好决策服务，也是巩固客源、提高客户使用满意度的举措。

最后上升到价值与目标维度，通过优化资源配置，改善生产运营低效的状态；强化精益管理，最大限度地降低成本，增加效益创造收入；同时合理控制风险，降低运营成本，最终实现集团的价值创造。

集团层的管控是财务管控信息化平台的主要层级，主要包括成本管理、全面预算管理、集中财务、财务共享服务中心、司库和顶端的财务智能决策六大模块。而其中的财务共享服务中心作为其他模块的数据中心、数据来源、数据库，其制度设计、门户建设、技术对接、平台规范化等方面直接影响到其他模块的运行。

（二）向价值创造型财务转型

要推进北汽集团 2020 财务战略计划，财务转型势在必行。"凡事预则立，不预则废"，财务转型的目标就是打造价值创造型财务管理，使财务成为企业价值的推动者、支持者和创造者，帮助企业提升核心竞争力。北汽集团双品牌战略、研发战略、销售及服务策略、制造及采购策略、新技术战略的实现，离不开高效的信息化业务和财务环境。

价值创造型财务管理主要包含以下六个方面：战略决策支持、加强风险管控、提升工作效率、加强资金管理、降本增效创收、人才队伍建设。财务转型是北汽集团财务信息化建设的最初动因。

（1）战略决策支持。通过财务业务一体化的数据应用，构建集团财务数据中心，能够为集团决策提供支持；通过利用集团财务数据中心的数据实现经营分析、指标预警、风险预测，帮助集团实现运营的预测和执行。

（2）加强风险管控。通过预算管理加强集团业务运行风险管控，实现事前管控；通过资金管理加强资金运作风险的管控；此外，集团业务流程的其他层面也需要风险监控，做好事前、事中、事后的风险监督，对于提升集团效益、推进财务管理战略落地非常关键。

（3）提升工作效率。通过财务业务一体化，加快信息数据的传递，提高工作效率。通过财务共享服务中心以及未来的会计工厂实现财务核算工作的效率提升。

（4）加强资金管理。通过打造集团司库系统，集中资金管理池，加强集团现金与流动性管理、营运资本管理、投融资管理、金融机构关系管理等。

（5）降本增效创收。通过成本管理及利润中心为降低企业运营成本寻找抓手，通过财务共享服务中心的提效，节省人工成本，创造收益。

（6）人才队伍建设。财务共享服务中心的应用，能够把做基础财务工作的财务人员解放出来，做专业的工作，实现财务管理为企业管理服务。

（三）北汽集团财务信息化建设目标

基于北汽集团的财务信息化平台创新、领域应用创新、用户体验创新，打造出一个集团管控高端信息平台，形成以财务业务为核心的产业链管理环境，并提出财务信息化建设（包括司库和财务共享）的五大目标。

（1）一体化。从业务到财务到报表，全部自动打通，真正实现业财融合，加快财务业务一体化的内部交易处理进程，提高业务数据到财务信息的处理效率。

（2）标准化。通过有效执行集团统一的会计制度和建立集团统一的数据采集及分析平台，加快集团财务数据的信息化转型。

（3）共享化。通过财务共享，提升财务服务质量，支持业务快速发展，加强集团的业务财务管控，降低财务运行成本。

（4）智能化。基于云计算、大数据和人工智能技术手段，建设智能化的财务平台。并不断整合业务系统数据、加强商旅系统服务、不断调整改进报账系统功能、核算系统自动记账。

（5）国际化。支持国际语言操作界面，构建面向不同报告要求的财务核算账簿，按集团本位币、全局本位币统计分析。

四、北汽集团财务信息化建设的思路和架构

（一）"1234"建设思路

财务信息化系统的建设思路是打造一个数据标准化、集成化、应用国际化、便捷移动化、智能扩展化的平台，兼顾好二级应用，同时加强财务共享、资金管控、预算管控、成本管控，以集团战略管控为主、加强业务管控为辅，实现业财一体化。

北汽集团2020财务战略紧紧围绕"向制造服务型和创新型企业战略转型"的战略方向，以标准化、专业化和体系化为依托，全面参与价值实现与价值创造全过程，支撑北汽"十三五"战略规划目标的全面达成。同时以"服务协同提升能力、集中共享创造价值、构建精益管理文化"为核心理念，在集约共享、务实创新和价值创造模式下，打造以"'1'个体系、'2'个中心、'3'大平台、管理'4'化"为关键

点的财务战略。其中"1234"的业务规划主要包括：

（1）"1"个体系。形成以预算、投资为开始，以核算、资金、成本、税务、分析为过程，以绩效考核与评价为结果的全过程、高效、闭环的北汽财务决策支持体系。打造高素质、专业化、学习型的北汽财务团队，培育专业、专注、极致的北汽财务文化。

（2）"2"个中心。形成以规范化、信息化为基础，以企业信息、资金与人才的集约共享为目标，搭建北汽财务共享服务中心；围绕自主产品研发能力提升和研发成本管理，引入精益设计理念，建立规范的北汽精益成本管理中心。

（3）"3"大平台。搭建北汽预算管理平台，以实现集团财务规划能力提升；搭建北汽资金管理平台，以实现集团核心资源的高效配置；搭建北汽风险管理平台，以实现对重大财务风险的识别、评估与应对。

（4）管理"4"化。围绕财务管理业务，建立规范统一的流程，实现财务管理标准化；以专业化和标准化为基础，实现集团财务管理的信息化；围绕集团的战略目标，推进财务管理业务与团队的国际化；打造具备影响力的财务高端人才队伍，实现财务管理团队精英化。

（二）业财共享的总体架构

如图 4-5、图 4-6 所示，北汽集团站在企业战略层级高度认识到信息化建设必须

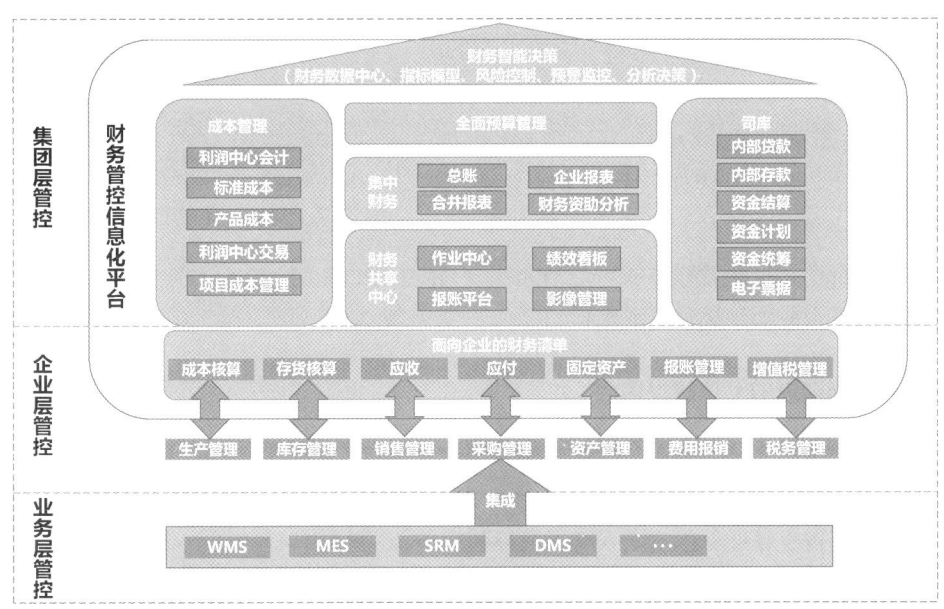

图 4-5　财务战略总体规划蓝图

管理会计能力建设/数据智能分析应用

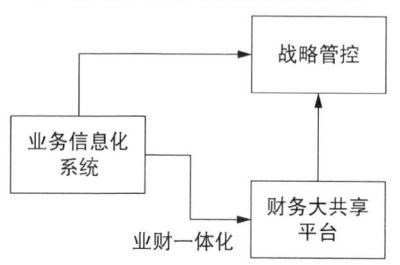

图4-6 财务信息化建设三个模块之间关系图

全局统筹。第一步，将业务信息化系统与财务大共享平台相结合，形成业财一体化的基础；第二步，业务信息化系统和财务共享服务平台打通之后，再结合企业的管理会计能力建设以及数据智能分析应用，真正意义上地服务于集团的战略管控。

在战略管控层面上来说，则是以全面预算管理平台和集中资金管理（司库）平台作为基础平台，结合阿米巴、经营 + 会计、风险管控等理念，通过对生产、采购、销售、财务、对标过程进行大数据分析，总结出集团的经营成果和绩效趋势。位于加强顶层建设的架构上端的财务大共享平台主要包括与业务信息化系统最为相关的收付款合同模块、财务核算模块、资金结算模块，设立作业组长和作业人员并以绩效看板为考核标准的财务共享服务平台，以及其他相关辅助平台，如企业报账平台、影像管理平台、智能报账、电子发票、增值税管理、电子档案和动态建模平台，如图 4-7 所示。

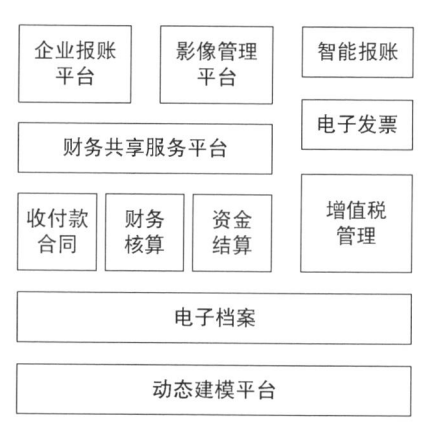

图4-7 财务大共享平台基本构成图

业务信息化系统包括仓库管理系统（WMS）、生产信息化管理系统（MES）、供应商管理系统（SRM）、汽车经销商管理系统（DMS）等管理系统，分别对应企业层面不同的管理模块，如生产管理、库存管理、销售管理等，直接面向成本核算、存货核算、应收应付、固定资产、报账管理、税务管理等财务管控信息化平台前端的规划蓝图基础。

（三）循序渐进的七项建设内容

北汽集团财务信息化建设内容遵循搭建数据平台，提供数据，辅助决策的逻辑，主要涵盖七个部分：统一财务核算体系、全面预算管理体系、费用控制、财务共享服务中心、司库管理系统、报表管理平台和数据管理平台。

1.统一财务核算体系

北汽集团旨在构建集团统一的会计核算平台，这也是集团财务语言统一的前提。

而要想实现财务语言的统一，需要先在财务业务一体化目标下实现财务规则统一和数据标准化。

首先确定财务组织架构及具体的工作岗位，通过统一会计核算政策、规范集中基础数据以及落实好内控制度，构建起集中统一的会计核算平台。该平台在被运用到具体的业务系统、财务系统以及后续的核算处理（即从凭证到账表）的过程中，也是为搭建财务预警平台、建设运营管理会计、网络报表、合并报表的财务高难度工作模块做好基础。统一财务核算体系架构图如图4-8所示。

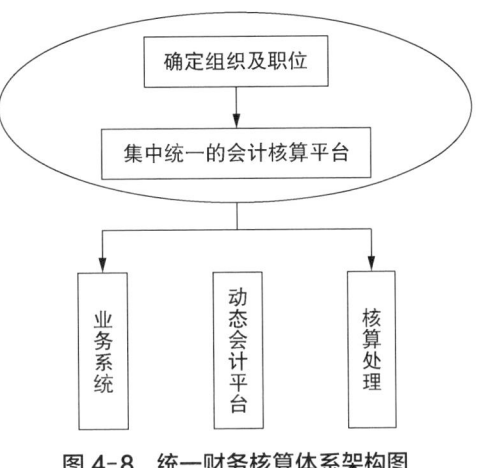

图4-8　统一财务核算体系架构图

关于统一会计核算政策，主要涉及折旧方法、会计分期和坏账计提方式等的会计政策和关于收入确认、费用确认和资产确认等会计要素确认的条件。而规范基础数据则有如下要求：

（1）整个账套全部统一，由集团高层来制定，分公司只有查询的权限。完整账套涉及币种、会计期间、存货分类、计量档案、地区分类、采购组织、经营组织等方面。

（2）集团编制部分数据，分公司能否新增数据需要通过参数控制，比如调整会计科目、变更结算方式、增减收支项目、增减开户银行、调整工资项目和变更人员类别等。

（3）档案要求分级管理，每个层次的管理内容都不同，如客商档案、存货档案和项目档案等。

（4）关于下层的部门、职员、仓库等较为基层的要素，则向单位放开权限，无须由集团统一。

2. 全面预算管理体系

一个完整的预算周期是从预算体系的建立开始，包括构建预算组织、设定编制内容、设计编报流程、搭建分析体系、制定控制规则、规定调整流程，如图4-9所示。预算编制的环节遵循自上而下或者自下而上或者两者结合的编制顺序，根据自身情况选择零基预算、增量预算等编制方式中的若干种，同时要加强编制过程中的

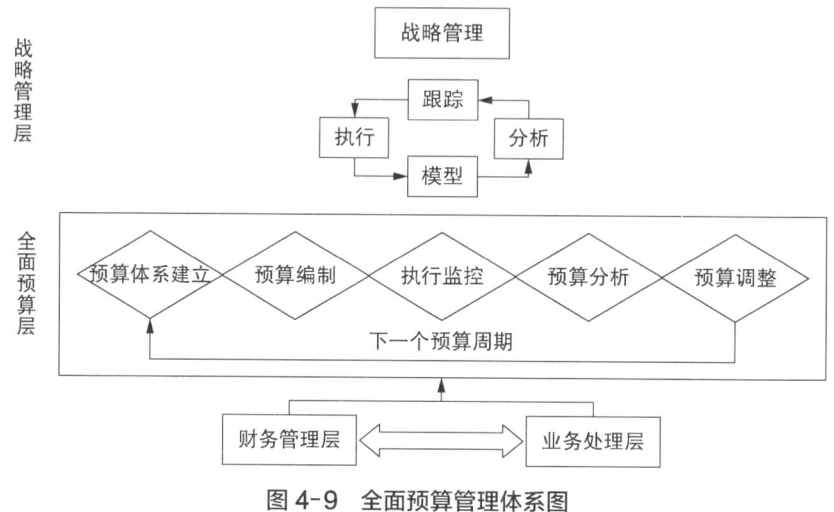

图 4-9　全面预算管理体系图

沟通，落实好预算的全局性。预算编制完成后进入执行和监控阶段，根据执行情况选择控制手段，如刚性控制、柔性控制、预警控制、弹性控制等。预算分析环节对于预算的执行情况具有考核分析作用，通过进行差异分析、执行进度分析、达成率分析、同比分析、趋势分析、构成比率分析以及因素分析等手段进行全方面多角度的预算分析。分析之后需要及时进行预算问题的挖掘和方案调整，这一步骤与初步建立预算体系相类似，同样都设计六个环节，自此进入下一个预算周期。

　　财务管理层和业务处理层相融合形成业财一体化，整个预算周期也是建立在业财一体化之上的，而预算的模型设计、执行监控、分析跟踪等各个环节也都是在为战略管理层面上的合并、报表问题设定经营规划，实现全面预算。

　　3. 费用控制

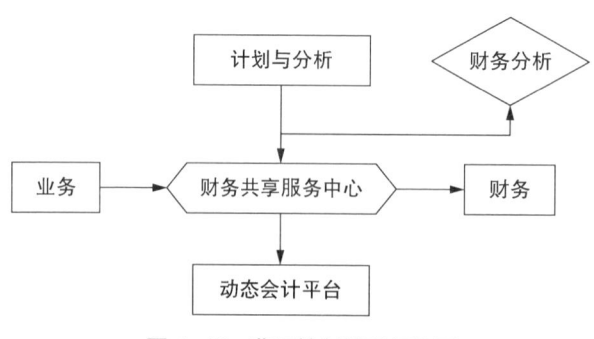

图 4-10　费用控制管理架构图

　　费用控制模块主要跟费用的计划与分析、费用相关业务的申请及信息录入管理、费用结转对应项目处理、动态会计平台的会计核算相关，其架构如图 4-10 所示。

　　当集团发生诸如集团商旅事项、OA 其他申请、销售与分销业务等时，基于前面的费用预算、全面预算及资金计划，经由财务共享服务中心进行处理，结转至应付、集中资金结算、现金管理、固定资产等报表模块进行分项录入处理，并定期向动态会计平台传输财务数据及非财务数据，录入总账、实现全成本的管理及会计体系的建立，整个与费用控制相关的模块、流程都是在为财务分析打好基础。

4.财务共享服务中心

财务共享服务中心的数据来源均基于集团强大的业务系统，其架构如图 4-11 所示。数据形成之后会进入财务共享服务中心的业务管理部分，比如差旅费用、部门费用、研发项目以及应付业务等的报账，会在网上报账平台集中处理；之后应收、应付业务会与合同管理的登记、结算、监控、归档相关，而这些业务的发生大多数又与资金相关，这时就进入了司库管理系统，即通过银企直联的路径提高资金周转使用、流入流出的效率。

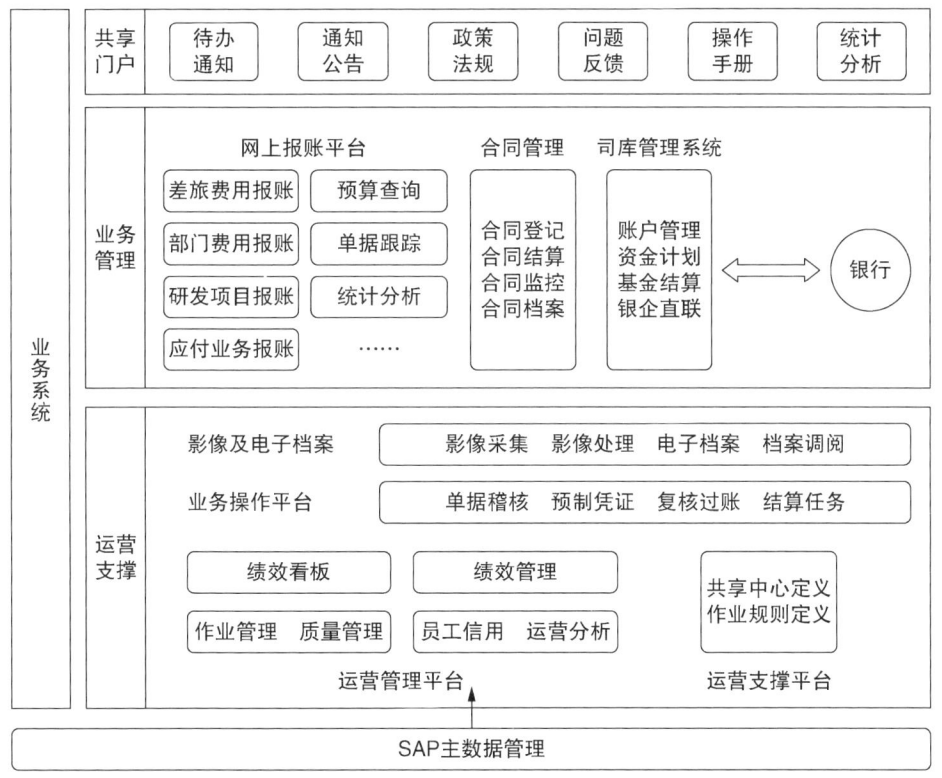

图 4-11　财务共享服务中心架构图

而对于一些偏向行政方面的业务，则主要通过共享门户部分来处理。比如，待办通知、通知公告等业务通知事项、政策法规的颁布公告、问题反馈、工作操作手册、公共数据统计分析等。此外，关于财务系统的信息化建设，还需要结合一些运营平台来支撑，以实现财务系统的流程化业务信息化和电子化。影像及电子档案涉及发票等存在纸质形式的材料的扫描归档；业务操作平台涉及单据稽核、预制凭证、复核过账、结算任务等方面；运营管理平台基于绩效看板、绩效管理对作业和质量进行管理，同时考察员工的信用并进行运营分析；运营支撑平台则强调了财务共享服务中心的定义以及作业规则的定义。

5. 司库管理系统

司库管理系统主要是通过与应用集成和金融渠道平台双向对接，起到对集团资金管理的监控分析、业务管理和一些基础管理，其架构如图 4-12 所示。

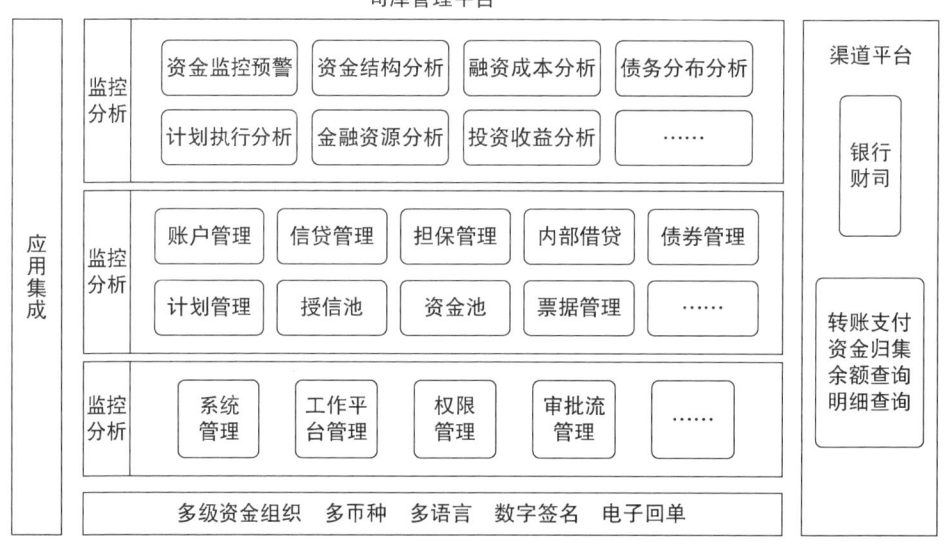

图 4-12 司库管理平台架构图

一些来自 ERP 系统、OA 系统、财务核算系统以及移动端等模块的数据通过进入司库管理平台，利用资金监控预警、资金结构分析、融资成本分析、债务分布分析、计划执行分析、金融资源分析、投资收益分析等功能对资金业务进行监控分析，同时相关的业务管理工作对司库管理系统保驾护航，比如，账户管理、信贷管理、担保管理、内部借贷、债券和票据的管理、授信池和资金池等管理方面。此外结合一些基础的系统管理、工作平台管理、权限管理、审批流管理等行政化业务的规范设置，帮助解决好集团内部多级资金组织、多币种、多语言等方面带来的困难。数据进入司库管理系统加以监控分析管理后，会与和企业形成银企直联的银行、财司直接挂钩，完成转账支付、资金归集等流程化的业务，同时也为集团提供基础的余额查询、明细查询功能，便于企业随时掌握资金使用留存情况。

司库管理系统当前开通的银企直联目前对接 14 家金融机构（包括中国银行、北京银行、建设银行、工商银行、民生银行、浙商银行、华夏银行、招商银行、中信银行、农业银行、交通银行、光大银行、兴业银行、财务公司）。通过司库管理系统与各银行前置机之间的 CBS 银企通道直接与银行进行数据交互，满足成员单位实时查询账户余额、账户交易明细、付款指令等功能。目前系统具备与主要银行的全部接口进行对接的能力，实现与主要银行的系统实时无缝连接，主要包括以下功能：

（1）支持按照不同用户权限实时查询银行账户余额、交易明细等信息。

（2）支持实时监控银行账户的大额支付、异常支付等信息。

（3）实现在定时、定额、自动或手动模式下，资金瞬时归集与下划。

（4）支持实时查询付款指令状态及日志等信息。

（5）对于没有进行银企直联的银行，可通过不同权限的用户手工维护或数据载体（如建立导入模板）等方式实现企业与银行的数据定期同步；同步后的数据，可实现对账、查询、监控等职能。

6. 报表管理平台

由集团若干核算系统形成的数据库提供报表管理平台的数据来源，再结合该平台设计的业务体系，实现指标体系的建立、指标维度的设置、评价组织的管理，搭配报表引擎、汇总引擎、公式引擎、分析引擎等技术，实现报表管理平台的四大核心功能——财务报表、分析报告、报送监控、综合查询。此外该平台不仅与集团内部业务相连，还与外界互通，能够实现用于上市披露、中介机构、外部监管等功能的数据输出，其架构如图 4-13 所示。

（1）财务报表功能。根据财务报表的不同类别、不同用途进行报表定义，并通过数据采集、数据审核、数据汇总，形成基础版财务报表，用于内部和外部的数据分析。

（2）分析报告功能。搭建基础的报告模型，对报告进行分析，形成分析报告，并以图表的形式展现。

（3）报送监控功能。数据不断上报到该监控系统中，并形成对数据的控制，同时

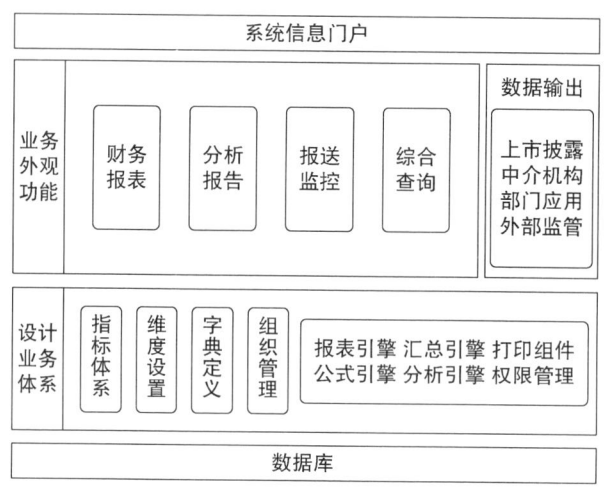

图 4-13　报表管理平台架构图

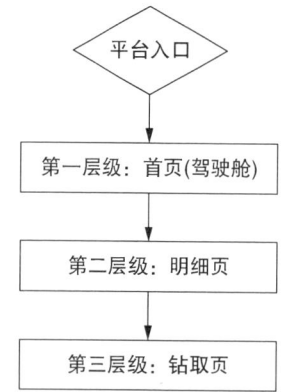

图 4-14　数据管理平台架构图

规定好数据的报送说明，按照一定规范进行传输，并对报送情况做好统计和记录，做到实时监控。

（4）综合查询功能。主要包括预定义查询、动态查询、模糊查询以及查询预警。

7. 数据管理平台

数据管理平台的架构如图 4-14 所示，主要分为三个层级，从平台入口进入，第一层级是财务驾驶舱和经营驾驶舱；第二层级是明细页，包括对于产品盈利的分析、集团统计数据以及其他的相邻页面；第三层级是钻取页，是对于第二层级明细页的深入分析和数据挖掘。

五、北汽集团的案例分享

本案例从整体视角介绍了北汽集团财务信息化建设的战略思路、整体架构和建设内容，这部分聚焦两个集团二级公司已经成功实施的具体案例——北汽鹏龙业财一体化项目和北汽海纳川财务共享服务中心项目。这两个项目都是以客户业务需求为目标，通过调研、访谈、方案设计、试运行和验证多个阶段测试，最后落地实施。前者打通业务运营管理和财务核算数据，绘制蓝图和流程，实现业财融合；后者通过财务共享服务中心集中管控与规范标准，优化资源配置，降低财务风险，推动财务组织转型，更好地支持企业战略落地。

（一）北汽鹏龙业财一体化项目

北汽鹏龙是北汽集团五大平台之一，是北汽集团实施集团化战略、整合服务贸易资源的重要平台。自成立以来，通过对集团内服务贸易企业资源的优化重组，完善并丰富了汽车后市场产业链，实现了集团内部整车、零部件制造企业与服务贸易业务的对接和联动。目前，北汽鹏龙正在形成以汽车销售及衍生业务、维修配件及用品销售、国际贸易及集团采购为主的三大业务板块。主要包括汽车品牌销售、物流、进出口和汽车租赁等多业务板块，并拓展到汽车拍卖、二手车及汽车广告等业务领域。

北汽鹏龙业财整体系统建设与北汽集团财务信息化总体架构保持基本一致，均涉及三大部分：业务信息化系统（底层）、财务共享服务平台（中层）、战略管控（上层）。

从业务信息化系统出发，由于北汽鹏龙目前业务涉及汽车品牌销售、物流、进出口和汽车租赁等多业务板块，因此在其业务系统部分设置了"集中采购平台""保险平台""二手车平台""金融平台"等贴合其实际业务领域的系统模块。

财务共享服务平台部分则进行了较为细致的划分。总体上来看，业务运营管理模块、资产管理模块、网上报账（WEB 应用）、报账 App、税务管理平台为财务核算模块进行智能核算提供了可靠的数据支持和技术便利，使财务核算和报表管理两大财务核心功能相融合，共同为战略决策提供数据支撑。

其中业务运营管理模块是划分得最为细致、与业务特点最为相关的一个模块，主要分为采购管理、库存管理、销售管理、运营报表、售后服务和市场客户服务。

（1）采购管理。包括从最初的目标设定管理，到采购订单的下达，货物的在途管理，材料的采购入库以及采购退回。

（2）库存管理。基础的入库管理，销售出库的核对，车辆移库的规划审查，调拨管理的手续和执行情况，售前加装的安排。

（3）销售管理。这一部分可以同时反映内外部情况，根据考察的市场活动情况，制定集团的价格政策，寻找集团的潜在客户，统一管理销售订单的情况，并对部分VIP 客户进行精品管理。

（4）运营报表。主要是针对客户、销售情况、绩效、库存、结算情况进行分析，并结合数据图表形成运营报表。

（5）售后服务。通过对维修过程人员的管理、车间设备的管理、配件库存使用量的管理，形成对售后维修成本费用、效率的管理。

（6）市场客户服务。该部分主要提供对潜在客户的挖掘、维护等管理，对车主车辆信息进行统一管理，向客户提供关怀计划，并定期进行关怀计划的回访，保持对客户的维护管理。

该项目经过 3 轮业务调研、13 次沟通，历时 2 个月，在方案设计阶段出具了北汽鹏龙业财一体化蓝图，涉及 12 个业务流程、107 个业务场景，如图 4-15 所示。该业务流程范围包括业财一体化数据传送规则蓝图设计、整车购进蓝图设计、精品购进蓝图设计、配件购进蓝图设计、整车及随车精品收款/收入蓝图设计、精品销售收款/收入流程蓝图设计、售后收入/收款蓝图设计、配件精品盘点蓝图设计、服务代办收款/收入蓝图设计、保险佣金收入会计核算流程蓝图设计、金融佣金收入会计核算流程蓝图设计、二手车佣金收入会计核算流程蓝图设计。业务场景则根据 44 个凭证类型、3 052 个凭证科目分录，划分不同的 ERP 系统触发节点、操作流程以及 5 037 个科目分录入账规则，分别进行内容的制定，形成业务场景处理细则。

图 4-15　北汽鹏龙业财一体化蓝图

（1）在途确认。货物是否在途以及在途的状况对于存货的管理十分重要。首先是销售内勤需要确认货物的在途状态，核对好货运单号、采购订单号等具有唯一性的识别特征，并及时跟进货物的状态，入库、开票、金额、配置等独立信息也可以在其中这个环节做好把控。业务数据及时反映在系统中后，财务会计需要在凭证录入环节后做好复核工作，之后进入 NC 总账凭证模块，查询核对生成的总账凭证。

（2）车辆入库。在接到车辆准备整车入库时，仓库管理员需要填写入库信息，如入库时间、车辆数量、入库仓库以及具体的车辆到店日期；与在途确认环节相同，业务数据反映在系统中后，财务会计需要在凭证录入环节后做好复核工作，之后进入 NC 总账凭证模块，查询核对生成的总账凭证。

（3）车辆来票登记。车辆入库登记做好之后，财务会计需要登记购车发票相关信息。核对好采购价格以及对应税额，之后录入开票日期、开票对象、发票编号、抵扣金额等，其他数据自动勾稽之前入库所填写的相关信息。同在途确认环节，需要做后续的复核凭证和 NC 总账凭证的查询、生成步骤。

该项目共经历了为期一个半月的业财验证以及近两个月的店面试运行。业财验证从 2019 年 2 月 25 日开始，中间经过业财验证，并于 4 月 12 日之前的两周时间内进行了关账验证；店面的试运行同步开始，于 3 月 1 日进行了为期两周的业务试运行，之后进入业财试运行阶段，于 4 月 30 日正式结束试验阶段。

（二）北汽海纳川财务共享服务中心项目

海纳川是一家国际化、综合性的汽车零部件企业集团，2008 年 1 月在北京注册成立。2018 年，海纳川公司营业收入达 588 亿元，位列《美国汽车新闻》全球汽车零部件供应商百强榜第 65 位，《中国汽车报》国内外汽车零部件双百强评选——国内汽车零部件集团第 3 位。公司拥有所属企业近 60 家，境外有 19 家工厂，在欧洲、北美、亚太地区建立了研发中心，全球员工超过 2 万人，客户覆盖 40 余家知名的整车企业。

1. 项目建设目标和业务范围

海纳川通过建立财务共享服务中心实现集中管控与操作规范的统一化和标准化，提高财务工作效率和质量，降低财务运作成本，推动财务组织的转型，形成三位一体的财务运营新模式。具体目标包括：

（1）优化资源配置。优化人力资源配置，提高集团的人员利用率。避免机构重复设置，释放更多的时间和资源，让财务人员投入决策支持和经营分析工作。

（2）加强风险管控。加强集团管控力度，从集中核算、费用预算、资金收支（银企直联）三个维度初步构建业财一体化的财务共享服务平台；逐步扩展到经销商系统，实现经销商业务系统的业财一体化处理，从源头上实现财务风险管控。

（3）促进业务规范。实现主数据统一（会计科目、辅助核算、往来客商）；重塑业务流程、财务管理制度，统一汇总路径；实现核心业务的规范化，加强数据的标准化，提高信息数据的可靠性。

（4）支持集团战略。提升集团管控能力，提供专业财务服务，促使业务单位聚焦主业，快速发展。

该系统业务范围涵盖财务共享，如图 4-16 所示，涉及应收/收款业务、应付/付款业务、个人费用、业务费用、资金结算等共享业务；总账核算包含总账管理、固定资产管理、往来核销管理、月末结账管理等不同部分；费用预算则包括编制、控制、分析和调整的各个阶段；收付款合同管理则涵盖了合同台账管理、合同审批流程管理以及合同收/付款执行情况管理。

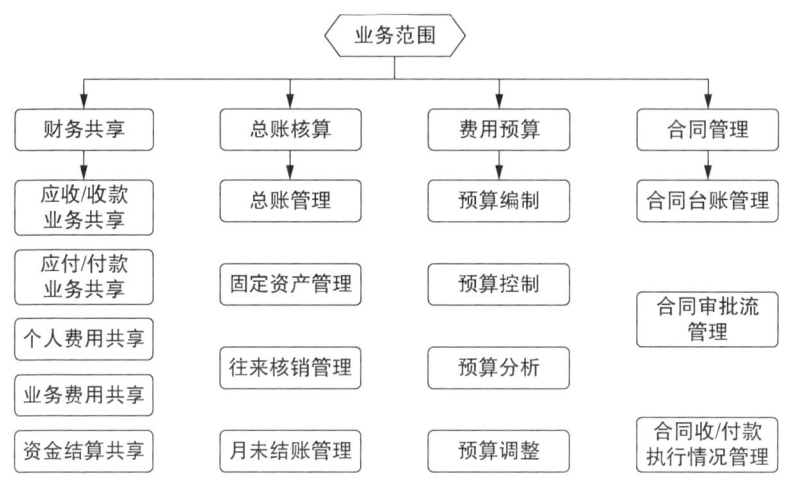

图 4-16　FSSC 目前接管的业务范围图

2. 系统整体应用架构

系统整体应用架构为海纳川提供了一个财务专业门户，利用 Portal 技术，创建统一的登录界面，强调以用户为中心，重视流程及整体工作效能，实现信息的集中访问，营造一个能够提供信息访问、传递以及跨组织工作的集成化商务环境，这是实现信息化建设的关键。

财务专业门户所营造的财务共享网络使得通过各个流程汇总到一起的财务和非财务数据进入决策 & 报表分析 BI 模块中，结合运营成本、业务收入以及总资产回报率进行全面的分析，并可从收入、成本和资产结构扩展到分析公司的运营状况。整个应用架构包含 2 个报账技术（网上报账和移动报账 App）、1 个共享运营平台、1 个影像管理平台、3 大管理模块（预算管控、财务管理、资金管理）、2 个技术汇总平台（接口平台、NC-IUAP 共享服务平台），伴随着这些不同模块还有 3 大电子信息库（电子发票系统、电子档案系统和增值税管理平台），如图 4-17 所示。

该财务共享服务系统与 ERP 系统使用同一信息化平台，并共享基础数据，其业务数据在同一平台流转，这是财务共享服务平台最理想，也是最有效果的应用。

3. 项目方案介绍

从预算管理模块起步，使预算控制信息能够同时向合同管理模块和财务共享报账平台传递。在合同管理模块，经过拟定、签订、扫描合同等流程将合同的关键信息、付款信息以电子形式传向财务共享报账平台。从财务系统向银企直联模块发送支付申请，由银企直联模块和金融机构直接对接并处理收到的支付信息，再由金融

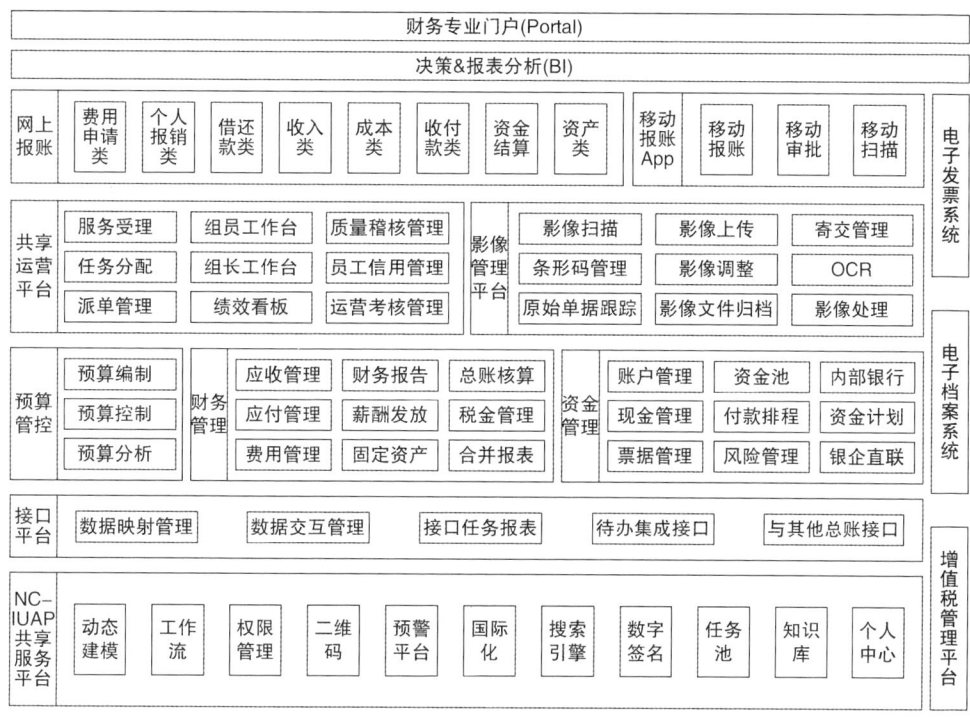

图 4-17　系统整体应用架构图

机构将账户信息、对账信息反馈给银企直联模块，再由其将电子回单传送回财务系统。财务系统接到付款的电子回单后，结合业务产生的财务数据形成基础信息报给财务共享报账平台，综合形成报账信息储存在财务共享报账平台中，并反馈给财务系统，使得整个业务在财务系统和财务共享报账平台中共存。

1）合同管理流程

如图 4-18 所示，合同管理流程设计包含以下几个模块：合同起草、合同审核、合同生效、合同履行、合同冻结/解冻、合同变更、合同终止、查询统计、电子归档。其中的合同起草、合同审核和合同生效三个环节对于整个合同流程的顺利进行至关重要。最后的电子归档也为今后的内部审计和外部审计留下可靠证据。

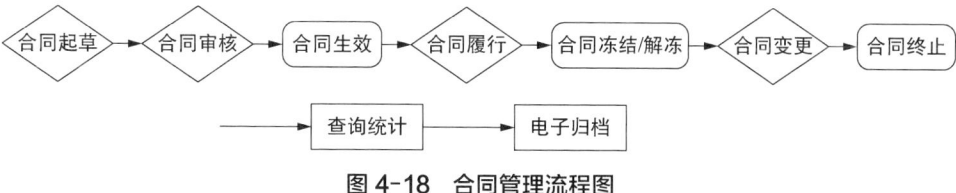

图 4-18　合同管理流程图

公司在平常的业务中会产生大量的收款合同和付款合同，而收款合同与应收管理关系密切，付款合同与应付管理和费用管理又相关联，这些管理都需要经过会计平台的处理最终进入总账核算的环节。

与收付款相关的系统自动核销功能提高了收付款的记账流程效率，如图 4-19 所示。在签订收/付款合同之后，先在系统中保持挂账的状态，并形成应收/付单以备核销，而另一边在签订合同之后，生成收/付款计划，并进行收/付款，最终收/付款单和应收/付单在系统中自动核销。

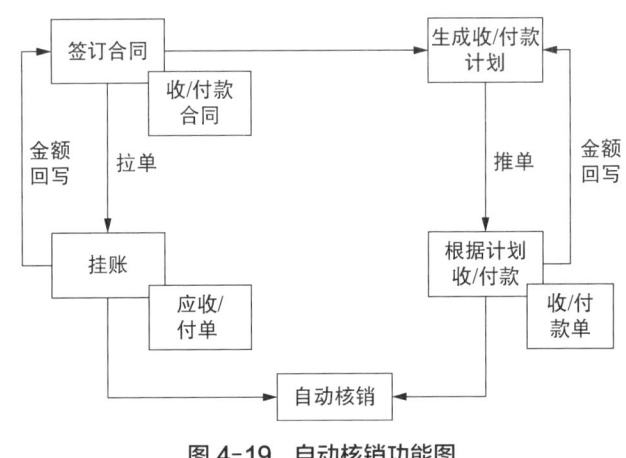

图 4-19　自动核销功能图

2）费用预算管理

费用预算管理流程如图 4-20 所示，主要包含以下几个模块：预算编制、预算执行监控、预算分析、预算调整、绩效评估与预算考核。

图 4-20　费用预算管理流程图

（1）预算编制。编制方式的选择根据不同业务组的实际情况分为以下几种：固定预算、弹性预算、滚动预算、零基预算、增量预算。在编制的过程中，要注意费用预算目标与分解和汇总、平衡和合并、公平和高效相结合。费用预算审批模块要从流程本身出发，考察角色审批的安排和设计是否恰当。

（2）预算执行监控。在执行预算的过程中，要对日常业务进行事中控制，不能做"甩手掌柜"，事前的规划固然重要，但要想顺利实施，事中的控制也起到至关重要的作用。可以根据不同业务模块预算执行的情况来选择控制类型，主要有刚性控制、柔性控制和预警控制三类。既然做到了事中监控，就应该实时获取各级预算执行数，切实做到合格监督，并总结在执行中遇到的问题。

（3）预算分析。通过监控环节积累下来的经验，定期分析费用预算的执行情况，总结执行过程中遇到的问题。及时监督各级成员单位的费用发生情况，帮助企业获取最新的预算分析结果，实行滚动监控、滚动分析，并且考虑针对发现的问题，寻找最优的解决办法。

（4）预算调整。根据对预算执行情况和外部环境变化的分析，对费用预算进行调整。通过及时对费用预算进行调整，调整生产运营管理的细化措施，有助于形成高效的生产运营管理的工作环境。对每一次的费用预算调整都应进行严格的审批，杜绝腐败现象的发生，并且还应向全企业员工开放预算调整情况查询的渠道，做到全员参与。

（5）绩效评估与预算考核。不能仅将销售收入预算作为绩效考核的指标，费用预算与销售收入预算结合起来才能真实反映企业的盈利情况和企业员工的工作效益。汽车的生产更是如此，研发费用、制造费用等与生产密切相关的成本对于企业的盈利至关重要，如何合理降低成本，提高效益才应该作为员工、小组和管理层绩效考核的指标。

3）财务共享流程

财务共享流程所涉及的单据类型包括个人类、综合类、资金类、合同类、收入类。个人类主要涉及出差的差旅费报销，综合类包括资金的借用和付款申请，资金类大体上分为国内财务及人力专用和海外专用的付款单两类，合同类包含收款合同和付款合同，收入类则仅包括应收确认单一项。以员工报销流程示例，如图4-21所示。

首先报销人需要在财务共享服务中心的报销人门户中填写预付支出单（选择报销单类型，填写报销金额、收支项目等信息），然后进行影像扫描（将相关原始单据，如发票，扫描并与报销单关联），届时该申请信息会被业务领导在审核人门户中看到，业务领导在PC端找到待审批的事项，并根据扫描影像进行审批（还可以在手机端进行审批，提高效率）。除了完成上述步骤中的电子信息传送，还要同步完成线下的纸质材料投递：报销人在财务共享服务中心找到已审批的报销单并打印，再将发票粘贴到报销单背面并送到财务共享服务中心的财务部。这时就进入了财务共享服务中心的工作领域：由合规岗根据查询条件或者扫描条形码找到并审核报销单，结合原始单据和影像单据进行合并审核，审核通过后合规岗还需要补录结算方式、

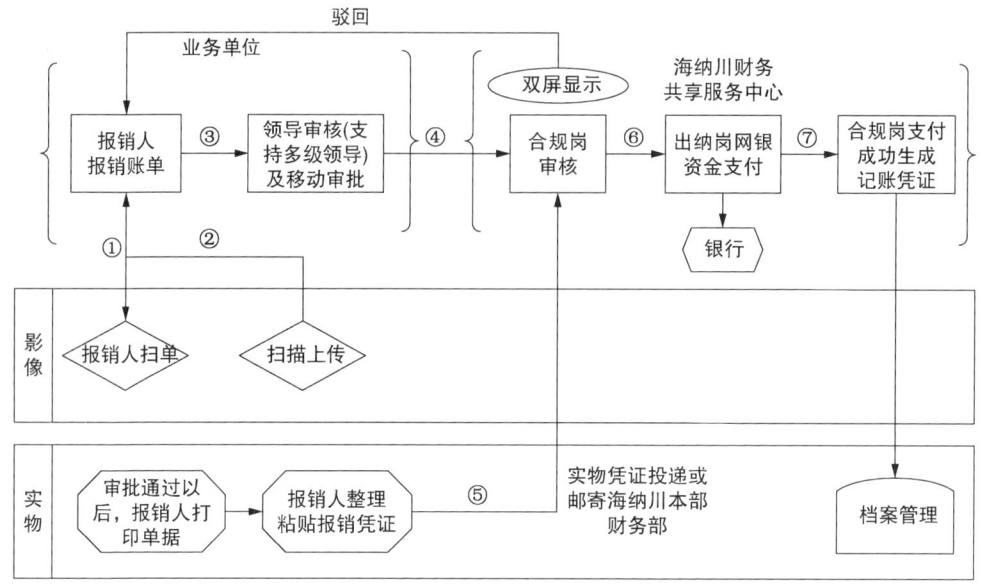

图 4-21 员工报销流程示例

付款账号等信息；之后再由出纳岗操作，通过银企直联接口对单据进行线上支付，支付成功后自动生成凭证；最后由财务岗找到待审批的单据并进行审批，审批通过的报销单，系统会自动生成记账凭证，汇总进入档案管理。

通过移动审批、影像扫描和电子发票等关键技术，用智能化的手段支撑业务，达到效果。

（1）移动审批。除了上述流程中提到的 NC6.5 平台支持、PC 端审批，同时也支持移动端审批，使得领导在外出或者不便于使用电脑时，使用 App 进行审阅批准，该项技术同时提高了报销人员和审批领导的工作效率。

（2）影像扫描。通过 OCR 技术，系统可以自动识别报销人提交发票上所列明的开票信息，包括发票号、开票日期、金额、纳税人识别号等，还能满足在海量票据中智能定位增值税发票的功能，极大地提高了工作效率。并且提供智能校对模块，确保进入系统数据的准确性和完整性。该技术切实有效地监管了发票的各种业务风险。

（3）电子发票。报销单在关联电子发票后，报销人通过使用 OCR 技术，扫描相关单据后自动识别发票的开票信息，包括发票号、开票日期、金额、纳税人识别号等。将大量发票以电子形式存放于数据库中，名称类别清晰，改善了过去纸质材料保管的不便利性。

（三）后续信息化继续完善计划

1. 税务管理

未来希望能够打造更加全面的税务管理系统，以业务应用模块为中心，建立好与基础数据的联系，同时加强与 ERP 系统、OA 系统、核算系统、金税系统等的系统接口建设，并上升到纳税统计、税负分析、发票统计等更加综合的税务管理、税收筹划的层面，使其更好地服务于财务系统，优化集团税负结构，增加效益。

其中业务应用涵盖了进项和销项发票的管理、纳税申报、个税管理、台账管理、所得税管理，并与涉税预警、客户管理、供方管理和结算管理挂钩。其中，进项和销项发票管理主要涉及发票的登记、发票的签收与申请、进项认证抵扣和转入转出、财税对账等内容；纳税申报和个税管理主要涉及预缴税金和个税信息维护；台账管理则需要关注好未完成的、正在进行的、特殊政策要求的税项管理工作，如未开票收入的核对、减免税的执行、不动产抵扣情况；所得税管理关注计算和申报两大环节。

此外与税务管理相关的基础支持平台也需要构建，包括基础的多维模型、指标体系、图标组件、单据模型需要配套，工作流引擎、公式引擎、数据中心等共用流程需要维护，权限审批、日志管理等行政手段也要到位。

2. 影像扫描与电子会计档案

影像扫描与电子会计档案主要包括三个内容——"制、存、查"。

制，顾名思义就是材料文件的制作，纸质材料和纸质档案现在仍然有很多，这些材料需要被扫描拍照并设定编号录入影像库。此外，一些原本就是以电子形式存在的电子发票、非税票据也应直接录入影像库当中，影像库再和财务系统、固定资产系统、进销存系统、工资核算系统、费用报销系统等进行对接，利用电子会计档案库的采集插件功能，在这些系统形成接口服务，生成的版式文件即可归档，即进入下一个环节"存"。

"存"是指根据事先制定好的档案索引将电子会计档案库当中的材料进行归档，要求有电子签章的材料需要核对是否有电子签章。与档案存储相关的职能工作包括档案查阅、档案借阅、档案重建、档案移交、档案上架、档案外借、档案鉴定、档案销毁、权限管理。

而"查"体现在对档案的利用。用户可根据目录进行检索，也可自定义高级检索或是模糊检索，根据电子目录中心的唯一编号总能查找到对应的档案。同时档案管理人员还应该做好归档报告、借阅统计、档案统计等职能，为借阅查询档案的相关人员和外部中介机构、检查人员提供高效的服务。

3. 智能财务机器人

未来还希望能够引入智能财务机器人，即虚拟个人助手（VPA）。通过对话式的操作，提升员工的工作体验。通过该智能助手共可以发起 5 类、187 项服务。后续还可推出发票验伪、发票认证、三单匹配、财务月结机器人提高财务流程化业务的处理效率。引入智能助手之后，利用 RPA 实现软件流程自动化，也是在提高流程效率。

VPA 统一对话式的工作入口，可能逐步取代键盘、鼠标、触屏，VPA 作为新一代云服务和软件的用户界面，是一场交互革命。VPA 对自然语言的处理使用了对词性的标注、语义分析、句法分析、实体识别、关键词提取等技术；同时针对企业特性设置全局、应用、租户三级知识库，使得知识库的隔离与共享同时实现；依据自然语言处理结果确定用户意图，根据用户意图决策触发场景、知识库匹配、实体录单、提醒备忘录以及与外系统交互。

如果未来能够将这样的智能机器人投入工作，大量有规律的人机交互工作将替代部分人类雇员的工作。其建设 RPA 也是基于以下的业务特征：业务本身需要人在系统界面上进行操作；工作重复性较大、基于一定的设定规则；跨系统、跨平台的流程效果会更好；为完成流程将雇佣更多的员工或花费更多时间，提高了运营成本；数据输入易发生人为错误，反而由机器进行识别并自动录入正确率更高。例如，总账结账机器人所完成的月结检查报告，在正确率、规范性、效率等方面均超过人类雇员。

六、案例点评

北汽集团实施财务信息化建设和搭建财务共享服务中心是基于内外环境同时考虑的。外部环境的考虑因素是行业的发展，国家倡导企业管理会计转型，但更主要的是基于互联网、大数据、云计算、人工智能这些新技术的发展，给企业财务信息共享提供了一个很好的技术条件；在内部环境方面，北汽集团作为典型的汽车制造企业，各种数据分散在各个系统当中，比如从生产、制造、研发再到财务、质量、营销、供应商端、经销商端，整个公司参与业务管理的有十几个系统。这些系统当中有大量的业务数据需要挖掘，业务数据需要标准化处理后才能共享。正是基于这样的内部状况和外部环境，北汽集团提出了打造全业务链的财务信息共享目标。财务信息化建设可以把这些管理系统中共享的数据尽可能地打通，然后将其模型化，最后为整个集团全链条的经营管理提供一些基于价值视角的建议和意见。

本案例中，无论是集团层面的财务信息化建设，还是二级公司的业财一体化和财务共享服务中心，都遵循了先易后难，由上至下，从财务到业务的逻辑。

第一步是把所有的传统的记账、算账、报账等工作纳入财务共享服务中心，包括企业的整个预算的衔接和资金的收支。这一步是为了保证显性财务信息的全集团标准的统一，使数据的可比性、可用性大幅度提高。

第二步分为两个阶段：一是先易后难地打通了一部分与财务紧密关联的业务系统；二是打通系统之后依托信息化手段细化信息颗粒度，突破会计科目的约束，建立多层级的业务和财务结合的数据库。按照传统的会计核算，目前部分细化到了三级会计科目，将来，有可能把会计科目再往下延展，延展为业务符号，甚至可能延展到五级、六级，增加一些非结构数据。将这些围绕业务最底层的信息，分阶段、分层次地整合到财务共享服务中心来，便可以满足业务部门多元化、多维度的经营活动分析需要。同时，结构性数据和非结构性数据都需要有强大的信息技术作为支撑，并依靠强大的算法、人工智能技术抓取各种数据，对这些数据进行处理、排序，并进行可视化呈现。

未来，财务共享服务中心将成为企业的数据中心，企业所有的经营行动最后演变成的数据，都要在财务共享服务中心进行整合、处理，真正实现业财融合。财务人员提供更多关于公司运营数据、预算管理、业绩分析、绩效管控等方面的决策和支持，使财务管理从价值守护转向价值创造。财务人员从业务后台逐渐深入各个业务单元前线，透过数据找到其背后的"故事"，并与数据背后的业务行为进行"交流"，把"会计语言"转化为"商业语言"，只有这样，财务人员才能实现为决策者参谋的价值。正如集团高层所言，在可以预见的将来，北汽集团的财务共享服务中心不是会计工厂，而是人才中心、数据中心、服务中心和知识中心，让我们拭目以待。

扫码观看北汽集团财务共享应用访谈实录

友阿股份：全流程共享

——友阿股份财务共享服务应用实践

一、中国零售业概况

自改革开放以来，中国零售业在短短 40 年间便走完了西方国家的百年历程：20 世纪 80 年代大规模建设百货商场，90 年代转向了大卖场，2000 年后快速成长的则是购物中心和网络零售，这使得中国零售业呈现多业态、综合化的竞争格局。

在 40 年的发展过程中，得益于中国经济的高速发展和国内广阔的市场需求，中国零售业迎来了黄金发展期，不论是增速还是规模都呈现出较强的发展势态。2018 年，中国零售总额高达 38 万亿元，10 年间增长近 1 倍。但是随着互联网和信息技术的发展，尤其是移动互联网对人们生活方式的影响，零售业态受到的冲击巨大，行业变革趋势显著。

中国零售业的发展开始呈现分化趋势：一方面，社会零售总额的增长速度放缓，尽管总量还在增长，但增速较之前几年大幅度下降。2012—2018 年，我国社会消费品零售总额从 21 万亿元增长至 38 万亿元，但增长率从 14.30% 下降到了 4.02%，尤其自 2015 年以来，下降趋势明显，如图 5-1 和图 5-2 所示。另一方面，各种零售业态的发展呈现"极度不平衡"。百货、超级市场等业态的客流下降，购物中心和网络零售的客流正不断增长，其中，网络零售的增幅较大。2014 年，国家统计局首次在《国民经济和社会发展统计公报》中披露了全年网上零售额，数额为 2.8 万亿元。而当年，我国连锁百强企业销售规模为 2.1 万亿元[①]，网络零售的交易规模首次超过连

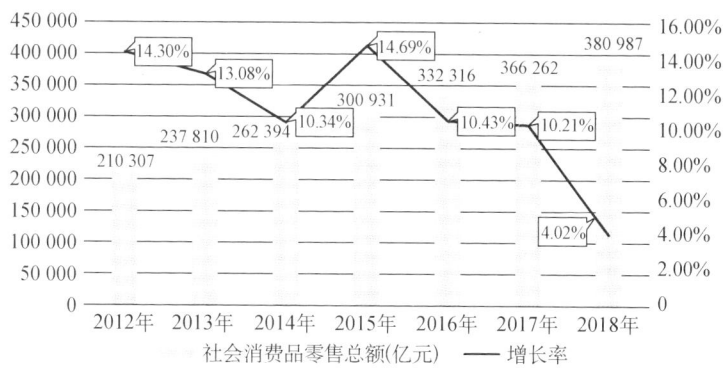

图 5-1　2012－2018 年中国社会零售总额及增长率

数据来源：国家统计局 2012—2018 年国民经济和社会发展统计公报。

---

① 　王海波，曹玉书. 发达国家零售业发展的做法及启示［J］. 经济纵横，2015（11）：124-128.

锁百强企业的销售规模。2018 年 1～10 月的数据显示，网络零售占中国商品零售总额比重的近 20%，较 2014 年（5 年时间）增加了 1 倍。由此可见，传统实体零售企业未来的发展空间受限，网络零售正在逐渐挤压传统零售的市场。

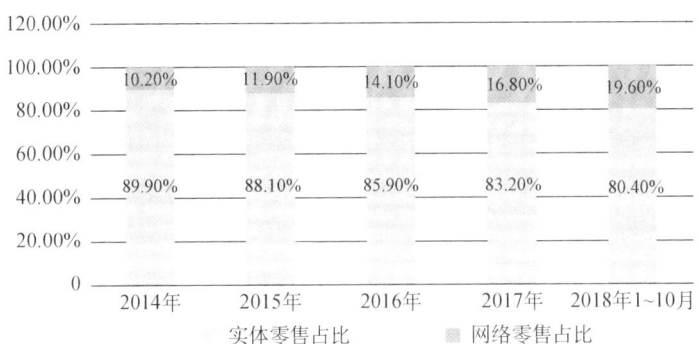

图 5-2　2014－2018 年中国商品零售额线上线下分布结构

数据来源：国家统计局。

在这种情况下，中国传统零售企业纷纷进行改革：

（1）转变企业商业模式，从线下走向线上，拓展新的成长空间。例如，银泰百货和永辉超市纷纷选择打造自身的网络平台和移动平台，尝试多渠道、全渠道转型升级[①]。北京王府井、天虹集团、百联集团都在推进新零售的探索，通过自营渠道或与互联网公司合作，加强在全渠道的基础上开展 O2O 运营，充分利用线下和线上渠道的资源，线下打造实体店的实体优势，紧抓"商品＋服务＋体验"，线上推进客户流量引进，紧抓"数据＋全时空购物"。

（2）改变企业经营模式，加强内部管控，提高运营效率。比如，一些传统零售企业开始引入无人收银、财务共享等信息化手段，重整供应链结构和内部管理系统，从内部挖掘利润空间，达到降本增效目的。

二、友阿股份概况

（一）友阿股份的发展现状

湖南友谊阿波罗商业股份有限公司（以下简称"友阿股份"）是一家区域性

---

① 汪旭晖，赵博，刘志. 从多渠道到全渠道：互联网背景下传统零售企业转型升级路径——基于银泰百货和永辉超市的双案例研究［J］.北京工商大学学报（社会科学版），2018，33（4）.

（湖南）的百货零售企业，其前身是友谊华侨商店（创建于 1979 年），是一家以商业经营为主，兼有工业生产和外贸进出口业务的大型国有商业企业。2000 年，友谊华侨商店与阿波罗商业城合并，经过改制组建成为湖南友谊阿波罗控股公司。原阿波罗商业城也拥有多家百货商场，两家公司的联合，扩大了公司规模和运营能力。2004 年，由湖南友谊阿波罗控股股份有限公司发起，设立了现今的友阿股份，2009 年，友阿股份在深圳证券交易所上市。

　　友阿股份的主业是百货业，经营业态包括：百货商场、奥特莱斯（折扣店）、购物中心、专业店、网络购物平台，目前是湖南省规模最大的百货零售企业，除了在长沙当地发展百货业态，友阿股份的零售业务覆盖了长沙、郴州、常德、邵阳等城市的核心商圈，并在天津建成了一家奥特莱斯商场。

　　截至 2018 年，友阿股份在线下已经拥有友谊商店 AB 馆、友谊商城、阿波罗商业广场等 7 家中高档百货商场，郴州友阿国际广场、常德友阿国际广场等 4 家大型购物中心，2 家奥特莱斯主题购物公园和 1 家在建的城市奥特莱斯店，友阿电器和友阿黄金专业连锁店，并成功构建了以长沙奥特莱斯购物公园及天津滨海新区奥特莱斯购物公园为代表的新型奥特莱斯业态。

　　除了线下店，友阿股份也在积极推行线上线下融合的 O2O 全渠道百货零售转型的战略，重点打造"友阿海外购""友阿微店"等线上购物平台，如图 5-3 所示。

图 5-3　友阿股份的线下店与线上店

图片来源：网上图片。

　　此外，在发展百货零售业的同时，友阿股份也尝试探索金融板块，成立了 2 家控股子公司——长沙市芙蓉区友阿小额贷款有限公司和湖南友阿投资担保有限公司，推行"两条腿走路，商业和金融业同步发展"的战略规划。

（二）友阿股份的经营绩效

　　根据东方财富、友阿年报等数据，多年来，友阿股份一直呈现着"一业独大"的发展态势，聚焦于主业——百货零售业，虽然也涉足宾馆、房地产等行业，但其他行业所占比重较小。如表 5-1 所示，2018 年，其百货业的收入占公司总收入比重高达 88%，其他行业的收入占比不足 12%，且房地产收入、彩票收入较之 2017 年大幅下降。

表 5-1　友阿股份 2012－2018 年收入结构

	2012 年	2013 年	2014 年	2015 年	2016 年	2017 年	2018 年
百货零售	94.08%	94.80%	95.85%	91.21%	90.27%	84.90%	88.07%
宾馆服务	0.06%	0	0	0	0.15%	0.55%	0.59%
彩票	0	0	0	0	0	0	0
房地产	0	0	0	5.18%	5.82%	11.43%	8.64%
家电	5.86%	5.20%	4.15%	3.61%	3.76%	3.12%	2.70%
总额	100.00%	100.00%	100.00%	100.00%	100.00%	100.00%	100.00%

数据来源：东方财富 choice 金融终端。

从地域分布来看，长沙市仍然是友阿股份的主战场，营业收入占比近 70%。但与 2017 年相比，长沙以外地区带来的营收上升幅度显著（提高了 3 个百分点），同比增长 9%。此外，友阿股份零售经营业态范围扩大，除了传统的百货商场、奥特莱斯（折扣店）、购物中心、专业店，还有不断发展中的网络购物平台。

从经营模式来看，友阿股份主要采取了联销[①]、经销[②]及场地租赁[③]等方式。联销是目前百货店的常用模式，有助于商店的统一管理和布局，风险较低但毛利水平难以提升。

从资产规模来看，2009 年至 2018 年年末，友阿股份的总资产从 26.34 亿元增长到了 152.15 亿元，在 10 年间增长了 5.8 倍。门店和物业面积也在不断增加，截至 2018 年年底，友阿股份的门店与物业分布情况是在长沙市内以百货店为主，在长沙市外以购物中心为主。

（三）线上零售的拓展

除传统零售业外，友阿股份紧跟时代潮流，制订了通过平台融合打通 O2O 的转型计划，发展线上购物平台，尝试打通线上线下资源，推动全渠道新零售转型。

首先，开启线上平台建设。在 2014 年，友阿股份开始搭建网上购物平台，上线

---

①　联销模式是以招商方式引进供应商进店销售，商店统一布局、统一管理、统一形象、统一促销、统一收银，按销售返点。该模式不承担库存风险且显著地提高了百货的盈利水平，但经营模式缺乏个性，导致毛利率水平无法提升。

②　经销方式主要采取集中采购、进销分离的方式，商店可依据自身定位确定商品类别和商品品种，通过商品采购获得商品销售权，利润来源主要为经销商品的进销差价。

③　场地租赁模式指在百货店内进行租赁经营，利润来源于租金收入扣除物业成本后的余额。由于只是单纯的物业管理，百货店对租赁业主的影响很小，几乎无法组织整体性促销活动，也难以有效控制销售终端。

了"友阿特品汇"，2015 年上线了"友阿农博汇""友阿果园""友阿海外购"。

其次，推动线上业务"质"的提升。2015 年，友阿股份开启线上海外购业务，2017 年，友阿股份收购奢侈品供应链欧派亿奢汇，取得其 51%的股权并形成对其控制权，开始整合线上奢侈品供应链资源，实现海外购业务产品在消费层次上的提升，从最初的刚需和补充消费，升级到个性化和日常化消费。

再次，在海外购业务方面，友阿股份还强调与品牌方建立战略合作关系，继续保持与海外品牌方合作上的不断升级，从而提升海外购业务的自采能力和进口奢侈品销售领域的竞争力。

最后，友阿股份在继续大力推动线上业务的同时，也在加强线上与线下的联动。2018 年，友阿股份微店 App 上线，并且开发了与实体门店同步的"友阿购"小程序，开始在部分门店上线试运行，进一步促进了其线上零售业务的发展。

根据 2018 年友阿股份年报数据，公司自建的"友阿海外购""友阿微店"等线上平台的交易额（GMV）为 8 888.5 万元，营业收入为 4 075.77 万元，控股子公司欧派亿奢汇 2018 年全年通过寺库、天猫、聚美优品、魅力惠、考拉海购、唯品会等线上第三方平台实现的交易额为 51 473.06 万元，同比增长 59.00%（见图 5-4），促进了线上交易额的大幅增长。

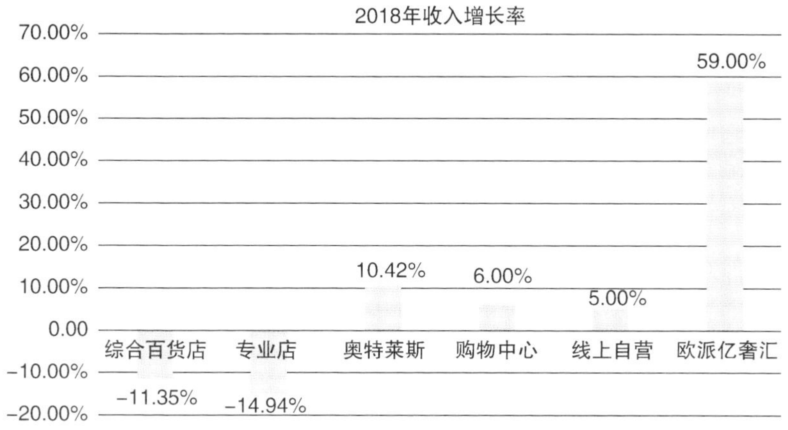

图 5-4　2018 年可比门店营业收入的增长率

注：（1）可比门店指在 2017 年及 2018 年全年正常经营的直营门店，故以上数据不含 2017 年 1 月 1 日后新开购物中心和 2018 年因经营调整暂停营业的门店。

（2）线上自营店指公司自建的"友阿海外购""友阿微店"等线上平台。

（3）其他数据皆根据营业收入计算；欧派亿奢汇采用 GMV 数据，指全年通过寺库、天猫、聚美优品、魅力惠、考拉海购、唯品会等线上第三方平台实现的交易额（GMV）的增长率。

资料来源：友阿股份 2018 年年报。

总体而言，友阿股份在传统零售业方面占据区域行业龙头的地位，近年来也在积极布局线上业务，目前线上购物在公司营收的比重不大，但也具备一定的成长潜力。

（四）友阿股份的管理模式变革

友阿股份自成立以来，在业务管理方面，经历了从合到分，再从分到合的过程。

2000 年，友阿股份成立初期，采取的是高度集权的经营模式，集团总部设有一个经营中心，负责产品选择及品牌引进，各门店只负责销售，功能非常单一。因为在当时零售业竞争尚不激烈，消费需求的增幅较大，这种模式具有其优势。但随着需求日趋多样化和各类零售业态的入场，零售业的竞争愈发激烈，"集权模式"呈现出决策僵化，各门店无法根据周边消费者的特征进行产品调整，难以满足顾客需求。

2007—2008 年，友阿股份进行经营模式的根本性改革：撤销经营中心，经营中心的有关人员下沉至各门店任职；下放经营决策权，各门店自主经营，自负盈亏，转型为独立子公司或利润中心。各门店的管理层拥有采购、销售、货品管理等一系列自主权，这极大地调动了各门店的积极性和经营灵活性。但是分权经营也存在许多弊端，如资源分散、企业内部协同力不足、相互竞争、管理成本高等。

2014—2015 年，零售业的竞争进一步激烈化，分权经营的弊端也日益显著，友阿股份开始推进新一轮的经营模式变革：一是逐步整合共享性资源，在战略性品牌①管理方面，一些适销于大部分门店的战略性品牌收归集团统一管理，各门店负责特色产品的选购决策；二是逐步加强统一管控，实现管理前置。在分权模式下，各分店独立记账、独立结算，总部对分店只能进行财务上的管控，主要以销售、利润两项指标考核各门店业绩，这种管控行为多为事后监督，基于事后的财务数据汇总，集团总部虽然每年派财务人员对门店进行审核，但多为"亡羊补牢"，难以适时发现问题并解决问题，公司开始逐步尝试加强"管控"，但仍面临较大的阻力。

2018 年以来，受零售业大环境的影响，友阿股份的传统百货业也面临发展瓶颈，在分散经营模式下，弊端更为显著，业务数据分散于各门店，总部缺乏相应的数据，服务功能和决策支持都难以实现。面对基于互联网和大数据的新零售的冲击，传统百货业压力巨大，这都将促使友阿股份深化经营模式变革。财务共享服务中心的建设，也正是产生于这一背景下。

---

① 战略性品牌，指适销于友阿股份所有门店或大多数门店，且在各门店销售中具有一定竞争力的产品品牌。

三、友阿股份建设财务共享服务中心的动机及目标

（一）企业建设财务共享服务中心的原因及动机

友阿股份建设财务共享服务中心源于内外两方面的压力：一方面零售市场行情下行，对企业的竞争优势和成本控制提出更高的要求；另一方面集团试图在长沙以外的市场进行规模扩张，但面临财务人员缺乏等因素的限制。

1. 零售竞争从外延扩张走向内涵增长：内控成为关键

2000—2014年，伴随着中国经济和整个零售业的稳定增长趋势，友阿股份在营收规模和净利润方面，都保持了较高的增长速度。虽然网上零售在2004年即已起步，但对传统百货业并未产生太大的冲击。随着网络电商的不断成长壮大，零售业态的竞争格局逐步发生变化，百货业和超级卖场的整体市场下行。

2014年，友阿股份开始呈现出营业收入的缓慢增长，并且出现了净利润的首次下滑。外部的激烈竞争和增长乏力，迫使友阿股份必须改善经营模式，提高经营效率，通过内部有效的成本管控挖掘利润增长空间。此外，企业也需要加强数据协同，及时反馈市场变化信息，实现财务管理"前置"，比如，将费用管控从事后的检查和惩罚转变为事前和事中的管控；将各业务单元的销售结果数据转变为过程控制数据，为企业决策提供"及时支持"，从而重塑企业在市场上的竞争优势。

随着销售网店数量和地域的同步扩张，友阿股份集团总部对各门店的管理难度也不断增加。为了保证会计核算和信息披露的质量和及时性，友阿股份需要建立一个集中核算的财务共享服务中心。

2. 市场扩张从中心城区转向"下沉市场"：财务人员缺口大

面对变化中的零售市场，友阿股份在规模上仍处于不断扩张的状态，但是扩张区域发生了变化，逐步从长沙市中心城区向周边三线、四线城市扩展，比如，进入常德、郴州等地区。

友阿股份在"下沉市场"扩张中面临人才短缺的窘境，在当地无法招到合格的财务人员，中心城区的财务人员又不愿长期被外派至"下沉市场"。财务人员的专业水平低，出现很多财务差错且会计信息及时性差，连基础核算工作质量都无法保证，更无法满足公司信息披露和数据分析的要求。财务人员成长速度慢于企业扩张速度，导致企业扩张受限。

此外，由于三线、四线城市的工资较低、工作环境差等因素，人员的流动性较

大，这给财务人员的招聘和培训都带来很大挑战，不但无法满足集团成长的需求，就连基础会计核算都经常处于"救火"状态，无法快速响应和满足集团的发展需要。

（二）友阿股份建设财务共享服务中心的目标

友阿股份希望通过财务共享服务中心的建设，一方面，可以解决公司财务部当前面临的难题；另一方面，也能够为公司未来的业务发展提供支持。具体来看，建设财务共享服务中心有以下四个方面的目标。

1. 会计工作规范化、集中化，实现降本增效

首先，建设能够满足目前和未来业务发展需求的财务共享服务中心，并通过规范化、标准化的集中作业获取规模效益，大幅提升财务基础业务处理效率和质量。实现基础会计核算的集中化管理和标准化建设，能够更高效地完成核算工作，如果会计核算工作的90%实现自动化，凭证和报表实现自动化处理，就可以大大提高会计处理能力，节约财务人员并减少会计工作处理时间。

其次，建设财务共享服务中心，实现财务人员的集中化，一方面缓解分支机构人员难招的困境；另一方面减少各层级所需财务人员的数量，解决财务部门人员不足的问题。在节约成本、提高工作效率的基础上，若将节省的成本用于提高财务人员的工资和待遇，也将有助于稳定财务人员队伍。

2. 创新财务管理模式，推动财务管理工作转型

通过建设财务共享服务中心，推动集团及各门店的财务工作重点的转型，将主要精力投入战略财务工作和一线业务财务工作，支持集团业务快速扩张，促使企业在竞争激烈的外部环境下保持核心竞争力。

（1）集团财务部向管理会计转型。即以"核算会计"为核心的价值记录型财务，向以"管理会计"为核心的价值创造型财务升级，提升财务服务质量，更广泛地支持集团经营决策，更好地支撑、保障集团战略落地执行，更好地支撑集团未来迅速扩张。

（2）各门店财务会计向业务会计转型。财务共享服务中心通过人员集中，可以实现凭证自动生成、自动推送，真正地将财务人员从基础的核算工作中脱离出来，逐渐向管理转型，从而支撑门店管理服务方面的需求。对于百货零售业而言，财务共享服务中心的建立，促使财务经理更好地理解和深入业务，从采购开始跟进，进行全流程的成本控制，进行库存管理分析，跟进促销活动力度方案，分析经营成果并与预算做好分析比对。

3. 加强经营管控，提升风险识别能力和对下监控能力

以建设财务共享服务中心为契机，加强对下属公司财务工作管控力度，并利用先进的信息化手段，打造业财一体化的财务共享服务大平台，实现实时经营过程管控预警，从而提升集团对风险的识别和控制能力。

（1）财务人员从事后核算转向过程服务，财务人员能够及时跟进业务流程的各环节，如采购、成本、库存、销售，把握进度，有效加强对门店财务和业务工作的管控力度，实现经营过程实时的管控预警，提升集团对门店的风险识别和控制能力。

（2）财务部门提供政策法规方面的指导，减少业务部门的违规行为，控制财务风险。门店的财务经理还可以提供经营过程中财务政策与税收法规方面的咨询，防范财务风险，维护信息规范标准化。

4. 财务信息规范化、统一化，提供决策支持能力

（1）通过建设财务共享服务中心，使友阿股份作为集团企业，利用先进的信息化手段，实时、高效地获取并整合分、子公司的业务和财务数据。

（2）通过制度规范，实现数据的标准化，提高信息质量和信息规范性，同时保证对外披露的信息质量。完善数据基础，通过较完备的数据库建设，可以及时发现经营过程中的问题，对集团的决策提供数据支持。

四、友阿股份财务共享服务中心建设历程

（一）从了解财务共享服务中心到立项决策：审时度势

根据对友阿集团财务部长的访谈，我们了解到，友阿股份对于财务共享服务中心的建设，是一个多年准备、精心设计的过程，早期的准备工作相当充分。在集团推行财务共享服务中心建设之前，集团内部已经对财务共享知识和实践有了较丰富的知识储备。

早在 2012 年，友阿股份开始接触财务共享，就对财务共享服务中心产生了兴趣，结合当时财务部门面临的人员缺口等问题，财务部门开始考虑将各门店的会计核算工作集中到集团总部的设想。

2013 年，友阿股份的财务部长带领部门员工更广泛地接触财务共享知识，集团管理层带领各层级的财务人员，报名参加了财务共享方面的相关课程。从集团管理层到门店财务经理，开始逐步对财务共享概念达成一致，为今后财务共享服务中心

的建立奠定基础。

2014 年，友阿股份财务部门第一次提出了建设财务共享服务中心的设想，该项目立项获得了高层领导的赞成，并希望能够以财务共享为主导进行管理制度的改革。然而，当时集团内部条件并不成熟，如前所述，在多年的分权式经营模式下，各门店是集团的经营主体和利润来源，各门店具有从采购到销售的完整权力，集团总部的角色更类似于"后勤服务"部门，集团总部想推行集中核算和费用报销，被各门店认为是"夺权"，并且认为可能会降低门店财务的效率，从而遭到了各门店的抵抗，推行阻力巨大，友阿股份财务共享服务中心项目只能暂时搁置。

2018 年 6 月，友阿财务部再次提交建设财务共享服务中心的想法。自 2014 年以来，传统百货零售业整体经历了较长时期的不景气，友阿股份各门店面临市场压力，销量不断下滑，迫切需要从内部管理上挖掘降低成本的空间。而财务共享服务中心的建设，将门店的部分会计、出纳转移到集团总部，可以降低门店的运营成本。2018 年，整个友阿股份的信息系统需要进行全面升级，涉及的模块有业务系统、物流系统、预算系统、AI 系统以及对外的线上营销、App、直播等，财务系统作为其中的一部分，顺时推进财务共享的阻力较小。所以，这次立项快速得以通过并开始推进。

（二）供应商选择：多因素权衡

2018 年 6 月，友阿股份财务部第二次向高层领导递交立项报告获批后，马上开始了选择供应商、签订合同、前期调研、设计方案等一系列工作。

对于供应商的选择，友阿股份关注的重点是：既要满足企业发展需求，又要兼顾传统信息系统的持续升级。因为从 2000 年起，公司就建立了信息管理系统，并在此基础上建立了相应的运营机制，财务共享系统作为企业信息化的一部分，也需要与现有系统相结合。

考虑到系统对接的风险，友阿股份最初阶段曾想选择一家供应商，完成整体财务共享系统的构建，但与国内外众多服务商接触后发现，不同服务商的系统各有特色，仅仅选择一家服务商无法满足集团的所有需求。经过对比不同的供应商系统，结合集团当前信息化建设的情况，友阿股份最终决定选定用友作为供应商负责承建财务共享服务中心，选定石基软件升级业务系统。

业务系统选择了石基软件，主要原因是友阿股份的财务核算系统是 2000 年由石基软件开发，考虑到系统在公司已经使用多年，并且该系统能够结合友阿股份进行个性化开发，因此将继续沿用石基业务系统。

财务共享服务中心选择用友公司，有两方面原因：一是与用友团队的沟通协作更为契合；二是用友公司提供的落地和实施方案，更具可靠度和完整度。

（三）财务共享服务中心的建设：分步推进

2018年6月底，用友的项目团队入驻友阿股份，与友阿股份的财务共享项目人员及管理层进行沟通，确定了两个阶段的建设计划。

（1）管理体系的梳理。从6~8月间用友团队围绕财务共享服务中心的建设，在友阿股份开展密集调研。通过对多个部门及下属门店进行调研，从而诊断友阿股份中存在的问题，确定战略方向并形成基础方案。

（2）展开IT实施与应用。涉及建设信息化基础并实施方案，针对友阿股份进行系统开发、项目试点并进行系统推广，如图5-5所示。

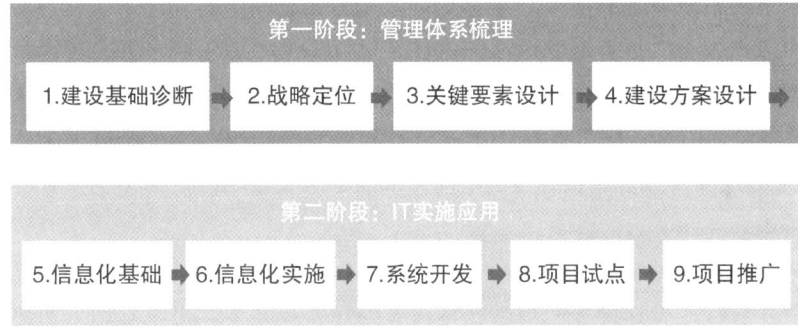

图5-5　友阿股份财务共享项目建设计划

资料来源：用友团队。

（3）2018年9月，友阿股份财务共享服务中心开始进行试点和推广，整个建设过程分步进行，具体如表5-2所示。

表5-2　友阿股份财务共享服务中心的建设

时　间	事　件
2018年9月	开始试点，长沙友谊商城和阿波罗广场的核算会计集中到总部参与财务共享服务中心，出纳和业务财务仍旧在门店
2018年10月	友阿股份费用共享中心上线，覆盖主业、所有百货板块，未来将覆盖房产板块
2019年1月	财务共享服务中心上线，用友核算系统上线，切换核算系统，共计78个账套
2019年3月	所有长沙门店的核算会计集中到财务共享服务中心，出纳和业务会计仍保留在门店

时　间	事　件
2019 年 4 月	所有外区门店的核算会计集中到财务共享服务中心，长沙门店中的友谊商城和阿波罗广场的出纳集中到总部参与财务共享服务中心
2019 年 5 月	所有长沙门店的出纳集中到财务共享服务中心
2019 年 6 月	所有外区门店的出纳集中到财务共享服务中心

注：友阿股份纳入财务共享服务中心的业务板块只包括其零售业门店，不含酒店、担保等业务。

（4）友阿股份采取了分步骤、分模块的上线方式。在区域范围上，友阿采取了先市区、后周边逐步扩展方式。2018 年 5 月，先在长沙的两大门店——友谊商城和阿波罗广场进行试点，这两家门店在集团的营收中占比较高，选择它们来试点有利有弊：好处是两家公司位于长沙，容易及时把握实施过程中的问题；坏处是两家公司在公司中占比较高，如果出现问题影响较大，且都是市内门店，不能代表长沙外区门店的情况。

在系统模块方面，先上线费用模块，实现费用报销的共享；经过 3 个月的试运行后，在 2019 年 1 月上线核算系统，同样采取了从长沙到外区门店，从核算到出纳的分步推进。

在人员调整方面，核算会计、出纳和业务会计人员，根据财务共享服务中心建设的推广，进行逐步分离和调整，先将核算会计人员集中，再将出纳人员集中，业务财务人员保留在各门店。

五、友阿股份财务共享服务中心的设计方案与实施

（一）企业财务共享服务模式选择

财务共享服务中心作为一个集中的会计核算和业务报告的管理平台，有多种不同形态，根据区域分布和业务板块，通常有单中心模式、多中心模式（区域中心模式）、联邦模式（板块中心模式）、虚拟共享模式等。

（1）单中心模式因设有单一的财务共享服务中心，更有助于节约成本。

（2）多中心模式适合于单一业态、店多面广的企业，由于分布机构遍布区域广，不便于集中到单中心时会选择建设多个财务共享服务中心。

（3）联邦模式适用于多业务、多元化经营的企业，并且各业务规模相差不大；但

由于业务本身具有太大的差异性，所以通常每个"联邦"（不同业务板块）独立设计其财务共享服务中心，但所有联邦（板块中心）遵循集中部署、集中数据存储。

（4）虚拟共享模式不需要将人员集中到统一地点，主要通过系统和技术进行联结，建立虚拟财务共享服务中心，而且需要内部网络和技术系统支持，对技术的要求较高。但缺乏面对面的沟通，不同区域之间的员工合作经常存在障碍。

表 5-3　友阿股份财务共享服务中心模式选择的考量

考量因素	友阿股份特征
建设 FSSC 的目标	支持业务扩张、加强管控、降本增效
企业多元化程度	一业为主，多业并存
各板块业务差异性	各业务板块有差异；但主业是零售业，业务相对统一且不复杂
企业执行力	集团内子公司人员调整能力强
对风险的承受能力	风险承受力较强

如表 5-3 所示，从业务构成和运作特征来看，友阿股份虽然涉足零售、房地产、金融等多元化业务，但其主营的零售业务一业独大。而且作为一个区域型的零售行业龙头企业，业务范围较为集中，基本局限于湖南地区，又以长沙地区作为主战场；各门店的运作方式和业务流程相对统一，业务简单、不复杂，标准化程度比较高，单中心的模式比较适合；多中心模式，既提高了成本，也不会在效率上有所受益。

此外，友阿股份已筹备财务共享服务中心多年，并且财务部整体较为强势，使得其可以跳过建立虚拟财务共享服务中心的试行阶段，直接建立一个单一的实际财务共享服务中心。最终，友阿股份选择单中心模式。

（二）友阿财务共享服务中心的职能定位和组织设计

1. 友阿股份 FSSC 的职能定位

友阿股份的 FSSC，拟实现全流程的财务共享服务，从合同录入商品信息—商品进销存—生成供应商结算单—生成对应凭证—结算信息推送至资金管理系统—付款流程—货款结算—银企直联—形成付款单据—凭证，覆盖整个核算流程。

FSSC 在整个企业财务管理工作中，将承担报账中心、核算中心、结算中心、数据中心的职能，如图 5-6 所示。

（1）报账中心：企业财务数据统一入口。报账系统作为企业员工、供应商和客户

FSSC职能定位

报账中心　企业财务数据统一入口

结算中心　企业资金集中结算中心

核算中心　企业核算数据统一出口

数据中心　企业数据加工中心
(报表集中出具、管理分析数据支持)

图5-6　FSSC 的职能定位

资料来源：用友项目组。

之间报账业务的一体化处理平台，不论通过人工填报还是业务系统自动传输，都可以采集各类业务信息。报账系统与 App、进项发票系统及销项开票系统对接，能够高效采集员工、供应商和客户的报账信息，实现财务数据的统一入口。

（2）核算中心：企业核算数据统一出口。FSSC 将实现财务数据集中核算，将不同区域、不同部门、不同门店的各个独立的财务数据统一起来，发送到 FSSC 进行归类处理，相同的会计项目可以由相应的个人或者团队，按照 FSSC 的统一标准进行操作和核算，保证会计业务处理的规范化，实现核算输出数据的统一性和标准化。

（3）结算中心：企业资金集中结算中心。FSSC 将作为友阿股份的结算中心，对集团的所有资金进行管理，实现资金的合理分配功能。

（4）数据中心：企业数据加工中心。在基础数据收集方面，FSSC 将原来分散于各门店、各部门的数据得以汇总，为管理决策分析提供大量可靠数据；同时打通财务和业务，实现对交易事项的集中记录，从源头上掌握各单位的真实交易数据，实现业财数据的统一加工处理。

2. 友阿股份 FSSC 的组织设计原则

在组织设计方面，FSSC 应该是一个相对独立的单元，它与集团总部财务及各成员单位的财务之间重新进行分工。如图 5-7 所示，集团总部财务、FSSC、门店财务分别承担"战略财务、共享财务、业务财务"职能，形成三位一体的新格局，三者互为支持，有机协作。

（1）建立新的 FSSC，原集团总部财务与各门店财务的架构不变，但各财务部门的功能将发生相应的变化。总部的财务部将转向战略财务，关注整个集团的财务方向、路径、政策、资源和风险控制；FSSC 发挥共享财务职责，通过集中化、标准化和"端到端"的流程化管理，实现财务核算、费用管理等的集中作业；各成员单位

FSSC核心思想：通过专业分工，形成以"战略财务+业务财务+共享财务"为组合职能的集团财务管理新格局

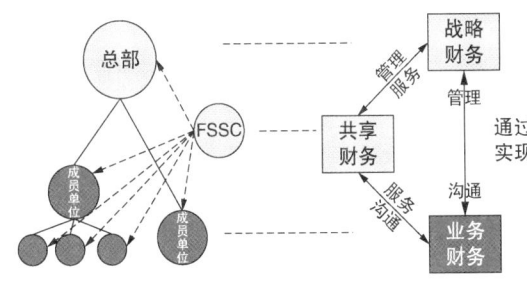

关注整个集团的财务方向、路径、
政策、资源和风险控制

通过集中化、标准化和端到端的流程管理，
实现集中作业、共享资源

在实现最大程度集中管控后，更多融入
业务中，支持、监控企业业务发展

◆ "集中"不集权
◆ 原集团财务架构可以保持不变
◆ 各成员单位审批权不变

关注问题：哪些业务环节无法脱离现场？

◆ 现金收款
◆ 开票、税务接待
◆ 财务分析(本地化业务分析及财务管理分析)
◆ 原始附件归集整理

图 5-7　FSSC 的组织设计

的财务部门转向业务财务，更多地融入业务活动中，支持、监督、协助业务活动的开展。

（2）集团总部与各门店之间维持其原有的管理职责和职权，集团战略财务对各门店的业务财务之间维持管理与沟通关系；各成员单位的财务核算等相关活动由 FSSC 集中处理，FSSC 对各门店的业务财务提供支持服务；战略财务对共享财务行使管理职权，而共享财务为战略财务提供数据支持。总之，FSSC 的设立，实现会计核算的"集中"而不集权。

（3）各成员单位的审批权不变。FSSC 的设立，实现了基础核算活动的集中处理，这将促使现有的财务部门能够真正从繁杂的基础财务工作中脱身出来，发挥决策支持和业务支持的功能，但并不改变原部门的管理职权关系，所以各成员单位的审批权和管理决策权不变。

3. 财务共享模式下财务管理的职能规划

在财务共享模式下，在"战略财务、业务财务、共享财务"三位一体的架构中，各财务部门的职能和职责范围如图 5-8 所示。

（1）战略财务的职能主要是财务分析、税务管理、内控管理、资产管理、投融资管理、资金运作及风险管理等。

（2）业务财务聚焦于业务支持和核算支持，负责预算、结算、税务、合同、资金管理、风控管理等，并要保证单据、票据、发票的管理及匹配。

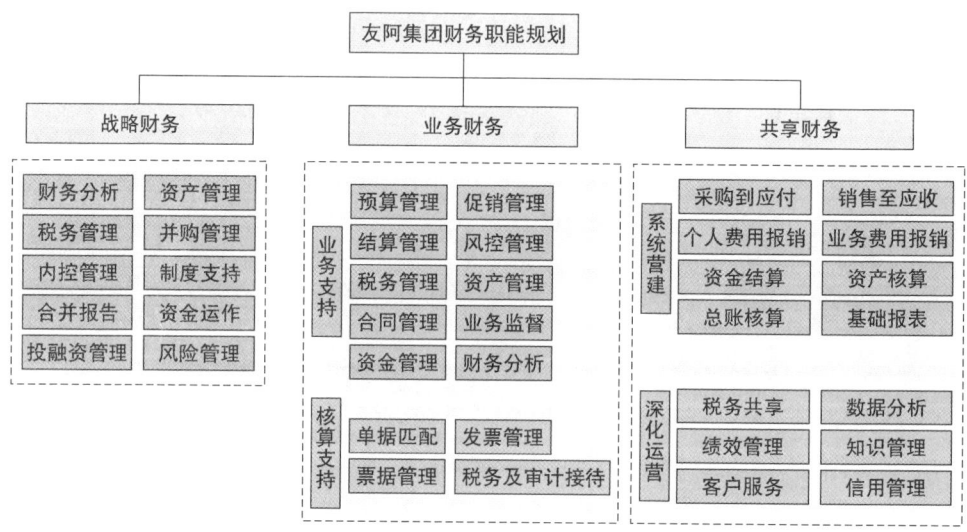

图 5-8　战略财务、业务财务、共享财务的职能规划

（3）共享财务承担统一核算及数据管理的责任，负责应收应付、业务费用报销、资金结算、总账核算、基础报表等，在统一数据的基础上，开展税务共享、数据分析及绩效管理、信用管理等。

4．友阿股份 FSSC 的考核

FSSC 成立以后，如何对 FSSC 进行考核，组织绩效的考量应侧重在哪些方面，结合其他企业 FSSC 的考核经验，友阿股份也设计了相应的考核指标，但由于其 FSSC 刚刚上线，正处于试运营期，组织绩效的考核尚未真正实施，如表 5-4 和表 5-5 所示。

表 5-4　财务共享服务中心组织绩效 KPI

绩效指标	性质	说明	目标值	权重
业务总差错率	定量	Σ（单个业务差错率×该业务权重系数）		
人均标准单目标达成率	定量	Σ（单个业务人均标准单目标达成率×某业务权重系数）		
业务处理平均延迟时间	定量	通过对单据不同处理时间段赋予对应分值进行打分		
单位标准单的成本目标达成率	定量	Σ（单个业务的单位标准单成本目标达成率×该业务权重系数）		
客户满意度	定量	客户满意度调查统计结果＋客户投诉率		
员工满意度	定量	员工满意度调查统计结果		
招聘目标达成率	定量	当期实际招聘人数÷当期预计招聘人数		
人员保留率	定量	（期初中心人员总数－当期中心流失人数）÷期初中心人员总数		

表 5-5 基于平衡计分卡的绩效管理指标体系

维度	绩效指标	性质	说明	权重	标准值
财务效益	费用预算增减率	定量	（预算费用－实际发生费用）÷预算费用		
	雇员成本占比	定量	月雇员成本÷月FSSC总成本		
	每月更正不匹配或不合规发票金额比例	定量	当月更正÷当月发生		
客户指标	客户满意度	定量	来自客户满意度调查		
	服务水平协议达成度	定量	实际完成事项数÷SLA规定完成事项数		
	客户投诉处理及时性	定量	客户投诉时间－客户投诉的回复时间		
	客户有效投诉数量	定量	月客户投诉的数量		
	工作积极性	定性	主动工作、主动发现问题并解决问题		
内部流程	业务操作错误率	定量	错误业务操作数量÷资金交易笔数		
	业务平均处理时效	定量	∑（某业务实际处理时间）÷（标准单处理时间×标准单系数）×权重		
	标准单达成率	定量	标准单目标达成率＝实际人均标准单量÷目标人均标准单量		
	平均付款周期	定量	（付款完成日－收到付款申请日）÷资金交易笔数		
	付款业务处理效率	定量	工作日内完成支付笔数÷当日待支付数量		
	财务报告错误率	定量	报告中出现的错误数据的数量÷报表数量		
	报表按时达标率	定量	按时出具报表数量÷报表总数		
	资料保管遗失率	定量	遗失资料单项数量÷接管时单项资料数量总和		
	工作协作性	定性	主动协助同事		
	工作责任心	定性	责任心强		
	工作纪律性	定性	严格遵守规定		
	工作沟通能力	定性	表达能力、主动沟通		
	工作执行力	定性	合理安排工作计划、及时完成任务		
学习与发展	员工考勤登记率	定量	登记考勤次数÷单位时间应考勤次数		
	培训学习组织成功率	定量	成功组织次数÷组织次数		
	培训满意度	定量	来自培训满意度调查表		
	创新观点数量	定量	年创新观点数量		
	流程优化数量	定量	年流程优化数量		
	员工轮岗率	定量	年平均轮岗人员数÷年平均FSSC人数		
	工作学习能力	定性	主动积极学习，不断提高		

资料来源：用友项目组。

（三）友阿股份 FSSC 目前接管的业务范围和组织调整

1. 友阿股份 FSSC 目前接管的业务范围

如前所述，友阿股份的营业收入来自百货零售业、宾馆服务、彩票业、房地产和家电业务，百货零售业所占收入比重占绝对主导地位，宾馆服务、彩票业务等所占业务规模较小；在友阿股份"回归百货"的战略下，未来宾馆服务、房地产等业务所占比重仍将保持在较低水平。

友阿股份目前的 FSSC 建设，主要围绕百货零售业，宾馆服务、彩票业、房地产等业务暂时未纳入 FSSC 的处理范围；此外，对于友阿股份中较为新兴的电商、云商业务，由于该项业务无匹配的业务系统，且本身数据准确性无法保证，故也未纳入 FSSC。

FSSC 目前仅仅聚焦于百货零售业，但并非百货零售业的所有财务工作均转移到FSSC。目前接管的模块有应收应付、资产管理、费用报销和总账报表业务。对于零售业务而言，这些业务本身具有重复性高且作业量大的特点，较容易形成高标准化的流程，方便 FSSC 对其进行自动化处理。

2. 友阿股份 FSSC 目前的组织职能及岗位设置

根据 FSSC 的建设目标和组织设计原则，目前友阿股份财务部门的组织结构也在进行调整，如图 5-9 所示。

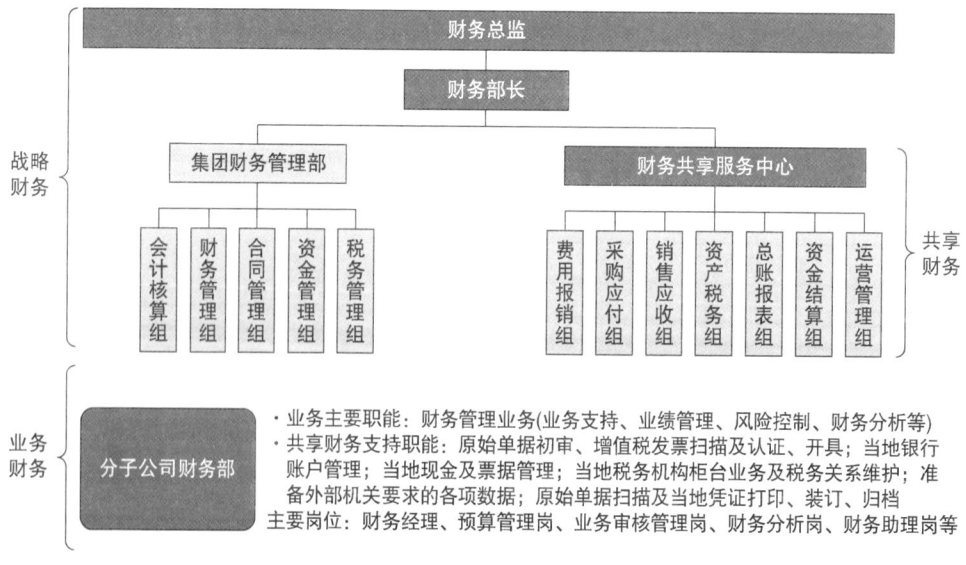

图 5-9　友阿股份财务部的组织架构设计

1）建立 FSSC

友阿股份按照设想建立了 FSSC，虽然目前还不是一个独立部门，而是财务部下的一个独立工作组，但其职能上已经与原集团财务部门和业务财务相区分。

2）重新界定了各财务部门的职能

（1）集团财务主要负责税务，财务管理，合同管理、结算管理和核算规则的制定，发挥战略财务功能。

（2）门店各业务财务的工作主要分为三个部分：首先，业务财务负责培训其他人员对财务共享系统的使用；其次，在友阿股份预算系统上线后，业务财务负责门店预算的编制、分解、分析和后续跟进；最后，业务财务参与业务部门的具体业务活动。例如，各门店若要举行一个折扣活动，业务财务需要参与促销方案的拟定，分析折扣的金额能否因销售数量的增加而收回等，从而实现对促销费用的把控和管理。业务财务由门店财务经理管理，而门店财务经理由集团进行招聘和选派。

（3）FSSC 具有会计核算职能，目前已经设立的职能有费用报销、应收、应付、资产、总账报表，尚未纳入往来资金结算、税务等业务。

友阿股份 FSSC 目前主要由五个部分组成：应收应付组、资产组、费用组、报表组和运营管理组，其中运营管理组也称技术支持组，负责流程优化、档案管理主数据维护等支持工作；其他小组则承担相应的基础核算职责。

每个小组的经理由集团总部决定，并受财务部长和财务总监的管理。财务共享服务中心由每个小组的经理下设各类会计工作，如图 5-10 所示。

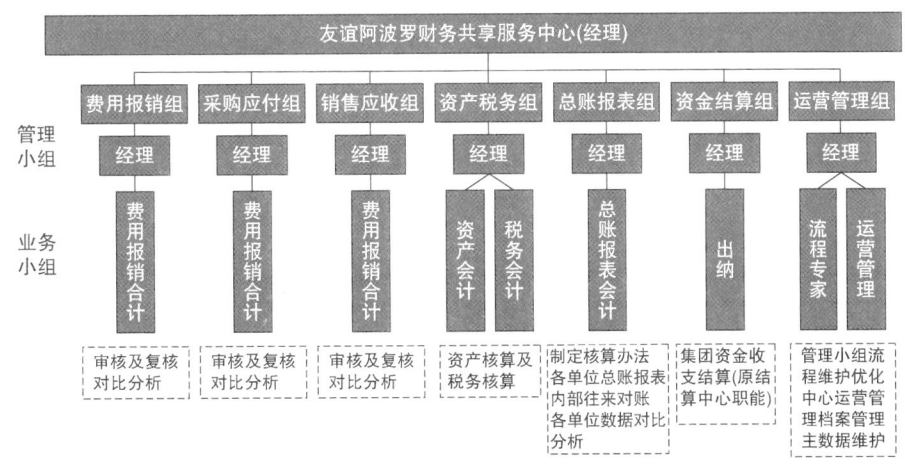

图 5-10　友阿股份 FSSC 构成

注：往来资金结算、税务目前尚未纳入友阿股份 FSSC。

（四）财务共享服务下的业务流程方案

1. 费用共享业务

友阿股份的费用中心将业务系统、财务系统和预算系统紧密联合在一起，整个费用共享流程可分为两个部分，如图 5-11 所示。

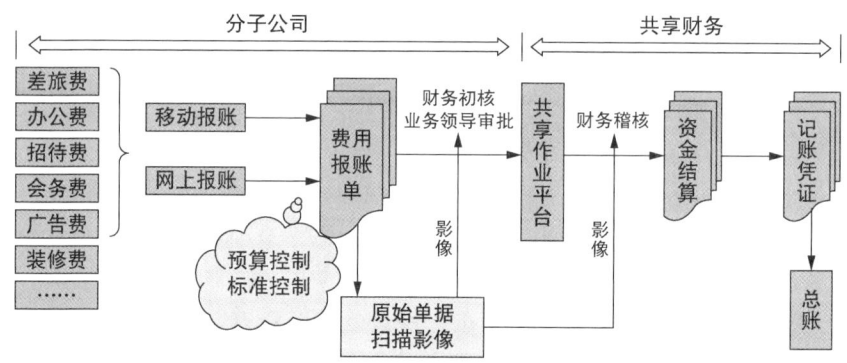

图 5-11　费用共享业务方案

资料来源：用友项目组。

（1）分子公司收到各种发票单据，填制费用报账单，并由分子公司的业务财务对业务的真实性等方面进行初步审核。同时，每一笔费用的报销和产生都实时地反映到分子公司的财务预算中，不仅可以了解每一笔费用是否超过内控制度的限额，也可以知晓预算总体的使用情况。此外，分子公司需将原始单据扫描上传，以供 FSSC进行业务核算。

（2）对财务共享服务平台而言，其需要完成的作业是审核门店上传的原始单据扫描影像，根据这些单据进行资金结算、复核自动生成的记账凭证。

2. 应收、应付业务流程方案

友阿股份 FSSC 的应收、应付业务，与分子公司的业务系统实现连接。在业务系统中上传应收、应付单等单据后，FSSC 经人员复核后将自动形成记账凭证和总账记录，如图 5-12 和图 5-13 所示。

3. 资产管理业务

友阿股份 FSSC 使得大量资产管理实现系统化、集中化；员工只需填写表单，大量审批和风险把控由系统进行控制。

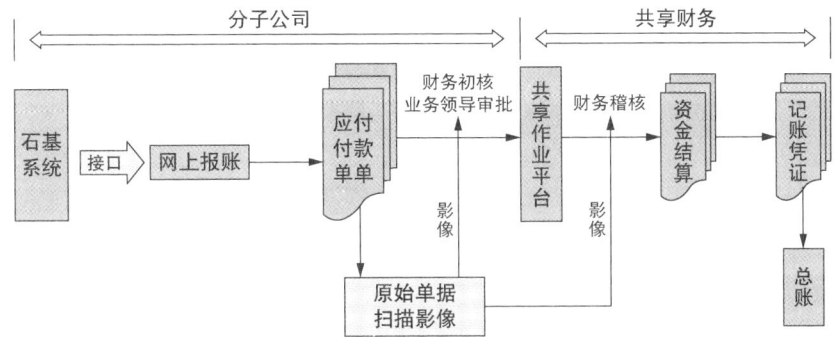

图 5-12　应付业务流程图

资料来源：用友项目组。

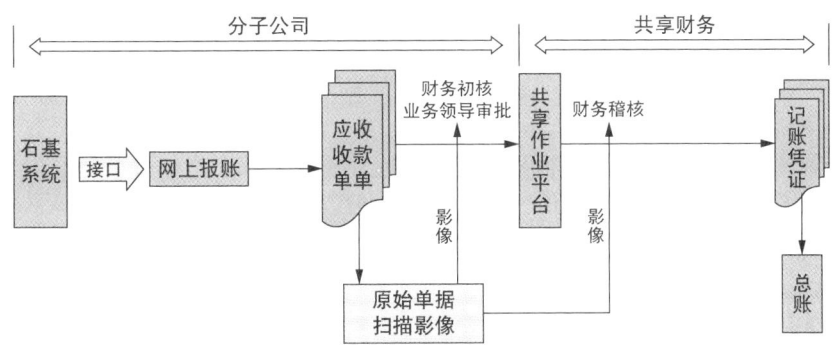

图 5-13　应收流程业务图

资料来源：用友项目组。

4. 总账架构

在 FSSC 总账模块中，友阿股份将实现折旧的自动计提、人力薪酬发放的自动核算、会计差错采用通用表单填列的方式更正等，如图 5-14 所示。

（五）友阿股份 FSSC 的特点

1. 业财深度融合的全流程共享

相对于其他企业较为独立的 FSSC，友阿股份 FSSC 最大特点是全流程的共享，实现了业务系统、财务系统和预算系统的深度融合。一笔交易从业务系统的合同录入开始，形成的相关单据自动传送到财务共享系统，形成对应的凭证和报表。而在这个过程中，预算系统也会起作用，判断每笔费用支出等是否超过预算。由此，友阿股份内部的业财融合程度大大提高。

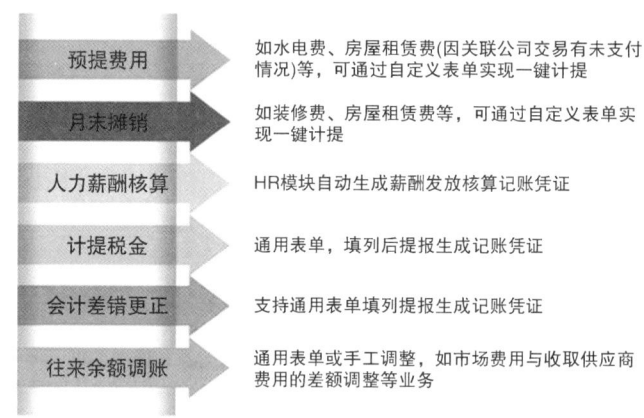

图 5-14 总账架构

资料来源：用友项目组。

2. 重视业务思维

友阿股份财务共享的建设将从财务思维向业务思维转变，从而更好地为业务服务。以表单变化为例，友阿股份 FSSC 建设初期，各类型的表单多达 23 种，但其中存在大量高度相似的表单，许多表单的设计是从财务思维出发，例如费用报销单据，从财务管控角度出发，费用在 20 万元以下的业务应当填写申请单，20 万元以上的应当填写资产采购单，但对业务人员而言，这两者之间并无差异，较多的表单反而阻碍了业务的发展。FSSC 的建设，强调了财务的服务功能，从业务思维的角度重新梳理流程、修订表单，使重复费用报销表单数量不断减少，表单数额减少至 16 种。

六、友阿股份财务共享服务中心的信息化方案与实施应用

友阿股份在建设 FSSC 之前，其信息化建设已经具备较好的基础。友阿集团非常重视信息化建设工作，早在 2000 年就已经在业务系统中推进信息化建设，采购、进销、财务、库存模块经过多年的运行也相对稳定。近年来随着公司的发展，其信息系统也多次进行更新，并且不断上线新的信息化模块，如物流系统、资产管理系统、物业智能化系统。

在此基础上，友阿股份设计了以下的 FSSC 信息化方案。

（一）信息化架构和方案实现

如图 5-15 所示，友阿股份 FSSC 在总体架构上设置了从合同到报表一系列的功

能，并且为 FSSC 财务共享系统更高效地运作，其 FSSC 建立了影像管理、各种接口接入等支持模块。

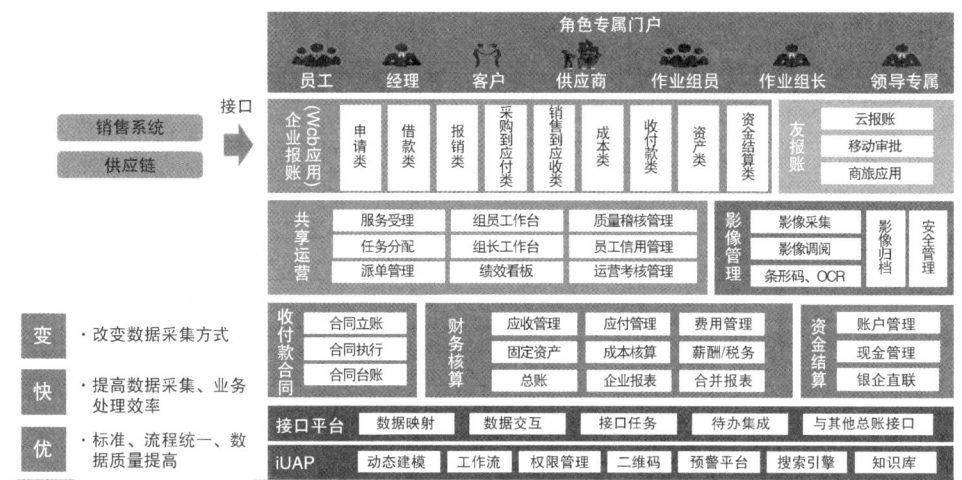

图 5-15　友阿股份 FSSC 架构总览图

资料来源：用友项目组。

友阿股份 FSSC 信息化架构，在数据采集和数据质量方面，希望加强"变""快""优"的特点。首先，友阿股份建立了先进且完善的影像管理系统，通过条形码、OCR 等影像采集方式上传各种单据至财务共享服务平台供相关人员审批；其次，友阿股份的 FSSC 在未来会接入其供应商供货的数据，这样可以减少友阿股份财务人员重复输入货品信息等工作，大大提高数据输入效率；最后，友阿股份 FSSC 在复核原始凭证后可自动生成标准化凭证，降低了会计差错，提高了数据质量。

（二）目前信息系统的不足

随着新技术的发展，友阿集团也在探索门店的智能化，虽然引入了无人收银方式支持业务的发展，但由于技术不够成熟以及消费者的习惯问题，无人收银机仍需要员工的指导，目前发挥的作用有限。

网上销售和在线数据采集也正在拓展中，虽然已经上线，但与企业原信息化系统的连接尚不完备。线上与线下运营相对独立，两个系统并未打通，比如线上销售与门店货物之间的数据等都没有联通。未来阶段，需要进一步推动线下与线上库存数据的同步化。

还有，公司内部数据库的联结有待加强，尤其应围绕顾客进行数据的集中与挖据，比如在顾客数据方面，企业有不同的数据库，涉及进店人员的数据、会员卡数据、停车数据等，目前都相对分散，无法实现客户数据的深度挖掘和分析。

为了更好地解决信息系统的不足，如图 5-16 所示，友阿股份借助关键技术支持，通过财务共享服务中心作业平台，打破组织间壁垒，实现业务的高效性。

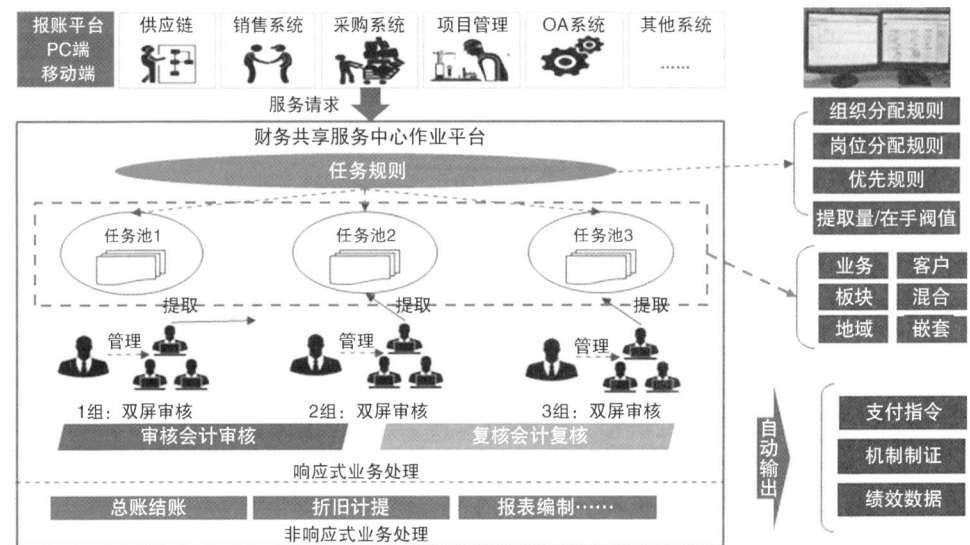

图 5-16　友阿股份的共享作业平台

资料来源：用友项目组。

七、友阿股份财务共享服务中心的运行情况和后续发展

（一）FSSC 取得的成效

截至 2019 年 6 月底，友阿股份的 FSSC 已初步建成，从运行情况来看，在以下方面取得显著成效。

1. 内控管理提升，流程优化

（1）加强了集团的财务控制力。基于 FSSC 的统一核算，使集团能更及时地发现和反馈财务上的差错和违规问题，比如，有些不合理的费用报销，可以及早发现并作出处理，避免漏洞越积越大。不同门店的数据集中于 FSSC，便于对各门店状况进行横向比较，比如保洁费，不同门店每小时的保洁费从几毛到五六块不等，通过横向比较有助于各门店控制保洁费从而降低门店成本；又如，车库，选择自营或者承包出去，产生的收益是不一样的，通过对各门店数据的横向比较，可以帮助门店根据具体情况确定合适的经营方式。

（2）对费用共享进行了优化。原来的费用共享偏财务思维，考虑到对接的凭证，因此在入口分不同的填写要求，费用在 20 万元以下的业务应当填写申请单，20 万元以上的应当填写资产采购单，并且需要填写许多的细节，再加上前端零售业务场景较为复杂，这对于缺乏财务思维的人来说无法判断，因此集团希望能够弱化财务的思维。目前已将 23 张表单优化为 16 张表单，在一定程度上简化了流程。

（3）在流程上进行了优化。流程比较短的直接报销，流程多的先申请后报销。

（4）集团总部各部门职责重新划分。原先集团总部只有财务比较强势，其他职能部门比较弱化。随着流程的优化，集团总部职能部门的职权责任得到加强，审核内容更加细化。

2. 人员精简优化，财务工作分化

首先，FSSC 的建设，实现了财务人员成本和数量的下降。集团原来共有财务人员 189 人，建设 FSSC 之后，友阿股份财务人员从原来的 189 人减少至 156 人，共减少了 33 人。

其次，集团总部财务部、FSSC、门店财务部的工作分化，分别承担战略财务、共享财务和业务财务职能。目前友阿的总部财务和 FSSC 职能有所交叉，现有 52 人，虽然尚未将 FSSC 独立财务划分为独立部门，但其中部分财务人员已经开始转向共享财务。共享财务分为应收应付、资产、费用、报表、技术支撑 5 个小组，共 30 多人。集团财务部则设立税务、财务管理、合同、结算共 4 个小组。业务会计在每个门店目前保留 3～4 人，更多地与业务活动相关联。

3. 提高了管理效率

FSSC 的建设，大大提高了财务信息传递和处理的效率。过去财务信息从审核到结算时间随意性较大，而随着 FSSC 的上线，从审核完成到结算在 24 小时之内就可以结束。

友阿股份 FSSC 还提升了财务部的工作效率，单据处理时间大幅度减少。以财务报表生成为例，由于财务共享系统自动生成财务报表，目前友阿股份每月 1 日单体报表能够生成，每个月下旬到下月 1 日和 2 日加班情况大幅减少，员工工作体验更佳。

FSSC 还促进了友阿股份管理会计的发展，FSSC 能够提供较为充足和精确的财务数据，为下一年预算的合理编制提供了有力的数据基础。

（二）建设期存在的问题

当然，在运行过程中也存在着一些问题，具体操作过程中的细节还需要优化。

（1）对标准化流程的不适应。以费用共享为例，线下原来的费用报销流程不是很规范，现改为线上的标准化流程，员工和管理层一时间都难以适应，一些员工觉得这种标准化流程带来了太大的约束；一些管理者也认为，线上处理流程将原本几句话就能处理的一件事复杂化，浪费时间且降低效率，所以转型期的压力较大。

（2）基础性工作的质量有待提高。还是以费用共享为例，费用共享的入口主要向每个部门的文员开放，由他们统一提交，但是由于基层人员素质不高，易出现附件不齐和报告描述不清的情况，导致处理时间延长或返工；加上人员流动较大，对基层员工的培训难以达到效果。

（3）FSSC 上线后的员工问题。FSSC 目前在员工方面仍存在不小的压力，原来以为 FSSC 的工作简单，对人员要求不高。实际则不然，尤其是在转型期，需要 FSSC 的财务人员既熟悉业务，又了解共享财务，而一些财务人员却更愿意留在门店，所以集团目前加大培训力度，以求满足转型期的财务人员需求。

（三）FSSC 的长期迭代创新

随着 FSSC 建设的逐步落地，未来阶段，友阿股份也将推动其结构和流程的进一步固化。

（1）将把 FSSC 的应收应付、资产、费用、报表、技术支撑 5 个小组合并为 1 个集中核算中心。

（2）未来结算负责的内容不仅仅是往来结算，更要管理投融资。其中将把往来结算放到 FSSC 进行处理，集团投融资由财务组负责管理。

（3）集团已将财管小组一部分人分出来，成立新的战略部，主要承担集团层面的合并报表和集团层面的数据分析，未来将进一步确定其功能定位，可能并入 FSSC。

（4）税务小组和合同小组目前尚无定论，待系统稳定后再看是否纳入 FSSC。

扫码观看友阿股份财务共享应用访谈实录

案例六

绿城物业：数字物业、智慧物业的先行者

——绿城物业财务共享服务中心建设历程

在"大智移云物"等信息技术高速发展的时代背景下，很多企业希望利用现代化信息技术，以建设财务共享服务中心为突破口，加快企业财务管理转型，提升财务整体管理水平。绿城物业服务集团有限公司（以下简称"绿城物业"）作为中国处于领先地位的幸福生活服务商，在国内外知名企业成功建设财务共享服务中心经验的激励与指导下，为克服集团内部财务管理体系中的一系列不足，支撑集团服务的升级和快速发展，也于2017年3月启动了集团财务共享服务中心建设工作。集团财务共享服务中心的建设推进快速且高效，同时建设效果明显，其建设经验或许能够为许多国内企业所借鉴。

本案例首先对绿城物业所处行业及自身状况进行了简要的介绍，其次阐述了集团内部财务管理面临的挑战以及建设财务共享服务中心的原因和目标，重点强调了集团对于财务共享服务中心建设效果的期望。之后对集团财务共享服务中心建设的总体历程进行了梳理，并描述了目前财务共享服务中心状况、建设成效以及后续的建设目标，突出财务共享服务中心降本增效的作用。最后，总结了绿城物业财务共享服务中心信息化建设历程及效果。

一、物业行业概况

随着国内房地产行业的持续火热，数万家物业公司诞生，提供的服务种类多元化，主要包括物业服务、围绕物业服务提供的配套服务，以及物业公司提供的前期咨询服务，其中，大部分物业公司主要提供住宅服务、商业服务、工业园区服务及社会公共服务，而住宅服务约占整体物业行业的50%以上。对于物业行业来说，一个企业投入的成本越高，有可能得到的满意度就越高，但是利润有可能会下滑；人均效率提高，成本就有可能会下降，利润就会上升，但是因为过于追求效率，在用户和满意度上有可能会下滑。物业人均管理面积、人均创收创利、物业服务的满意度、物业的收费率都是整个行业的指标。所以物业关注的重点是成本、效率、用户体验。

（一）物业服务概述

物业服务又称物业管理服务，主要是指业主委托物业服务企业依据委托合同对房屋建筑及其设备、市政公用设施、绿化、卫生、交通、生活秩序和环境容貌等管理项目进行维护、修缮等活动。物业管理中的物业又可分为居住物业、商业物业、工业物业和其他用途物业。其中，绿城物业的服务范围主要包括居住物业和商业物业。

居住物业是指具备居住功能、供人们生活居住的建筑，包括住宅小区、单体住宅楼、公寓、别墅、度假村等，同时也包括与之相配套的共用设施、设备和公共场地。目前绿城物业服务集团已经开拓了北京诚园、天津时光水苑等优质的居住物业服务项目。

商业物业也称投资性物业，是指那些通过经营可以获取持续增长回报或者可以持续升值的物业，主要包括各种工商业、服务业使用的建筑场所以及写字楼等办公场所。绿城物业所进行的北京点石商务中心服务项目就是典型的商业物业项目，该项目包括写字楼和配套型商铺。

目前，我国以物业服务为主营业务的上市公司主要有雅生活服务股份有限公司、彩生活服务集团和南都物业服务集团等，在物业服务收入方面，绿城物业以446 066.9万元的金额居于前列。

（二）行业发展趋势

根据绿城物业提供服务的特点，以及全球行业分类系统（GICS），可将该集团分类至房地产服务（物业服务）行业，通过行业发展趋势可得出如下结论。

1. 中高端物业服务需求增加，物业服务趋于多元化

随着物业管理行业竞争的不断加剧，用户对于中高端物业服务有着不断的追求，在未来发展过程中，面对市场前景良好的中高端物业行业，企业应侧重于物业管理服务的开发和创新，提供多元化的物业服务。另外，中高端物业服务除了提供基本物业服务外，还需侧重对物业客户自尊与服务享受的满足，这是由于这些服务构成了物业服务所提供的核心附加价值。

在该种发展趋势的引导下，绿城物业选择了多元化布局，在目前三大业务（物业服务、园区服务及咨询服务）的基础上进一步扩展，实现高端服务的溢价增值，并用长远眼光向大而为，进一步涉足教育、健康、养老等新行业。

2. 物业服务模式将会持续创新

"互联网＋物业"模式将为资本、互联网、物业管理发挥各自优势，整合线上线下资源的产业融合新业态。互联网特别是移动互联网的出现，促成了网上支付消费和社区O2O消费两个巨大的服务消费市场，物业服务企业处在社会和社区的节点上，贴近社区的资源和用户，将成为社区资源的掌握者。同时物业服务企业也需要向依托现代科学技术、现代信息技术、现代企业经营的管理方式进行转变，提高服务模式需求与市场需求的匹配程度，改变传统物业服务运作模式。

绿城物业也一直大力推广智慧园区服务体系，如图 6-1 所示，即在园区生活服务体系的基础上，通过大数据平台的建立、智能设施设备的引入、移动互联网及应用程式的推行，让业主更方便地获取健康、文化教育、居家生活等各项服务，实现人与物、人与自然、人与人、人与社会的高度互通，提升业主的生活便捷度、服务参与度和居住幸福度。同时，集团也通过智慧园区服务体系构建技术系统（云平台）、生活服务中心服务系统（一体化服务平台）、社交系统（睦邻社）三大系统，力求达到让服务更便捷、让生活更安定、让生命更健康、让邻里更和睦等目标。

▶ 欢迎入驻　绿城智慧园区服务平台

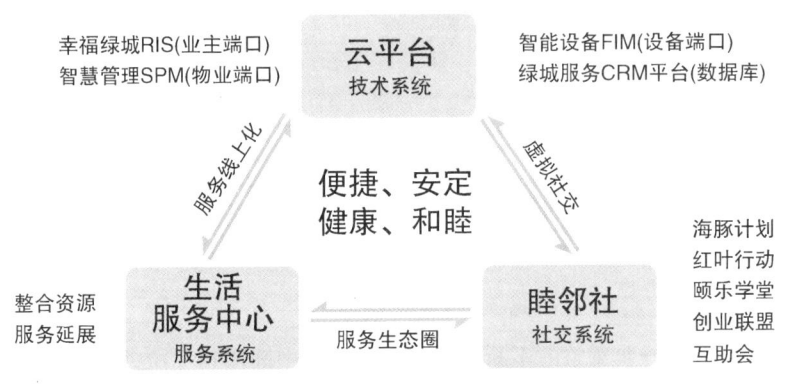

图 6-1　绿城智慧园区服务平台

（1）云平台：由互联网、智能设备、业主使用端、后台管理端等组成的技术承载系统，实现消费者、服务提供者、智能设备之间的互联、物联和智联。

（2）一体化服务平台：以平台形式整合基础物业服务、园区生活服务、微商圈与公共服务、睦邻社交服务等资源，是健康、文化教育、居家生活三大服务系统的进一步延展和丰富。

（3）睦邻社：以交流、互助、自治为核心，由业主主导、物业服务机构配合的园区组织。

3. 行业整合趋势明显

扩大物业服务行业管理规模、增加服务客户数量最有效的途径是并购、联盟等方式，这有利于发挥规模效应，推动行业快速、健康地发展。资本市场的改革和完善也为行业整合提供了新的融资渠道，这进一步推动了物业服务行业的整合。

在物业服务类企业收购方面，考虑到物业板块并购持续升温，收购项目溢价较高，绿城物业服务集团坚持内生增长、审慎收购的扩张模式。同时，集团继续遵循一贯的审慎收购策略，注重收购对象的服务组合、所经营的地域市场、财务表现以及与本集团业务协同性等多方面的考虑，同时根据收购对象类型的不同，采用不同的收购策略，进一步拓宽业务半径、输出优质服务。

（三）物业行业数字化诉求

1. 降低高昂的信息流程流转成本

（1）信息化建设。加大对信息化建设的投入与整合，减少人工对信息的传递，确保信息传输过程中的保真，做到所有财务信息可查询、可追溯，可统计、可分析，未来逐步实现可智能预测。

（2）数据驱动。从人找事，逐渐向事找人转变，对流程中的节点、责任人、职责权限范围有清晰的定义和信息跟踪。

2. 依靠数字化赋能，逐步提升效率

（1）劳动效率。用机械代替人工，低耗替代高耗。这个阶段减少了基层的劳动者，既提升了效率，也降低了成本。

（2）管控效率。对物的管理做到可查、可点、可量；对财务管理做到可测、可支；对人的管理做到可塑、可用。

（3）运营效率。流程再造、组织扁平、共享服务、集中管控。

3. 数字化重新定义、提升用户体验

（1）客户。重塑服务管理流程，如车辆自动识别、自动缴费、智能消防设备、人脸识别、客户关怀、自助缴费开票等。

（2）员工。增加了日常智能报销、财务自动月结、业务与财务对账差异分析等功能。

（3）管理层。理顺数据链接与控制关系，提升数据智能风控水平。定期抓取、统计、分析经营数据；对异常经营数据进行预警。

二、绿城物业概况

绿城物业于 1998 年 10 月成立，是一家以物业服务为根基，以服务平台为介质，以智慧科技为手段的大型综合服务企业。2016 年 7 月 12 日，绿城物业有限公司在香港联合交易所主板正式挂牌上市交易，股票代码为 02869。自上市以来，集团营运收入各年增长速度超

过 30%，充分体现了其较强的成长能力。截至 2018 年年底，集团营运收入已达 670.99 亿元，同比增长 30.54%，如图 6-2 所示，集团共拥有员工 24 975 人，其服务业务已覆盖全国 29 个省、直辖市和自治区以及 137 个城市，服务的物业类型涵盖市政公建项目、城市综合体、商务写字楼、别墅、公寓、学校、足球基地和高科技产业园等，接管、咨询及代管的合同数目逾 2 000 个，总合同服务面积约 3.6 亿平方米，已成为全国同行业中物业类型最多、服务区域最广、服务面积最大的物业服务企业之一。

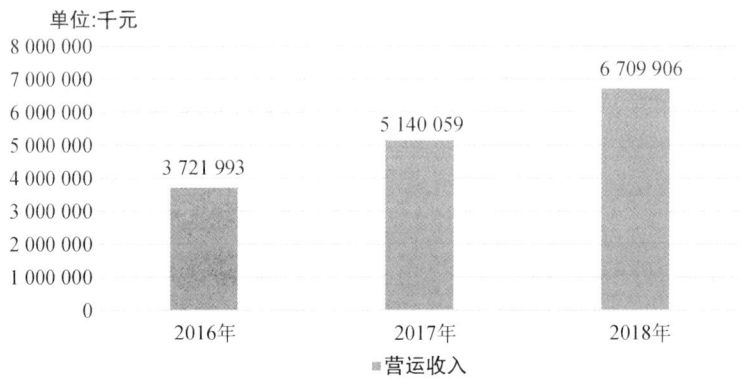

图 6-2　绿城物业 2016 — 2018 年年营运收入

绿城物业是中国具有领先地位的幸福生活服务商，为住户提供种类广泛的产品及服务组合，以满足客户、业主及住户不断变化的日常及质量生活需要，先后获得 "2018 中国物业服务百强企业成长性 TOP10" "2018 中国物业服务百强企业服务规模 TOP10" "2018 中国物业服务百强企业服务质量领先企业" 等荣誉，并蝉联 "中国物业服务百强满意度领先企业第一名"。目前，绿城物业入选国家 "智慧城市" 专项试点计划，成为 19 家入围企业中唯一的物业服务企业，集团中的 6 个住宅园区成为住房与城乡建设部 "国家智慧城市" 的试点园区。

（一）主营业务

作为中国具有领先地位的幸福生活服务商，绿城物业围绕人的生活场景及房地产产品的全生命周期，提供多元化、与生活呈现强关联的服务，主要包括物业服务、园区服务及咨询服务三类业务。

1）物业服务

绿城物业提供了一系列高质量的物业管理服务，包括保安、保洁、园艺、物业维修及保养等服务，并就各项服务向在管物业的住户、业主及房地产开发商收取服务费。截至 2018 年 12 月 31 日，集团总部在管合同建筑面积达 170.4 百万平方米。绿城物业始终以物业服务为本业，视服务品质为物业管理服务的生命线。因此，在传统物业服务基础上，集团建立了质量管理、环境管理、职业健康安全管理的保障体系，推行多种形式的业主监督机制及三位一体的品质管控体系，并在全公司推行"8S"管理，为业主创造安全、舒适、便捷的生活环境。

2）园区服务

基于业主对美好生活场景的需求，绿城物业通过多种渠道向其在管园区的业主及住户提供各类日常生活必需品和各种质量生活产品和服务。主要包括园区产品及服务、家居生活服务、园区空间服务、物业资产管理服务以及文化教育服务。为满足业主和住户为更好的生活而衍生的更丰富的生活需要，集团在创新和提升传统优势服务的基础上，将继续运用移动互联网与智慧小区入口，部署提供种类更广的服务和产品来满足客户，用线上线下结合的方式，拓宽和加速生活服务的流量空间。

3）咨询服务

绿城物业向房地产开发商及地方物业管理公司提供咨询服务，利用集团自身品牌及专业优势满足其在房地产开发周期中各个主要阶段的不同需求。主要包括如下业务：对于尚未开发的房地产项目，向房地产开发商提供在设计和开发阶段的项目规划、设计管理、建筑管理及营销管理咨询服务；对于已开发的房地产项目，向房地产开发商提供示范单位管理服务；对于已交付的物业，向房地产开发商及物业管理公司提供管理咨询服务。

4）各业务对集团的贡献

根据 2018 年年报，可将上述三类业务对集团营运收入的贡献总结如表6-1 所示。

表6-1 三类业务对集团营运收入的贡献 　　　　　单位：千元

业务	2018 年	2017 年
物业服务	4 460 669	3 559 644
园区服务	1 309 758	900 073
咨询服务	939 479	680 342
合计	6 709 906	5 140 059

如前文所述，绿城物业服务集团始终以物业服务为本业，在三类服务中，物业服务收入为该集团最大收入来源，2018 年，物业服务收入占集团总收入的 66.5%，较上年增长 25.3%。由于物业板块并购持续升温，收购项目溢价较高，集团在 2018

年依然坚持内生增长、审慎收购的扩张模式，并计划未来将延续该发展策略，使得该板块收入保持稳定增长。

作为物业服务的延伸，园区服务依旧是该集团增长速度最快的业务，该板块收入较上年增长45.5%，这离不开集团管理层根据战略规划和实际情况对园区服务分部内容所进行的不断调整与优化。

在咨询服务业务方面，面对市场的变化，集团持续从管理、产品与营销三个层面落地并实施相应咨询服务战略转型。进一步提升咨询服务产品设计与质量管控的能力，并将传统的案场服务升级为美好生活体验服务，利用文化及科技等手段，提升客户在销售案场的服务体验与感知，从而提高服务合同数量，并带动收入和利润的增长。

（二）企业地位

将绿城物业与其他以物业服务为主营业务的上市企业进行市值对比（以2018年12月31日为基准日），结果如图6-3所示。

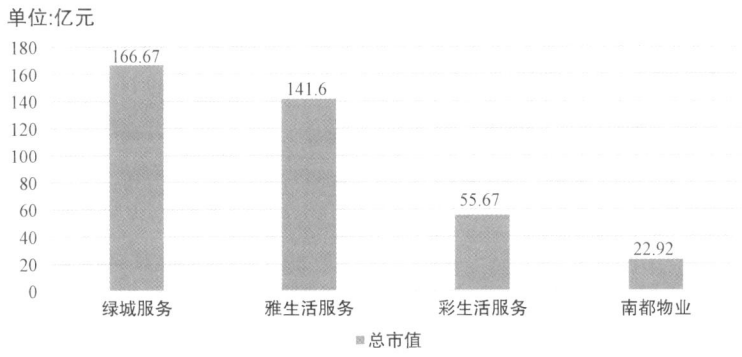

图6-3　绿城物业与其他企业总市值对比

由上述对比可知，在物业服务领域，绿城物业服务集团的市值处于领先地位，结合其营业收入增长速度超过30%的事实，可以判断绿城物业有着较为广阔的增长前景。

三、绿城物业建设财务共享服务中心的动机及内外在因素

（一）绿城物业对财务共享服务中心的看待和认知

在建设财务共享服务中心之前，绿城物业已有了基础业务共享化的思维，并意

识到绿城物业的业务很适合来推行基础核算业务的共享化。在开始建设财务共享服务中心之前，绿城物业也了解到通过信息技术的不断更新迭代，其具备的业务数据影像传输和自助电子发票开票等功能，已达到了共享化实施的一个条件。而近年来在世界 500 强公司中，有 70%～80% 已开始或已完成财务共享服务中心的建设。甚至许多国内的大型上市公司也已实施财务和业务的共享化来达到降低成本、增加内部财务业务透明度以及加强管控的目的。因此建设财务共享服务中心可被视为是当前国内外的潮流。

绿城物业每年收入以 30% 的速度增长，项目越来越多，且地域越来越广阔，要有效地进行集团风险管控，保证集团政策有效的执行，规避基层财务人员流失给财务运营带来的损失，在参照了国内外知名大企业的成功做法以及考虑了本身步入资本市场后快速发展的需求，绿城物业意识到财务共享服务中心模式是解决这些问题最直接的手段，为了能够建设符合绿城物业的财务共享服务平台，绿城物业决定以财务为突破口，建立财务共享服务中心来实现财务核算标准和规范化。绿城物业相信财务共享服务中心的建立在实现业务规范化、单据标准化、数据流程化、控制实时化的同时，也可实现资金集中管理、统一调配、集中收付和降低财务运营成本。

（二）绿城物业建设财务共享服务中心的原因及动机

绿城物业建立财务共享服务中心的原因和动机可从内外部两方面来分析。

1. 外部因素

外部因素包含了信息技术的迭代更新和共享化潮流。现如今信息技术更新迭代的速度很快，并已完全具备影像传输、电子发票、高速网络连线等功能，因此对于实施财务共享或是业务共享并无太多的科技阻碍，而科技的进步也造就了现如今国内外共享化的潮流。世界 500 强企业当中就有许多已开始实施财务共享服务中心，更有甚者把自身的财务共享服务中心以外包的形式提供给外部客户使用并收取一定的费用来自给自足。除了上述的外部因素，绿城的内部因素也使之决定建设财务共享服务中心。

2. 内部因素

从 2016 年绿城物业在香港联合交易所上市后，集团每年都以 30% 的速度提升业绩。在快速扩张的同时，也增加了财务管控的复杂性和难度。在发展的过程中，现有的财务管理体系已无法很好地支持日渐增加的业务，而许多的不足之处也一一显现。比如：

（1）集团财务专家中心人员极度缺乏，且对下属基层单位指导与监督缺乏力度。

（2）集团成员单位资金尚未有统一监管及调度体系。

（3）全面预算尚未有标准化体系。

（4）信息系统之间相互独立，系统没有打通，需要大量的线下手工作业来完成。

（5）财务人员同质和重复工作量大，大部分人员往往花费大量精力在会计核算、对账等基础会计工作上，无法帮助优化流程以及提升业务管控水平。

（6）在快速扩张的同时，也需增加更多的财务人员来支持快速的增长，但在增加人员的同时，成本也会随之增加。

（7）财务信息化在自动化、智能化应用上还没有被完善，大量信息化工作停留在基础核算上。

（8）基层财务人员流失严重，项目财务人员更换频繁，沟通与管理成本高，且难以招聘承接新项目的财务人员。

鉴于以上外部和内部的因素，在综合考虑后，为了能解决目前所面临财务管理体系的各类问题，以及提高管控效率和降低成本，绿城物业进行了财务共享服务中心的建设及试点工作。

（三）绿城物业建设财务共享服务中心的目标

绿城物业在参照了国内外的知名企业财务共享服务中心的成功案例以及考量了自身的外部和内部因素后，希望财务共享服务中心能在集中管控和操作规范的基础上推动财务组织转型，并在2～3年内建立"战略财务、共享财务、业务财务"三位一体的财务运营新模式，并以此实现以下四个大目标。

1. 强化内部风险管控，确保运营安全

绿城物业希望财务共享服务平台在提供共享服务的基础上，能确保业务在不断扩张的同时，总部能有效管控基础数据与运营财务工作，并减少业务层面对于核算、内控等事宜的干扰以及不同区域政策标准的执行偏差。另外，利用财务共享服务平台和中心来加强对子公司财务工作的管控力度，以及实现实时经营过程管控预警。这可将目前存于系统外审批的经营业务从线下转向线上，从而提升集团对下属企业的风险识别和控制能力。

2. 实现专业分工，优化服务质量

通过对基础财务工作的专业化分工，推进流程透明化、制度化、标准化，在提

高效率的同时，财务工作流程也能规范化。以此希望财务共享服务中心内的各个组织能专注于自身的核心业务，同时通过持续流程优化与服务质量保障机制，持续提升财务工作的质量。

通过财务共享化促进财务人员结构转型，使财务管理人员着重于战略财务工作，基层财务人员专注业务财务，释放财务人员精力，转而聚焦于专家财务、业务财务职能，逐步完善管理会计职能，从价值管理角度引领战略决策，实现角色转换。希望以此来帮助绿城物业在经济形势下行、竞争激烈的外部环境下，降低财务管理成本，保持企业核心竞争力。

3. 快速支持规模扩张，把控扩张风险

伴随绿城物业自身的增长需求，在原有的财务运营模式下，设立新的业务单元也需配置全套财务人员，但在当地招聘人员和管理新进人员上都存在一定的难度。而在共享化的影响下，财务共享服务中心人员能定期轮岗，分批分期限地下放到一线子公司、项目部，以此提升财务快速反应能力以及优化服务支撑能力，能更有效地支持业务规模扩张，并快速弥补部分子公司项目财务人员的不足。

4. 实现业务价值链与管理链、财务资金链的深度融合

通过财务共享服务平台的建设打通业务和财务的业务流程，再通过系统集成（新视窗、资金管理、绿城购、税务、人力、OA 等）与流程优化建立业务信息向财务核算、结算与管理决策系统的传输渠道。建立集团管理部门管理链条对子公司业务前端的信息通道，建立实时管控机制。通过业务数据和财务数据的细化来积累集团的大数据，并以此为各级领导提供分析决策的依据。

在这四个大的目标框架下，绿城物业在未来也希望能达到以下几个分目标：

（1）提升财务运营绩效。使分散的财务活动和资源得到整合，财务业务流程与内部服务标准化，降低财务运营成本，提高财务服务效率，支持公司发展战略。同时通过财务人员分层创造，增强了企业分支机构复制能力，支持公司快速扩张。

（2）提高财务服务质量。通过业务集约化、流程标准化、数据透明化、提高共享服务质量，且大后台模式快速支持业务扩张，推动业务快速发展。

（3）强化财务风险管控。将业务单位审核、支付及核算业务职能集中，可以减少执行偏差，便于总部职能部门进行集中监控，加强集团管控能力及标准化建设。

（4）支持价值创造。财务共享服务中心集中处理烦琐、重复性强的工作，使得专家财务人员与业务财务人员能够更专注于战略与业务，以更高的价值管理角度引领战略决策。

（5）业务规范化。业务流程种类由集团统一确定，以符合内控要求为原则，流程中涉及分公司的审批和管控，集团对所有业务流程进行实时监控；业务流程贯穿项目管理、供应链、共享服务、财务核算、预算、资金全系统。

（6）单据标准化。报账单据依照业务类型进行标准分类，使报账单据统一化、规范化，提高了报账效率；信息采集点前移，业务语言自动转换为财务语言，贴近业务前端。

（7）控制实时化。内控流程、关键控制点固化于财务共享服务平台中。财务共享服务系统实现预算控制、资金控制和额度控制。

（8）入账自动化。核算方法统一、核算口径统一；自动生成会计凭证信息；全面、准确、细致地采集业务前端信息，达到"一点录入、全程使用"的效果，并保证报账信息在整个审批流转过程中的完整性，减少信息的重复录入。

（9）服务共享化。创新财务控制方式，将项目管理、供应链、共享服务、财务核算等全部打通，充分发挥财务管理与业务部门的管理协同作用；审批流程状态共享，报账人、审批人可实时查询审批情况、状态。

四、绿城物业建设财务共享服务中心的总体历程

（一）项目立项

在决定建设财务共享服务中心后，根据设立的目标，绿城物业在 2017 年 6 月立项，开始了建设财务共享服务中心的历程。绿城物业把中心的建设过程分为：项目立项、调研与分析、规划与设计、系统建设、上线切换以及持续优化。建设的进程如图 6-4 所示。

图 6-4 财务共享服务中心建设进程

如上图所见，绿城物业推进财务共享服务中心的建设是非常高效以及迅速的。在项目立项后，绿城物业内部即刻开展了对财务共享服务中心的立项论证，并邀请德勤管理咨询作了一系列的财经变革咨询报告。在财经变革咨询报告中指出，绿城物业财务共享服务中心具备实施的可行性与必要性，并在立项评审过后开始审核和

选择项目承建供应商。2017 年 7 月，绿城物业开始了调研与分析，在集团、杭州二分、杭州三分、舟山、宁波酒店、双城、置换、培训学校、余杭公司等开始了调研与需求的整理研究。根据所收集的信息和对信息的分析，在 8 月开始了财务共享服务中心的规划以及设计。此项工作包含了：

（1）共享定位与职能设计。

（2）组织与岗位设计。

（3）人员测算。

（4）流程设计。

（5）系统功能设计。

（6）运营与制度建议。

（7）原始档案管理设计。

同年 9 月，基于所制定的中心规划和设计开始了系统的建设。系统建设包括：

（1）新视窗开发和接口设计与开发。

（2）标准代码适配性开发。

（3）资金系统开发接口设计。

（4）系统标准功能与流程测试。

（5）影像系统接口测试。

（6）共享制度建设。

在建设系统的同时，同年 10 月，财务共享服务中心系统也开始了上线切换。在上线前，项目组也整理了关于系统的基础资料，并编写了系统的实施方案。与此同时，也开始资金系统接口的开发、撰写系统操作指南和制定上线策略等工作。除了系统的建设，财务共享服务中心的场地也于 10 月开始装修，同时也启动招聘财务共享服务中心人员的工作。在完全上线前，系统也经历了功能测试、流程测试、关键用户验收测试（user acceptance test，简称 "UAT"）测试、压力测试来确保上线后功能的稳定性。在系统上线后，持续优化系统和引入智能应用是绿城物业财务共享服务中心的一项永续的工作。

（二）建设历程

绿城物业财务共享服务中心的建设历程分为四个阶段：试点期、建设期、成熟期和发展期。试点期的工作着重于流程试运行，包括财务共享服务中心的建设，试点业务收入、费用、成本，以及资金系统板块的上线等；建设期则是逐步接入集团全业务的共享、流程程序化、完善运营管理系统等；成熟期是建立在试点期和建设期基础上的成果，再加以优化使得共享系统更为成熟和高效，比如实现 100% 收入的核算、流程精细化管理以及营运管理持续创新等；发展期则是把绿城物业的共享系统和共享化进一步地提升和优化的过程，使之能把共享模式向集团内部相关领域拓展，并能提供合同管理服务、客户服务、IT 服务、法律服务等一系列的服务。绿城物业四个阶段的财务共享服务中心建设历程的工作总结如表 6-2 所示。

表 6-2　财务共享服务中心建设历程的工作总结

试点期	建设期	成熟期	发展期
2017. 11—2018. 03	2018. 04—2018. 12	2019. 01—2019. 12	2020. 01—2020. 12
• 成立财务共享服务中心 • 试点业务物业板块收入、费用、成本、资金全面上线 • 流程试运行与持续完善 • 系统前提性功能上线	• 逐步接入共享范围内公司的全部业务 • 流程程序优化 • 信息系统优化性功能上线 • 完善运营管理系统	• 稳定顺畅、全部成熟 • 能实现 100% 的收入核算 • 能够实现 100% 的成本费用核算 • 流程精细化管理 • 运营管理的持续创新 • 实现业务与财务系统间无缝对接	• 共享模式向集团内部相关领域拓展，包括合同管理服务、客户服务、营销服务、法律服务、IT服务等

绿城物业财务共享服务中心建设的推进是非常快速以及高效的，这都归功于绿城物业的财务管控传统——垂直化管理。在此基础上，各层领导从思想和认知层面上对于推行共享化都是非常认同的，接受程度也相对较高。但在实施过程当中，也有一些挑战。比如在推行过程当中会涉及原有的一些管理流程的梳理和优化，在这个过程当中必须与其他部门协同改善原有的流程。原来各地的财务人员是分散在各地进行会计处理，他们有很大一部分是依赖于自身对这个行业的认识和经验来做判断，因此这些人员会有本身习惯性的操作方式。但推行共享化也就意味着改变原有的一些操作习惯，因此在推行的过程中，绿城物业也花了一些时间来宣传共享化和财务共享服务中心，并在 2018 年下半年，专门出台了会计核算手册来统一整个基础核算的作业标准，帮助财务人员了解如何使用共享系统。虽然在建设历程中会遇见诸如此类的挑战，但因为原先的财务团队有着良好的基础，整个建设、推行的流程还是非常顺利和高效的。

五、绿城物业财务共享服务中心的特色及实现的价值

（一）财务共享服务中心目前接管的业务范围

依照绿城物业业务特点和共享服务理念，绿城物业财务共享服务中心目前的业

务范围包括了费用共享、往来共享、收入共享、成本共享、资金共享、核算共享、资产共享和其他功能等八大共享业务。八大业务的具体细节如表6-3所示。

表6-3　八大业务的具体细节

共享服务	服务内容
费用共享	日常管理费用报销、费用借支、还款、差旅报销、押金退回
往来共享	对公付款申请、付款、对账
收入共享	物业费用缴纳、园区临时缴费、押金收缴、抵账报账、POS手续费月结、收入资金对账
成本共享	成本报账、付款
资金共享	二级联动资金集中、集中银企直联支付、对账单批量下载、业务与银行对账
核算共享	凭证自动化生成、批量关账、对账、结账、预提、待摊、结算
资产共享	批量折旧
其他功能	增值税管理、预算管理、资金管理、绿城购对接、OA与共享审批对接、OA与共享移动审批

（二）财务共享服务中心目前的定位、组织职能及岗位设置

1.财务共享服务中心的定位

绿城物业的财务共享服务中心服务定位是"服务、专业、监控、价值"。以服务为基础、专业为保证、监控是手段、价值是目标的思维来开展工作和提供高质量的服务。以这四个定位为基础，绿城物业希望把财务共享服务中心打造成财务专业服务提供者、财务规范监控者、决策优化参与者和价值提升助推者。具体的工作参考如下：

（1）财务专业服务提供者。提供统一、标准、高效、专业的财务交易处理服务；提供统一、规范、及时、准确的财务数据。

（2）财务规范监控者。严格执行集团财务准则和财务政策，防范财务风险。

（3）决策优化参与者。通过财务数据的挖掘分析，支持决策的制定与优化。

（4）价值提升助推者。通过全流程管理，推动创新与变革，引领业务活动价值最大化。

2.财务共享服务中心职能

在确定了财务共享服务中心的定位后，绿城物业在集中统一业务和核算平台的

基础上，通过流程自动化、标准化、核算规则统一以及绩效指标的导入，逐步建立财务共享服务中心的五大职能：报账服务、数据处理、资金结算、内控提升和人才培养。

（1）报账服务。通过财务共享服务平台支持业务单位的采购、销售、费用等，以及提报结算单据和付款申请。报账服务同时也支持各级领导通过财务共享服务平台审批报账单据。

（2）数据处理。为下属单位业务运营和管理提供统一的计量核算和业绩报告，对各层面的员工、决策者提供数据处理、查看和分析功能。

（3）资金结算。整合资金归集、资金管控、资金支付职能，使成员单位形成报账、核算、支付一体化的服务体系。

（4）内控提升。实现会计集中核算、风险集中监管、资金集中管理、预算集中调控，高度体现财务共享服务中心的财务管控能力。

（5）人才培养。财务共享服务中心人员与一线分子公司财务、项目财务人员进行定期轮岗，以此让新进和在职人员快速地适应绿城文化和一线业务，弥补项目扩张带来的一线财务人员短缺。

（三）组织架构、组织创新模式以及共享服务中心岗位特色

在建立了财务共享服务中心后，绿城物业对于原有的财务架构也作了改变。为了更好地使原有的财务体系和财务共享服务中心融合，依据战略财务、业务财务和共享财务要求，绿城物业财务人员进行分层、测算和优化调整各部分财务人员数量，依据财务共享服务业务和流程要求，绿城物业在财务共享服务中心设有5个业务处理小组（应收、应付、资产费用、资金结算、总账报表）和1个综合运营管理组。共享服务中心整体的架构设计如图6-5所示。

上述的5个业务处理职能小组必须根据绿城物业的财务制度和执行规范来提供标准化、流程化、专业化的财务作业处理服务。这些服务主要包括：

（1）单据（影像）合规性审核。

（2）会计凭证入账与审核。

（3）线上资金结算处理与付款跟进。

（4）期末结账检查与进程管理。

（5）会计政策研究。

（6）标准化数据服务。

运营管理职能的每个小组也有不同的支持功能。比如共享支持组主要负责已纳

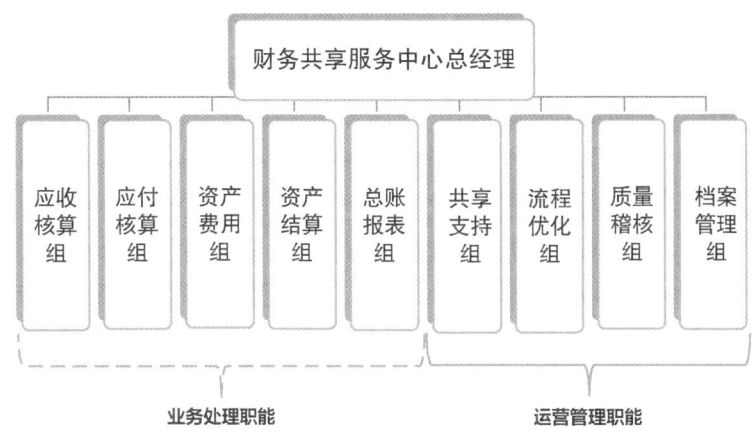

图 6-5　财务共享服务中心整体架构图

入共享业务的运营监控与日常支持，以及常见问题操作的指引编写与共享业务指导；而流程优化组的工作重点在新业务纳入、流程优化与调整方案的审定；质量稽核组则会定期对财务共享服务平台数据与原始单据、影像进行稽核，并对分子公司进行数据质量排名通报，强化内控管理；档案管理组主要为总部所在区域内的分子公司档案装订管理。

六、绿城物业财务共享服务中心的效果及价值

在建设财务共享服务中心之前，因原有的财务体系无法支持集团的高速增长，同时也无法解决人员成本和效率的问题，绿城物业决心建造财务共享服务中心来标准化、规范化和集中化财务和会计的各项相关工作。

在财务共享服务中心的架构下，财务组织的变革有着非常大的降本增效价值。这在以下几点体现出来：

（1）因共享化的进程，财务人员人数已不需和业务增长的比例同步增长，削减了因业务增加对财务人员数量的需求。

（2）在人员投入上，绿城物业财务共享服务中心只用了 40 人就完成了 45% 的工作量，节省了约 67% 的财务人员数量，大大地减少了财务人员成本。

（3）在运营效果方面，自财务共享服务中心建设以来，绿城物业上线了电子发票、电子收据功能，打通了业务流程，节省了 120 个会计人员的人工成本，人均效率基本提升了 10%～15%。

（4）在会计和基础核算的工作上，其质量和效率也有很大的改善。共享化让原来散落在各地的分散处理模式成了集中化和标准化的处理模式，在很大程度上提高了经营成果信息反馈的质量。

（一）财务共享服务中心对推动企业数字化转型的作用

绿城物业的财务共享服务中心对企业推动数字化财务的转型有以下几点作用：

（1）财务共享服务中心的基础核算功能解放了基础财务人员的时间。电子发票和电子收据的推行使得原先 2 位财务人员的工作量变为现在 0.5 个财务人员的工作量，使得更多的人员可以参与到项目之中，支持项目的运行。

（2）降本增效。财务数字化和共享化可以降低人工成本，人员数量不需要和业务同比例增长，同时可以提高财务核算的效率和质量。

（3）防范风险，降低财务风险。例如，未来将会推行的纳税申报统一管理会减少纳税和财表不一致的情况，从而降低财务风险和管控税负成本。同时，集中化处理和标准的统一明显提高了会计基础核算的质量和效率，使报表本身的出具时间和报表的准确性都有了明显的改善，把原来散落在全国各地以传统习惯来处理的财务模式进行了一个调整和改变，大大降低了财务风险。

（二）已经实现的信息化格局

目前绿城物业的共享模式是通过 1 个财务共享服务平台系统、5 个主系统层级和其数据相互关联与影响，以财务共享服务中心对业务前端操作进行规范与监控。目前绿城物业的财务共享服务平台系统架构如下。

1. 主系统层

在这个架构下，绿城物业的共享系统又分为 5 个主系统层，其功能范围如表 6-4 所示。

表 6-4　共享系统的功能范围

系统层	功能范围
业务系统层	新视窗收费系统、绿城购采购系统、园区供用链系统等
财务共享服务平台系统层	单据填报、影像上传、作业派单、共享审核门户、作业人门户等
财务核算层	会计平台入账规则、总账凭证审核、报表、批量关结账等
资金管理层	资金结算、资金头寸管理、资金调度、信贷管理、银行对账管理等
预算管理层	预算编制、预算执行、预算调整、预算分析等

2.共享功能平台

在这个 5 个系统层的框架下，也分别包含了 5 个共享功能平台。

（1）共享报账平台。业务报账，如费用报销、资产报账、资金报账、材料采购报账、薪酬报账、税务报账等，通过提交报账单方式将财务记账任务报送给财务共享服务中心的作业人员进行处理，再流转到支付平台进行支付或核算平台进行记账处理。

（2）共享审核平台。个性化配置，支持会签、加签、审批权限矩阵、自由流等复杂应用，可对单据的流转路径、审批痕迹进行监控查看，支持审批权限委托，可通过短信、邮件、代办事项等多种方式自动提醒审批人催办并实时处理。

（3）共享作业平台。以财务共享服务中心为组织实体，在组织内对不同岗位赋予不同的权限，以单据为作业对象，通过各类规则将系统内各类单据在各组织与用户之间进行分工，并对单据的处理结果进行绩效考核。

（4）资金结算平台。共享支付岗出纳可以通过支付平台发出支付指令，再通过银企直联，实时传递到财务公司的网银系统或银行网银系统，由系统进行资金支付，完毕后回传付款状态信息至财务共享服务中心支付平台，双方共同完成支付数据的往来闭环交互。

（5）共享核算平台。财务共享服务中心审核岗或支付岗完成单据审核或支付成功时，自动根据设定规则，完成凭证自动化生成，达到业财一体自动化。

（三）目前财务共享服务中心建设取得的成果

目前绿城物业财务共享服务中心的建设成果还是非常显著的，具体表现在以下几个方面：第一，在初始投入期时，德勤的咨询方案就建议，到 2018 年绿城物业的共享系统若是能上线 50%～60%，所需要的投入人员会在 120～130 人。实际上，在 2018 年年末绿城物业共享化的覆盖率为 45%，但财务共享服务中心人员只有 40 人左右就能完成所有的工作。因此在人员的投入上，比原来的初始方案有了很大的节省。第二，降本增效的效果也是非常明显的。当共享系统的覆盖达到 45% 的法定单位后，集团节省了近 120 个会计人员的人工成本，而人均效能却基本提升了 10%～15%。目前绿城物业的业务以每年 30% 的速度在递增，如果采用原有的财务团队人员模式，人员几乎会和业务同比增长。但按照目前共享化推进的速度，到 2022 年，绿城物业会节省近 650 个会计人工，因此在人工的降本增效上是非常明显的。第三，在会计和基础核算的质量和效率上也有了很大的改善。原来散落在各地的分散处理方式变成了集中标准化的处理，这大大提高了绿城物业对上市企业经营成果的信息反馈和防范风险的质量。除了上述的 3 点成果，绿城物业在管理变革提升上也有以下 5 个成果，如表 6-5 所示。

表 6-5　绿城物业的 5 个成果

1. 费用管理

主要变化	核心价值
• 贴票标准化，影像审核取代实物审核 • 财务共享服务中心负责审核取代一线公司财务审核 • 费用填报与审核的要求和标准统一 • 统一报销标准，从业务源头进行预算事前控制，没有预算一律不予填单 • 审核任务的随机提取，减少了人为因素干扰 • 驳回流程人性化，财务共享服务中心审批人员驳回单据时，可以根据单据信息和影像状态选择驳回流程、重走流程或者不重走流程，减少重复性的审批工作，提高工作效率，改变之前全部驳回的流程方式	• 当前部分的费用报销标准不统一，费用报销制度的执行情况不统一 • 杜绝部分不合理的费用支出 • 强化预算管控和事前审批控制 • 减少一线费用审核岗人员编制 • 增加费用预提功能，为总账预提凭证提供单据支撑 • 增加费用分摊功能，使部门分摊能够灵活处理，实现分摊线上可控 • 对借款与还款的严格控制，满足了企业的资金借款与还款管理要求

2. 应付管理

主要变化	核心价值
• 梳理业务标准规则，将对公付款通过应付管理实现 • 统一对公付款流程，所有对公付款统一	• 从业务源头将付款变为刚性控制解决冒付风险 • 修改付款审批流程，避免大量退单发生，提升工作效率 • 强化预算管控和事前审批控制，将超支预算的控制从现在财务制凭证时的事后控制，提前到业务部门报销时的事前控制，使预算更加严谨 • 应付科目入账凭证自动生成，并刚性统一，为以后合并报表的生成创造有利条件

3. 收入管理

主要变化	核心价值
• 对接打通原新视窗收费系统，实现收入共享一体化 • 由财务标准核算规范业务系统整改，对开票挂账、销账类业务进行梳理与规范 • 进一步统一物业前端收费，统一临时收费的业务类型与规则、交账流程及交账周期 • 将原始票据平铺粘贴，影像扫描 • 对原始单据的审核工作，由一线出纳转移到财务共享服务中心收入岗	• 实现财务与业务的一体化，且财务数据实现系统可追溯 • 财务共享服务中心收入专岗对原始收入单据进行核对审核，专业分工后，提升工作效率，减少审核误差 • 实现管理口径与核算口径不一致的两重维度对接，是不同维度反映业务和核算的两重考核 • 对业务系统进行改造，对押金处理进行流程化规范，杜绝原押金管理的漏洞

（续表）

4. 总账管理

主要变化	核心价值
• 统一费用内置分摊规则，统一核算规范业务，减少人为干预量，有利于各业务主体间公平考核，并使业务有据可查 • 规范预待摊费用，可在业务期内对系统进行摊销和预提，并自动生成凭证，减少人为干预，规范业务，提高工作效率 • 最大限度地减少人为凭证的干预，规范业务，并为合并报表提供依据	• 取消了手工制凭证操作，通过业务单据生成凭证，使所有凭证从业务源头就有据可依 • 总账科目的集中性、规范性、统一性更高 • 自定义转账目前是各业务单元级，各自设置，存在很大差异，通过此次共享业务按照统一规则进行设置，有利于会计核算的规范性和集中性 • 强化管理，使集团财务管理与财务运营的职能定位更清楚，提升财务管理水平和效率，加强集团的战略分析定位

5. 资金管理

主要变化	核心价值
• 分子公司子账户的每笔资金收入实时单笔归集到总账户，分子公司账户余额始终为零 • 支付以收定制，付款总额未分账户被归集到总账户的金额，支付是由附属公司发起付款请求，附属公司子账户对外付款的同时，形成一笔资金下拨，将其中账户资金按对外付款金额足额下拨到子账户，向外部付款 • POS机刷卡实现手续费按月结扣款，保证了业务数据与POS机和银行的数据一致	• 资金头寸统一平台集中管理，分子公司账户无资金沉淀 • 无须总部手工下拨和审批，资金付款效率快 • 利用总分公司的联动与资金计划结合方案，实现资金最大化的集中，同时对资金头寸进行合理利用 • POS机与银行进行对接，将标识码写入银行交易明细，实现银行交易与业务系统的一键对账 • 实时了解、汇总总体账户余额，对整体资金头寸实现实时监控

（四）后续财务共享服务中心的长期迭代创新的目标

在2019年，绿城物业希望共享化能覆盖90%的法人单位，而这个90%主要是完成基础会计核算工作。在这个90%的基础上，绿城物业会逐渐加入报表反馈功能、资金结算统一归集功能、税务云纳税统一管理功能以及商业化运营。

报表反馈功能也是管理报表的平台。增建管理报表的平台是希望能设立一套标准化的报表体系，借由会计核算的准确性和及时性来提升管理报表的价值和质量，并以此来产出能以管理者的语言和角度来看自身经营成果的管理报表。在建设资金结算统一归集功能上，绿城物业也会逐步打造资金结算中心，建设资金结算中心的目的是希望通过资金的报销系统和资金归集系统，把闲散在各个分子公司的沉淀资金归集上来。对于绿城物业来说，资金归集是非常重要的。目前绿城物业在全国各地的业务单位非常之多，这会导致各地的会计处理和纳税申报不一致。因此在整顿各个业务单位财务情况的同时，也应开始准备上线税务云系统，而税务云对税务的管控就是为了防范风险和管控成本。

在设立财务共享服务中心时，绿城物业也要考虑在未来逐步实行商业化运营。在未来 2～3 年，绿城物业希望能与优秀的软件供应商合作，在业内推广绿城物业财务共享服务中心的实施经验，把财务共享推广到同行中，这可以帮助既希望实现共享化，但又没有相应资源来创建自身财务共享服务中心的企业。绿城物业财务共享服务中心也可以把自身打造为外包服务商，再整合自身管理上的优势，在帮助这些企业共享化时也可自给自足，创造额外的收益。

除了上述的未来计划，绿城物业也会持续优化现有的共享化流程，让其系统能流转得更顺畅，能更好地支持绿城物业未来的发展。

七、客户证言

绿城物业原本就是用友的客户，用友和绿城物业在各自领域都属于行业领先者，同时也是长期的合作伙伴。因此，在选择软件商合作建设财务共享服务中心时，绿城物业优先考虑用友，事实证明绿城的选择是正确的。从 2017 年到 2018 年，在整个项目的推进过程当中，用友给予了绿城物业非常大的支持和帮助，这不仅仅是来自软件的实施，更多时候是对系统的对接和流程梳理的帮助。若是和用友没有前期很好的合作基础，这些工作会非常难以推进。而在第一个试点过程当中，用友的整个实施团队就给绿城物业带来了非常大的支持。绿城物业财务共享服务中心的标准化建设成为整个行业的典范，也积累了非常宝贵的经验。

扫码观看绿城物业财务共享应用访谈实录

南粤交通：管理会计如何在资金财务共享服务中落地生根

——资金财务共享服务应用实践

何为资金财务共享服务中心？高速公路行业的资金财务共享服务中心建设有哪些特色？高速公路行业如何利用资金财务共享服务推动管理会计落地生根？本案例基于南粤交通实施资金财务共享服务的应用实践，阐述了资金财务共享服务中心的建设动因、建设历程，全面呈现了大出纳、全财务共享服务的全貌，深入剖析了财务共享服务的特色，最后，重点分析了财务共享服务的实施如何有效地助力南粤交通的资金财务向管理会计转型升级，以期为相关企业及研究者提供有益借鉴与参考。

一、南粤交通资金财务共享服务中心建设背景

（一）资金运营效率对高速公路行业的影响较大

高速公路行业以高速公路为资产，向社会提供高效、快捷的通行服务，包括公路建设、公路运营和公路维护三大业务板块。公路建设包括线路建设、公路绿化等；公路运营包括道路运输收费、服务区收费等；公路维护包括养护设备、养护材料等。行业及其上下游如图7-1所示。

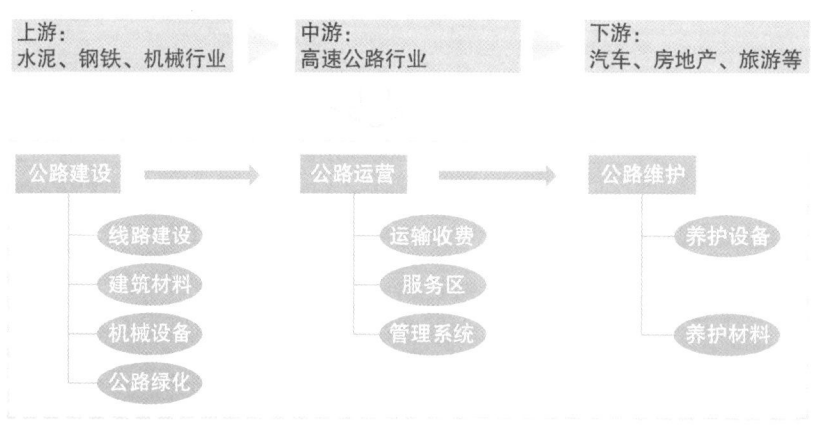

图 7-1　高速公路行业及上下游行业

高速公路行业特点如下：第一，由政府特许经营，基本不涉及行业竞争；第二，前期资金投入大，准入门槛高，回收周期长；第三，对政策变动反应敏感，政策变化对经营情况的影响比较大。资金管理在高速公路行业中的重要作用日益凸显，也是财务管理工作的重中之重。

（二）资金密集型特点鲜明

根据广东省人民政府决定，2012 年 12 月 31 日，广东省南粤交通投资建设有限公司（以下简称"南粤交通"）正式挂牌成立，负责交通建设投融资和全省政府还贷高速公路的建设、经营和管理，出资人为广东省人民政府，并授权广东省交通运输厅履行出资人职责，广东省财政厅负责对南粤交通的国有资产进行监管。2017 年 10 月，按照广东省人民政府的省属高速公路板块企业重组改革方案精神，调整为由广东省交通集团有限公司履行出资人职责。

南粤交通经过 6 年的快速扩张和发展，总资产超过 2 000 亿元，净资产超 900 亿元，员工约 6 000 人，是广东省在建里程中规模最大的高速公路建设主体，已成为广东省交通建设的主力军。南粤交通负责建设、经营和管理的高速公路项目共 22 个（段）（见表 7-1），总长为 1 981.91 公里，总投资约为 2 758.43 亿元。其中，已通车项目的里程为 1 357.87 公里，在建项目的里程为 535.11 公里，筹建项目的里程为 88.93 公里。此外，南粤交通设有 3 家控股能源公司。

表 7-1　南粤交通所属政府还贷高速公路项目

项目进度	项目名称
全线通车项目	韶赣高速、江肇高速、潮漳高速、揭惠高速、龙怀高速、仁博高速、云湛高速
部分通车项目	广中江高速一期（荷塘至龙溪段）、广中江二期（赤草至荷塘段）
在建项目	广中江高速三期（天连至放马段）、清云高速、东雷高速、河惠莞高速、怀阳高速、大丰华高速、深中通道、吴川支线
筹建项目	南三岛大桥、武深联络线、韶赣高速欧山互通立交工程、潮州东联络线、龙寻（省界）高速

南粤交通经过 6 年的快速发展，从注册资本仅 1 亿元发展成为超 2 000 亿元资产的高速公路经营主体，由此可见，南粤交通是典型的资金密集型企业，因此，必然对其财务管理水平和资金运营效率要求更高。

高速公路投资建设周期长，资金占用额度大，投资回收期较长，南粤交通以资金为核心的财务管理工作面临不小的挑战。以记账、算账、报账和报告为特征的传统财务已落后于现代企业管理的客观要求，南粤交通迫切需要引入新型财务管控方式，通过实施资金财务共享服务驱动财务转型升级。

（三）建设资金财务共享服务中心的动因与目标

相对于传统的财务管理模式，一方面，资金财务共享服务中心（以下简称"共享中心")能够实现跨时空的财务管控和财务集中管理,使得财务人员能及时收集各个业务部门实时发生和传输的业务数据;另一方面,在运营层面上,共享服务通过标准化和集中式的管理,可最大限度地降低企业的运营成本。

1. 外部动因:会计改革政策与技术驱动、领域案例的示范效应

南粤交通建设共享中心的外部动因有如下三点:

(1)适应全面深化会计改革,实现向管理会计转型升级的政策目标。"四个全面"的战略布局之一是全面深化改革,中华人民共和国财政部(以下简称"财政部")在财会〔2014〕27号文中指出"会计领域全面深化改革的方向为发展相对滞后的管理会计",并出台配套的《管理会计基本指引》(财会〔2016〕10号),为管理会计实务提供指南。通过共享中心的建设,集中处理会计核算等基础性工作,使得更多的财务人员从繁杂的基础工作中解脱出来,从事有助于改善企业管理、提升企业价值的管理会计工作,推动会计从核算型向管理型转变,从而促进管理会计的发展,推动会计深化改革目标的实现。

(2)顺应大数据时代的发展趋势,实现政务信息公开的必然要求。大数据、云计算等信息技术的快速发展和"互联网+"、物联网的广泛应用,宣告着大数据时代的来临。国务院高度重视大数据的发展,并在《国务院关于印发促进大数据发展行动纲要的通知》(国发〔2015〕50号)中明确要求建设国家政府数据统一开放平台,并率先在交通等领域实现数据适度向社会开放。南粤交通作为广东省在建里程规模最大的高速公路建设主体、广东省交通建设的主力军,南粤交通及所属单位的相关数据是国家交通行业政府数据平台建设的重要组成部分,也是广东省政务公开的重要内容。

(3)央企、外资企业成功推行财务共享管理模式,为南粤交通提供实施参考案例。一方面,宝钢、华为等大型企业提供了切实可行的共享范例,安永企业咨询有限公司亦在其发布的财务共享调查报告①中提供了156个提升财务效能的样本,均为南粤交通实施资金财务共享服务提供了优秀范例;另一方面,南粤交通的参建单位中有75%的施工单位实施了财务共享服务模式,为南粤交通实施财务共享服务提供了进一步的参考。

2. 内部动因:资金集中管理、风控需要

南粤交通建设共享中心的内部动因有如下三点:

(1)实施资金集中管理的需要。南粤交通属于资金密集型企业,资金存量大,且

---

① 安永(中国)企业咨询有限公司. 技术变革驱动共享升级——2015安永财务共享服务调查报告, 2015.

沉淀于各单位、散落于各银行，南粤交通及所属单位的可用资金未完全形成合力，无法充分发挥其协同效应；南粤交通未能打通单位间的资金使用、调拨通道，造成部分资金闲置，增加了资金成本。针对资金分散及资金支付量大的特点，南粤交通急需利用信息化管理手段加强资金管理，确保资金安全，防范资金风险。

（2）强化资金财务监管工作的需要。南粤交通原有的财务管理架构无法完全支撑本部对所属各单位的资金财务工作进行实时、充分的监管。各单位的财务具有相对的自主性、灵活性，从而导致各单位的资金财务工作可能在某一时间段或某一方面偏离了南粤交通资金财务工作的要求，不利于进行有效监管。

虽然资金财务工作已基本形成了一套规范的标准管理体系，但未来的资金财务工作需要进一步从核算型走向管理型、从事后走向事前、从结果走向过程，这就要求南粤交通能够有效利用信息化工具，推动资金财务工作进行转型升级。

（3）提高财务人员独立性的需要。实施资金财务共享服务前，各单位财务人员隶属于所在单位，固定为该单位提供财务相关服务，并由所在单位领导进行直接管理，在一定程度上降低了财务人员在业务处理过程中的独立性，影响了监督职能的发挥，削弱了财务人员在内部控制系统中的监督作用。实施财务共享服务，财务人员将统一集中到共享中心工作，接受共享中心的管理，将极大地提高财务人员的独立性，充分发挥财务工作的监督职能。

3. 建设目标：风控、质量、效率、独立、协同和转型兼具

（1）进一步强化风险防控，实现跨时空财务管控。实施资金财务共享服务，打破地域限制，实现真正的管控集中，有助于南粤交通对所属各单位财务、税务、风险实施跨时空的管理。

（2）提高会计信息质量，构造开放的信息共享平台。报账信息以统一的范式"选择或填写"，共享中心人员按照"同一标准"进行审核，共享系统按照"系统规则"自动录入核算信息；流水线、标准化的财务核算，减少了由于主观差异导致的对同一业务的不同处理，降低错误率，提高核算准确性。

（3）保障资金安全，提高资金使用效率。银企直联和共享管理实现了实时归集各项目各银行的散落资金，并使各项目各银行的资金存量、流量及流向等信息实现共享，有利于实时统一调度，发挥资金的规模效应、协同效应，增加融资谈判能力。

（4）提升财务人员的客观独立性，切实发挥监督职能。共享中心实现了财务人员的共享，不同项目的财务人员共享全项目的财务处理，从而确保财务人员在行使会计职能时能够有效规避领导压力和环境因素，提高了财务人员的独立性，保证其监

督职能的有效发挥。

（5）资源协同，强化实力，助力战略。共享中心实现了财务组织结构的扁平化，信息流通快、失真少，提高了财务团队的应变力、数据分析能力、决断力和行动力。使共享中心在数据分析的基础上能够迅速整合资源，快速提供财务支持，提升竞争力，助力战略实施。

（6）推进管理型财务转型，实现智慧大财务。财务组织共享化扭转了"二八定律"，使80%的低附加值会计工作集中于20%的财务人员手中，80%的财务人员得以解放出来并从事财务管理、财务分析、经营分析、预算分析等高附加值的管理型工作，充分发挥了财务决策支持作用，推动财务从核算型向管理型转变，实现智慧大财务。

4. 可研分析：集中同质，集权有度，财务团队优秀

（1）主业相对集中同质。南粤交通主要业务为交通建设投融资、政府还贷高速公路建设、经营和管理，经营业务单一。因此，南粤交通及其所属单位发生的经济业务能按统一的规则和流程进行财务处理。

（2）资金财务管理统一。南粤交通建立了完善的财务制度体系，出台了各项资金的财务管理制度，基本统一规范了南粤交通及其所属单位的会计核算、资金管理、预算管理和日常管理。

（3）财务流程标准规范。南粤交通建立了一套贯穿政府还贷高速公路全生命周期的财务标准化管理体系，为实施资金财务共享服务提供了流程基础。

（4）财务管理集权度高。南粤交通对财务人员管理相对集中，所属单位财务人员基本由本部负责统一招聘和调配；南粤交通对资金实行统一安排，并实行银行贷款提款报备制度，财务管控的相对集权为建立共享中心提供了强有力的机构改革保障。

（5）财务专业团队优秀。南粤交通通过多渠道引进财务专业人才，并通过轮岗、培训、创"南粤交通财务标杆"活动等多种方式不断提升财务人员专业素养和综合素质，打造了一支高素质、高水平、强胜任力的财务专业人才队伍。

二、南粤交通资金财务共享服务中心建设概述

（一）建设历程：1年筹备定方案，半年试运行，4个月正式上线

2016年年初，南粤交通主要资金财务共享服务中心筹备人员针对财务共享服务开展了文献研究、理论学习和专题研讨，并在2016年6月设计了初步方案，同年年

底向公司主要领导汇报初步方案；2017 年，开展了实地调研，并根据调研结果完善了方案，同年 6 月，方案获公司董事会审批通过并定稿；2017 年 9 月，根据审议通过的实施方案开展招标，确定用友为资金财务共享服务系统的实施方；2017 年 10 月，南粤交通全面开启资金财务共享服务的系统建设工作，并于 2017 年 12 月完成系统建设；2018 年上半年，共享中心的系统整体试运行，并自 2018 年 7 月起正式上线。

共享中心的建设历程如表 7-2 所示。

表 7-2 南粤交通共享中心建设历程

时间	阶段	时间	具体事项
2016 年 1 月至 12 月	第一阶段（前期准备）	2016 年 1 月至 6 月	文献研究、理论学习
		2016 年 6 月	整理资料，形成初步方案设计
		2016 年 7 月至 12 月	专题研讨并修改方案
		2016 年 12 月	向公司主要领导汇报初步方案
2017 年 1 月至 6 月	第二阶段（方案设计）	2017 年 1 月至 2017 年 4 月	调研学习
		2017 年 5 月	根据调研结果完善方案
		2017 年 6 月	实施方案经董事会审议通过
2017 年 7 月至 12 月	第三阶段（系统实施）	2017 年 7 月至 9 月	流程梳理、舆论先行
		2017 年 9 月	开展系统招标，确定系统实施方
		2017 年 10 月至 12 月	供应商进驻，建设共享系统
2018 年 1 月至今	第四阶段（系统上线）	2018 年 1 月至 6 月	系统整体试运行
		2018 年 7 月起	系统正式上线

（二）关键行动：搭建资金财务共享服务系统的关键动作

1. 财务共享开道，管理会计奔跑

IT 信息平台的选择影响共享中心的建设，是决定一个信息化建设项目成败的关键所在。因此，在一开始，南粤交通管理层就十分重视信息平台的确定问题，他们意识到，财务共享服务平台不是单独存在的，而是发挥中心枢纽的作用，并能够串联周边的各个平台，从而为企业各个层级提供多方面的帮助。财务共享服务将从以下两方面助力管理会计奔跑：一方面，可以帮助财务人员提升会计核算效率、简化工作，解放更多的财务人员投身于管理会计工作中，为管理会计发展提供人力基础；另一方面，信息平台收集业务人员的前端数据，形成数据中心，为管理会计发展提

供数据基础，并为后续的数据整理、报表输出、管理决策提供支持，助力向管理会计转型升级。

2. 分批试点，全面上线，搬迁挂牌

2017年9月，南粤交通完成了资金财务共享服务系统的招标工作，10月正式开始系统建设，同年年底完成系统建设。2018年上半年，共享系统的所属项目分批开展整体试运行，并自2018年7月起正式上线，南粤交通成功切入资金财务共享服务管控新模式。2019年6月，南粤交通完成了办公地址的搬迁工作和共享中心正式挂牌工作。

3. 信息系统特色功能模块

南粤交通资金财务共享服务中心信息系统包括报账系统（含预算控制）、影像系统、电子发票、电子档案、资金管理系统、大屏展示、银企直联（CA证书）、移动审批等特色功能模块（见表7-3）。

表7-3 南粤交通资金财务共享服务中心信息系统特色功能模块

主要模块	信息系统功能特色
报账系统（含预算控制）	完成日常审核及会计核算，预算控制
影像系统	完成线上基础资料的生成，核验发票等
电子发票	实现电子发票的验伪、查重等功能
电子档案	有效归纳各类电子档案，从初始凭证资料到各类报表文档
资金管理系统	将资金计划内嵌到系统中，做到资金使用有"计"可循，实现对资金风险的监督和资金收支的实时控制
大屏展示	结合已有历史及实时数据，进行高清展示
银企直联（CA证书）	对各操作员的权限进行有效控制；形成财务系统与银行系统有效连接
移动审批	实现移动互联端审批功能

4. 数据大屏实时展现财务大数据

南粤交通采用财务共享服务数据大屏方案，通过大屏展示数据更新实时化，财务监控逐步实现动态化、全局化。共享中心利用BQ①工具设计数据仓库，使得财务数据实时展现，公开透明，实时汇总各下属单位路段成本、费用、收入等数据，并

---

① BQ，是指用友BQ（business quotient），是UAP平台的一个产品功能集，是企业级会计功能分析决策平台。

能实时展示预算控制和银行信贷等情况。预算管控前置、费用申请单实时联查预算，刚性控制预算规则，超预算申请单无法保存，一键归档响应国家"绿色档案"管理政策。

（三）持续优化：资金财务共享服务中心长期迭代创新目标

在资金财务共享服务中心的持续优化过程中，还有以下几项长期目标需要达成：第一，将共享中心与OA系统联通，实现报账—OA联查功能，同时也要争取联通收费系统，实现收费系统—财务共享系统实时联动对账功能；第二，对接商旅服务、采购系统，实施一站式商旅、采购服务，打造透明度更高的办公维度；第三，要对报账流程进行优化，简化审批流，解放管理生产力；第四，增加共享中心信息平台建设力度，实现主动共享内容和共享渠道，向监管部门提供实时、真实、有效的数据；第五，引入管理会计的工作方法，逐步形成数据信息中心。

此外，南粤交通共享中心还希望能够导入金融机构的对私服务内容，给员工提供个性化的金融服务。

三、南粤交通资金财务共享服务中心信息化应用

（一）资金财务共享服务中心信息化架构总览

1. 资金财务共享服务中心信息系统整体架构

南粤交通资金财务共享服务中心信息系统架构主要由报账业务前台、共享运营中台和财务管理后台三部分构成，融合电子影像系统和电子会计档案系统，集成联接合同管理系统和外部银行系统等异构信息系统。

报账门户前台包括移动App友报账和网上报账系统；共享服务运营中心主要包括共享服务作业平台，集成电子影像系统、电子发票和电子会计档案系统，为共享中心集中作业提供任务管理、作业管理、绩效管理和质量管理等；财务管理后台主要由财务核算系统、资金管理系统和预算管理系统构成，提供费用管理、应收应付管理、固定资产管理、总账核算等功能，资金管理和银企直联等服务，预算编制、全面预算和执行控制等功能，如图7-2所示。

2. 资金财务共享服务数据大屏系统架构

南粤交通财务共享数据大屏项目所采用的信息化架构分为数据来源、数据采集、分析建模、应用与可视化四个层次，如图7-3所示。在数据来源方面，大屏系统可

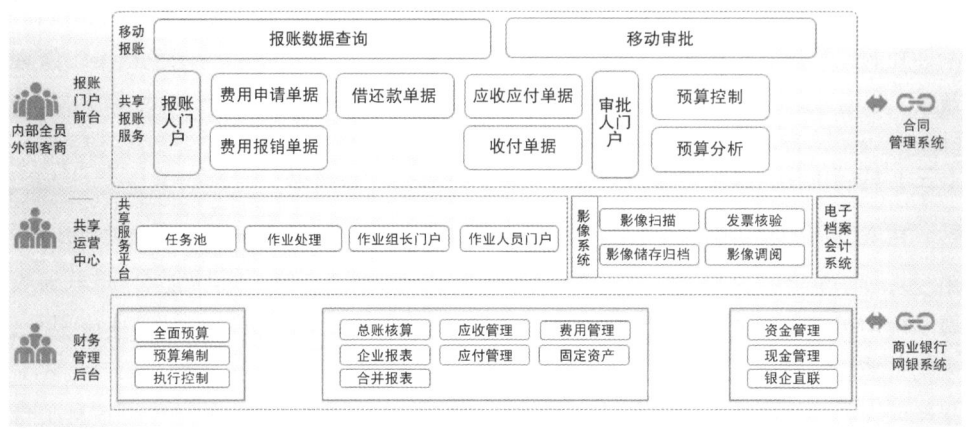

图 7-2　南粤交通资金财务共享服务系统整体架构

以自动采集资金财务共享服务系统和与之互联互通系统中的数据，员工也可以进行手动填写；在数据采集模块中，平台实现了实时数据交换、数据集成、数据治理等多项功能，同时还考虑了数据安全、数据质量、数据生命周期等一些数据管理问题；在分析建模模块中，共享平台实现的是统一建模与管理的形式，连接终端、调度、用户、资源库、日志和监控等多个功能；在应用与可视化模块中，平台可以实现高级分析、数据应用、商业分析（BQ）、自助分析等多个功能。

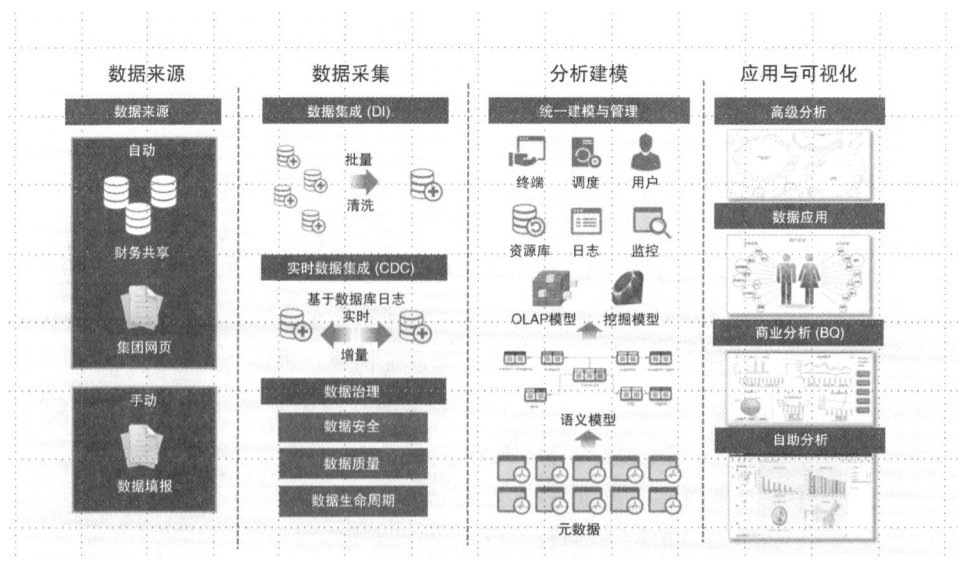

图 7-3　南粤交通财务共享数据大屏项目的信息化架构

3. 资金财务共享服务电子会计档案管理系统架构

电子会计档案管理系统分为业务层、档案系统产品底层、电子档案系统管理前端三个层次，如图7-4所示。电子会计档案管理系统的业务层主要具备档案采集的功能，包括外部系统自动传输、业务人员手工输入、共享系统自动生成等；档案系统产品底层主要是电子档案系统的管理台，具备对采集的电子档案资料进行检测、匹配、存储和备份的功能；电子档案系统管理前端是将档案系统产品底层存储的档案数据信息通过档案核心功能、档案管理、档案利用、实体档案、统计分析等向用户输出的前端平台。

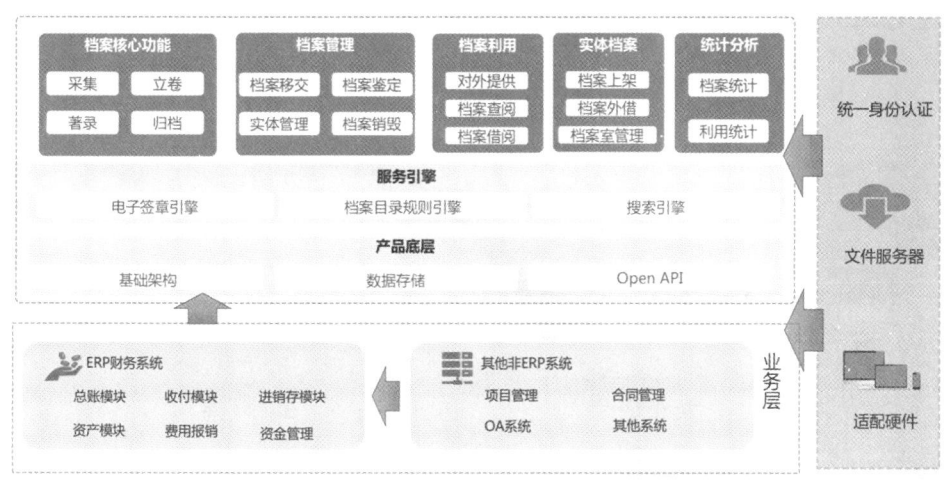

图 7-4　南粤交通财务共享服务电子会计档案管理系统

（二）资金财务共享服务中心信息系统应用

1. 资金财务共享服务数据大屏技术应用

南粤交通财务共享服务数据大屏项目是以用友NC总账管理系统、资金财务共享服务平台、文档数据库为数据源，通过数据中心的血缘分析和影响分析等方式进行管理，再传输到自由报表、仪表盘、多维分析、智能报告、语义模型、多维数据等不同模块进行分析，最后由实时大屏进行呈现。此外，共享平台还定义了不同的分析维度、分析量度、分析方法和分析层次，以达到对数据的多角度处理。南粤交通财务共享服务数据大屏的技术框架和分析逻辑如图7-5、图7-6所示。

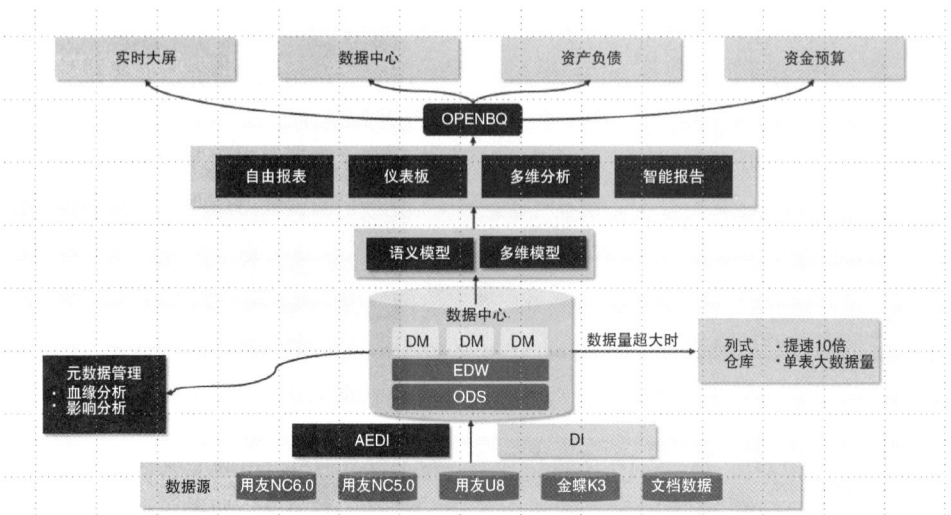

图 7-5　南粤交通财务共享服务数据大屏的技术框架

图 7-6　南粤交通财务共享服务数据大屏的分析逻辑

2. 财务共享服务模式下电子会计档案管理应用

南粤交通资金财务共享电子会计档案管理系统如图 7-7 所示，通过将南粤交通建设管理系统、收费管理系统等业务信息系统以及共享影像系统采集的相关电子会计资料上传至档案管理系统中，形成电子会计档案库。南粤交通电子会计档案管理系统的使用人员通过电子会计档案管理系统归档管理、档案管理、归档利用、系统管理各模块功能对形成的电子会计档案进行全方位、全覆盖的共享化、系统化、智能化的管理。

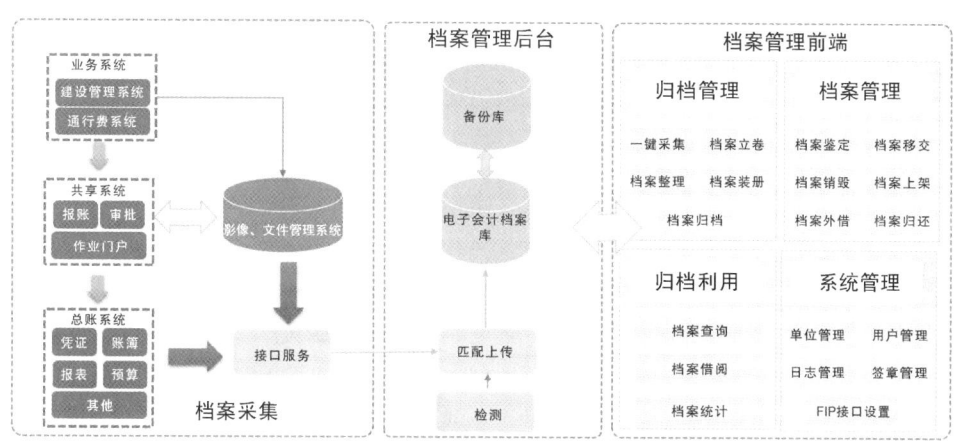

图 7-7　共享服务模式下电子会计档案管理系统

（三）资金财务共享服务信息化建设特点

财务共享服务作为一种全新的管控模式，在实施财务共享服务的过程中，涉及对南粤交通原有流程的优化、对原有组织的变革、对陈旧观念的重塑，造成的影响涉及范围广、影响面大，势必会产生一定的阻力。

实现资金财务共享服务信息化建设敏捷交付的关键注意事项主要有：

（1）领导的高度重视与支持。南粤交通成功实施资金财务共享服务得益于公司主要领导在实施全过程中强有力的支持，主动统一公司上下思想，建立可靠的统一战线，多次在大、小会议等各种场合上对公司成员宣贯资金财务共享服务理念及实施的重要性、必要性，确保资金财务共享服务顺利实施。

（2）加强各部门、所属各项目成员的沟通协调。在实施全过程中，南粤交通财务部门与各部门、所属各项目成员加强沟通协调，贯彻落实服务理念，宣贯培训财务共享理念，不断扭转公司各级工作人员的固有思想和习惯，通过多种途径宣贯培训，赢得各级员工的理解、配合与支持，实现各级工作人员思维方式和工作习惯的转变，齐心协力参与资金财务共享服务的建设工作。

（3）提前布局财务标准化建设。南粤交通早在 2014 年就开始在建设项目中推行财务标准化建设，在 2016 年对政府还贷高速公路的全生命周期开展标准化建设，形成了 43 万字的标准化手册，并从 2017 年 1 月 1 日起，在所有项目中全面执行，使得公司创造了 3 个月完成共享系统建设的奇迹。

四、南粤交通资金财务共享服务中心特色与价值

（一）资金财务共享服务中心战略定位

南粤交通资金财务共享服务中心下设于公司总部，营运开支独立核算，本部及所属各项目财务人员全部集中至中心办公（中心与总部资金财务部合署办公，各项目将不再派驻财务人员），以服务为宗旨，以"成为广东省乃至全国交通系统资金财务共享的领先者"为愿景，以资金集中管理、财务共享服务为目标，形成集战略财务、业务财务、共享财务、专家团队于一体的资金财务共享服务云平台，竭力打造智慧型、学习型共享中心，建成公司的大数据中心、人才智库和知识中心，实现管理制度化、制度流程化、流程信息化，推进业财深度融合，推动公司管理向信息化、数字化、智能化转型升级，助力公司迈入数字化新时代。

共享中心涵盖公司总部及项目所有财务职能，项目不再设置财务机构和财务人员，这颠覆了现有大多数将共享中心定位为"会计工厂"的做法，是交通运输行业推进财务转型升级路径的有益探索，更为其他单位实施财务共享提供了切实可行的参考方案。

1. 立足实情，命名"资金财务共享服务中心"

"资金财务共享服务中心"共 10 个字、5 个词，缺一不可，分别从不同维度诠释了南粤交通资金财务共享服务中心的内涵。"资金""财务"代表资金财务共享服务中心资金管理和财务管控的两大职能，"共享"是资金财务共享服务中心坚持的管理理念（名词角度），也代表实现目标的有效工具（动词角度），"服务"是资金财务共享服务中心的目标和宗旨，"中心"表示资金财务共享服务中心是一个实体机构，可见其命名蕴意的丰富而深远。

目前，普遍性的称呼为财务共享服务中心。然而，从目前国内实施共享的情况来看，此称呼中的"财务"概念存在理解上的分歧，区分为广义和狭义：从广义上理解，财务涵盖资金方面；而狭义层面则将资金排除在外。当前，有的企业采用广义概念，将资金纳入共享范围，如海尔、平安等企业；而有的企业则从狭义层面理解，并未对资金实施共享，如宝钢集团、物美集团。结合实施共享的实践，南粤交

通认为应采用狭义的财务概念，且应将资金置于比财务更为重要的地位，以充分凸显资金在广东省人民政府还贷高速公路建设、经营和管理中的重要性。这是因为高速公路投资企业是资金密集型企业，投资额巨大，资金需求大，其四成的资金来源于财政拨款，社会关注度高，应将资金作为实施共享的重中之重。鉴于此，南粤交通将共享中心命名为"资金财务共享服务中心"。

2. 财务共享规划的设计方式和设计思路

目前，很多已建立共享中心的企业是通过聘请中介机构进行方案的设计和实施的，如中广核聘请中兴通讯、南航聘请用友、碧桂园聘请德勤，而南粤交通在综合权衡考虑以下三个方面因素的基础上，决定自行独立完成实施方案设计。

（1）流程基础。南粤交通的主业集中，为标准化建设提供了有利条件。在公司成立后就对财务标准化建设提前部署，高效推进财务标准化建设工作。2014年年底，南粤交通完成了建设项目的财务标准化建设；2016年年底，完成了所有项目的财务标准化建设工作，印发了《广东省南粤交通投资建设有限公司建设项目财务标准化手册》及配套操作指引，建立了一套贯穿政府还贷高速公路全生命周期的财务标准管理体系，为自主设计实施方案提供了扎实的流程基础。

（2）信息化基础。南粤交通已成功搭建了集会计核算、预算管理、资金信贷管理、财务分析于一体的集中财务管理信息系统，并已统一在总部、所属各单位高效使用，积累了丰富的系统建设经验，为自主设计实施方案提供了专业的信息化保障。

（3）人才基础。南粤交通成立以来，通过多渠道引进财务专业人才，并通过轮岗、培训、创"南粤交通财务标杆"活动等多种方式不断提升财务人员专业素养和综合素质，打造了一支高素质、高水平、强胜任力的财务专业人才队伍，其中，具备中高级专业技术资格或注册会计师资格者达到30%，具备较强的资金财务管理的专业能力和独立解决问题的能力，为自主设计实施方案提供了人才基础和保障。

基于此，2016年年初，南粤交通通过专项调研学习、关键人员头脑风暴、专题研讨等多种方式对资金财务共享进行研究，并形成了初步方案。此后，南粤交通共享团队对中兴通讯、中交二公局、中铁十四局、浪潮集团开展财务共享调研工作，组织邀请了国内三个主要供应商进行演示交流，参加学术协会等举办的前沿专题培训，并根据调研结果不断对资金财务共享实施方案进行修改完善。此外，共享团队实地调研所属各单位、各业务部门的各项业务需求，并由经验丰富的业务和财务人员头脑风暴后，提出满足所属各单位各项合理业务需求的应对方案，以专题研讨的方式对形成的实施方案进行整合优化，在均衡财务机构与业务部门工作效率的基础上形成效益最优的实施方案。

3. 共享中心对外输出服务计划

针对南粤交通内部,共享中心提供的咨询服务主要是财务管理建议的输出,输出对象是公司领导和各项目成员;针对南粤交通外部,公司致力于探索在交通行业内部输出财务咨询服务的可能。比如在行业一体化的浪潮中,对兄弟单位同类业务范畴输出财务服务。

总的来说,举措分为三步:第一步,对南粤交通内部提供优质的管理建议支持;第二步,探索在公司内部同质业务范畴内输出财务核算服务;第三步,探索在行业内输出财务核算服务和在兄弟单位内输出管理建议支持。

(二)资金财务共享服务中心人员管理特色

1. 人员集中模式

南粤交通资金财务共享服务中心集中了总部及所属项目的所有财务人员,各项目未派驻财务人员,实现了财务人员的全面集中。

之所以不在所属单位设置业务财务,首先,是由于公司主业集中,基本为政府还贷高速公路建设和经营,各个项目的业务形态具有一致性,降低了共享中心财务人员理解业务的难度,为共享中心对项目开展财务管理创造了有利条件;其次,公司财务流程和判断标准基本实现了标准化,根据实际情况进行主观财务判断的情况较少;最后,由于所属项目均位于广东省内,如若在工作过程中确需深入项目了解经济业务活动,共享中心的业务财务人员可采用短期出差等方式加以解决。

2. 员工执业能力培养方式

在共享规划过程中,骨干人员通过文献研究加强对财务共享服务的理论研究;同时,对中兴通讯等开展财务共享外部考察调研工作,组织邀请国内三个主要信息系统供应商进行产品演示交流,参加学术协会等举办的前沿专题培训,切实提升对共享的认识和理解。

在建设过程中,财务骨干人员直接对接信息系统建设和机制建设,做到理论联系实践,有效提升了财务人员的IT能力和业务能力。

在共享服务落地试点过程中,南粤交通采取"以一带多"模式,即由共享中心人员对项目的一到两个骨干人员进行特训,力求在短期内掌握操作,然后要求其对项目其他人员进行指导,有效提升了业务人员的财务能力和IT能力。

3. 员工积极性与热情激发

南粤交通主要通过以下三种方式保证共享财务人员在财务共享实施过程中的积

极性和热情：

（1）推行轮岗机制。在资金财务共享服务中心九位一体的职能体系中，明确各小组人员定期轮岗，持续带给财务人员不同的工作内容和工作挑战。

（2）同一地点办公。资金财务共享服务中心以全面集中的方式归集人员，财务人员集中办公，同时定期有读书会和党建团建活动，提高员工的归属感。

（3）省会城市优势。资金财务共享服务中心财务职能和共享职能一体，通过工作协同提高人员专业水平。南粤交通地处广州，能聚焦各种教育资源培养财务人员，对优秀财务人员具有较大的吸引力，有助于增强财务人员成长性。同时，公司依托省会城市的招聘资源和工作节奏，能以城市的竞争力激发人员的竞争力。

（三）资金财务共享服务中心组织特色

1. 组织架构

资金财务共享服务中心设主任、副主任和各职能小组，包括会计核算、报表税务、管理会计、内部稽核、资金结算、筹资融资、综合管理、技术支持、政策研究共9个小组，构筑了九位一体的共享职能体系。其中，最具特色的是在共享中心设立政策研究组，致力于宏观金融、财经政策、法律法规、财会理论研究等，为南粤交通持续改进经营管理提供决策支持和建设性建议，较好地适应南粤交通对国家宏观政策、财经法规反应敏感的特点。南粤交通资金财务共享服务中心的组织架构如图7-8所示。

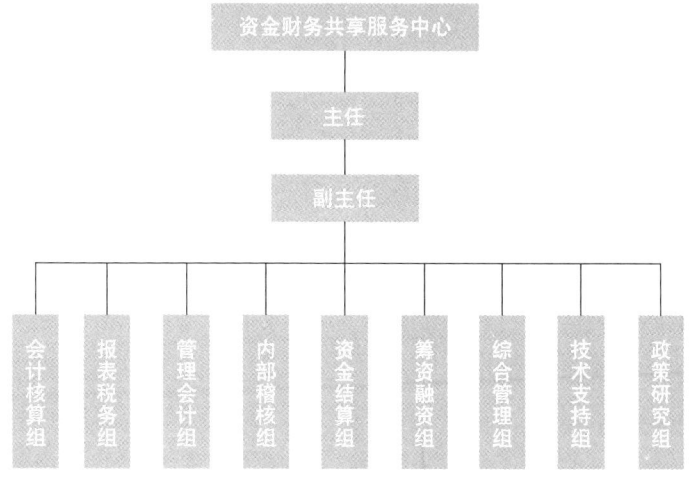

图 7-8　南粤交通组织架构

2. 资金财务共享服务中心的总体职责

资金财务共享服务中心以南粤交通的战略为依托，以"创新、共享、开放、发展"为理念，全力服务于南粤交通总体管理需求，为南粤交通的战略提供财务决策信息，按照"规范、细致、严格、安全"的要求为南粤交通提供全方位、全覆盖、专业化、信息化、流程化的资金财务支持与咨询服务，为业务运转提供高效、可靠的财务基础服务和财务数据服务。

3. 财务组织变革调整后的价值体现

在财务共享服务模式下，财务组织重构后，财务共享服务中心的"集中核算、随机派单"模式将切断业务审批和财务审批，实现财务独立审批；设置初审、复核机制，对经济业务进行双重把关；管理会计不仅能监控预算，更能进行财务分析、打造智慧数据；政策研究组探索外部变动，研究应对策略和建议，锻造智慧财务；实现资金统一结算，资金信息有效协同；实现筹资融资一盘棋，额度与成本共进退；通过专业的技术支持，实现财务共享服务的高效运维；统一管理财务人员，锤炼高效财务团队。

4. 资金财务共享服务中心岗位及职能特色

会计核算组负责日常账务的核算、固定资产财务管理、竣工决算、营运筹备及营运督导等工作；报表税务组负责报表编制、年度财务决算、税务管理、票据管理等工作；管理会计组负责预算管理、财务类分析、合同审核、资产评估审计等工作；内部稽核组负责原始单据稽核、记账凭证稽核等工作；资金结算组负责出纳、头寸管理、对账管理、账户管理、建设资金监管、营运资金结算等；筹资融资组负责资金筹措及资金管理；综合管理组负责党建管理、业财融合、绩效管理、合同管理、档案管理、队伍建设等工作；技术支持组负责系统日常管理、系统建设维护、业务服务支持等工作；政策研究组负责财经政策研究咨询、制度建设、制度督导、财会科研等工作。

（四）南粤交通资金财务共享项目特点

总体来看，南粤交通资金财务共享项目有如下五个特点。

1. 规划先行

南粤交通组织精干力量，通过研究资金财务共享服务的相关资料，外出调研学习已成功实施资金财务共享服务的公司并汲取其有益的实操经验，梳理探讨南粤交通目前财务管理现状及特点，并结合南粤交通实际情况及资金财务共享管理特性，在用友的配合下，自行完成了组织架构设计、共享中心职能设计、制度建设等整体业务规划方案的编制，为资金财务共享服务建设奠定了坚实的基础。

2. 业财一体

南粤交通通过增购财务共享服务平台以及银企直联、资金结算等产品模块，搭建起了以用友 NC6.5 平台为支撑的财务一体化平台，如图 7-9 所示。实现了报账、预算管控、审批、资金支付、凭证、报表在一体化平台上自动控制、自动流转、自动生成的功能。同时将财务一体化平台同业务系统建设管理系统打通，进一步保障了南粤交通业财数据的一致性，有效提升了业务效率。

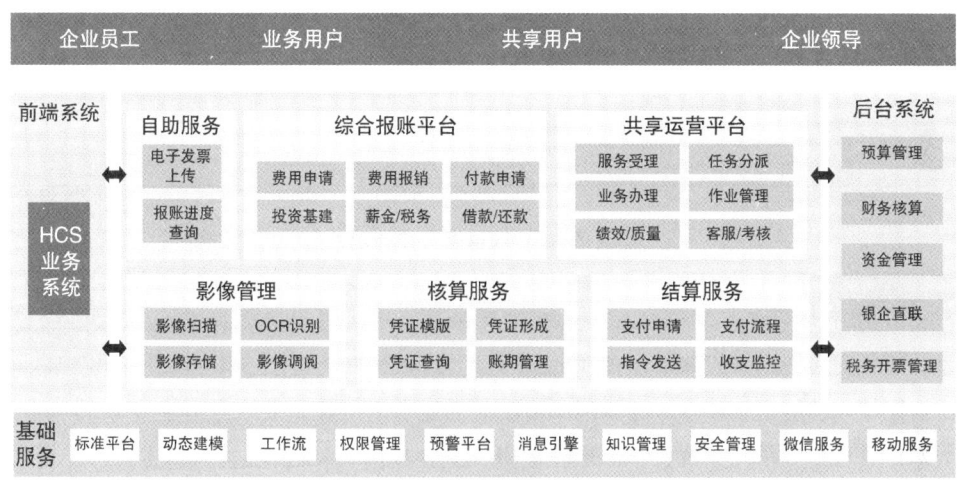

图 7-9　南粤交通财务共享服务平台架构

3. 敏捷交付

南粤交通资金财务共享服务项目自 2017 年 10 月正式启动，于 2017 年 12 月份完成系统建设，其具体工作情况如图 7-10 所示，创造了财务共享服务项目前所未有的建设速度，成就了用友的敏捷交付新模式。同时，项目上线后所展现的应用效果以及应用价值，也得到了基层员工及各级领导的认可。

4. 双核并举

南粤交通资金财务共享项目突出以资金管控、财务共享为一体的信息化项目，资金财务共享服务中心将覆盖原资金财务部门的全部工作，纳入资金财务共享服务中心的单位将同步撤销其财务部门，在完成全部单位纳入后，总部资金财务部门与共享中心实行"一套人马，两块牌子"。因此，南粤交通资金财务共享服务项目在本期系统建设方面，突出了资金集中管理和财务共享服务两项重要职能建设。

项目准备	需求方案	方案测试	系统上线切换	持续支持
制定实施主计划	资金归集结算需求调研	预算表样项目修改	数据库升级	系统持续优化
项目组成员确定	共享业务审批流程梳理	预算公式测试	正式环境初始化	BQ大屏设计优化
项目沟通机制确定	费用核算流程梳理	预算控制方案	最终用户培训	系统一体化持续优化
项目启动	编制需求与解决档案	影像完善	上线问题处理	项目总结
	6.32~6.5升级测试	电子档案完善	BQ大屏设计	最终用户培训
	银企直联测试	电子发票完善	系统持续优化	
	CA测试	友报账测试		
	影像测试	共享业务流程功能完善		
	电子档案测试	测试报告		
	电子发票测试	制定上线计划		
	共享业务流程及功能测试	上线切换准备		
	主体流程测试完成			
2017-9-27至2017-9-30	2017-10-8至2017-11-5	2017-11-5至2017-11-30	2017-12-01至2017-12-30	2018-01-04至2018-02-28

图 7-10　项目组工作计划

5. 技术探索

南粤交通资金财务共享服务项目除了实现业务财务一体化和自动化、预算的全面管控外，也应用了较多"互联网＋"产品功能，以解决企业财务和业务中的痛点。例如，通过影像系统实现发票信息的 OCR 识别，进而实现自动录入和审核，并通过电子发票功能实现电子发票的一键自动验伪、查重等；通过电子档案产品功能，实现从初始凭证资料到各类报表文档等各类电子档案的有效归档管理。

此外，还通过 BI 智能技术与大屏数据展示等，结合已有历史及现时数据，实时进行企业经营管理数据高清展示；通过友报账 App 功能实现移动审批，有效提升了审批效率，取得良好的应用效果。

五、南粤交通开启向管理会计的转型升级

为推进向管理会计转型升级，南粤交通以《财务转型升级行动纲要（2017—2019 年）》为指引实施资金财务共享服务，成为广东省所属国企中第一家建立资金财务共享服务中心的单位，成立了资金财务共享服务中心，建立了"四位一体"的组织架构、"九位一体"的共享职能体系，打造了扁平化的组织体系，塑造了便捷化、智能化的作业流程，建设了体系化、业财一体化的共享信息系统，释放了大量处理基础工作的财务人员，为推动管理会计在南粤交通落地生根奠定了组织基

础、流程基础、系统基础、人力基础，助力南粤交通开启向管理会计转型升级的新旅程。

（一）智能决策，建立政策导向的管理报告体系

依托共享中心专家团队及各职能小组的协同作用，建立起以"宏观产经跟踪报告—业务数据报表—管理建议书"多层次的政策导向管理报告体系，具体如下。

1. 以宏观产经跟踪报告为起点

鉴于南粤交通对国家宏观政策、财经法规反应敏感，共享中心充分发挥人才智库作用，积极追踪和解读最新宏观产业金融政策、会计准则等变动，建立政策数据库，定期形成《政策解读周报》《月度宏观形势分析专题报告》等报告，研究政策变动对公司及所属项目产生的影响，并提出应对策略和合理建议，为公司及所属项目决策和管理改进提供有益的政策咨询和支持，助推公司高质量发展。

2. 以业务和预算数据报表为基础

依托共享中心自动化信息技术，每月根据需求自动生成业务数据报表，同时每月生成预算执行报表并执行横纵向对比，形成描绘公司业务价值数据图谱，并通过BI智能技术进行自动化展示，揭示生产经营过程的问题，并结合业务层面提供切实可行的改进建议。

3. 形成管理建议书的主动咨询机制

针对每季度项目公司的业务活动、预算执行和战略推动进度进行深度的统计分析和对比，并对公司相关业务信息和数据进行挖掘、比较、分析，按季度出具管理建议书，形成财务视角的管理建议，并动态跟踪建议的实施情况，确保公司及所属项目业务开展和业务执行的规范性、合规性，为公司及所属项目提供更高效、更高质的基础信息和更为科学合理的经营管理建议，发挥决策的支持作用，有效提升公司内部的管理效率。

（二）实时控制，驱动全面预算管理关键问题解决

南粤交通实施全面预算管理，利用预算对公司内部各部门、所属各单位的各种资源进行管理、分配、控制、考核，要求公司及所属各单位的综合部门、工程部门、计划部门、收费部门等各业务部门全面参与预算编制、执行和控制，并将所有会计科目纳入预算收支项目管理，实现了对全员、全业务、全过程、全科目的预算管理，有助于提升公司的全局把控能力，整合公司优势资源，优化资源配置。

1. 业务口径预算的编制实现

南粤交通根据业务需求，建立对应的业务口径预算项目，形成以业务语言为基础的预算编制体系。在实现方式上，通过在会计核算系统编制会计凭证的环节，设置预算项目这一辅助核算项目，实现业务口径预算项目与会计核算无缝对接；将所有会计预算项目纳入财务核算管理体系，确保业务预算与资金收支预算实现同口径、同步骤、同管理，确保业务预算与财务预算在编制、申请、执行、分析全程同步化。

年度预算编制由公司本部及所属各单位根据下年度工作计划，定义目标并分解至各个部门，各部门编制相应的部门工作计划并据此编制部门业务预算，再由共享中心汇总后进行上报审批。

审批手续完成后，所属各单位各业务部门将审定的业务预算通过共享中心预算管理系统【全面预算】—【预算编制】节点录入；同时，预算管理系统启动预算方案控制，进行年度预算系统控制管理。其业务预算编制界面如图 7-11 所示。

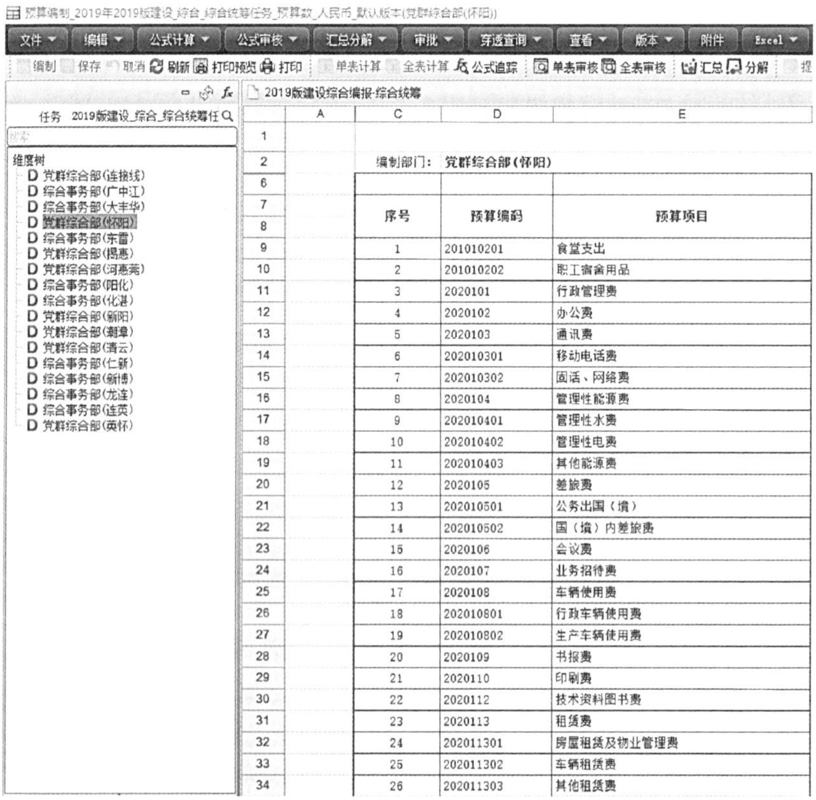

序号	预算编码	预算项目
1	201010201	食堂支出
2	201010202	职工宿舍用品
3	2020101	行政管理费
4	2020102	办公费
5	2020103	通讯费
6	202010301	移动电话费
7	202010302	固话、网络费
8	2020104	管理性能源费
9	202010401	管理性水费
10	202010402	管理性电费
11	202010403	其他能源费
12	2020105	差旅费
13	202010501	公务出国（境）
14	202010502	国（境）内差旅费
15	2020106	会议费
16	2020107	业务招待费
17	2020108	车辆使用费
18	202010801	行政车辆使用费
19	202010802	生产车辆使用费
20	2020109	书报费
21	2020110	印刷费
22	2020112	技术资料图书费
23	2020113	租赁费
24	202011301	房屋租赁及物业管理费
25	202011302	车辆租赁费
26	202011303	其他租赁费

图 7-11 南粤交通业务预算编制界面

2.预算控制前置的实现方式

南粤交通预算控制前置主要通过以下两种方式实现：

（1）年度预算前置控制。年度预算编制完成后，共享平台自动获取所属项目本年度各预算项目汇总数，并自动与年度预算数进行对比，原则是各预算项目汇总数不得超过年度预算，即"有年度预算方可发生经济业务"，实行年度总体控制。

（2）业务执行预算额度控制。业务部门在开展经济业务前，需要先通过共享服务平台申请预算额度。资金财务共享服务平台与预算管理系统数据衔接，在预算额度审批完成后，对应的预算项目通过"预执行"方式占用额度。具体经济业务发生的费用金额不得超过预算额度。

以个人通讯费申请单（见图7-12）为例，报销人在报销个人通讯费前，须进行费用申请，填写个人通讯费申请单并提交审批，待预算控制部门负责人审核后，方可启动报销流程。报销时，报销金额不得超过预算申请金额。

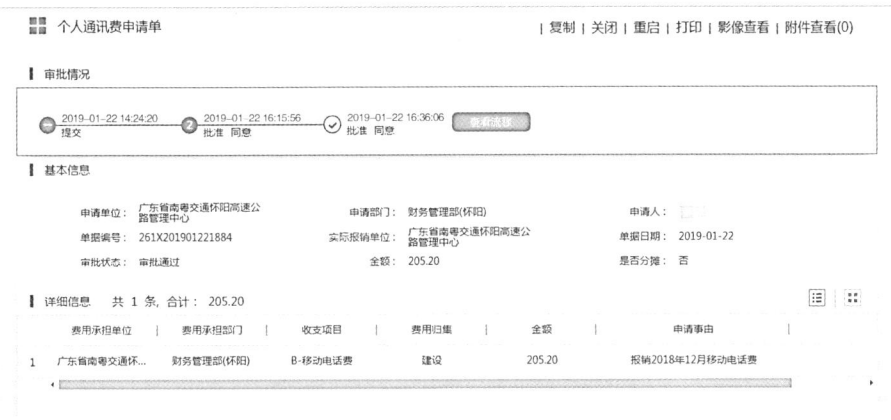

图7-12 南粤交通通讯单报销流程

3.预算执行实时采集的实现方式

南粤交通预算执行实时采集主要通过以下三个步骤实现：

（1）通过资金财务共享服务平台进行预算审批，在实现预算前置控制的同时，在执行环节完成预算收支项目，并将执行的实时取数反映在预算管理系统"日常执行"节点，"预执行"的预算额度也将自动释放，最终统计报销金额。预算审核人员可通过资金财务共享服务平台实时查询各项收支项目的可用余额。

（2）财务人员编制会计凭证时，需填写会计辅助核算项目"收支项目"，共享平台将自动根据该辅助核算项目的发生额统计预算执行数据。

（3）预算编制人员通过预算管理系统"日常执行"节点获取所属各单位预算汇总执行情况及各业务部门预算实时执行情况（含月度和季度预算执行数据），以了解各项收支情况。

所属各单位月度预算汇总执行情况如图7-13所示，各部门业务预算执行情况如图7-14所示。

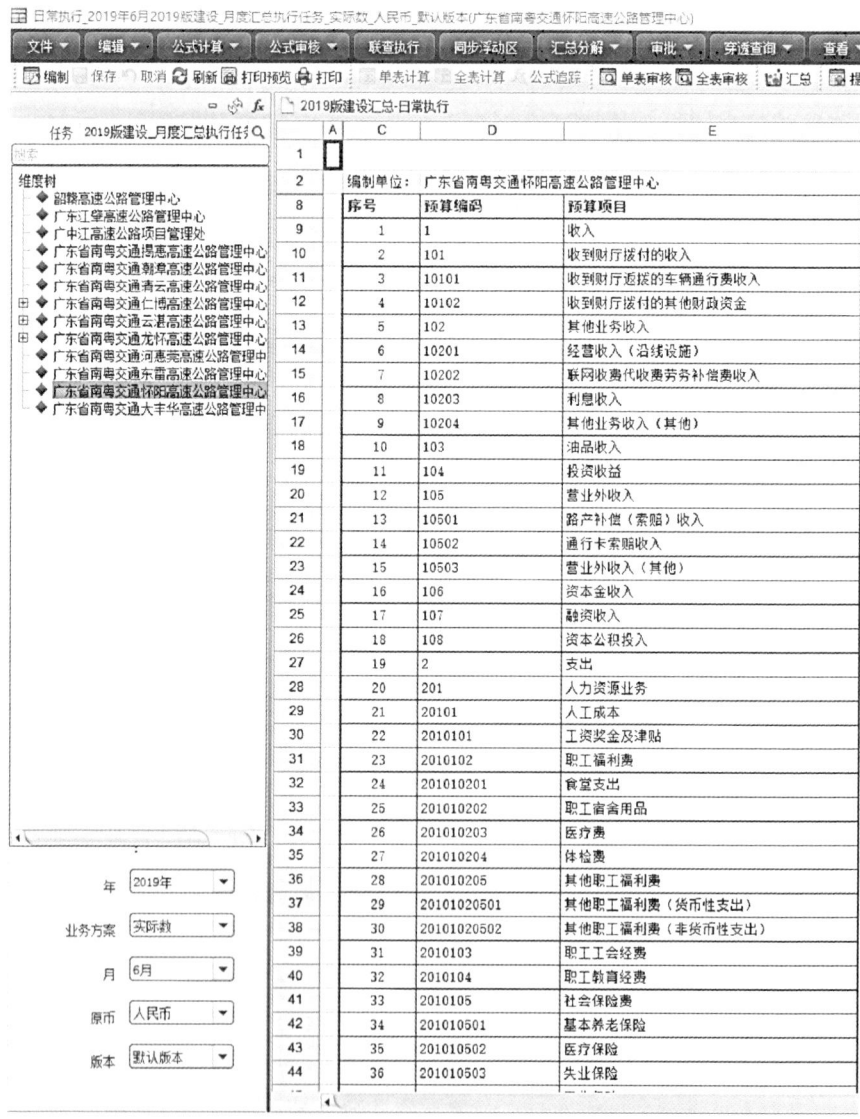

图7-13　南粤交通所属单位月度预算汇总执行情况

日常执行_2019年6月2019版建设_综合部执行任务_实际数_人民币_默认版本(党群综合部(怀阳))

文件▼　编辑▼　公式计算▼　公式审核▼　联查执行　同步浮动区　汇总分解▼　审批▼　穿透查询▼

编制　保存　取消　刷新　打印预览　打印　单表计算　全表计算　公式追踪　单表审核　全表审核　汇总

任务　2019版建设_综合部执行任务

维度树
- D 综合事务部(广中江)
- D 综合事务部(仁博)
- D 综合事务部(大丰华)
- D 党群综合部(怀阳)
- D 党群综合部(揭惠)
- D 党群综合部(河惠莞)
- D 综合事务部(阳化)
- D 综合事务部(化湛)
- D 党群综合部(新阳)
- D 党群综合部(韶翁)
- D 党群综合部(青云)
- D 党群监审(人力)部(阳化)
- D 党群监审(人力)部(化湛)
- D 综合事务部(仁新)
- D 综合事务部(新博)
- D 综合事务部(龙连)
- D 综合事务部(连英)
- D 党群监审(人力)部(新博)
- D 人力党群部(龙连)
- D 党群监审(人力)部(连英)
- D 党群综合部(英怀)

年　2019年
业务方案　实际数
月　6月
原币　人民币
版本　默认版本

序号	预算编码	预算项目
1	2010101	工资奖金及津贴
2	201010201	食堂支出
3	201010202	职工宿舍用品
4	201010203	医疗费
5	201010204	体检费
6	201010205	其他职工福利费
7	20101020501	其他职工福利费（货币性支出）
8	20101020502	其他职工福利费（非货币性支出）
9	2010103	职工工会经费
10	2010104	职工教育经费
11	2010105	社会保险费
12	201010501	基本养老保险
13	201010502	医疗保险
14	201010503	失业保险
15	201010504	工伤保险
16	201010505	生育保险
17	201010506	补充养老保险
18	201010507	补充医疗保险
19	2010106	住房公积金
20	20102	劳动保护费
21	20104	其他人工费用
22	2010401	人事代理费
23	2010402	员工货币分房费用
24	2010403	残疾人就业保障金
25	2010404	人员辞退费用
26	2010405	计生奖
27	20105	新员工招聘及培训费
28	2020101	行政管理费
29	2020102	办公费
30	2020103	通讯费
31	202010301	移动电话费
33	202010302	固话、网络费
34	2020104	管理性能源费
35	202010401	管理性水费
36	202010402	管理性电费
37	202010403	其他能源费

图 7-14　南粤交通各部门业务预算执行情况

（三）动态呈现，打造共享服务模式下的财务数字决议厅

南粤交通共享服务模式下财务数字决议厅大屏项目中，预算板块和资金板块的分析效果最为显著。预算板块（见图7-15）可以呈现不同项目的收入和支出完成情况，以及各个项目预算数和实际数的对比。资金板块（见图7-16）能够分别从银行

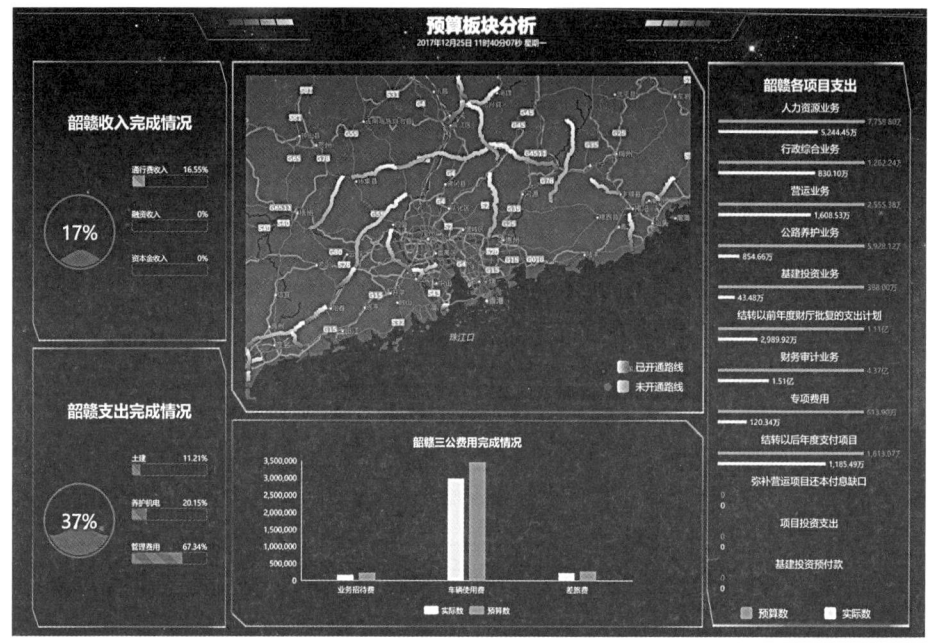

图 7-15 南粤交通财务数字决议厅大屏预算板块

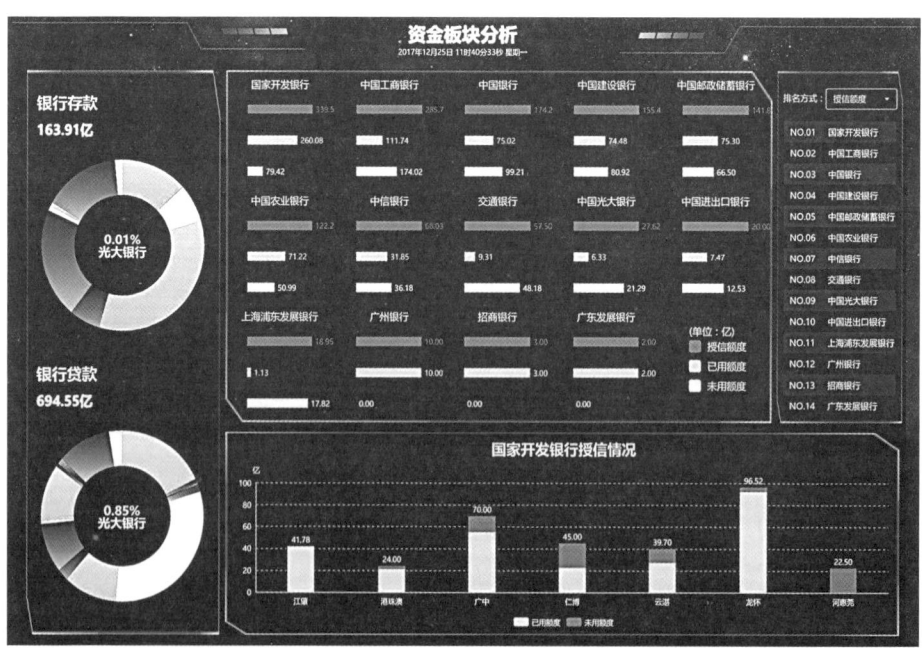

图 7-16 南粤交通财务数字决议厅大屏资金板块

存款、授信额度等多维度、多形式地呈现南粤交通当前在不同银行的资金情况。呈现结果清晰直观，有助于管理层高效地作出决策，其现场展示效果如图 7-17 所示。

图 7-17 南粤交通财务数字决议厅大屏现场展示

（四）未雨绸缪，聚焦财务预测和风险控制

为推动公司可持续发展，共享中心未雨绸缪，对未来 30 年公司及所属各单位项目的财务状况、经营成果、资金缺口等进行科学、合理的预测，并聘请中介机构进行专业咨询，有助于掌握未来公司的发展能力尤其是还本付息能力，为防范债务风险和资金缺口奠定了数据基础。此外，共享中心高度关注公司债务风险，定期对公司债务风险情况进行专项分析，并形成书面报告。

（五）深耕科研，以理论指导实践有效解决实务难题

南粤交通实施资金财务共享服务后，共享中心得以集中一批高素质人才队伍专注于财会科研工作，以理论指导实践有效解决实务难题，以实践升华理论形成科研

成果，撰写的论文《大智移云时代下政府还贷高速公路投资企业构建资金财务共享服务中心探究——基于广东省政府还贷高速公路投资企业财务共享实践》获中国交通会计学会 2018 年"交通运输业财务改革 发展 实践"主题征文"二等奖"；申报的科研课题《大智移云时代下广东省政府还贷高速公路投资企业构建资金财务共享服务中心研究——基于实施资金财务共享服务的实践》，荣获广东省会计学会财会科研课题"二等奖"。

此外，共享中心基于未来运营管理的实践挑战进行专题研究，向广东省财政厅提交了《数字化转型背景下资金财务共享服务中心的运营管理研究——基于广东省政府还贷高速公路投资企业的实践》课题申请书，以期为共享中心后续运营管理实践提供理论基础。

南粤交通会计科研课题获得广东省会计学会评审奖项，且撰写的论文获得国家级奖项，都标志着南粤交通财务科研水平再上新台阶，走在省内同行的前列。

（六）以人为本，实行管理会计导向的人才培育机制

实施资金财务共享服务后，南粤交通共享中心使用人工智能技术实现会计基础工作自动化，解放了大量处理基础工作的人员，使大量的财务人员向财务分析、经营分析等高附加值的管理型工作转型。依托"四位一体"的架构体系，共享中心制定了《财务人员素质提升行动实施方案（2019—2021 年）》，分层次对人才进行培育，以组织培训和讲座、开展外出交流、搭建知识分享平台等方式为员工转型开辟渠道和创造有利条件，以举办"共读共享"活动方式搭建思想碰撞交流平台，有效地推动高层次财务人员转型战略财务、复合型财务人员向业务财务转型、普通财务人员转型共享财务，致力于构建一套多层次、立体化、全覆盖的员工素质提升和适应管理会计转型发展的人员培育体系。

扫码观看南粤交通财务共享应用访谈实录

案例八

陕西广电：以财务共享为契机　打造"智慧新广电"

——财务共享服务在陕西广电的应用实践

近年来，大智移云物等新技术已渐入人心，依托新技术支撑的财务共享服务在国内热闹非凡，不少企业大行其道。众多企业正运用财务共享服务新模式推动财务数字化转型升级。本案例以陕西广电网络传媒（集团）股份有限公司（以下简称"陕西广电"）财务共享服务的应用实践，介绍财务共享服务如何在广播电视行业培育、生根、发芽、开花，以期为更多大型企业的财务数字化转型提供借鉴和参考。

一、财务共享服务在陕西广电"培育"

（一）市场饱和，行业竞争加剧，财务管理亟须转型

广播电视传输业是一个非常特殊的行业，兼取公益和经济的双重属性。一方面，国家对有线广播电视传输业实行统一领导、分级管理，国家新闻出版广电总局（以下简称"广电总局"）负责制定产业政策、起草行业标准，通过发放许可证实施认证管理；另一方面，广播电视传输业受技术发展的冲击较大，近年来 IPTV、直播卫星、手机电视、网络电视等新的传播方式，正在不断分流收视人群，有线电视业面临着日趋严峻的竞争挑战和激烈的客户竞争。

根据广电总局对广播电视传输业统一领导、分级管理的原则，陕西广电负责管理、运营陕西省的广播电视传输业务，也是全国首家实现全省广电网络统一规划、统一建设、统一管理、统一运营的省级广电网络公司。目前有员工 7 000 多人，拥有 9 个分公司、3 个直属公司、91 个县级支公司、6 个全资子公司、17 个控股子公司和 12 个参股公司，遍布全省各地县市，分散的各自为政的传统财务管理模式面临较大挑战。

面对新技术的发展，陕西广电提出"智慧新广电"的发展方向，在 2018 年推出了新一代业务品牌"秦岭云"，开始积极布局智慧社区业务，加速推动公司由"传统有线电视传输企业"向"融合网络媒体服务商"转型，形成以视频、数据、智慧三大业务为主业的全媒体、多网络、综合性业务体系。

陕西广电的经营利润在 2006—2013 年一直稳定增长，2014—2016 年停滞不前，2017 年有所回升，2018 年呈现下降，如图 8-1 所示。在市场饱和、竞争加剧的环境下，为了更好地支持业务发展，陕西广电的财务管理亟须转型升级。

（二）"四新战略"呼唤财务共享服务

为了改善现有状况，陕西广电提出了战略转型设想，即以"智慧新广电"为方向，加快从"传统有线电视传输企业"向"融合网络媒体服务商"转型，大力实施

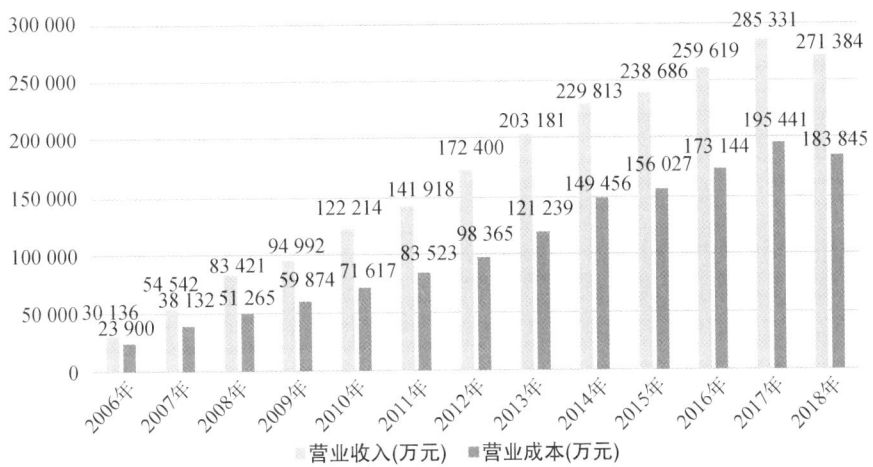

图 8-1　2006－2018 年陕西广电营业收入与营业成本

资料来源：陕西广电年报。

新网络、新媒体、新平台、新生态的"四新战略"。对于陕西广电来说，财务共享服务建设是一件迫在眉睫、势在必行的改革措施，加之集团领导层非常重视财务改革，对财务共享服务中心的建立持积极支持的态度，也间接推动了财务共享服务中心的建立。陕西广电的财务管理系统主要有以下几个方面的问题：

（1）组织数量多且分散，集团管控难度加大。陕西广电的网络覆盖陕西省，实现省、市、县、乡、村五级全贯通，拥有 140 多家分支机构，采用三级管控；随着集团战略转型、业务快速发展，分子公司成立不断增多，涉及的业务板块越来越多，集团化管理难度也在逐渐加大。

（2）人员素质参差不齐，老龄化，流失严重，增加了管理难度。一方面，公司业务的快速发展对财务管理人才需求加大，省公司可供委派的专业财务管理人员严重不足，同时，由于某些子公司位处经济不发达的地区，当地招聘专业的财务人员比较困难，部分下级公司财务人员上升空间也有限，人员流失较为严重，导致财务管理难度加大，财务核算质量低，管理风险加大；另一方面，公司本部的大部分财务人员仍然将大部分精力花在基础的核算工作上，无法发挥财务管理的真正价值。下级公司由于业务的增多，人手缺乏严重、人员老化，部分单位存在财务兼职情况，公司可选择的空间较小，难以满足财务工作需求，导致最后财务人员的招纳良莠不齐。

（3）纸质报账流程报账周期长，运行效率低下。首先，目前陕西广电的报账业务仍然采用纸质流程，填写不规范，报销管理制度各级执行不统一、管理难度大、不合规事件时有发生；其次，单个报销业务审批环节众多，全靠经办人跑上跑下，报销周期长，运行效率低下，员工满意度不高；最后，在会计处理过程中，需要手工录入各类报账业务凭证，这也导致财务工作量增大，核算质量有所降低，财务人员工作压力大，处理效率低下。

（4）资金统管不力，分散的资金管控模式加大了管控风险。目前，陕西广电资金管理采用"收支两条线"模式，市县级公司的经理对于其管理权下的资金支配权限较大，资金借款多且还款期不明确，可能会出现违规挪动项目资金等风险。此外，当前集团对于资金业务依然难以割舍，使得集团下级分子公司经常出现备用金超额现象，资金管理风险加大。

（5）系统多而杂，基础数据不统一，财务信息的价值难以发挥。陕西广电的信息系统比较多，有 OA 系统、BOSS 系统、物资管理系统、项目管理系统、合同管理系统、资产管理系统，在建的还有人力资源系统等。各个系统的基本档案数据标准不统一、口径不一致，导致数据整合难度加大，财务数据、财务信息的价值难以发挥。

二、财务共享服务在陕西广电"生根"

对于财务部门而言，财务信息化自陕西广电成立之初就开始实行，并一直贯彻集团总体信息化建设策略。2016 年，集团的财务系统和物资系统也升级到最新版；集团内部也在为财务共享服务中心的全面实现作准备，比如，2017 年，新增工程项目管理；人力资源管理开始启动信息化系统全面升级，现有的信息化系统的成熟使得陕西广电可以有足够的实力支持财务共享服务中心的建立。2018 年，集团终于决定推出财务共享服务系统。

（一）意义重大：从风控、降本增效到财务价值提升

1. 强化财务风险管控

财务共享服务中心作为一个独立组织，直接隶属于公司总部，保持监督、汇报权利的独立性，保证集团总部财务管理政策的有效贯彻；将财务交易性业务从地区公司分离，进行集中标准化处理，有效减少、控制了违规操作；在关键流程节点设计上融入相关国家政策法规、企业内控制度、公司管理规章的考虑，通过统一系统平台实现资源集中调度，进而保障风险集中控制。

2. 提高财务运营效率

财务共享服务中心通过标准化、专业化的运营，充分利用信息化技术手段，借

助财务共享的管理模式，将陕西广电收入、核算、资金、薪酬、工程、采购等业务数据管理颗粒度标准化，精细化。财务共享服务中心正常运营后，陕西广电的财务管控能力不断提升，发挥管理会计功能集团化管理能力加强，管理风险逐步降低，为陕西广电的可持续发展提供了有力的管理手段。

3. 降低企业运营成本

将资源、业务集中整合优化，不再单独为每个地区、单位设置相同的岗位和人员，一个人员即可处理几个单位或地区相同岗位的业务，通过人员和组织的集中实现规模效应，实现业务量不变而人员减少或者业务量增加而人员不变。

4. 提升财务价值创造能力

在集团层面成立财务共享服务中心，将交易处理类基础财务业务集中，释放原有财务人员的工作量，有利于将财务人员投入战略财务、管理财务等更高价值的工作中，促进财务人员符合业务层及战略层的需求，适应集团发展需求，支持集团的战略目标实现，不断提升财务的价值创造能力。

（二）前期准备：外部考察内部研讨，完成立项招标

随着陕西广电业务的不断发展，上述财务人员不足、管控力度不强等难题也日益突出，促使陕西广电在 2017 年开始设想构建财务共享服务系统。组织相关人员对西部机场、中铁二局等公司的财务共享服务中心进行实地调研考察，学习西部机场和中铁二局的财务共享服务建设经验。由于这些公司的业务模式是按照工程设立单独项目，并委派相应会计人员，因此与陕西广电一样，在会计人员资源调配方面存在巨大压力。2018 年，陕西广电进行了可研分析，并完成了对财务共享服务项目的立项，于 2018 年 10 月正式启动项目建设，并计划在 2020 年实现落地。

三、财务共享服务在陕西广电"发芽"

（一）建设历程：先试点，再上线

陕西广电在 2018 年年初正式决定建设财务共享服务中心，前后调研、参观了多家成功实施财务共享服务的公司，汲取经验，提前预估风险，保证陕西广电财务共享服务项目成功上线。

2018 年 10 月，陕西广电才真正开始启动财务共享系统建设，制定了财务共享服务中心建设的项目实施计划，如图 8-2 所示。

财务共享整体时间规划

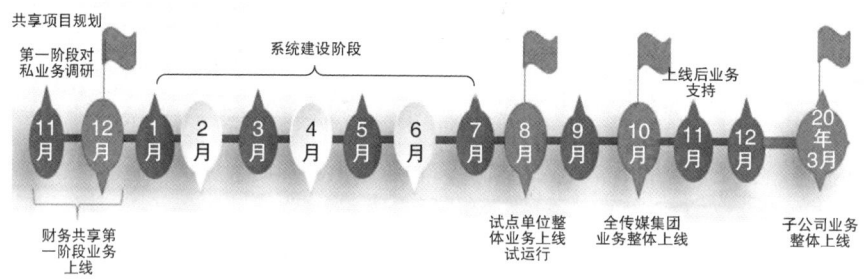

图 8-2　陕西广电财务共享服务中心建设时间规划图

资料来源：陕西广电。

1. 第一阶段：个人报销试运行阶段（2019 年 1 月开始）

在未实行个人报销系统之前，陕西广电的报销时间较长，即使财务人员能及时处理业务，但是到最后业务人员收到资金仍然需要较长时间，很容易造成两个部门之间的矛盾。尽管财务部已经作了很多改进，要求财务人员尽量不压单、邮件通知处理结果、线上填单审批等，但是没有效果。

在整体方案推行之前，陕西广电首先试点了省公司的对私个人日常报销系统，从线下到线上进行迁移，从员工自身角度改变员工报销习惯，为整体的财务共享服务中心建设作铺垫，尤其是员工观念上的改变。主要上线内容为：7 张员工日常报销单据、影像模块（影像采集、影像识别）、移动审批。

在 2018 年，通过为期 3 个月的设计与研发，陕西广电将过去的个人报销系统由原来 21 个审批流程节点简化为 6 个节点，并且率先在 2 家公司进行试点。个人报销系统上线后，业务人员可以全程了解报销进程，处理模式分散化，减少财务人员的压力。目前个人报销系统为以 PC 端为主，手机 App 为辅进行移动采集、移动审批，同时借助影像系统，实现扫描、OCR 识别、单据信息一体化，加快单据填报速率及准确率。

2. 第二阶段：整体方案设计阶段（2019 年 3～5 月）

2019 年 3～5 月间，考虑到财务共享服务项目的难度，陕西广电委托第三方咨询公司进行独立咨询，涉及 14 个业务子模块，主要包括费用、采购、收入、资金、税务、薪酬、投融资、总账、资产、工程、存货、成本、报表、档案的流程、制度、业务场景、考核、岗位等方案设计。

3. 第三阶段：系统建设阶段（2019 年 5～8 月）

在财务共享服务中心建设的初期阶段，为了更好地推进项目的落地，陕西广电选择将财务共享服务中心作为财务部门下面的附属部门，加快财务共享服务中心的建设速度。

系统建设阶段整体过程如下：

2019 年 6～7 月完成薪酬类、税务业务的功能设计与开发；2019 年 6～7 月完成费用类、采购业务功能设计与开发；2019 年 6～7 月完成收入类、资金业务功能设计与开发；2019 年 7 月完成薪酬类、税务业务功能单元测试、集成测试；2019 年 7 月完成费用类、采购业务功能单元测试、集成测试；2019 年 7 月完成收入类、资金业务功能单元测试、集成测试；2019 年 8 月完成薪酬类、税务业务功能 UAT；2019 年 8 月完成费用类、采购业务功能 UAT；2019 年 8 月完成收入类、资金业务功能 UAT；2019 年 8 月财务共享服务中心电子会计档案功能部署完毕；2019 年 8 月财务共享服务中心银企直联功能部署完毕；2019 年 8 月底从陕西广电下属单位中选取业务有代表性的分子公司（西安分公司和西咸子公司）进行全业务试点推广上线。

试点上线的模块主要包括：

（1）全业务报账（费用、采购、收入、资金、税务、薪酬、投融资、总账等）。

（2）影像管理模块（移动采集、扫描仪/高拍仪采集、影像识别、生成单据信息等）。

（3）共享服务模块（含分组管理、派单管理、手工取单、任务调整等）。

（4）领导审批（含移动审批、PC 端快速审批等）。

（5）银企直联模块（含资金基础、资金结算、银企互联等）。

（6）电子会计档案模块（含档案立卷、装册、归档、上架、借阅等）。

4. 第四阶段：传媒板块上线阶段（2019 年 9～12 月）

2019 年 9 月，共计上线 14 个模块，包括费用、采购、收入、资金、投融资、资产、工程、存货、成本、总账、报表、档案、税务、薪酬。

在传媒板块的建设过程中，将采用全业务＋试点公司的模式，即在选择的试点公司，上线所有业务系统，并总结经验和教训，随后推广至所有公司的传媒板块。

5. 第五阶段：智慧公司和多元化板块上线阶段（2020 年 3 月）

2020 年 3 月，智慧公司和多元化板块子公司将纳入财务共享服务系统进行管理。

（二）组织定位：依据不同发展阶段定义财务共享服务中心地位

FSSC 布局及选址从公司、人员规模和迁移难度三个方面进行考量，再结合陕西广电现有组织人员情况，结果如表 8-1 所示。

表 8-1 陕西广电 FSSC 的布局及选址

FSSC 选址指标		陕西广电情况
企业集中度	西安财务人员数量占比	26%
	邻近西安（咸阳、渭南、铜川）财务人员数量占比	24%
	西安分子公司数量占比	21%
	邻近西安分子公司数量占比	22%
人员迁移意愿	人员迁移基础	西安具备城市吸引力
基础条件	西安自有办公场地情况	有
	西安企业流程标准化、信息化水平	较高

参考财务共享服务中心的行业标准，在财务人员工作较为饱和的情况下，财务共享服务中心人数约为集团财务人员数量的 10%～15%，即 34～51 人。若分散至各分公司建设，为保证财务共享服务中心专人专岗、岗位职责分离，则实际岗位人数将大于实际工作量，无法达到规模效应效率提升的效果。

目前陕西广电的财务人员多集中在西安市，且西安本地的公司规模大、标准程度高、人员素质高，西安也具备城市吸引力。建议陕西广电公司在西安建立一个财务共享服务中心，再结合陕西广电财务共享服务中心总体规划分为筹建期、运营期、拓展期，财务共享服务中心分别具有不同的定位。

（1）筹建期定位。筹建期的建设目标是建设陕西广电全组织全业务的财务共享服务中心，建设初期需要集团财务部统筹方案设计并安排各项工作执行，因此在财务共享服务中心建设初期需要集团财务部管理。

筹建期财务共享服务中心方案和信息系统都属于逐步优化提升阶段，服务质量无法保证高效、准确。同时由于在筹建期的过程中，财务共享服务中心逐步纳入人员，且人员存在较大流动性的可能，故筹建期的运营模式应采取总部承担所有成本费用的方式，通过合并和整合日常的事务处理工作和基础财务工作，实现规模经济并消除冗余，最终以降低成本和流程规范化、标准化为目标，如图 8-3 所示。

（2）运营期定位。运营期的建设目标是提升陕西广电整体财务管理水平，并持续优化共享效率。当全组织全业务均纳入财务共享服务中心处理后，财务共享服务中

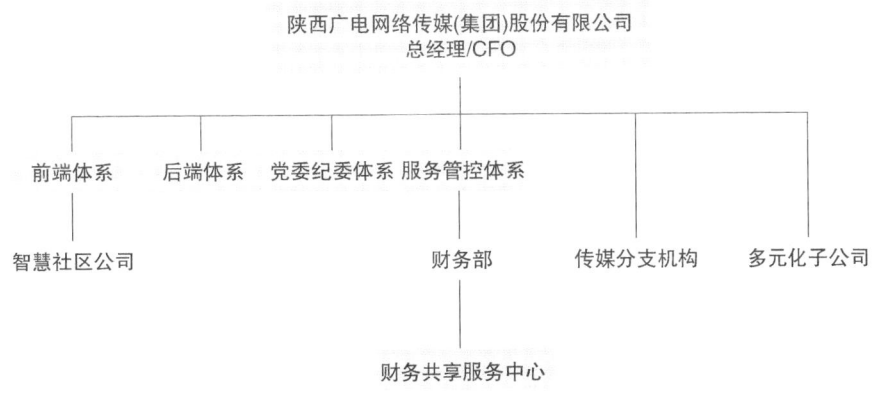

图 8-3　筹建期架构图

心具有稳定运营的水平，同时自身可不断提升效率，财务部仅起到业务指导作用，此时财务共享服务中心直接向公司总经理或总会计师汇报工作。

运营期的财务共享服务中心的服务质量得到提升，运行模式可采取成本分摊方式，将以原有水平为上限，按工作量向服务对象进行成本分摊，进一步分离企业职能内部的基本运作与决策权，将控制职能与服务职能相互分离，通过服务收费抵偿成本。此时，财务共享服务中心也将不断提升自身服务质量，优化流程，加强沟通，根据确定的服务流程与标准提供服务，其具体架构如图 8-4 所示。

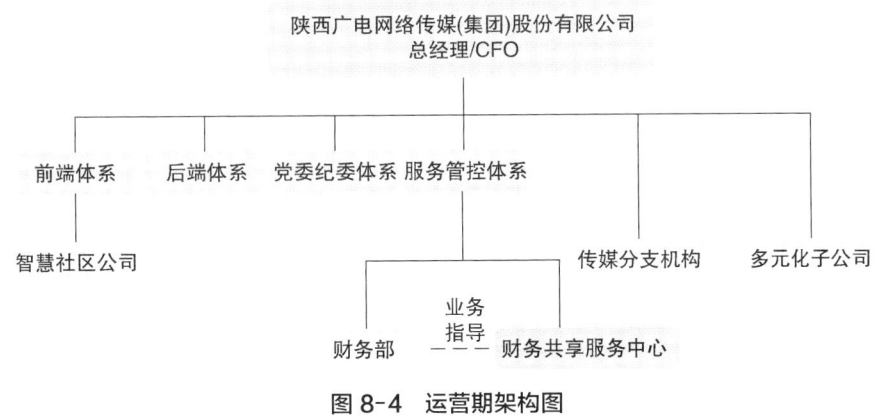

图 8-4　运营期架构图

（3）拓展期定位。拓展期的建设目标是提供构建精细化数据的分析能力，打造陕西广电综合型财务共享服务中心。当财务共享服务中心基础财务工作稳定运营并达到效率提升、强化管控的效果后，可培养财务共享服务中心内部建设团队，为陕西广电以外的企业提供共享服务。此时，财务共享服务中心可单独成立财务共享服务子公司，对外提供服务。

财务共享服务中心在提供优质财务服务的基础上，需要有效应用集中于财务共享服务中心的业务、财务数据，提供基础数据的精细化分析服务，即决策支持增值服务。与此同时，开展人力资源、信息化、物资采购等多领域的共享研究，打造综合性财务共享服务中心。在成立财务共享服务子公司后，运行模式可采取市场模式计费，将服务内容、服务价格、服务水平、人员薪酬等全部实现市场化，高级市场模式有利于内部控制的加强，同时兼顾自身成本效益，如图8-5所示。

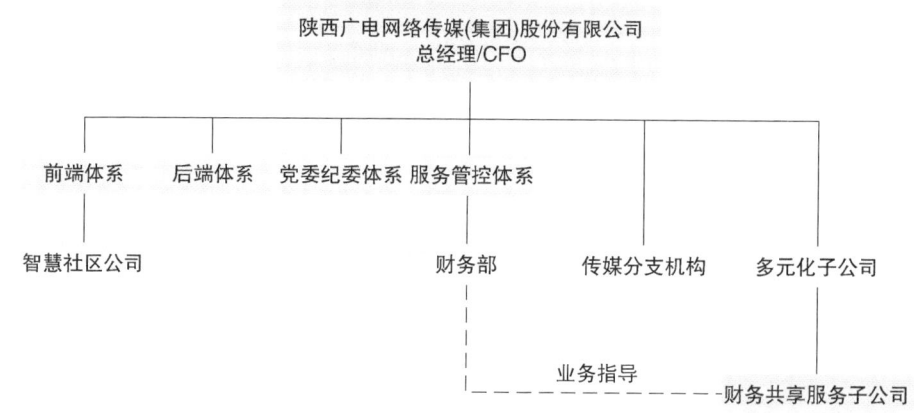

图8-5　拓展期架构图

（三）财务职能新划分："战略财务+ 业务财务+ 共享财务" 三位一体

按照财务共享服务顶层设计，陕西广电财务共享服务中心建成后，财务组织职能进一步优化，逐步形成由总部财务承担战略财务职能、业务单位财务承担业务财务职能、财务共享服务中心承担共享财务职能的"三位一体"新型财务管理模式，如图8-6所示。

（1）战略财务职能。陕西广电总部财务负责统筹集团财务工作，行使财务中枢的职能，服务于集团整体战略规划，支持集团整体经营管理与决策，致力于战略规划、决策支持、财务分析、政策研究、财务制度、风险管控、预算管理、资金管理、资产管理、税务筹划、投融资管理等战略财务工作。定期召开会议听取业务单位和财务共享服务中心的业务汇报，为业务单位、财务共享服务中心提供政策及业务指导，提出管控要求，具体职责如表8-2所示。

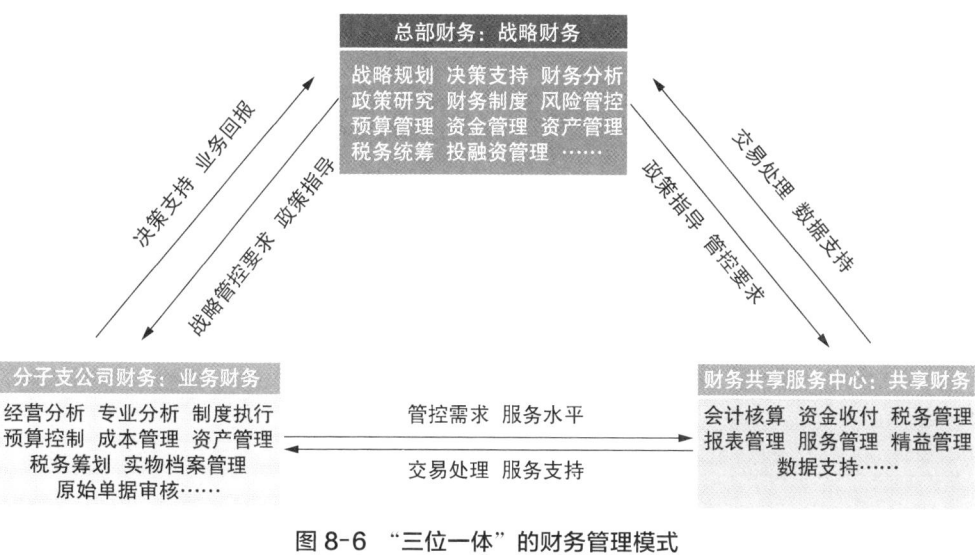

图 8-6 "三位一体"的财务管理模式

表 8-2 战略财务职能的具体职责

职能类别	职能内容
制度管理	负责制定陕西广电公司财务战略规划；贯彻执行国家财政政策，制定、审核陕西广电的各项财务制度；定期监督检查业务单位及财务共享服务中心的各项财务制度执行情况；组织制度的新建、修订、废止工作；督促指导业务单位及财务共享服务中心建立、完善本单位相关制度；负责公司财务稽查工作，防范财务风险
资金管理	负责陕西广电总部层面的资金额度、头寸编制；统筹审阅各业务单位编制的资金计划、头寸；审核各业务单位的资金划转、投融资需求
资产管理	负责总部层面资产的新增、折旧、减值、盘点等管理及系统自动核算工作；监控总部、业务单位的资产管理及运行；参与业务单位资产的统计、分析、资产清查等
成本管理	负责公司的预算管理，制定、分解公司财务预算；分析并监控业务单位预算完成情况；负责总部及业务单位成本运营监控及分析；负责总部成本业务自动核算工作
存货管理	负责组织及参与总部的库存商品盘点清查工作，盈亏毁损库存商品要查明原因，及时申报处理；负责总部存货业务自动核算工作
税务管理	负责公司税务管理体系建设，税务风险控制，制定和完善公司税务风险管理制度；指导和监督业务单位开展税务风险管理工作；统筹负责税务筹划，关注税收政策，税收优惠争取，制定落实税务筹划方案；总部层面的发票开具等处理；负责税务申报与缴纳工作
投融资管理	负责公司总部的投融资方案编制及业务单位的投融资审核；负责总部及业务单位融资资金使用情况的监督与管理；负责开拓融资渠道

职能类别	职能内容
财务报告	负责公司总部及合并范围内业务单位的财务报表、管理报表等相关报表的审核；编制总部非标准化财务、管理报表、合并报表及年度财务决算报表；负责编制公司中期、年度财务报告
财务分析	负责进行公司总部的财务分析工作，并指导业务单位的财务分析工作；与业务部门共同进行所在行业的经济形势和市场运行趋势分析；向公司领导层、业务部门提供财务数据
档案管理	负责公司总部的纸质档案管理整理、归档工作
会计核算	负责配合财务共享服务中心进行会计核算工作，负责原始单据与影像的一致性、完整性审核；负责总部层面费用计提、销售收入、税费转出、其他特殊事项等核算事项的发起工作

（2）业务财务职能。业务单位财务因财务共享服务中心的建设，剥离了部分财务职能，释放出财务人员交易处理类业务的精力，更聚焦于管理财务工作。主要工作为本单位的财务统筹分析、基础财务管理、业务部门支持等。业务财务可为本单位提供财务支持、经营决策支持等服务，协助其提升经营管理能力，致力于经营分析、专业分析、制度执行、预算控制、成本管理、资产管理、税务筹划等；同时业务单位财务负责配合财务共享服务中心的会计核算和信息沟通工作，包括业务单位原始单据的接收、审核和归档以及发起部分核算报账工作。具体如表8-3所示。

表8-3　业务财务职能的具体职责

职能类别	职能内容
制度管理	负责执行总部制定的各项财务制度；制定本单位内部相关财务制度；定期检查、评估本单位财务类制度执行情况；提出各项财务制度的调整建议
资金管理	负责库存现金实物管理；资金计划、资金头寸的管理；资金分析工作；信用证、保函的管理工作
资产管理	负责资产价值管理，关注资产减值风险，对存在减值迹象的资产提出专业处置意见；负责定期配合业务部门进行资产盘点及清查工作，确保账实相符；应用资产模块单位负责资产卡片维护及凭证自动生成工作；未应用资产模块的单位负责资产新增、折旧等业务的报账发起
成本管理	负责本单位的预算管理，制定本单位财务预算；分析并监控业务部门预算完成情况；成本分析，分析成本构成及变动因素，出具优化意见；应用成本模块的单位负责凭证自动生成工作；未应用成本模块的单位负责成本结转、分摊业务的报账发起

（续表）

职能类别	职能内容
存货管理	负责组织及参与本单位的库存商品盘点清查工作，盈亏毁损库存商品要查明原因，及时申报处理；应用存货模块的单位负责凭证自动生成工作
税务管理	负责涉税事项管理工作，包含税务筹划、税务协调、税收政策宣贯、异地缴税等特殊税务事项处理，除增值税以外的纳税申报及缴纳；负责发票开具、领用登记及存根保管
投融资管理	负责与业务部门拟定本单位各投项融资方案，在报经批准后组织落实并跟踪本单位投融资的资金使用
财务报告	负责审核财务共享服务中心编制的报表；负责编制本单位非标准化财务、管理报表、合并报表；配合总部开展年度决算
财务分析	负责本单位的财务分析工作；与业务部门共同进行所在行业的经济形势和市场运行趋势分析；向本单位领导层、业务部门提供财务数据
档案管理	负责按照公司档案管理相关制度进行本单位会计档案装订、保管、借阅管理
会计核算	负责配合财务共享服务中心进行会计核算工作，负责原始单据与影像的一致性、完整性审核；负责各业务单位的费用计提、销售收入、税费转出、其他特殊事项等核算事项的发起工作

（3）共享财务职能。财务共享服务中心财务人员通过财务共享系统、影像及电子档案系统、资金管理系统、税务管理系统、财务核算系统的应用，为陕西广电总部及各业务单位提供集中的财务会计核算服务，保证公司财务信息的规范性、准确性、及时性。财务共享服务中心主要负责公司会计核算、资金收付、税务管理、报表管理等职能，具体工作如表8-4所示。

表8-4　共享财务职能的具体职责

职能类别	职能内容
制度管理	负责执行总部制定的各项财务制度；制定财务共享服务中心内部相关制度；定期检查、评估财务共享服务中心内部制度执行情况；提出各项财务制度的调整建议
资金收付	负责总部及各业务单位银行账户管理；资金付款的操作；资金上收、下拨与划转操作；银企直联、网银、非网银等收付款确认；汇票信息的维护、贴现、托收、承付
费用核算	负责总部及各业务单位员工费用报销、备用金借支单据审核与核算；培训费、业务招待费、宣传费、物业管理费等其他费用的单据审核与核算；费用计提的单据审核与核算
采购核算	负责总部及各业务单位应付账款的单据审核与核算；预付账款的核销、付款的单据审核与核算

（续表）

职能类别	职能内容
收入核算	负责总部及各业务单位收入确认的单据审核与核算；收入调整的单据审核与核算；收款确认的单据审核与核算；坏账计提、转回与核销的单据审核与核算；预收账款的收款、核销的单据审核与核算；营业外收入的单据审核与核算
投融资核算	负责总部及各业务单位投资业务资金付款的单据审核与核算；融资业务收款确认的单据审核与核算；投、融资利息的单据审核与核算
资产核算	负责未应用资产模块业务单位资产新增、折旧、调拨、处置、盘点、减值等业务的单据审核与核算
工程核算	负责总部及各业务单位工程项目转资、决算的单据审核与核算；工程项目结算、进度款支付的单据审核与核算；工程项目减值的单据审核与核算；在建工程转入的单据审核与核算
存货核算	负责未应用资产模块业务单位存货盘亏、盘盈、报废、跌价等业务的单据审核与核算；存货出库、存货退库等业务的单据审核与核算
成本核算	负责未应用成本模块业务单位成本分摊、结转的单据审核与核算
税务管理	负责总部及各业务单位进项税发票认证与转出处理；增值税纳税申报与缴纳管理；进项税转出的单据审核与核算
薪酬核算	负责总部及各业务单位薪酬、五险一金计提与发放的审核与核算；内部借调人员薪酬结算的审核与核算；职工福利相关业务的审核与核算
总账核算	负责总部及各业务单位营业外支出、递延收益、长期待摊费用等事项的审核与核算；其他特殊事项的单据审核与核算
报表管理	负责总部及各业务单位资产负债表、利润表、现金流量表单体报表的编制；盈余公积的提取、股利分配等业务的审核与核算
档案管理	负责总部及各业务单位电子会计档案的备份、归档、借阅等管理
IT 信息化	负责总部及各业务单位的主数据维护；提出对财务、业务信息化系统的需求与建议

（四）相关责任界定：成员单位各项经济活动权责不变

应用财务共享服务模式后，各业务单位各项经济活动的权利与责任仍然不变，财务共享服务中心的主要职责是在经济业务发生的过程中提供快速、规范、高质量的核算、资金服务及标准数据支持服务。

（1）经营管理权限。各业务单位需对本单位经济业务的真实性、合法性、规范性，承担相应的会计法规责任。

（2）资源管理权限。各业务单位负责收集涉及会计核算的原始单据，执行内部控制的各项规定，确保取得的原始凭据真实合法。

（3）审批权限。各业务单位仍然按照本单位管理制度的各项规定，实施资源的分配和动态管理，承担各项效绩考核责任，不因财务共享服务中心的成立而改变各单位的格局。

（4）内控管理责任。各业务单位在报账时使用本单位的资源、资金额度和预算，报账审批流程和对外支付款项的审批责任保持不变，仍然由各单位自行负责。

（5）审计责任。仍以各业务单位为基础展开经济审计、税务审计以及其他各项财政工商检查，财务共享服务中心按需进行配合，对审计过程中发现的问题，各单位仍需承担相应的责任。

（6）税收责任。需进行属地申报的税目仍按现有规定由各业务单位属地申报缴纳，如发生涉税问题，由各业务单位负责沟通协调。共享模式不影响各业务单位和当地政府的关系。

（五）财务共享服务中心组织架构：按服务职能建设部门小组和岗位

陕西广电财务共享服务中心按职能设立财务共享服务中心组织架构。考虑财务共享服务中心与总部和业务单位的合作关系、财务共享服务中心财务业务职责、特殊服务型机构属性、各部门职责分离原则等，设计财务共享服务中心管理层、采购至付款部、销售至收款部、总账至报表部、服务运营部及各个小组，具体如图 8-7 所示。

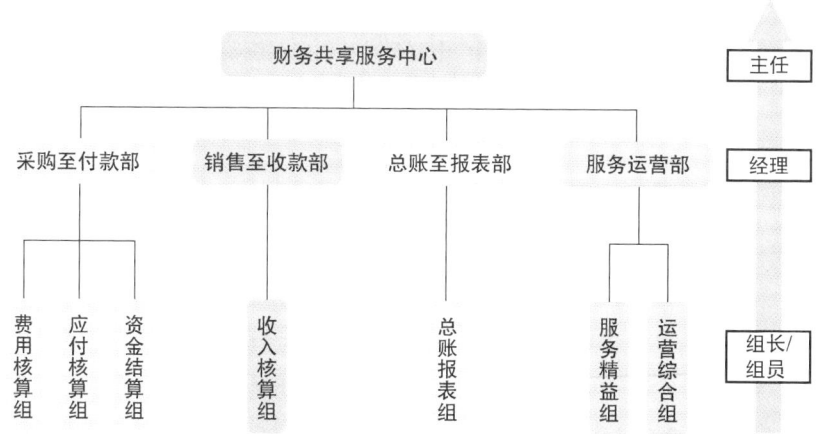

图 8-7　财务共享服务中心组织架构

（六）中台效应：业务轻灵快与后台稳准慢协调一致

在财务共享服务模式下，陕西广电信息化整体架构由前端、终端和后端三部分组成，终端是以财务共享服务中心为纽带的大财务系统，包括预算、核算和资金管理系统，向前连接供应链、项目管理、BOSS 和零售云等业务系统，向后连接商旅平台、电子档案、合同管理、人力资源、OA 和数据分析系统，如图 8-8 所示。财务共享服务中心成为企业中台的重要组成部分，发挥财务中台效应。在前端业务和后台支援系统之间架起一座桥梁，满足业务前端的"轻灵快"需求，解决传统 ERP 后台资源系统的"稳准慢"问题，确保前后台协调一致，高效运行。

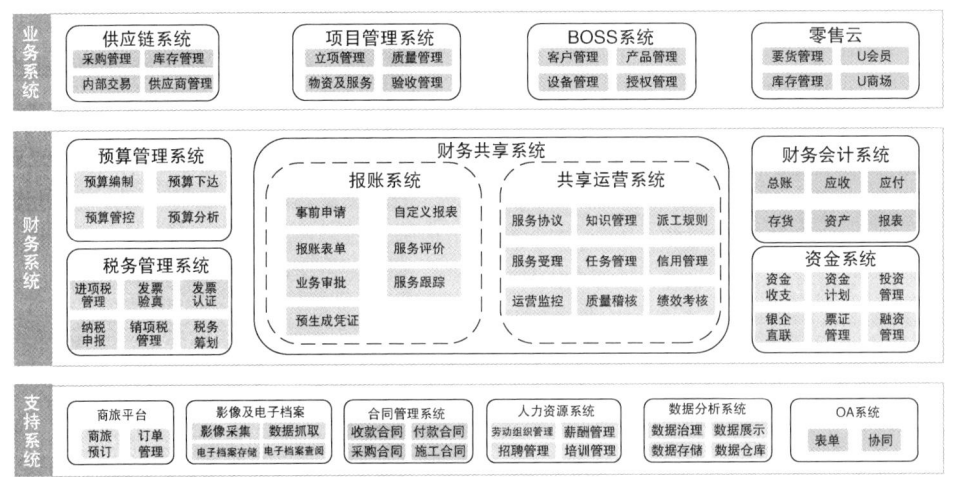

图 8-8　陕西广电财务共享服务系统架构

资料来源：陕西广电。

（七）财务共享服务中心建设难点：经验不足，业务多元，标准不一

1. 可借鉴的方案不多

尽管陕西广电前期也在学习和借鉴其他企业的经验，但由于每个企业的情况不同，需求不同，信息化程度不同，不能直接套用现有的模式。而广电领域的财务共享案例相对较少，陕西广电的财务共享服务中心建设，还需要根据自己的情况不断摸索。当前集团着重解决主业需求，以后将逐步纳入多元化业务，2020 年将重点关注多元化业务方面的构建。

2. 集团与开展多元化业务公司的步调不统一

在推行财务共享服务系统时，集团集中化管理需求与子公司分散化管理需求存在矛盾点，使得子公司内部对于财务共享服务推行的重视程度不够，财务人员没有意识到财务共享服务中心对自身的影响。但是从集团层面出发，集团应致力于高度集中财务、提升管理权、规范化基础核算之外的财务工作，提升资金效率，加强资金管控，提升运营效率，实现业务与数据的分析对决策的支持。当前集团对于子公司主要是提供日常业务的调研、咨询，并对重大项目提供业务指导，因此要从集团层面进一步加强管控，提高重视程度。

3. 标准化程度参差不齐，难以统一推行

陕西广电主营传媒板块，相对标准化程度比较高，管控力度和信息系统都符合财务共享服务中心的建设前提；但智慧社区属于新业务，在很大程度上受政府政策影响，信息系统人员核算也在起步期，标准化不够；对于传媒板块来说，虽然传媒板块会计科目和核算标准化程度较高，但传统上重视业务管控的财务思维，单方面无法推动其思维向业务支持转换。多业态、技术服务、数据集成、金融、商品销售、人员素质较弱、标准化程度不一。由于多板块之间的标准化程度良莠不齐，因此试图在集团整体层面推行财务共享服务中心存在一定难度。

四、财务共享服务在陕西广电"开花"

目前，陕西广电财务共享服务中心的建设已取得了一定的成效，未来希望成为国内广播电视行业一流的财务共享服务中心，为公司员工提供优质、高效的财务服务，为推动集团财务管理向管理会计转型奠定基础，为集团经营管理、战略决策提供高价值的数据支持。

（一）初期成效

1. 实现"四统一"

"四统一"即"会计政策执行统一、业务处理流程统一、会计核算标准统一、会计账套操作统一"，陕西广电对费用、采购、收入、资金、税务、薪酬、投融资、总账八大流程逐一梳理和筛选，有效实现了会计政策的统一、业务处理流程的统一、会计核算标准的统一、会计账套操作的统一，使得会计数据的准确性、及时性和基础工作的标准化大大提高。

2. 降低成本、提高效率

财务共享后实现了职能分工的专业化和专业化带来的规模化，在核算标准化的支持下使得工作效率进一步提升，以较少的财务人员承担大量的核算工作，每个财务共享服务中心的总账会计平均处理 3.8 家单位的业务，财务人员成本显著降低。

3. 员工工作透明化，风险管控水平提升

实现财务共享后，杜绝了手工凭证，财务工作变得透明化，所有操作都有据可依，这既在一定程度上确保了规章制度的落地，也提升了会计数据的质量，使内控管理制度有了载体，固化了内部控制流程和管理标准，减少了人为因素的影响，风险管控水平得以提升。

（二）中期成效

1. 支撑"四新战略"实施落地

财务共享服务中心助力陕西广电加快从"传统有线电视传输企业"向"融合网络媒体服务商"转型，大力支持新网络、新媒体、新平台、新生态的"四新战略"。在满足陕西广电规模扩张的同时，不必考虑为新业务、新单位建立财务支撑职能，可以直接将财务核算职能纳入财务共享服务中心，这样既可大大降低管理难度，也能快速支撑"四新战略"的实施落地。

2. 财务共享系统上线后收益显著

财务共享服务平台对电子影像系统的推广使用，实现单据提交、业务审批、财务审核、账务处理的全程电子化，提高了核算的效率，且业务领导可以随时随地通过各类移动端进行审批，提升了报账流程的效率及友好性。银企直联的推广使用，降低了资金支付的工作量，提升资金支付的效率，保障资金管理的安全，简化银企对账的工作；电子档案系统的推广使用，实现会计档案的无纸化管理，实现异地会计档案的查询、调阅，并对借阅申请及审批进行系统管理，增强财务信息安全性。

3. 业财流程融合，业财数据同源

财务共享后，实现采购管理、合同管理、项目管理等业务系统与财务系统的对接和数据互联互通，消除了信息孤岛，打通财务和业务流程，实现财务数据从业务数据中来，并将财务控制点植入业务环节中去；实现由价值核算向价值管理、由职能管理向协同管理、由事后监督向源头治理的转型。

（三）远期成效

1."三位一体"的职能划分提高财务价值创造能力

陕西广电原有财务团队人员众多，很多有专长的财务人员长期从事基础性财务工作，体现不出其价值，在财务共享服务中心建成后，原有的财务团队被分成三层，即战略财务、业务财务、共享财务，这样解放出来的大量财务人员得以摆脱基础性工作，有利于将财务人员投入战略财务和业务财务等更高的价值工作中，促进财务人员快速适应集团发展需求，支持集团战略目标实现，提升财务价值创造能力。

2.实现独立运营，成为利润中心

陕西广电对财务共享服务中心未来的期望是将其独立化，即使财务共享服务中心成为独立盈利的机构，能够为其他公司有偿提供财务共享的相关服务，取得合理的服务收入，成为陕西广电新的利润增长点。目前，财务共享服务已在陕西广电培育、生根、发芽、开花，期望未来硕果累累。

案例九

兴港投资：以财务共享服务中心推动企业大共享建设

——兴港投资财务共享服务应用实践

一、兴港投资概况

（一）集团基本情况简介

郑州航空港兴港投资集团有限公司（以下简称"兴港投资"）成立于 2012 年 10 月 9 日，是郑州航空港经济综合实验区（郑州新郑综合保税区）管理委员会下属的国有独资公司。截至 2019 年 8 月 31 日，集团实收资本为 140 亿元，下属全资、参控股企业及分公司共 123 家，合并资产总额为 1 703.54 亿元，净资产为 552.04 亿元。

兴港投资自成立以来，始终坚持以"服务空港建设、助力经济发展"为使命，紧紧围绕航空港实验区"三年打基础、五年成规模、十年立新城"的总体目标，不断拓宽业务领域，持续优化资产结构，逐步形成了政策性建设、金融、经营性地产、产业园、公用事业、智慧城市、文化等各专业化子集团协同发展的业务格局。其中，政策性建设子集团，负责土地一级开发、安置房建设等业务；金融子集团，负责金融及类金融业务的投资与运营，以及兴港投资的融资业务；经营性地产子集团，负责房地产开发、房屋租赁等业务；产业园子集团，负责产业园开发与经营、物业管理等业务；公用事业子集团，负责公用事业项目的投资、建设与运营等业务；智慧城市子集团，负责智慧城市的咨询、规划、设计、基础设施建设与运营等业务；文化子集团，负责文化业务的投资与运营，以及兴港投资的宣传工作。

经过 7 年的开拓奋进，砥砺前行，兴港投资已形成了涵盖城市开发、建设、运营等各领域完备的业务系统，无论是经济指标，还是管理能力，均进入河南省国企前列。

未来兴港投资将继续秉承"诚信规范、合创共赢"的经营理念，加快各项业务发展，充分发挥航空港实验区开发建设、运营管理主力军和先锋队的作用，勇挑重担，主动作为，致力于为航空港实验区的大开发、大发展、大建设贡献力量，努力把兴港投资建设成为带动区域建设、经济发展的强大引擎，打造成为具有国际化视野和现代化管理水平的一流企业，朝着"做受尊重的城市运营商"的目标奋勇前进。

2019 年 4 月 26 日，《人民日报》发表了标题为《打造中国的航空大都市　郑州航空港经济综合实验区　沿着"空中丝绸之路"飞得更高更远》的文章。文章指出，郑州航空港经济综合实验区（简称郑州航空港实验区）勇担郑州国家中心城市建设"引领"责任，发挥河南对外开放"龙头"作用，全面融入"一带一路"建设，让郑州航空港实验区这张名片更加靓丽。

（二）集团管控模式发展

2012 年 7 月至 2014 年 2 月，兴港投资成立初期，为提高业务推进效率，兴港投资采用一级管控架构，各项业务由兴港投资（航程置业）直接承接，有效满足了集团政策类项目建设者的定位，确保资金筹措、成本控制、施工管理等职能的迅速实现。

2014 年 2 月至 2015 年 11 月，为了改善在多元化业务发展下一级管控模式导致的部门职能集中和繁重，兴港投资适时启动了二级管理架构的组建，将集团分为母公司和子公司两个层面运营，着力解决部门职能与业务发展相适应的问题，进一步提高管控效率。兴港投资作为母公司通过上收投资、融资、纪检监察和企管职能，实现对各子公司的宏观管理。子公司在授权范围内，负责项目的具体运作。

随着兴港投资业务急速扩张，二级管控过于扁平化的管理体系使子公司独立运行权限不足、管理权限和幅度不足，导致横向协调成本高，产业多元化对专业性的要求日益迫切。从 2015 年 11 月开始，兴港投资针对多元化的业务现状实施分类管理，启动三级管控模式。三级管控模式的第一层级是兴港投资，定位是国有资本投资运营公司，主要管理战略方向、宏观政策制定、股权管理、运营监控，通过投资、财务、人事三条主线和规范的审计监督机制，实现对下属公司的纵向管理。第二层级是专业子集团，定位是专业管理公司，包括政策性建设、经营性地产、产业园、公用事业、智慧城市、金融和文化子集团。子集团采取"1 + N"的组建模式，各子集团均设立 1 个母体公司作为管理平台，负责管理各子集团相关业务的 N 家实体企业，并通过业务渗透负责下属公司业务条线的专业化管理。第三层级是项目公司，定位是项目的实施主体。解决了成立初期投资主体单一、业务过于集中导致的管理架构与股权架构不一致的问题，落实责任主体，推动实施内部经营业绩考评。截至 2019 年 9 月底，兴港投资的组织架构如图 9-1 所示。

（三）集团财务管理现状

兴港投资财务管理部从组织架构层面分为财务管理中心、财务共享服务中心以及财务管理部外派。财务管理中心下分为预算及综合管理中心、稽核管理中心、税务管理中心，主要负责财务战略管理。财务共享服务中心包含核算管理、资金管理以及运营管理中心，主要负责财务结算、会计核算、资金收支等日常业务操作，如图 9-2 所示。

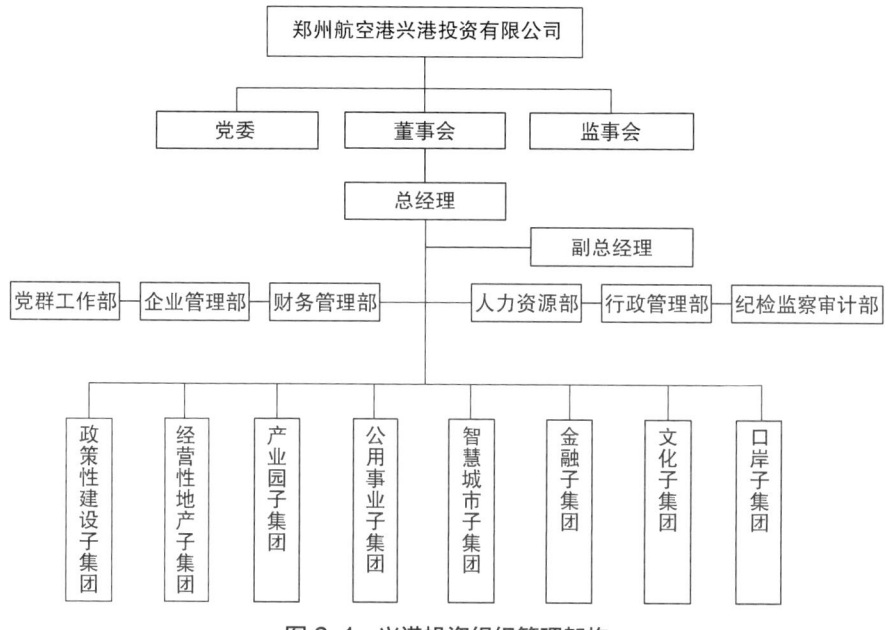

图 9-1　兴港投资组织管理架构

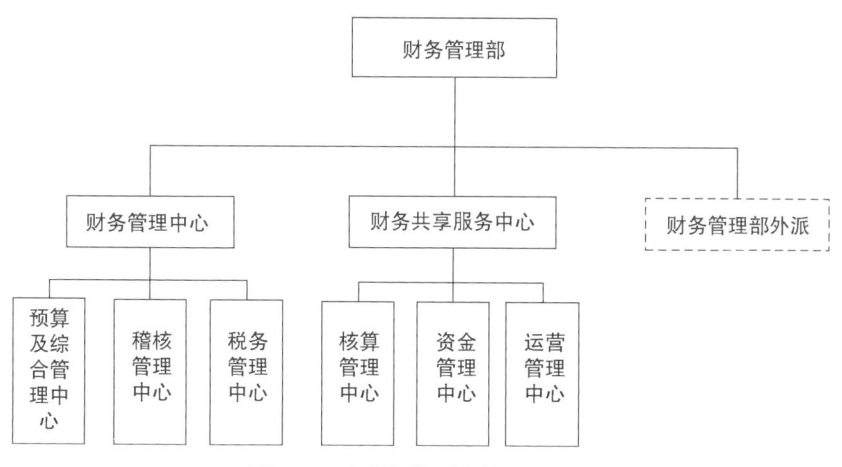

图 9-2　兴港投资财务管理部架构

从整体工作内容上，财务管理部依据国家有关财经法律法规、集团战略规划对财务管理工作的要求，组织开展集团总部预算管理、融资管理、资金管理、财务核算与分析、运营管理、财务稽核、税务管理等工作，及时评价集团总部和各板块经营效益，为集团实现战略目标提供有效财务保障。

1．财务管理

（1）负责集团财务管理工作，确保会计资料的真实、完整，保证会计信息质量，如实反映集团的财务状况和经营成果，定期对集团总部和各板块的经营活动进行财务分析，及时为经营层决策提供财务支持。

（2）负责拟定集团财务战略、财务组织体系建设方案，包括集团财务发展规划、财务组织架构以及各板块的财务权责划分等。

（3）建立和完善集团财务制度体系，并组织实施、指导、监督相关制度的贯彻执行。

（4）负责集团财务流程新增、修改、终止的审批及集团总部财务流程管理。

（5）负责集团财务系统人员管理、培训和财务人才梯队建设，做好集团下属企业财务负责人的提名推荐。

（6）负责集团财务信息化实施，协助信息系统管理部门进行财务信息系统维护及专项改善。

（7）负责做好各类财务档案管理工作。

2．预算管理

（1）制定集团预算管理办法，建立和完善预算管理体系。

（2）组织集团预算管理工作，负责编制集团总部预算，审核汇总各板块年度预算调整方案，监督并评价预算执行情况。

（3）组织开展预算管理方面的学习与培训，提升集团预算管理水平。

3．融资管理

（1）负责制定集团融资管理制度，同时指导、监督各板块贯彻执行有关制度。

（2）负责根据资金需求量制定集团融资计划（含各板块融资计划）。

（3）组织并指导金融板块重要项目融资方案的制定，并审核融资方案。

（4）指导融资过程中所涉及的财务事项的处理，确保符合相关财务规范。

4．资金管理

（1）制定集团总部资金集中管理的规章制度及业务流程，负责集团资金池管理。

（2）汇总编制集团资金计划，统筹安排资金，对资金计划的执行情况进行监控考核。

（3）负责集团资金集中收支工作，负责集团总部银行账户的开立、注销及下属公司银行账户开立、注销的审批工作，维护银行账户信息。

（4）负责集团网银授信额度的管理，合理调剂网银资金余缺，办理网银利息结算。

5. 财务核算与分析

（1）贯彻实施《中华人民共和国会计法》《企业会计准则》及其他各项财经法律法规，制定并严格执行集团会计政策、会计核算制度。

（2）负责集团会计集中处理，编制集团合并财务报表，撰写财务分析报告。

（3）规范集团各类财务数据口径，统筹集团总部及各板块对外财务数据报送工作。

6. 运营管理

（1）负责财务信息系统的规划、建设、实施及财务系统的优化完善工作。

（2）负责财务信息系统日常数据维护和系统运行维护管理工作。

（3）组织开展财务共享流程宣贯及系统操作培训。

（4）负责协调沟通集团信息化的相关部门。

（5）参与各级子公司信息化系统与财务系统的集成对接工作，推进业务财务一体化。

7. 财务稽核

（1）制定集团总部及各板块财务稽核计划。

（2）按照《会计基础工作规范》《企业会计准则》和集团财务制度进行财务日常检查和年度检查，落实各项制度的执行情况。

8. 税务管理

（1）充分利用国家、地方各项税收优惠政策，积极开展税收筹划，指导各板块做好税收筹划工作，降低集团整体税负水平。

（2）组织集团年度所得税汇算，在财税法规政策方面给予各板块及其下属单位业务指导和咨询等。

（3）负责集团总部日常税务管理工作。

（4）组织开展集团财务人员税收相关政策的培训和宣传工作。

9. 资产管理及其他

（1）根据集团财务管理制度规定，对集团总部各类财产物资采购、收发领用、仓库管理等环节实施财务监督。

（2）根据集团资产管理相关制度规定，做好各项资产的会计核算工作，配合资产管理部门定期核对有关资产实物台账。

（3）配合资产管理部门对集团总部资产进行定期盘点，对盘点过程实施财务监督。

（4）负责配合投资管理部门进行对外投资审计、评估报告的审核。

（5）负责对接年报审计、发债类审计工作。

二、兴港投资财务共享服务中心建设历程

（一）兴港投资建设财务共享服务中心的动因

1. 外部环境

1）财务共享服务模式成熟，经验可借鉴

自从美国福特汽车 1981 年在底特律建立首个财务共享服务中心开始，20 世纪 80 年代末期，杜邦集团和通用电气集团也相继建立了财务共享服务中心，20 世纪 90 年代，美国的大型跨国集团如福特、通用、杜邦、惠普等纷纷实行集团财务共享服务。据调查数据显示，至今已有超过 50% 的《财富》500 强和超过 80% 的《财富》100 强企业建立了财务共享服务中心。在国内，中兴通讯在 2005 年就建立了财务共享服务中心，据不完全统计，我国境内已有超过 450 家财务共享服务中心，涵盖各行各业，且这个数量还在快速增加。

在中国，随着越来越多本土企业的规模化与全球化，企业经营管理效率的重要性开始不断显示出来，财务共享服务的优势日益得到认可，并逐渐开始在中国企业中落地生根。近 10 年里，越来越多的中国企业已经实施和准备筹建财务共享服务中心，城市投资行业包括天津天保、广东珠江投资、广西西江投资、湖北联投集团等；能源公用行业包括陕西延长石油、天伦集团、北控水务、漳泽电力；综合服务行业包括上海机场集团、中国国旅集团、四川航空；建筑地产行业包括中铁十八局、中国核建集团、万科集团、碧桂园集团等；金融行业包括国泰君安证券、中安信业、国家开发银行、交通银行、江苏银行等。

这些不同行业的公司通过财务共享服务中心的建立，在加强内控、提升财务管理水平、降低财务交易处理成本等方面取得了良好的效果，所以财务共享服务中心是一种成熟的、经过实践检验的有效财务管理模式。这些公司的成功经验也为兴港投资后续的财务共享服务项目提供经验借鉴。

2）国家鼓励，政策支持

习近平总书记在十九大报告中对中国经济作出重大判断，他指出，新时代我国经济发展已由高速增长阶段转向高质量发展阶段。会计作为服务于经济发展的基础性、应用型学科，必然会在经济转型的重要历史阶段起着不可替代的作用，可以说，

经济转型与发展一定需要高质量会计的支撑。现代信息技术的发展不仅给社会经济发展带来了新的引擎，也给会计改革发展带来了新的利器。以大（数据）智（能技术）移（动计算）云（计算）物（联网）为代表的新技术正以风卷残云之势改变着传统会计的流程、组织、技术和方法，甚至战略思维，这也为高质量会计服务经济转型的需要提供了基础手段和工具。在这样的大背景下，中华人民共和国财政部（以下简称"财政部"）关于印发《企业会计信息化工作规范》的通知（财会〔2013〕20 号）中明确提出了"分公司、子公司数量多、分布广的大型企业、企业集团应当探索利用信息技术促进会计核算的集中，逐步建立财务共享服务中心"。财政部印发《财政部关于全面推进管理会计体系建设的指导意见》（财会〔2014〕27 号）中又进一步明确，"鼓励大型企业和企业集团充分利用专业化分工和信息技术优势，建立财务共享服务中心，加快会计职能从重核算到重管理决策的拓展，促进管理会计工作的有效开展"。2014 年，国务院国有资产监督管理委员会开展了一系列的信息化登高行动，明确财务共享作为大型集团财务管控重要工具。财政部《会计改革与发展"十三五规划纲要"》（财会〔2016〕19 号）中深化强调加强会计信息化建设，明确要求"密切关注大数据、互联网 + 发展对会计工作的影响，及时完善相关规范，研究探索会计信息资源共享机制"。《国务院关于印发新一代人工智能发展规划的通知》（国发〔2017〕35 号）中明确提出，"抢抓人工智能发展的重大战略机遇，构筑我国人工智能发展的先发优势，加快建设创新型国家和世界科技强国"，财务共享服务模式开始进入快速发展阶段。

2013 年 6 月 29 日，北京国家会计学院"财智大讲堂"——财务共享服务专题交流会上，财政部会计司的应唯表示，会计信息化建设是财务共享服务发展的基础，而财务共享服务引领会计信息化建设的发展方向，两者相辅相成，财政部鼓励具备条件的单位建立财务共享服务中心。北京国家会计学院教授张庆龙指出，财务共享服务是将分散、重复的业务进行整合，促进企业集中有限资源及精力专注于核心业务。同时，以需求为导向，为内部各单位和外部客商提供专业化的财务共享服务，帮助单位创建和保持长期竞争优势，并且整合分散、重复的业务，采用会计工厂的运营模式，做到工作标准化，为业务单位提供足够的后台支撑数据，支撑服务规模的扩大，而不需增加过多的财务管理人员。财务共享服务中心的建设，在支撑转型、降低风险、提高效率、提供服务方面均能起到显著成效。中国会计学会会计信息化专业委员会也在 2014 年的年会上进行了关于财务共享服务的学术和实践探讨。以上政策性的引导和主管部门的推动证明了财务共享服务是未来企业财务管理转型的方向。

2. 内部因素

1) 集团快速发展需要

自2012年10月兴港投资成立后，集团发展迅猛。2016年年底，兴港投资注册资本达到100亿元，资产总额为846.39亿元，下属法人机构有63家，业务范围涵盖政策性项目建设、经营性地产开发、城市特许经营、智慧城市、产业园、金融、文化传媒、口岸建设和运营等多个领域。业务重点是港区基础设施建设、棚户区改造项目、房地产开发以及产业园建设。

兴港投资的跨越式发展及其下属公司和业务范围的不断扩大，对集团财务管理提出了更高要求，也带来了财务组织及人员的不断扩张，现有的财务管理体系在支撑集团发展战略上面临很大压力。

为了解决企业快速发展带来的财务压力，兴港投资需要结合自身的发展实际，运用现代化的财务管控模式和技术手段，适时对财务管理体系和信息化支撑工具作出调整，以便更好地支撑集团整体的发展战略。

兴港投资信息化建设的总体要求是实现财务业务一体化，冲破信息壁垒，增加上下互信，有利于兴港投资简政放权的总体思路。兴港投资在2017年工作安排上明确提出全面推进集团信息化建设工作，这不仅仅是OA、财务、人事、工程项目管理等方面的信息化，而是集团全方位的信息化。兴港投资认为，通过信息化建设能够有效降低沟通成本。在横向上，能够加强信息流通，增强信息透明度，提高管理效率，减少各自为政、信息闭塞等问题的出现；在纵向上，能够冲破信息壁垒，增加上下互信，更有利于简政放权。

兴港投资需要提升集团对下属公司的风险识别和控制能力。在财务共享服务中心建设前，兴港投资各级企业在实际报账环节和决策审批环节中，需要依靠人工流转和审核大量的业务单据，影响了业务效率和信息质量，存在大量的不规范环节，给企业财务内控带来不少风险和隐患。财务共享服务平台建设有助于弥补信息处理的短板，采取标准、统一的业务单据，实现管理制度要求的业务处理规范和财务核算标准，将制度控制、流程审批控制进一步表单化、规范化、明细化。

2) 集团财务转型需要

从兴港投资下属独立核算公司来看，集团下属三级公司中，有20多家分公司设有独立财务部门，总账会计和出纳人员占比较高；各公司业务量不大，但财务工作类型多，需要面面俱到，造成各财务部门财务人员从事多项财务会计职能，导致财务人员一人多职无法专注、专业能力提升慢、无法发挥专业优势的情况发生，同时会计处理效率不高。在建立财务共享服务中心后，独立核算单位的基础核算工作可以转移到财务共享服务中心处理，独立核算单位的财务人员有精力专注于业务支持、管理会计与经营分析工作，从而为独立核算单位提供财务管理转型的基础和前提。

兴港投资集团从 2016 年开始推进财务核算系统、预算系统、资金系统、人力资源系统、项目管理系统、OA 系统等建设，实现了部分业务的标准化、规范化、体系化管理，但财务系统与业务系统的衔接主要集中在项目工程付款的对接，以及与资金支付系统的对接。

在兴港投资制定的《郑州航空港兴港投资集团有限公司财务管理制度》中明确提出了"加快会计职能从重核算为主向核算和管理并重转型"，形成"以财务制度为基础，以信息化系统为平台，以资金集中、统一核算、全面预算、人员垂直管理为支撑的三位一体、权责清晰的财务战略管控体系"。

财务共享服务模式为财务管理转型提供人员基础、管理基础。运用财务共享服务中心信息平台，通过标准化流程对基础性、事务性工作进行集中处理，借助于网上报账自助和流程驱动的自动化手段，能够实现业务财务一体化，业务信息自动按照设定的财务会计规则转化为会计信息和结算信息，从而提高结算审核和会计核算效率，减少从事基础结算审核、会计核算的人员数量，可以转型做管理会计工作，为兴港投资的财务管理转型提供人员基础。

3）规范管理与信息共享需要

实现财务共享服务模式前，从集团业务处理流程看，业务发起在各个下属单位，基本处于手工状态，填写纸质单据，审批流程缺乏统一标准，业务单据缺乏统一规范。审批后的原始单据手工提交给核算中心，核算中心负责记账凭证处理工作。这种线下和线上并行的方式导致业务与财务的衔接不够顺畅，不方便在财务核算、凭证审核过程中直接查询原始单据的要求，并且单据在业务流转过程中存在丢失风险。付款单据在经过业务授权审批后，送至集团财务，无法快速了解付款进展，只能通过多方电话沟通。不能及时对付款单据审批过程、付款过程中出现的问题进行处理及沟通。同时，财务记账等工作还在下属单位，而原始单据存档在总部，记账过程需要查询原始单据，所以下属单位的记账业务需要到总部来完成，过程复杂，执行效率低。

财务共享服务平台的建立，能够让业务部门及业务人员直接通过系统在线完成业务前端单据的处理，既能减少业务人员手工处理的麻烦，又能通过财务共享服务平台实现业务到财务的自动化处理，业务单据处理进展实时在线查询、跟踪；同时通过财务共享服务平台的影像系统，实时扫描上传原始单据，实现了在财务核算、凭证审核过程中直接查询原始单据的功能，使下属单位财务人员可以远程记账，提高工作效率，审计工作也会更加轻松。通过建设集团财务信息化共享服务平台，实现财务数据标准统一、信息及时共享，提升财务信息传递效率，更好地体现财务共享服务的理念。

4）集团财务管控体系优化需要

兴港投资制定了《集团财务管控优化方案》，其整体目标为以集团整体战略目标和财务战略为导向，明确集团公司战略财务和二级、三级公司业务财务的职能定位，加快会计职能从重核算向重管理决策的拓展，构建"以制度流程为基础，以信息化系统为平台，以资金集中、统一核算、全面预算、人员垂直管理为支撑"的三位一体、权责清晰的财务战略管控体系，发挥财务价值效应，实现公司利益最大化，兴港投资的财务管控体系如图9-3所示。

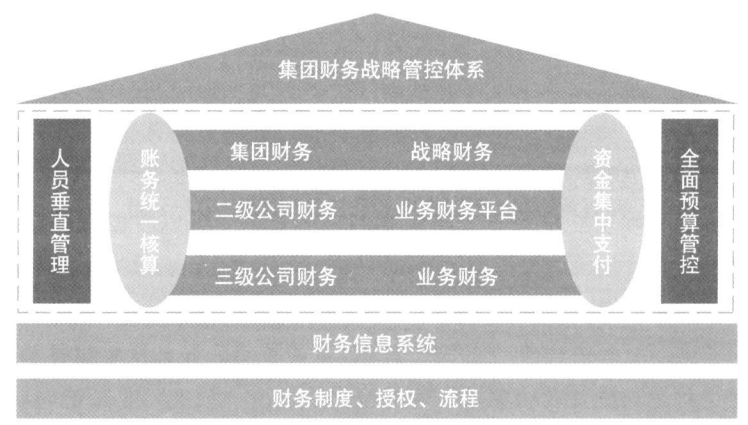

图 9-3　兴港投资财务管控体系

以信息系统作为平台，财务信息系统作为集团财务战略管理体系的重要管控落地工具。《集团财务管控优化方案》中明确提出，根据"集中不集权"的原则构建财务共享服务中心。按照集团管控模式中对各级子公司的授权，在不改变审批权限和业务审批流程的情况下，完成财务集中核算、资金集中支付，并将处理结果及时反馈至各单位。

（二）兴港投资建设财务共享服务中心的目标

1. 总体目标

兴港投资因时、因需而动，积极启动共享服务中心建设，规划了财务、人力、IT、文化宣传等共享服务中心。为什么要启动财务共享服务中心建设？兴港投资集团党委书记、董事长、总经理柳敬元在 2017 年度工作总结会上作出了解答——"我们之所以大力推行各类共享服务中心，除了财务共享服务中心能够提高效率和熟练度、降低人力成本，提升服务标准化水平等传统优势外，还使我们很多部门实现了管办分离，有利于下一步市场化考核，提升团队的积极性"。

兴港投资建设财务共享服务中心的总体目标是基于信息平台和标准化流程，实现：

（1）降低交易处理的人工成本、提高交易处理的效率和质量。

（2）通过 IT 系统固化内控关键点，控制业务风险。

（3）以财务共享服务中心为切入点，对财务团队进行组织结构调整，使财务人员能够从基础核算工作中解放出来，推进管理型财务转型。

财务共享服务中心运用网络信息系统，通过影像扫描技术，实现集中报账、集中核算、统一支付，远程为服务单位提供基本的财务服务。同时也为各服务单位财务管理人员对业务的追溯、记账及报表的处理提供便利，提高了工作效率。

2. 具体目标

兴港投资财务管理部在"财务核算、资金结算、全面预算"三算合一的财务系统稳定运行的基础上，正式启动财务共享服务建设工作。财务共享服务中心是"管理制度化，制度流程化，流程表单化，表单信息化"的最终体现，共享财务要做好数据加工，及时反映财务状况和经营成果，用人工智能等信息化手段去解决复杂的工作。同时，财务共享服务中心也是财务管办分离的体现。财务共享服务中心要健全财务政策体系、明确权责界面划分、建立服务考评机制，推进资源优化配置，更好地发挥企业"智能财务管家"的效用。具体的目标主要体现在以下几个方面：

（1）通过财务共享服务平台支撑兴港投资财务共享服务中心的组织模式，满足兴港投资快速发展的组织动态调整及变化。

（2）流程管理平台支撑共享服务模式下的业务流程再造，实现财务数据流转与业务审批管理的无缝对接。

（3）财务核算凭证的标准化和自动化、防错处理，提高服务质量、减少基础核算人力成本和降低业务风险。

（4）通过影像及条码管理，解决原始单据稽核难题，建立统一标准、统一管理的财务信息档案管理平台。

（5）建立财务共享服务中心指标监控，合理评价绩效。

（6）通过 PC 端、移动端的多端接入，实现员工自助查询和领导审批，提高共享服务应用体验，提升业务人员与财务管理信息的互动及融合。

（7）实现发票管理与电子影像数据识别系统的结合，快速录入，减少人工录入信息可能带来的数据差错，保证信息的准确性。

（8）构建财务共享服务作业任务管理平台，实现对任务作业的分配、抢单以及质量管理，同时满足对作业人员的绩效考核需要。

（三）兴港投资财务共享服务中心的建设过程

兴港投资自 2012 年 10 月成立以来，一直处于快速发展期，资产规模越来越大、下属法人机构越来越多、业务领域越来越广。在兴港投资整体战略规划的指导下，以业务推动战略的实现，以管理支持业务的落地，集团在 2016 年启动了财务信息化建设工作。在系统建设初期，做了大量的前期考察，集团高层领导及财务主管领导已经前瞻性地提出建设财务共享服务中心的规划思路，并列入财务信息化建设计划。

兴港投资财务管理部组织业务骨干系统考察并学习了财务管控理念先进、信息化建设水平高的多家大型国企。在结合自身实际的基础上，2016 年中期，确定了财务信息化建设思路，并分阶段实施，第一阶段打基础，建设集团财务管控软件；第二阶段实施集团财务共享服务。2016 年 10 月，集团正式启动财务共享服务建设的前期准备工作，就财务共享服务中心建设目标、建设范围、组织及岗位等建设内容展开沟通交流，明确兴港投资财务共享服务的建设思路和核心内容，总结编制财务共享服务建设需求文档，为财务共享服务奠定基础。

2017 年 3 月，在与多家软件公司进行充分的论证、沟通后，最终讨论确定了业务流程、电子影像等系统建设内容，为财务管理工作提供基础系统支撑。2017 年 9 月 19 日，集团财务管理部门在财务核算、资金结算、全面预算"三算合一"财务系统稳定运行的基础上，正式启动财务共享服务建设工作。历经 1 个多月，对 36 个部门、68 人进行访谈，梳理整合了 46 个业务流程。紧接着，项目团队发扬连续作战精神，争分夺秒地完成了项目实施方案设计、系统功能开发及用户培训测试等工作。在集团领导及各部门、各单位的大力支持、积极配合下，2017 年 12 月 29 日，随着财务信息系统首次完成填单、扫描、审批并自动生成会计凭证，以兴港投资集团本部和下属子公司宝聚丰为试点的财务共享服务平台试运行取得成功。随着试点单位成功上线运行，财务共享服务在集团下属单位逐步推广。此外，财务共享服务平台还与 OA 系统集成，实现单点登录和移动审批；与业务管理系统集成，提升业务到财务的自动化程度。

2018 年 3 月，兴港投资财务共享服务中心开始运营，承担"赋权""管理""服务"战略中"服务"的角色，主要负责日常收支业务的处理，通过线上标准化、统一化的流程表单处理日常收支业务，在严格把控经营风险的同时，更加高效地服务于业务。2018 年 3 月，启动财务共享系统与 OA 系统的集成对接工作，5 月底实现了移动审批；9 月初财务共享服务系统与资金系统集成项目启动，9 月底就完成付款信息由财务共享服务系统自动传递至资金系统的流程集成上线，保证了资金安全，实现了快捷支付；11 月下旬完成财务共享服务系统与资金系统收款流程表单的集成切换上线，收款确认及资金池归集下拨业务由系统自动入账，实现了全业务场景、全流程的线上运行。2018 年基本完成系统平台建设，流程通过试运行到逐步推广，初步实现了 79 家集中核算单位 90% 以上的业务场景线上运行，实现了财务共享初级阶段会计核算标准化、自动化，业务集中处理专业化、高效化的建设目标。

2019 年是财务共享服务中心建设的提高年，从流程标准化向各业务系统集成化、智能化方向发展，截至 10 月初，已实现与 BI 看板、供应链进销存、计划运营信息管理等的系统集成，同时进行系统优化，以财务信息化的建设促进整体财务管理水平的提升。

（四）兴港投资财务共享服务中心建设内容

1. 组织建设方面

兴港投资财务共享服务中心主要设三大职能分中心：核算管理中心、资金管理中心、运营管理中心。其中，核算管理中心负责财务核算业务集中处理、总账业务及报表业务、档案管理业务；资金管理中心负责资金账户的管理、账户信息统计查询、资金收支业务；运营管理中心主要负责财务共享服务中心业务流程的持续优化、梳理以及信息化管理工作，以及对单据处理进行抽查和质检考核，为财务共享服务中心的运行提供支撑。财务共享服务中心的组织架构如图 9-4 所示。

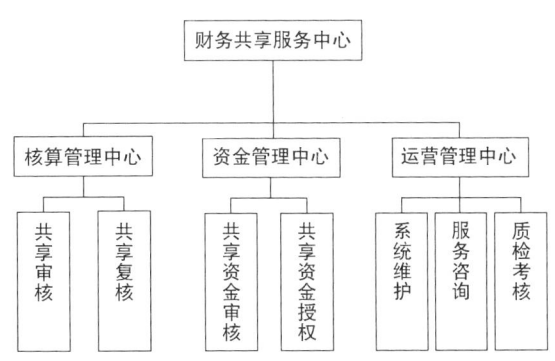

图 9-4　财务共享服务中心组织架构示意图

财务共享服务中心的服务内容主要是为各部门、人员提供费用报销服务，为客户及供应商提供结算服务，为集团各单位提供收入业务、对外支付、贸易业务、借款及费用报销、人力费用业务、资产业务、资金业务、投资业务、筹资业务、营业外收支、应交税费业务等财务核算服务。

兴港投资业务单元的财务职能主要包括：日常财务管理工作，如战略执行、业务监督、过程风险控制、分析考核等；财务初核工作，如业务初审、扫描、电子档案上传等。下属单位财务部门职能重心就是链接业务、监督业务执行并为决策者提供数据分析支撑。

财务共享服务中心设在兴港投资财务管理部，为集团本部及下属单位提供财务共享服务，财务共享服务中心与下属单位之间是委托服务关系，通过规范的流程、制度与作业标准，提供集中化、标准化、规范化的财务服务。财务共享服务中心作为集团本部及下属单位所有业务数据的最终汇聚地，积累了全面财务核算的数据，这些数据都是宝贵的财富。合理地利用数据，能为集团的精细化管理和决策提供有效的支撑。同时这些数据也可以为业务单位所用，业务单位可以在系统中调阅职责权限范围内的所有数据，并进行加工分析，为管理决策提供支持。

2. 人员建设方面

财务共享服务中心设置两大类岗位：业务处理岗位（财务核算、资金结算）和运营管理岗位。两类岗位对员工的素质要求不同，业务处理属于操作性岗位，要求员工有熟练的专业技能，而运营管理岗则要求员工有系统维护、开发及流程梳理设计能力。

在岗位设置时，为充分考虑员工的发展空间和员工个人的发展要求（如对职务晋升、薪资涨幅或者职称级别的提高），采用轮岗机制，按照业务板块，定时对内部模块间人员进行板块业务处理轮岗、跨模块间人员进行轮岗，充分提高员工的学习能力、业务能力、专业能力等。兴港投资财务共享服务中心岗位设置如图9-5所示。

3. 流程梳理及推广方面

兴港投资秉承同质化流程表单统一、兼顾各板块业务特性的思想，在流程梳理过程中，依据各板块及各子公司的政策、制度设计流程表单，完全依据各公司的授权手册配置审批流，保持了各公司的决策权不变。通过梳理流程中各个节点职责，把各类规则嵌入流程化管理中，实现系统化的规则管控、风险管控，并形成最优的结构化流程。在流程推广中，统一组织宣贯、培训，采取试点先行、分批纳入的系统上线策略，确保了共享流程上线应用的有序推进。

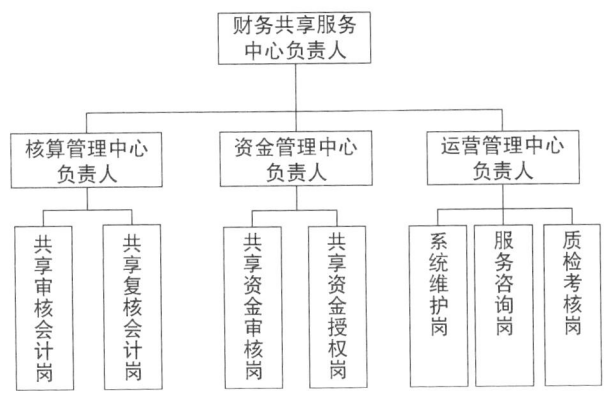

图 9-5　财务共享服务中心岗位设置

　　兴港投资财务部通过对集团及成员单位核算业务的梳理，目前共梳理了一级业务流程 11 大类，二级业务流程 30 类，业务事项 70 余项。其中一级业务流程主要包括收入业务、对外支付、贸易业务、借款及费用报销、人力费用业务、资产业务、资金业务、投资业务、筹资业务、营业外收支、应交税费业务等。本着"整体规划，分步实施"的原则，一部分业务流程适合全流程纳入财务共享，另一部分则需要分阶段纳入，如表 9-1 所示。

表 9-1　兴港投资集团财务共享服务中心部分业务流程

业务一级分类	业务二级分类	业务事项
一、收入业务	销售收入	安置房销售
		商品销售
		政府结算
	租赁收入	公租房
		商铺
	其他收入	代收水电费等
二、对外支付	合同类付款	有业务系统
		无业务系统
	无合同付款	土地征迁补偿费等
	往来款	收到往来款
		支付往来款
	保证金业务	收投标保证金
		投标保证金转履约保证金

（续表）

业务一级分类	业务二级分类	业务事项
二、对外支付	保证金业务	退投标保证金
		退履约保证金
三、贸易管理	信用证业务	收信用证保证金
		购汇
		存信用证保证金
		开立信用证
		信用证到期付款
	购销业务	代收代付客户增值税、关税等
		货物到货
		货物销售
		汇兑损益
四、借款及费用报销	员工借款	公务借款
	费用报销及还款冲账	差旅费
		办公费
		招待费
		保险费
		咨询及服务费
		交通、通信、会议、租赁费等
		广告宣传费
		工会费用
		维修费
		物业费及能耗
五、人力管理	职工薪酬	发放工资
		缴纳社保
		支付职工福利费
	培训费	教育经费
	招聘费	招聘费用
六、资产管理	固定资产	采购付款
	无形资产	采购付款
	投资性房地产	采购付款、自用转换
	资产减少	报废、资产处置

业务一级分类	业务二级分类	业务事项
七、资金管理	购买理财产品	—
	赎回理财产品	—
	内部资金调拨	—
八、投资管理	长期股权投资	取得长期股权投资
		收到投资分红、股利
		处置长期股权投资
	收到长期股权投资	收到投资
		支付分红款
		转让
	基金管理	收、付基金管理费
		收基金管理人跟投收益
		支付投资者利润
九、筹资管理	长短期借款	取得银行等金融机构借款
		支付借款利息
		归还银行本金
十、营业外收支	营业外收入	—
	营业外支出	捐赠等
十一、应交税费	税金计提	营业税金及附加
		所得税等
	税金缴纳	支付税金

通过全员填报系统并扫描单据，使业务数据直接转化为财务数据。业务人员是数据的提供者和唯一来源，以确保财务数据能够真实地反映业务活动。通过系统建设，把集团的财务制度及政策传达给了一线业务人员，这样业务人员不但了解流程表单的要求及系统规则，而且在开展业务的同时，潜移默化地遵循了集团的合规要求，从而严格执行集团的各种财务制度、政策，无形中降低了经营风险，全面体现了业财融合。全业务场景线上化操作，使得所有的经济活动都通过系统数据反映，不仅实现了内部信息的快速传输和有效交流，解决了集团内部信息孤岛问题，而且将财务标准化要求反映到业务前端，促进了集团综合管理水平的提高。

4. 运营管理建设方面

1）制度建设

财务共享服务中心的建设，离不开相应制度文件的支撑。制度体系分为外部制度和内部制度，外部制度的使用者是服务对象，如员工共享操作手册；内部制度的使用者是财务共享服务中心，如业务指导、会计核算办法、绩效考核办法等。

财务共享服务中心制度管理的重要作用在于指导财务共享服务中心业务操作的优化、更新，保障业务的稳定运营，同时监控财务共享服务中心的各项指标，及时发现运营过程中的风险，确保财务共享服务中心战略目标的实现。财务共享服务中心的制度文档分类如表9-2所示。

表9-2　财务共享服务中心制度建设

制度文档框架		
内部管理类		外部服务类
业务管理	运营管理	
1.业务指导	1.管理制度	1.员工共享操作手册
2.工作手册	2.规章制度	2.通知及公告
3.审核规范	3.流程规范	
4.核算办法	4.会议纪要	
5.内控规定		

2）质量管理

财务共享服务中心作为集团内部服务部门，为内部单位提供标准化、高满意度的服务，因此，必须通过质量管理来保障提供服务的准确可靠。财务共享服务中心提供服务的过程是一个不断迭代、优化提升的过程，在不同的时间段完成不同的工作任务。

（1）完成需求沟通、业务研究、流程设计等准备工作，当新的业务开展时，需要对需求进行沟通确认，开展业务合理合规性研究并考虑相应的系统设计方案。

（2）拿到需求后，制定相应的实现计划、目标收效、实现方案及分工，然后开始执行。

（3）系统实现后，进入实现检查阶段，如对原始票据进入系统的检查，防止由于输入数据的错误带来的输出错误。若原始资料在进入系统时就是错误的，需要及时与下级单位沟通修正；若是流程表单设计不合理造成输出内容不正确，需要尽快优化表单及流程。

（4）总结经验教训、对出现的问题加以处理，把成功的经验和失败的教训都纳入相应的标准、制度和规定之中，执行标准化。

　　3）绩效管理

　　财务共享服务中心的绩效考核一般采用看板考核的方式。兴港投资财务共享服务中心主要使用人员日工作量和流程中各节点审核时长等绩效考核方法，如图9-6和图9-7所示。

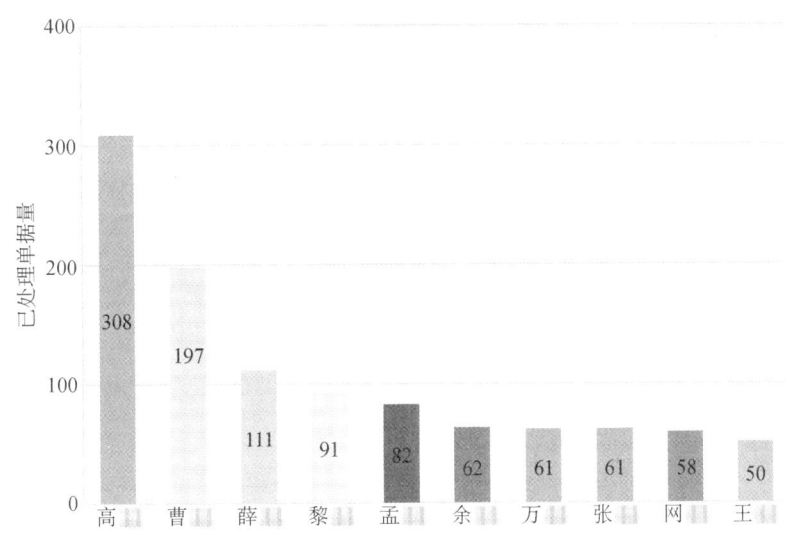

图9-6　财务共享服务中心人员日工作量统计图

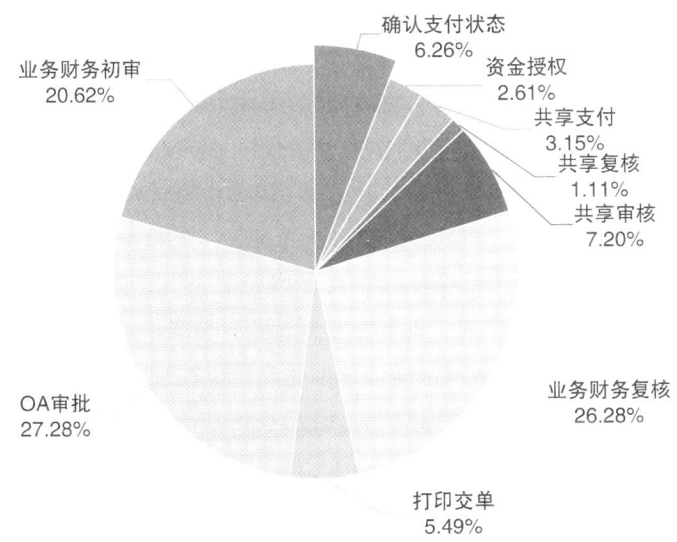

图9-7　财务共享服务中心流程中各节点审核时长占比图

5. 信息化系统建设方面

兴港投资的信息化系统因行业板块多，下属公司分为全资、控股等模式，所以系统应用目前并不统一，有集团层面统一部署的信息化系统，也有各个公司根据自己业务需要独立部署的信息化系统。因此，各公司的原有系统需要与财务共享服务系统进行集成，主要体现在以下几个方面：

（1）OA系统。共享作业平台作为未来业务审批的门户发起业务，再推送到OA系统完成审批工作，审批结果再返回到共享作业平台。前期暂时通过NC财务系统的审批流程，后期开展与OA系统的对接开发工作，完成后，停掉NC财务系统的审批流程。

（2）集团财务管控系统。集团财务管控系统和财务共享服务平台一体化，系统数据直接集成。

（3）资金管理系统。原有对接方式是财务管理的总账系统录入凭证时在弹出窗口界面录入付款方式、付款账户、付款金额。财务共享后，付款方式、付款账户、付款金额在付款类单据上录入，不用在凭证上录入，出纳签字后再推送给资金管理系统。

（4）商业智能报表系统。商业智能报表系统主要是从各个业务系统提取数据，财务共享服务平台根据商业智能报表系统的要求提供数据。

兴港投资信息化建设是基于财务共享服务的信息系统建设，主要包括报账平台、条码功能、电子影像系统、作业平台，以及与各个业务财务系统的集成。

1）报账平台

兴港投资采用统一的报账界面，包括报销类业务、往来类业务、收付款业务、固定资产业务等，支持移动端查询和审批。报账平台与预算和资金计划关联，支持业务发起环节的预算校验，报账审批也可实现与事项申请（动支）审批进行关联。

2）条码功能

兴港投资财务共享服务中心在流程基础上增加条码生成功能，报销流程的流程编号与条码相关联。流程提交后，设置流程封面打印功能。报销人提交流程后，打印流程封面（包含条码），粘贴到票据首页，经流程审批后送交财务共享服务中心。同时，支持业务系统生成条码规则整合、识别业务系统条码并可关联到业务系统单据。

3）电子影像系统

财务共享服务中心的电子影像系统将原始单据和发票上的信息通过智能技术进

行识别。记账凭证的编制来源于原始单据和发票上的信息，这些信息也是记账凭证的主要内容。自动化的识别原始单据和发票上的信息，为后续智能化生成记账凭证提供基础，也使财务人员摆脱了枯燥的信息提取工作。兴港投资财务共享服务中心电子影像系统主要有以下功能：

（1）影像采集及处理。支持扫描仪、高拍仪、手机 App 等数据源，支持 OCR 识别、条码识别、发票识别等，可进行图像对比、自动裁边、文字方向识别。

（2）影像上传及存储。支持在线上传、断点续传，有完善的存储机制。

（3）影像调阅。可快速检索，支持双屏显示，满足与业务、财务等系统对接，并可快速调阅。

（4）系统管理。具备完善的用户及权限管理，拥有备份机制和详细的系统日志。

（5）系统集成。与财务共享服务平台、核算系统深度集成，支持单据、凭证、影像联查。

4）作业平台

财务共享服务中心作业平台系统支持多种单据任务分配规则，如抢单、自动派单等，可记载单据处理的全过程状态和时效。

财务共享服务中心的核算人员通过作业人员门户可以查看处理任务总量、时间、排名等信息，提取并处理业务单据，关联查询原始单据和电子影像，处理个人工作任务。

管理人员可通过作业管理门户。对单据池进行查询统计，查看单据池中不同状态的单据量、单据详细信息、处理时效等；可以查看作业人员处理任务的总量及排名，任务详细信息，任务处理时效；也可以调整任务优先级、将单据池中的未分配的任务指派给作业人员、将已分配未处理的任务取回到单据池。

5）各个业务系统的集成

兴港投资财务共享服务中心的信息系统对接目前重点包括如下几个方面：系统间基础信息的集成与同步，财务共享服务平台与项目管理系统的对接，财务共享服务平台与预算系统的对接，财务共享服务平台与核算系统的对接，财务共享服务平台与资金系统的对接，财务共享服务平台与人力资源系统的对接，财务共享服务平台与 OA 系统的对接。兴港投资财务共享服务中心信息系统深度集成如图 9-8 所示，主要的系统集成体现在以下几个方面。

（1）基础数据共享。财务共享服务平台与其他系统对接基础数据，结合目前各系统的基础档案，实现与相关系统基础数据同步，保证系统间数据的唯一性、准确性，确保财务共享服务平台数据能自动承接各业务系统单据，实现数据共享。

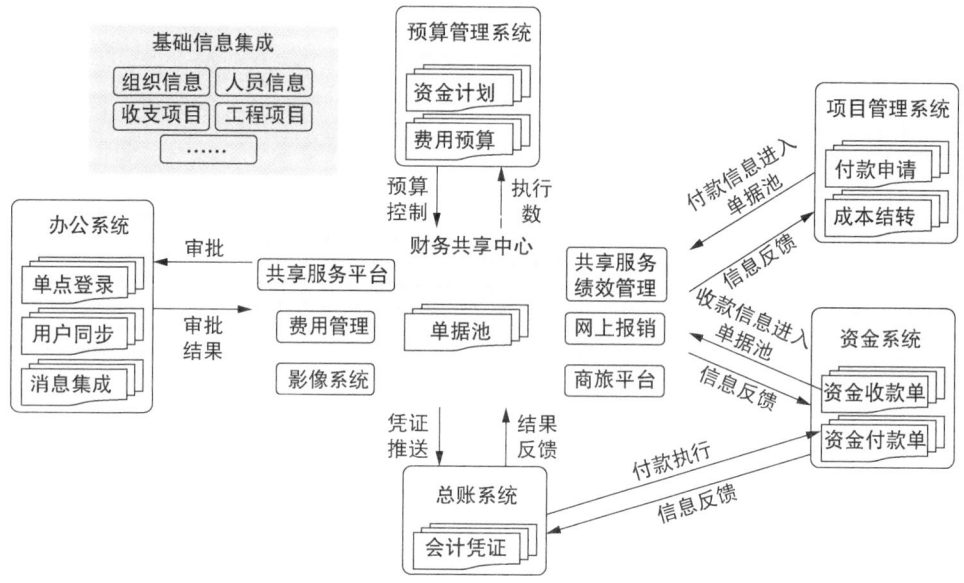

图 9-8 财务共享服务中心信息系统深度集成框架图

（2）项目管理系统集成。项目管理系统与财务共享服务平台对接的核心单据是付款类单据，财务共享服务平台承接项目管理系统单据进入单据池，在财务共享服务平台里要统一界面管理，维护关键信息包括供应商信息、项目档案、银行档案、银行账户、付款金额等，同时通过影像系统上传对应的原始单据，后续能随时联查影像电子单据。与已上线业务系统对接的同时，保留接口开放性，与未来或即将上线的其他业务系统对接，如供应链系统、资产管理系统、档案管理系统、商业 BI 智能报表系统等。

（3）预算系统集成。以报账平台为例，报销单据入口为报账平台，根据报销单据的公司、部门、收支项目等信息，报账平台自动与预算系统的相关信息比对，实现预算执行检查。报销业务审批后，报账平台数据能自动推送到预算管理系统，形成实际执行数，便于预算及时做预算数和实际数对比分析。预算管理系统能实时查询业务数据明细，联查报账平台的报账类单据。除报账平台外，还有财务共享服务平台里的收付款类单据同样要实现与预算管理系统的对接。

（4）核算系统集成。财务共享服务平台提供标准接口，实现与相关系统数据自动同步的同时，能自动传递凭证到财务核算系统。具体流程是财务共享服务平台单据经过财务共享服务中心人员审核后，依据财务核算系统的入账规则和会计科目及辅助核算要求，对接核算系统，自动生成会计凭证，将凭证号返回至财务共享服务平台，并关联凭证和单据。

（5）资金系统集成。财务共享服务平台审核报销付款、项目管理付款、其他付款类单据后，在自动推送核算系统会计凭证的同时，推送付款单据给核算系统，由核算系统传递给资金系统，接收支付状态并回传。资金系统收款类单据能和财务共享服务平台集成，自动生成财务共享服务平台收款类单据，通过财务共享服务中心人员审核后，能自动生成凭证到核算系统。

（6）OA系统及人力资源系统集成。财务共享服务平台与OA系统集成，实现界面单点登录，并将业务审批信息同步至OA系统，让各级领导在审批业务时统一使用OA系统入口，方便PC端及移动端审批。财务共享服务平台与人力资源系统实现公司、部门、人员等组织结构的信息同步，保证组织结构信息的一致性。

三、兴港投资财务共享服务中心的运营效果和价值体现

兴港投资实施财务共享服务的主要目的是提高效率、节约成本、创造价值、提升服务质量。财务共享服务的特点是反应速度快、信息透明度高、运营成本低、管理风险小，所以被称作为"解放高级管理人员大脑，解放业务部门束缚"的管理模式。财务共享服务中心的优势在于其在规模效应下降低成本，提高财务管理水平、效率和集团的核心竞争力。具体来讲，兴港投资实施财务共享服务中心的效果和价值表现为以下几个方面。

（一）提高财务工作效率，降低财务管理成本

运用财务共享服务平台，通过对基础性、事务性工作进行集中、自动化处理，降低单位工作量的处理费用，提高会计核算质量和财务管理效率，通过内部职能分工优化组合，降低了集团的人工成本，通过资源整合，财务共享服务中心将对资源进行更有效的分配，避免了在传统的分散处理模式下资源闲置的现象。

兴港投资财务共享服务的实施，使集团的财务触角延伸到下属公司的业务前端，有效地提高了财务处理的效率，推动了业务增长。自一体化流程打通之后，财务共享服务中心收付款业务无需人工干预，业务处理效率显著提高，业务处理能力有效增强，单月处理凭证量超过万份。付款时效由共享前1～2周的线下处理速度，提升到上线后进入共享单据池按照紧急类付款业务T＋1、非紧急类业务T＋3完成支付。月末结账及出具报表实现3个工作日完成月末结账，2个工作日出报表。详细数据如表9-3所示。

表 9-3　兴港投资集团财务共享服务中心运营前后对比

具体事项	共享前	共享后
单月处理凭证数量	4 500 份左右	15 000 份左右
费用报销支付	2 周至 1 个月	3 天
日常业务付款	2 周至 1 个月	3 天
贸易类紧急付款	1 天	40 多分钟
月末结账	6 个工作日	3 个工作日
出具报表	月末结账后 4 个工作日	月末结账后 2 个工作日

（二）优化业务处理流程，促进财务人员转型

建立财务共享服务中心，将各个单位共同的会计处理工作从成员单位集中到财务共享服务中心，采用相同的标准化作业流程，对业务流程进行标准化管理，废除冗余的步骤和流程，消除了多余的协调和重复性作业，实现业务集中核算、资金统一支付的专业化服务，优化业务处理流程。

逐步通过业务到财务核算的自动化处理自动生成凭证，将财务人员从基础核算中解放出来。一方面，减少基础核算财务人员数量，减少财务人员主观判断产生的失误；另一方面，财务工作从事后核算到事前管理，财务报告的出具效率大大提升，更好地促进财务人员转型，让财务人员将更多精力投入财务分析与管理工作中。

（三）提升核心竞争力，降低运营风险

财务共享服务中心的建立，推进了财务业务一体化，促进集团核心业务的发展。集团的各项战略和财务管理需求可直接传递至业务单位的核心决策层，使会计核算与业务建立直接通道，降低运营风险，提高财务数据安全性。财务共享服务中心工作的开展，将更加有利于管理会计职能的建设，通过管理会计汇聚更多高素质的专业人才，有效管控风险，提升核心竞争力。

（四）确保会计信息的准确性和及时性

财务共享服务中心的建立，增强了对财务法律法规和集团财务制度的执行力，规范了集团范围内的共性交易处理；通过系统平台的统一、会计核算的集中、财务报表设置的统一，做到跨地域、跨部门数据的整合；通过业务规则、财务规则的对照匹配，实现数据规则一致、凭证自动化，及时生成标准化的财务报表。

（五）有效支撑集团的发展战略

财务共享服务中心的建设适应了集团发展扩张需要，提高了建设集团整合能力与核心竞争能力，将集团管理人员从繁杂的非核心业务工作中解放出来，而将其他的辅助功能通过财务共享服务中心提供的服务完成，从而使更多财务人员能集中精力在公司的核心业务，为公司业务部门的经营管理和高层领导的战略决策提供高质量的财务决策支持，促进核心业务的发展，提高财务管理水平与执行力，支撑集团整体战略的实现。

（六）对外提供服务

通过建设财务共享服务平台，兴港投资目前已形成在组织模式、业务流程规范、固化表单等方面独有的财务共享服务管理模式。未来，随着财务共享服务逐步发展成熟，财务共享服务中心所提供的服务也会更加标准化、专业化，不仅适用于集团内部管理模式，同时也具备市场竞争力，可以为其他企业提供服务，降低小微企业的财务成本。

（七）社会效益

通过财务共享信息化项目建设，规范企业管理工作，兴港投资实现了财务管理转型升级，为客户、合作伙伴提供更为便捷、高效的服务，提升客户、合作伙伴满意度。

财务共享服务平台成为了兴港投资财务管理模式的一个对外宣传窗口和行业标杆，成为企业的核心竞争力以及名片，从而提升了企业品牌价值，塑造了良好的企业形象及社会形象。

兴蓉环境：建立发展优势　提升运营效率

——财务共享服务助力兴蓉环境扩张发展

一、国内水务行业概况

近年来，我国政府对环保的重视程度不断增强，出台了诸多支持性的产业政策，对环保行业的发展起到了至关重要的推动作用。"十三五"战略规划①以及《国务院关于印发水污染防治行动计划的通知》（国发〔2015〕17 号）均提出要全面实现敏感区域及建成区水体水质达到地表水 Ⅳ 类标准的要求，对水环境治理需求的增长持续带动水利项目投资规模的扩大，为水务环保行业迎来良好的发展机遇。

为进一步占领巩固水务市场并扩大份额，具有行业技术优势和规模优势的水务企业纷纷加快步伐进行区域布局。通过市场竞争，拓展新业务市场，形成一体化的业务格局。水务行业规模效应明显，部分实力强的企业通过并购实现快速增长，行业集中度提升。未来，水务行业竞争将进一步加剧。

二、兴蓉环境概况

成都市兴蓉环境股份有限公司（以下简称"兴蓉环境"）（股票代码 000598）是中国大型水务环保综合服务商，主要从事自来水生产与供应、污水处理、中水利用、污泥处置、垃圾渗滤液处理和垃圾焚烧发电等业务，集投资、研发、设计、建设、运营于一体，拥有完善的产业链，是西部水务环保行业领军者。

兴蓉环境以民生保障为己任、生态保护为目标，坚持可持续发展的理念，致力于为客户提供先进的水务环保运营管理、废弃物处置、资源循环利用等综合解决方案。目前，兴蓉环境业务已覆盖中国四川、甘肃、宁夏、陕西、海南、深圳、江苏等地，拥有 17 座自来水厂、24 座污水处理厂、4 座垃圾焚烧发电厂、3 座垃圾渗滤液处理厂、2 座污水污泥处理厂。运营及在建供排水规模逾 730 万吨/日，服务人口超 3 000 万人。在 2017 年和 2018 年分别荣获"2017 年度中国水业最具投资价值上市公司"奖和"2018 年度水业最具社会责任投资运营企业"奖。

兴蓉环境积极响应国家"一带一路"倡议，坚定不移"走出去"，积极跟进境外水务环保投资项目，不断推进与印度、泰国、美国等国家的合资合作，逐步形成依托成都、辐射全国、面向海外的多点、多极协同发展的良好态势和业务版图。

---

① 中华人民共和国国民经济和社会发展第十三个五年规划纲要，2016（3）.

三、兴蓉环境建设财务共享服务中心的驱动力

（一）兴蓉环境对财务共享服务的看待和认知

结合自身战略布局，兴蓉环境为在跨区域范围内寻求长期的竞争优势，解决公司在发展扩张过程中遇到的瓶颈和问题，一直在不断地寻求和探索先进的管理手段和管理模式。而财务共享服务作为一种全新的财务管理模式，无疑是最佳的选择。财务共享服务是依托于信息技术，以财务业务流程处理为基础，以优化组织结构、规范流程、提升流程效率、降低运营成本和创造价值为目的，以市场视角为内外部客户提供专业化财务服务的分布式管理模式，兴蓉环境通过财务共享服务建设必定能在人工成本、管理水平、扩张发展支持等方面给公司带来巨大收益。

（二）兴蓉环境财务共享服务中心建设动因

1. 紧随国家政策引导，牢抓行业发展机遇

党的十九大报告提出了"加快建设制造强国，加快发展先进制造业……推动大数据和实体经济深度融合"的重要论述。因此，培养数据思维要着力关键，从财务开始，建设财务共享，推行数据治理，加速业财融合，实现数据应用，才能拥抱大数据时代。

财政部和国务院国有资产监督管理委员会（以下简称"国资委"）也对企业的财务共享服务和财务信息化工作提供了政策支持。如财政部关于印发《企业会计信息化工作规范》的通知（财会〔2013〕20号）中第三十四条规定："分公司、子公司数量多、分布广的大型企业、企业集团应当探索利用信息技术促进会计工作的集中，逐步建立财务共享服务中心。"《财政部关于全面推进管理会计体系的指导意见》（财会〔2014〕27号）规定："鼓励大型企业和企业集团充分利用专业化分工和信息技术优势，建立财务共享服务中心，加快会计职能从重核算到重管理决策的拓展，促进管理会计工作的有效开展。"国资委下发《关于加强中央企业财务信息化工作的通知》（国资发评价〔2011〕99号）中明确："具备条件的企业应当在集团层面探索开展会计集中核算和共享会计服务。"

近年来，国家对环保的重视程度不断增强，出台了诸多支持性的产业政策，兴蓉环境需要借助先进的管理理念和管理模式提升自身竞争力从而更好地抓住行业发展机遇。

2. 支撑公司快速扩张发展，提升运营能力

根据兴蓉环境的"十三五"战略发展规划，未来将继续在全国乃至全球大力发展水务、环保、水利等基础设施的投资、建设与运营业务，公司的规模将越来越大，外地分支机构的新增、并购将越来越频繁。伴随公司不断快速扩张，公司涉足行业多、地域跨度大、核算体系复杂，出现了对下属分子公司的监管力度明显不足等问题，主要有以下三点：

（1）现有的财务模式难以支撑公司快速扩张。公司快速扩张，势必带来财务人员数量的大幅增加，管理难度增大，导致公司财务管理成本急速增加，而且财务人员的结构不能满足管理的要求。

（2）上市后管理要求和复杂度升高。公司上市后发展很快，建立了西安兴蓉环境发展股份有限公司等外地公司，管理幅度和半径增大，公司体量越大、层级越多，管理决策的复杂性越大，因此需要财务能够更多地发挥管理职能，给决策层提供具有参考价值的决策分析数据和报表。

（3）会计核算质量和效率有待提升。没有统一的系统支撑，难以做到会计核算的统一性、规范性、准确性，相关财务政策制度难以落地实施，核算工作难免出现不规范、不标准的地方。

为了在跨区域范围内获得长期的竞争优势，解决公司在发展扩张过程中遇到的各种难题，兴蓉环境一直在不断地寻求和探索先进管理模式，而 FSSC 作为一种新的财务管理模式，是公司集中式管理模式在财务管理上的最新应用，其目的在于通过一种有效的运作模式来解决大型集团财务职能建设中的重复投入和效率低下的问题，满足兴蓉环境发展的管理需求。

3. 财务共享服务实践价值驱动共享建设

从 20 世纪 80 年代，福特公司建立了世界上第一个 FSSC；到 2005 年，中兴通讯成为第一家建立 FSSC 的中国企业；再到今天，国内外知名企业相继建立 FSSC，无论是从理论研究还是技术实践上都证明财务共享服务是一种成熟的、建设可行性高的一种管理模式。

这种创新性的财务管理模式在众多企业中得到成功验证，并在许多跨国公司和国内中大型集团中推广开来，取得了令人欣喜的成效。兴蓉环境通过前期对已经建立 FSSC 的企业参观与考察，认识到财务共享服务建设的核心价值：可获取并应用新技术，升级财务工作，推行标准化的流程管理，便于集团总部管理和监控，更好地支持集团业务拓展和并购活动，这与兴蓉环境目前战略发展的管控要求高度

一致。

（三）兴蓉环境财务共享服务中心建设目标与路线

1. 兴蓉环境 FSSC 建设目标

兴蓉环境 FSSC 的实施，旨在更好地适应集团战略转型和精细化管理要求，推进集团财务管理转型，统一核算流程，提高会计核算质量和效率，减少财务人员总量，降低财务管理成本，从而实现集团财务管理链条扁平化，提高风险管控能力。具体来说，兴蓉环境建设 FSSC 的目标分为以下五点：

（1）统一核算流程，提高会计核算质量和效率。建立 FSSC，将下属分子公司的会计核算工作剥离出来，利用信息系统和影像扫描技术，使用统一的核算流程，远程为集团成员单位提供会计核算、资金结算、报表编制等财务服务，可以实现及时记账、及时结账、统一出具财务报表，提高会计核算的质量和效率等目的。

（2）优化财务人员结构，降低财务管理费用。兴蓉环境业务的扩张使得财务机构越来越多，在原来的传统模式下，各主体分别配置一套完整的财务人员（包括财务经理、会计和出纳等），需要大量有能力的财务人员。建立 FSSC，充分发挥 FSSC 的规模优势，减少财务人员总量，降低财务管理费用。

（3）实现资金集中结算，监控资金支付风险，提高支付效率。兴蓉环境 FSSC 采用用友银企直联在线支付系统，与银行网银系统实时对接，在线发起支付指令，实现资金快速支付及支付结果实时反馈，监控资金支付风险，提高资金支付效率，实现支付指令和支付结果的实时自动对账。

（4）实现集团财务管理链条扁平化，提高风险管控能力。FSSC 的建立，推进业务财务一体化，促进集团核心业务的发展，使集团的各项战略和财务管控措施直接传递至基层单位的核心决策层，建立会计核算与业务直接通道，大大加强了集团的管控力度，同时促进会计核算和财务管理的完全分离，使得更多高素质财务管理方面的专业人员从事财务管理工作，加强其对国家相关法规政策、集团战略、集团政策的理解，防范各种运营风险。

（5）提升集团的核心竞争力和整合能力，有效支撑集团发展战略。兴蓉环境在建立子公司或收购其他公司时，FSSC 能马上为这些新建的子公司提供标准化会计核算服务。将财务管理人员从繁杂的非核心业务工作中解放出来，集中精力为公司业务部门的经营管理和高层领导的战略决策提供高质量的财务决策支持，促进核心业务的发展，提高财务管理水平与执行力，加速集团整体战略的落地。

2. 兴蓉环境 FSSC 总体设计原则

为满足兴蓉环境 FSSC 建设的总体目标要求，满足集团现在和未来业务扩展的需要，总体设计原则考虑以下三个方面：

（1）先进性与成熟性兼顾。FSSC 的建立要考虑成熟性，解决流程流转的问题。同时尽可能采用成熟技术，借助成熟技术保障平台的稳定性，并引入先进的管理经验实现集团管理水平的提升。

（2）现实性与前瞻性兼顾。FSSC 的建立要考虑前瞻性，以支持未来企业的发展以及业务模式的变化。其信息系统应具备很好的扩展性，能够与未来全面信息化建设进行更好的衔接，并在未来进行必要的组织和流程优化时，可以较容易地进行相应的调整。

（3）经济性与抗风险性兼顾。FSSC 的建立要有很强的抗风险能力，要适应业务发展，也要考虑成本效益原则。方案设计要充分考虑与集团其他系统集成，使系统可以配合集团进行资源整合和流程优化，有效提高集团的管理水平和工作效率，提升集团服务能力以及市场竞争能力，满足当前管理要求及今后的发展要求。

3. 兴蓉环境 FSSC 建设路线

FSSC 作为一种新的财务管理模式，是一个集团型企业对其各级财务组织进行职能重构的方式，通过人员集约的组织手段、标准规范的流程手段、系统集成的技术手段，将批量大、差异小、程式性强、不太影响顾客体验的财务活动从各单位抽离，转移到 FSSC 运作，以达到规模效应，降低运作成本。

财务共享服务项目是一个管理变革项目，它涉及理念、组织、人员、流程和系统五个要素再造，因此要改变以往项目建设"信息部门主导、财务部门配合"的局面，创造"财务部门主导、信息部门配合"的新局面。结合国内外大型企业建设的经验，要成功实施财务共享服务项目，需要按照"顶层推动、整体规划、分步实施、先试点后推广"的建设思路，逐步将集团内所有具备条件的企业的相关会计工作迁移至 FSSC。

兴蓉环境财务共享的建设路线如图 10-1 所示。在建设初期实现企业报账、财务基础流程及核算、财务报表、资金结算等功能，运行 1～2 年后实现资金池/营运资金管理、业财一体、管理会计报告、税务及发票管理等功能，运行 2～3 年后实现大数据加工中心、商旅管理、档案管理、共享绩效服务等功能，在全部业务运行稳定后，其财务管理可达到行业内领跑地位。

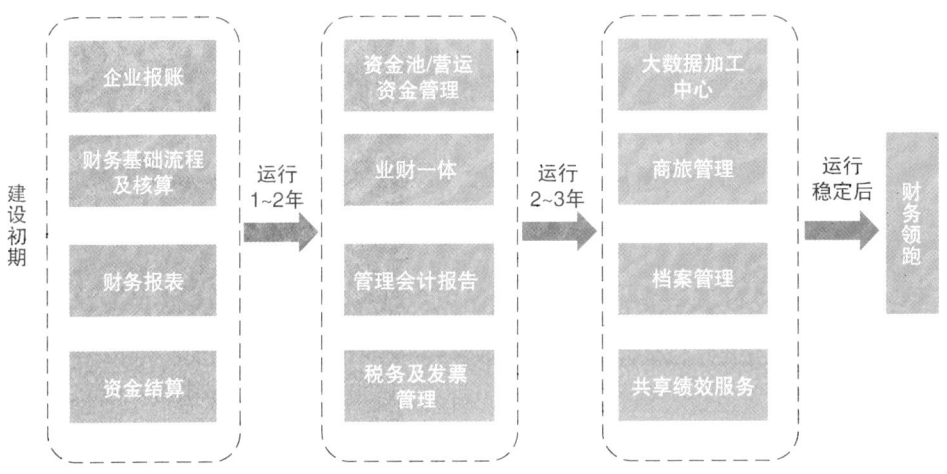

图 10-1　兴蓉环境财务共享建设路线

四、兴蓉环境财务共享服务中心建设历程

（一）发展遇痛点，加速内部立项

从 2018 年上半年开始，兴蓉环境的财务管理团队通过参加培训、到四川长虹集团等公司考察交流等方式，对 FSSC 的搭建、运作等有了进一步的了解。在此期间，由于遇到四川阿坝州兴蓉环境有限公司在建立后难以招到合适的财务人员、集团指派财务人员的成本又很高的问题后，兴蓉环境更加坚定了尽快建立 FSSC 的决心。

（二）伴随式咨询促进兴蓉环境财务共享服务中心建设落地

1. 兴蓉环境 FSSC "伴随式咨询" 建设模式导入

财务共享服务建设涉及组织、岗位、选址、业务流程规划、系统以及运营等方面的高阶设计及统筹规划，企业往往会采取先进行方案咨询设计再进行系统落地的建设模式，但这样的建设模式也存在一些问题，如项目周期相对较长，易受咨询方与系统建设方融合度以及责任主体不够明确等不确定因素影响。为了加快项目建设进度，提高建设效率，兴蓉环境经过多次考察及验证，决定采取 "伴随式咨询" 的交付模式，即兴蓉环境 FSSC 咨询设计及落地建设均由用友团队统一承接，从咨询阶段开始，方案专家与实施专家同时进驻，实现咨询成果与方案落地的高效承接，有效缩短项目建设周期，提高项目建设效率。

2. 兴蓉环境 FSSC 建设历程

1）兴蓉环境 FSSC 总体建设规划

结合集团发展规划以及管理需求，根据"总体规划、分期建设、试点先行"的原则，兴蓉环境 FSSC 建设历程主要分为三个阶段：共享试点期、优化提升期和价值创造期，具体如表 10-1 所示。

表 10-1　兴蓉环境 FSSC 总体建设历程

阶段	时间	历程
共享试点期	2018 年 8 月至 2019 年 3 月	财务共享服务模式初步试行
优化提升期	2019 年 4 月至 2019 年 12 月	财务共享服务推行阶段
价值创造期	2020 年 1 月至 2020 年 12 月	财务管理全面优化提升阶段

（1）共享试点期。在此期间，财务共享服务初步试行。2019 年年初，完成共享方案设计、系统平台搭建、试点单位业务上线。公司选择 4 家外地子公司的全业务进行业务试点，实现系统中业务申请、在线审批、自动核算处理以及电子影像扫描完整业务过程管理；并通过该部分业务的集中核算处理，优化该部分业务对应财务人员的岗位职责，初步建立起财务共享服务的作业模式。

（2）优化提升期。此阶段为财务共享服务模式推行阶段，主要期间为 2019 年 4 月至 2019 年 12 月。兴蓉环境于 2019 年逐步完成系统优化、业务流程优化、规章制度优化，并陆续将其他分子公司纳入 FSSC，形成业务财务大数据中心。

在全集团范围内逐步推广财务共享服务中心，全面实现业财一体化，全面优化财务人员岗位结构，实现所有基础核算业务的财务共享处理，实现资源效益最优化。

（3）价值创造期。此阶段为财务管理全面优化提升阶段，主要期间为 2020 年 1 月至 2020 年 12 月。2020 年后，在业务规范、数据共享的前提下，实现集团财务从价值守护到价值创造转变，利用财务共享的大数据平台为集团决策提供支持服务。

建立绩效管理评价支持与管理决策支持，全面促进财务管理水平的提升；同时通过与外部合作方、商旅平台的互联网融合，实现基础业务会计核算处理的对内对外全面电子化应用，进一步提高协同效率。

2）兴蓉环境 FSSC 试点建设历程

兴蓉环境财务共享一期试点项目实施，按照"伴随式咨询"的建设思路，主要分为业务咨询、项目规划、需求调研、蓝图设计、系统建设、上线切换和项目总结七个阶段，在项目组双方领导的大力支持和稳步推动下，财务共享试点项目实施完成了项目实施进度的各阶段工作，具体如下：

（1）项目准备阶段。在项目规划阶段，主要由用友团队网络项目组与兴蓉环境项目组共同确定了项目主计划，确定了双方项目组的成员，建立了双方在项目实施过程中必要的沟通机制，明确了相关职责和义务。

（2）项目咨询阶段。在项目咨询阶段，主要由兴蓉环境项目组和用友团队网络项目组一起对兴蓉环境管理现状进行梳理，并结合兴蓉环境财务共享建设需求，对后续兴蓉环境 FSSC 建设进行总体规划。

（3）项目调研阶段。在项目调研阶段，主要由用友团队网络项目组根据兴蓉环境财务共享建设的要求，对兴蓉环境的业务现状和信息化现状进行梳理、分析，为下一步的蓝图设计奠定基础。

（4）项目蓝图阶段。本阶段是项目实施最为关键的阶段，也要为项目后续的建设奠定扎实的基础。项目解决方案就是项目的蓝图，用友团队顾问根据兴蓉环境的行业特点、企业管理现状、系统的应用目标，结合软件的管理思想和功能特点，设计出了本期项目范围内的系统应用方案，并经兴蓉环境项目组进行讨论完善后，作为里程碑成果进行确认。

（5）项目建设阶段。本阶段主要任务是根据项目实施方案对系统进行配置，并组织各单位进行系统测试，对方案的测试是本阶段的重中之重，测试得越全面，对方案的验证就越周密。项目组选用了有代表性的历史数据进行真实场景的模拟，对测试过程中发现的问题，在项目组内及时进行沟通讨论，并改进系统应用方案。同时对于发现的不规范业务提出改进意见和建议，帮助企业改进和优化业务流程，加强各业务控制点的控制。测试通过后，项目组对兴蓉环境本部和 4 家异地单位终端用户进行培训。

（6）上线切换阶段。系统上线是整个项目进程中的决定性工作，此阶段有严格的时间要求。根据项目建设阶段确定的实施方案，在静态数据准备的基础上，兴蓉环境项目小组制订了系统上线的计划和相关应急安全保障机制，在双方项目小组的共同努力下，系统于 2019 年 1 月 21 日上线运行。

（7）项目总结阶段。本项目的成功主要得益于双方领导对项目的重视及对项目组工作的大力支持，兴蓉环境相关人员的全力配合，双方重视对项目实施过程的管理，始终加强对项目实施计划执行情况的检查，及时总结项目实施中的问题并妥善解决，双方项目组高效的响应速度和执行力度等，确保了项目实施的进程和质量。

3）兴蓉环境 FSSC 试点建设范围

基于探索财务共享服务模式、验证财务共享服务模式可行性的目的，兴蓉环境选择了股份公司和异地的 4 家公司进行试点，试点业务涉及自来水生产与供应业务和污水处理业务，业务相对单一，核算工作相对简单。

鉴于实施周期要可控、实施效益要显著等因素考量，本次项目实施模块范围包括总账、应收管理、应付管理、固定资产、工单、资金管理、费用管理、影像天创接口、财务共享作业平台、企业报表、银企直联、友空间、友报账和税务云等模块。

为验证异地公司财务共享的可行性，探索异地公司适用的财务共享服务模式，兴蓉环境本期财务共享项目实施的组织包括：成都市兴蓉环境股份有限公司、海南兴蓉环境发展有限责任公司、西安兴蓉环境发展有限责任公司、兰州兴蓉环境发展有限责任公司和银川兴蓉环境发展有限责任公司，总共 5 家单位，如图 10-2 所示。

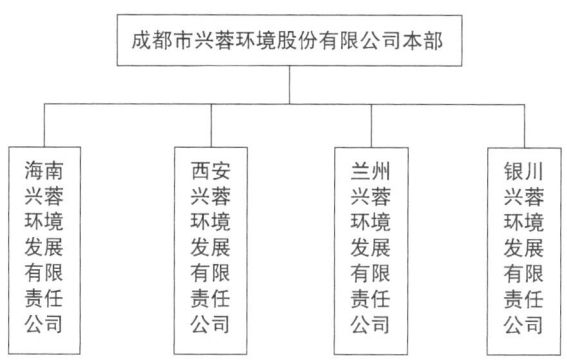

图 10-2　兴蓉环境 FSSC 建设一期的组织范围

五、兴蓉环境财务共享服务中心建设成果

（一）搭建基于财务共享服务的财务管理体系

1. 共享模式下兴蓉环境财务管理模式

基于财务共享服务的模式，兴蓉环境目前的财务管理架构为战略财务、业务财务、共享财务三位一体的架构模式，如图 10-3 所示。

其中，战略财务是在集团层面进行决策和配置的。政策制度方面，建立统一的会计政策和财务报告体系；预算与业绩管理方面，发挥导向作用；资金管理和资本运作方面，最大化资金利用价值；税务筹划方面，统一筹划，合理减轻企业税负；决策支持方面，为公司战略、经营提供有价值的决策支持。

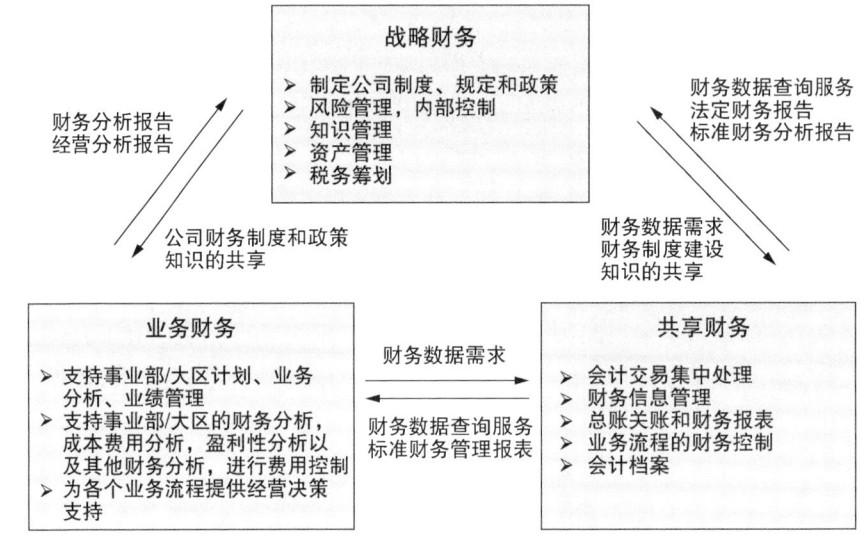

图 10-3 兴蓉环境三层财务管理架构模式

业务财务发挥全价值链财务管理支持作用，对业务起到协同和推进的作用。财务活动向业务活动延伸，促进集团价值最大化；分析、计划、预测和业绩推进，提供全价值链业务财务管理。

共享财务作为财务基础交易处理中心，发挥记录和控制作用。通过集中化、标准化和端到端的全流程管理，低成本高效率地处理财务基础交易；管理和提供财务基础信息。

2. 共享模式下兴蓉环境财务职责划分

从财务职能角度，FSSC 是会计信息服务中心，为股份财务（战略财务）和分支机构财务（业务财务）提供会计信息。股份财务面向股份公司开展财务管理工作，为 FSSC 提供管理指导；分支机构财务面向分支机构开展财务管理工作，为 FSSC 提供核算支持，如图 10-4 所示。

3. 兴蓉环境 FSSC 组织架构设计原则

兴蓉环境 FSSC 组织架构设计主要基于以下四点原则：

（1）支持业务扩展。支持业务扩展原则，体现在持续无缝接入更多核算业务及接入财务领域其他可标准化、流程化的业务。在传统的会计核算组织方式中，由专人负责各个单位的财务工作，新业务接入时往往需要另外配置人员。FSSC 设计方案支持按照同类业务归并，进行专业分工，以实现允许新纳入 FSSC 单位的核算业务可直接按标准流程，由相应的 FSSC 专业组进行处理。

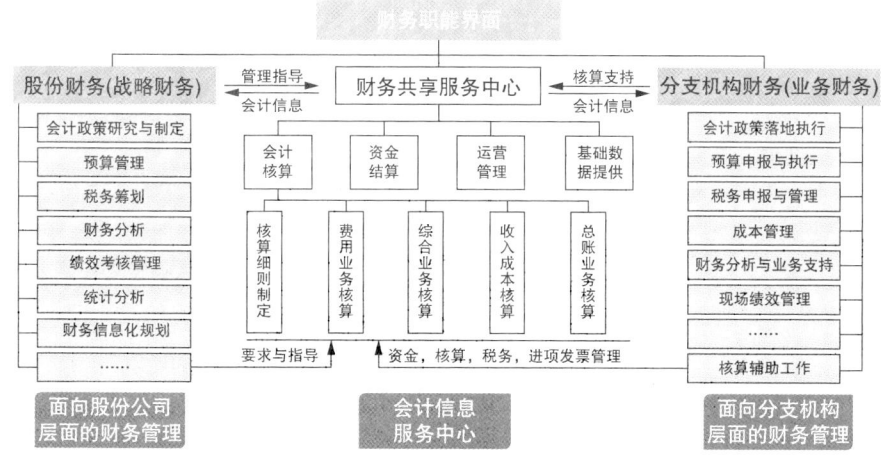

图 10-4　FSSC 与其他部门整体权责划分

（2）处理标准统一。处理标准统一原则，体现在 FSSC 同类业务的账务处理标准一致方面。传统的会计核算组织方式，由专人负责某个单位的全部账务，容易造成不同成员单位之间同一类业务操作方式不统一、不标准。FSSC 设计方案考虑用专业组负责成员单位间的同类业务，以实现同类业务交易处理标准化。

（3）工作效率提升。流程操作的标准化可以带来工作效率的持续提升。与传统的会计核算组织方式相比，FSSC 设计方案满足组织设计内部业务分工精细化、人员专业化，能够明显提升效率，降低人力成本。

（4）管理跨度合理。合理的业务组设置，有利于沟通交流。与传统的会计核算组织方式相比，FSSC 设计方案能够保持合理的管理跨度，使得各个组之间以及财务共享服务中心负责人能够和组内成员保持有效的管理沟通。

4. 兴蓉环境 FSSC 组织架构设计

兴蓉环境 FSSC 隶属于股份公司的财务中心，主要承担两个方面的职能：第一，建立专业化的 FSSC，承担财务整体职能中的交易处理性核算业务，为分支机构提供标准统一的核算与资金结算服务；第二，FSSC 将分阶段、分单位地进行试点推广，逐步完成覆盖股份公司所有单位的财务共享服务中心建设，如图 10-5 所示。

5. 兴蓉环境 FSSC 岗位及职责设计

兴蓉环境 FSSC 的岗位设置如图 10-6 所示，设一名总负责人，负责 FSSC 整体的管理工作；6 个小组分别设一名组长，负责各小组的日常业务管理工作。FSSC 总负责人、各业务组长为管理类岗位，运营管理中心下设岗位为运营支持序列岗位，其

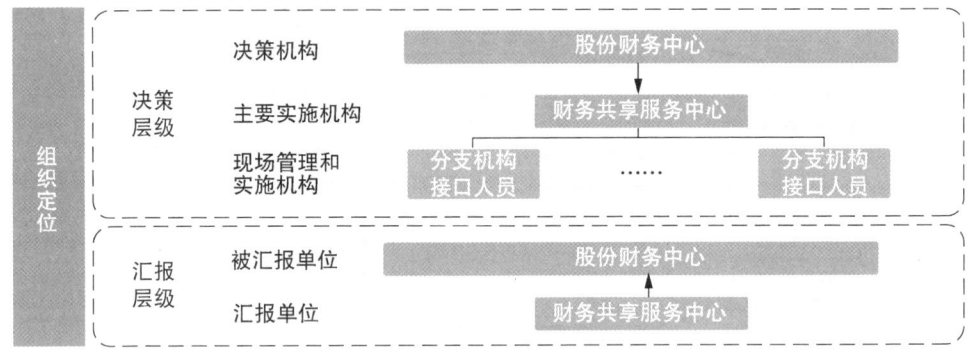

图 10-5 兴蓉环境 FSSC 组织定位

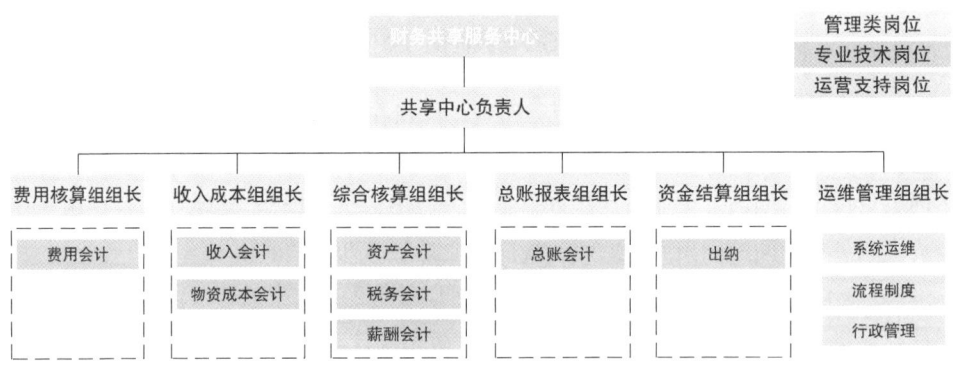

图 10-6 兴蓉环境 FSSC 岗位设置

他岗位为专业技术序列岗位。

1）费用核算组的岗位职责

（1）费用核算组组长的职责。负责 FSSC 费用核算业务的整体运营与管理工作；负责费用核算组人员的管理工作，如人员考核、招聘、人员队伍建设等；负责本组工作的统筹安排与管理，对本组员工的工作提供指导；指导本组内部无法解决的疑难问题；协调本组业务相关工作的跨部门业务；参与本组业务相关的会计信息系统改进并对优化需求进行梳理；对本组内人员完成的核算业务进行抽查复核；对外提供核算相关的基础数据；及时向 FSSC 总负责人反馈费用核算业务运营中发现的管理问题；定期或不定期向 FSSC 总负责人汇报工作，并完成领导安排的其他工作。

（2）费用会计的职责。包括各类费用（会议费、培训费、差旅费、业务招待费等）报销的审核与核算；负责在业务处理过程中严格遵守相关制度及操作规范，保障核算的准确性和及时性；负责不定期总结工作中发现的问题并提出建议（制度、流程、系统等），提交至组长；负责员工借款和还款的审核与核算；负责员工借款对账，跟催员工及时还款。

2）收入成本组的岗位职责

（1）收入成本组组长的职责。包括 FSSC 收入成本核算业务整体运营与管理工作；负责收入成本组的人员管理工作，如人员考核、招聘、人员队伍建设等；负责本组工作的统筹安排与管理，对本组员工的工作提供指导；解决本组内部无法解决的疑难问题；协调本组业务相关工作的跨部门业务；参与本组业务相关的会计信息系统改进或对优化需求进行梳理；对本组内人员完成的核算业务进行抽查复核；对外提供核算相关的基础数据；及时向 FSSC 总负责人反馈收入成本核算业务运营中发现的管理问题；定期或不定期向 FSSC 总负责人汇报工作，并完成领导安排的其他工作。

（2）收入会计的职责。包括其他业务收入的审核及入账；负责应收银行收款的预收款挂账或应收款项核销；负责应收票据收款的预收款挂账或应收款项核销；负责应收款项坏账计提、核销的审核及入账；在业务处理过程中严格遵守相关制度及操作规范，保障核算的准确性和及时性；不定期总结工作中发现的问题并提出建议（制度、流程、系统等），提交至组长。

（3）物资成本会计的职责。包括各原材料、周转材料等物资采购业务的审核与入账；负责物资出入库、退货、暂估入库与冲销、移库等业务的核算；负责物资的处置、盘盈盘亏核算；负责日常生产成本的归集工作；负责主营业务成本和部分其他业务成本的核算；在业务处理过程中严格遵守相关制度及操作规范，保障核算的准确性和及时性；不定期总结工作中发现的问题并提出建议（制度、流程、系统等），提交至组长。

3）综合核算组的岗位职责

（1）综合核算组组长的职责。包括资产、在建工程、税金、薪酬核算业务整体运营与管理工作；负责综合核算组的人员管理工作，包括人员考核、招聘、人员队伍建设等；负责本组工作的统筹安排与管理，对本组员工的工作提供指导；指导本组内部无法解决的疑难问题；协调本组业务相关工作的跨部门业务；参与本组业务相关的会计信息系统改进或对优化需求进行梳理；对本组内人员完成的核算业务进行抽查复核；对外提供核算相关的基础数据；及时向 FSSC 总负责人反馈资产、在建工程、税金、薪酬业务运营中发现的管理问题；定期或不定期向 FSSC 总负责人汇报工作，并完成领导安排的其他工作。

（2）资产会计的职责。包括在建工程预转固（验收）、暂估冲销、转固、减值的审核与核算；对固定资产的新增、大修、折旧、调拨、减值、盘点的审核与核算；无形资产与投资性房地产的新增、摊销的审核与核算；在业务处理过程中严格遵守相关制度及操作规范，保障核算的准确性和及时性；不定期总结工作中发现的问题并提出建议（制度、流程、系统等），提交至组长。

（3）税务会计的职责。包括进项税转出的核算；负责税金的计提、缴纳核算；业务处理过程中严格遵守相关政策制度及操作规范，保障核算的准确性和及时性；不定期总结工作中发现的问题并提出建议（制度、流程、系统等），提交至组长。

（4）薪酬会计的职责。包括处理与薪酬福利有关的核算业务，如薪酬计提核算、薪酬发放核算、社保/公积金/年金计提与缴纳核算、职工教育经费计提核算、工会经费计提核算；在业务处理过程中严格遵守相关制度及操作规范，保障核算准确性和及时性；不定期总结工作中发现的问题或建议（制度、流程、系统等），提交至组长。

4）总账报表组的岗位职责

（1）总账报表组组长的职责。包括FSSC总账报表业务整体运营与管理工作；负责总账报表组的人员管理工作，如人员考核、招聘、人员队伍建设等；负责本组工作的统筹安排与管理，对本组员工的工作提供指导；指导本组内部无法解决的疑难问题；负责本组业务相关工作的跨部门业务协调；参与本组业务相关的会计信息系统改进或对优化需求进行梳理；指导FSSC内部的各项核算业务；对总账会计提交的单体报表进行检查；配合集团整体层面的财务审计及税检工作；对本组内人员完成的核算业务进行抽查复核；及时向FSSC总负责人反馈总账报表业务运营中发现的管理问题；定期或不定期向FSSC总负责人汇报工作，并完成领导安排的其他工作。

（2）总账会计的职责。包括金融类业务的账务处理；负责利息核算业务的账务处理；负责营业外收支的账务处理；负责损益结转类的账务处理；负责总账类其他业务相关账务调整处理；负责财务报表编制；配合所辖各单位的财务审计及税检工作；在业务处理过程中严格遵守相关制度及操作规范，保障核算的准确性和及时性；不定期总结工作中发现的问题并提出建议（制度、流程、系统等），提交至组长。

5）资金结算组的岗位职责

（1）资金结算组组长的职责。包括FSSC资金核算业务整体运营与管理工作；负责资金核算组的人员管理工作，如人员考核、招聘、人员队伍建设等；负责本组工作的统筹安排与管理，对本中心员工的工作提供指导；指导解决本组内部无法解决的疑难问题；本组业务相关工作的跨部门业务协调；参与本组业务相关的会计信息系统改进或对优化需求进行梳理；对导入的银行流水进行复核；对外提供资金收付相关的基础数据；及时向 FSSC 总负责人反馈资金核算业务运营中发现的管理问题；定期或不定期向 FSSC 总负责人汇报工作，并完成领导安排的其他工作。

（2）出纳的职责。包括资金结算操作；提供资金相关的会计信息；不定期总结工作中发现的问题并提出建议（制度、流程、系统等），提交至组长。

6）运维管理组的岗位职责

（1）运维管理组组长的职责。包括 FSSC 运营管理体系的建立以及监督管理体系的运行；负责运营管理组工作的整体规划、运营管理及业务指导；负责 FSSC 组织绩效和个人绩效管理体系建立与管理实施；负责运营管理组的人员管理工作，如人员考核、招聘、人员队伍建设等；审批运营管理组发布的各类标准化制度、流程文档及其他相关文件；负责 FSSC 对外知识交流活动的组织；配合集团软件系统的实施，完成会计核算与新增业务系统数据接口；推动完成财务硬件、网络系统的完善，为数据安全、系统扩展奠定基础；及时向 FSSC 总负责人反馈运营管理工作中发现的管理问题；定期或不定期向 FSSC 总负责人汇报工作，并完成领导安排的其他工作。

（2）流程制度岗的职责。包括组织对 FSSC 内部各类管理制度、核算细则、流程等标准化文档的定期更新及修订，并对相关文档进行审核、报批与发布。

（3）系统管理岗的职责。包括组织、安排财务共享服务平台需求评审、关键用户验收测试、跟进问题解决；根据收集到的 FSSC 相关系统需求，设计系统产品功能，并跟进系统开发进展；负责财务信息系统基础数据管理及权限管理工作，如审批流设置、领导权限设置、用户权限添加与调整等；收集与反馈财务相关信息系统使用过程中的问题，协助优化系统功能。

（4）行政管理岗的职责。包括全面负责 FSSC 的行政和后勤管理工作；负责办公室日常办公制度的维护和管理，并监督执行；负责 FSSC 的办公资产管理，包括办公用品与劳保用品申请、领用和发放等。

6. 兴蓉环境分子公司财务人员转型路线

兴蓉环境分子公司基础会计核算业务集中至 FSSC 统一处理后，需妥善安置各单位原有从事基础核算的财务人员。各单位基础核算财务人员可根据实际岗位需求并综合考虑个人意愿，向以下四个方向转型：

（1）财务共享服务属地辅助工作。负责在分支机构所在地为 FSSC 完成财务辅助工作，包括扫描、报账咨询以及部分辅助报账业务。

（2）属地公司财务管理工作。向财务管理方向转型，负责各单位的预算管理、绩效管理、资产负债管理、经营业绩管理等财务管理工作。

（3）FSSC 内部工作岗位。调至 FSSC，根据岗位要求和个人能力的匹配度，可从事专业技术类、运营支持类或管理类岗位。

（4）其他业务条线岗位。可转岗至本单位非财务领域的其他业务条线岗位。

7. 兴蓉环境 FSSC 人员发展通道

兴蓉环境 FSSC 人员发展通道设计从 FSSC 内部和 FSSC 外部两个层面展开，如图 10-7 所示。

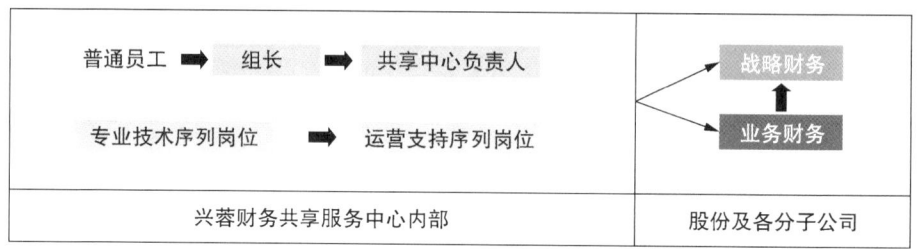

图 10-7 兴蓉环境 FSSC 人员发展通道设计

（1）FSSC 内部层面。人员发展可以考虑在专业技术序列和运营支持序列两个维度深耕或跨维度发展；在每个序列中，FSSC 员工可在同一岗位不断努力晋升，或在达到轮岗要求后，轮岗至其他岗位，如费用会计达到专业职称要求或职级要求后，可轮岗至总账会计岗。

（2）FSSC 外部层面。除 FSSC 内部岗位之外，FSSC 是股份公司财务人才的培养基地，所有战略财务和业务财务人员均应从 FSSC 选拔。通过岗位轮换，FSSC 人员可深入了解股份公司各板块的基础核算业务规则和具体执行情况。在此基础上再轮岗到战略财务和业务财务岗位，可以更好地制定相关政策、规则，也可以更好地完成对业务单位的管控及服务。

（二）搭建支撑业务发展的智能财务共享服务平台

此次财务共享服务系统建设以全业务共享为目标，同时结合移动互联网、智能化以及数字化等最新技术打造兴蓉环境智能化财务共享服务平台，具体由共享报账平台、共享运营平台、ERP（后台）和基础应用平台四个板块组成。其中，共享报账平台能够实现移动端（友报账）和 WEB 端（网上）报账两项功能，分别满足不同端口报账需求；共享运营平台又包含运营平台和影像系统两部分，具体如图 10-8 所示。

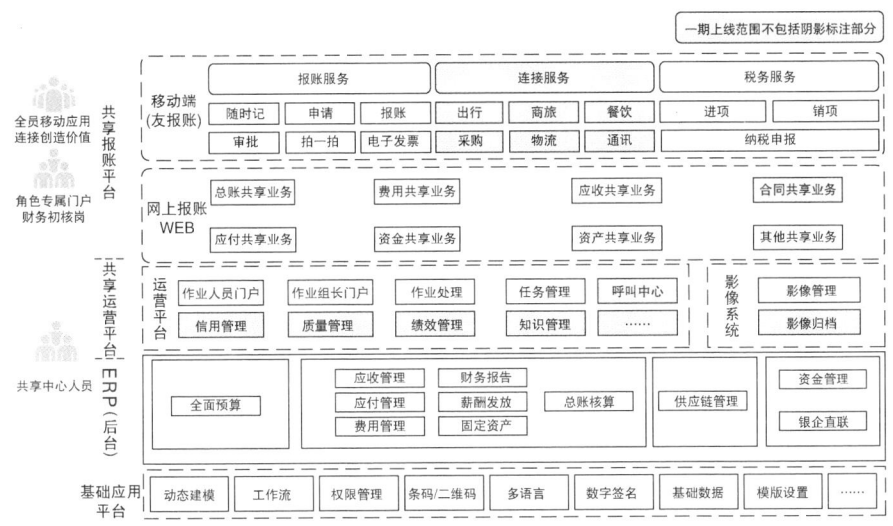

图10-8　兴蓉环境财务共享服务平台整体架构

1. 报账平台

兴蓉环境的报账平台重点实现了如下四个方面的功能：

（1）报账模板选择功能。在报账平台中，按各种报账业务类型和流程设计报账单据的模板，在员工提交申请时选择对应单据，通过标准化填单界面（字段名称/顺序/填写方式/布局）填写员工易理解的业务信息，借助友好的系统提示，降低员工填单难度，提高员工填单质量。其中，在业务类型设计时，设计易于理解的业务类型，并增加业务类型说明，便于员工理解并正确选择。业务类型与预算科目、会计科目自动匹配。填单界面通过对业务类型的限定，引导用户对不同业务分开填单，提升报账过程和结果的标准化水平。

（2）报账信息关联功能。系统自动默认报销人信息，如所在业务单元、审批领导、部门、成本中心、账户信息等，可通过系统接口或员工提前在系统中维护得到；员工费用报销业务可设置代报账功能，即系统设置为提单人、报账人，审批流按照实际报账人的审批流进行设置，退单时退给提单人；员工通过报账平台归还借款（含预付款）时，需勾选关联借款单据号，填写冲账金额；业务信息字段定义兼顾会计核算需求和公司财务管理需求，记录更多业务细节，提升管理精细化水平。

（3）自动计算对标功能。如能够自动计算出差天数、出差补贴、差旅标准等，将业务管控要求内嵌在系统中，实现自动控制；允许在提单环节上传电子附件，并支持上传电子表格、文本截图、图片等多种形式的电子附件。

（4）费用预算控制功能。支持对于指定费用项目进行刚性、柔性、提醒等多种控制方式。

此外，将合同管理系统的合同信息同步至报账平台，在提单环节勾选对应的合同编号，财务审核时可通过合同编号直接调用合同管理系统中的合同影像及合同关键条款信息，报账结束后，可根据合同编号统计合同付款情况①。

2. 预算控制

在兴蓉环境财务共享服务平台中，预算控制策略可根据股份及不同业务单元的预算管理要求，进行灵活定义和多类型控制。

兴蓉环境的预算控制策略，在控制周期方面支持年度滚动控制；在刚性控制方面，超出预算的不允许提交单据；在柔性控制方面，仅提醒超预算或允许上浮一定比例。在预算控制维度上，兴蓉环境采用"业务单元＋部门＋业务类型"预算控制和"业务单元＋部门"预算控制两种不同方案。

3. 工作流平台

在兴蓉环境共享服务平台，对于工作流主要从业务审批和共享复核两个功能模块实现：

（1）业务审批功能。在系统内设定不同报账流程的审批节点和审批层级，实现自动推送审批流；系统需显示审批历史，包括各环节审批人、审批时间，并展示有图像化的审批全流程；领导可以填写审批意见，审批通过系统自动推送下一审批节点，审批不通过则直接返回报账人，报账人需重新修改提单；系统会自动给审批节点领导推送待审批任务提醒；支持电脑端审批、移动端审批、授权审批等多种审批方式，满足审批人的不同需求；业务领导可设置按照金额、业务类型或时间等维度授权其他领导代为审批。

（2）共享复核功能。系统自动推送业务审批通过影像信息已匹配的任务到复核环节；复核人员双屏审核电子报账单据和影像信息，并允许填写审核意见；对于影像有问题或需进行发票补扫的单据，可以退回重扫或补扫，在扫描员重扫或补扫后，即可由复核人员直接进行后续处理。

4. 共享任务管理

兴蓉环境共享服务平台的任务管理主要实现以下三个功能：

（1）共享任务特征设置。首先，根据业务类型、业务单元进行组别权限的隔离设

---

① 一期项目暂未包括合同管理模块。

置；其次，在架构设置上，设置组长、组员、报账单位、分配模式、提单数量等信息；此外，设置普通（默认）和加急两种不同待处理任务类型；最后，设置任务状态，分为待提取任务和已提取任务两种不同状态。

（2）角色权限配置。首先，设置特殊单据优先级（定向提取）给组长（系统管理员）；其次，组长可将任务池中的任务指派给组员；如有需要，可将组员退回的任务调整给其他组员或其他组组长。

（3）任务规则设置。任务规则设置提取和分配两种不同方式；同时设置单次提取或分配数量规则，以确定单次提取数量或系统单次推送数量。

5．电子影像

在兴蓉环境财务共享服务平台中，电子影像系统与报账平台功能为一一对应的关系。报账平台的员工提单和电子影像系统上传的电子单相匹配；报账平台在领导审批时，可以调阅影像系统接收的电子单；在任务推进阶段中两个平台的状态相互匹配；报账平台在进行财务审核时，也可以调阅电子影像系统中接收的电子单，具体如图10-9所示。

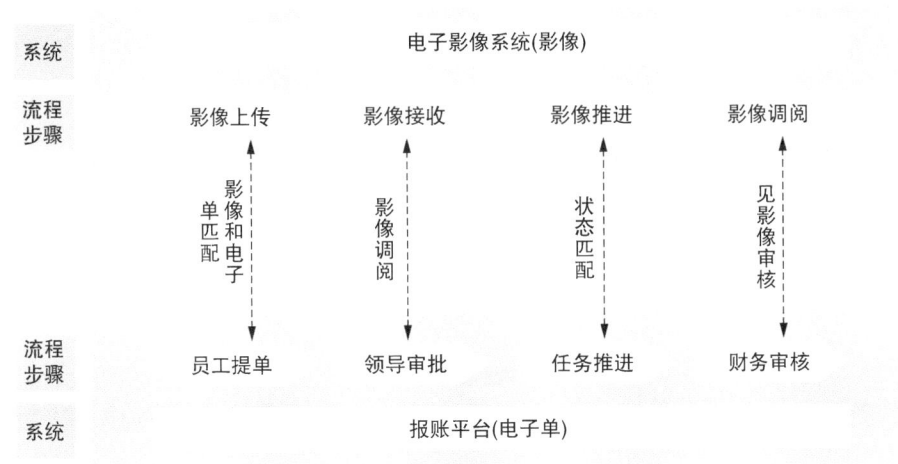

图10-9　电子影像与报账平台对报账流程的支撑

6．银企直联

在兴蓉环境财务共享服务平台中，报账平台与银行系统通过数据加密传输，能够实现银企直联；报账平台发出支付请求并接收支付结果；同时，报账系统向NC财务系统发出凭证信息单据号，并接收凭证号成功标识作为反馈。如图10-10所示。

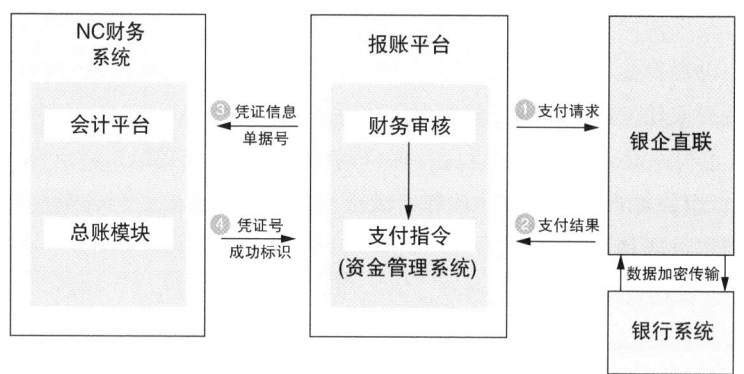

图 10-10　兴蓉环境银企直连架构规划

7. 集成平台

以"业财税资"为核心,兴蓉环境通过财务共享服务平台打破原有系统间的信息孤岛,形成业务管理闭环,为业务流程标准化落地提供系统支撑。试点项目建设共完成八大系统(共享系统、影像系统、CA 系统、税务云、银企直连、友空间、友报账和移动端)之间的系统集成,实现 18 个大类业务,近 100 个细分业务的业财一体化。

兴蓉环境 FSSC 系统总体集成架构如图 10-11 所示。

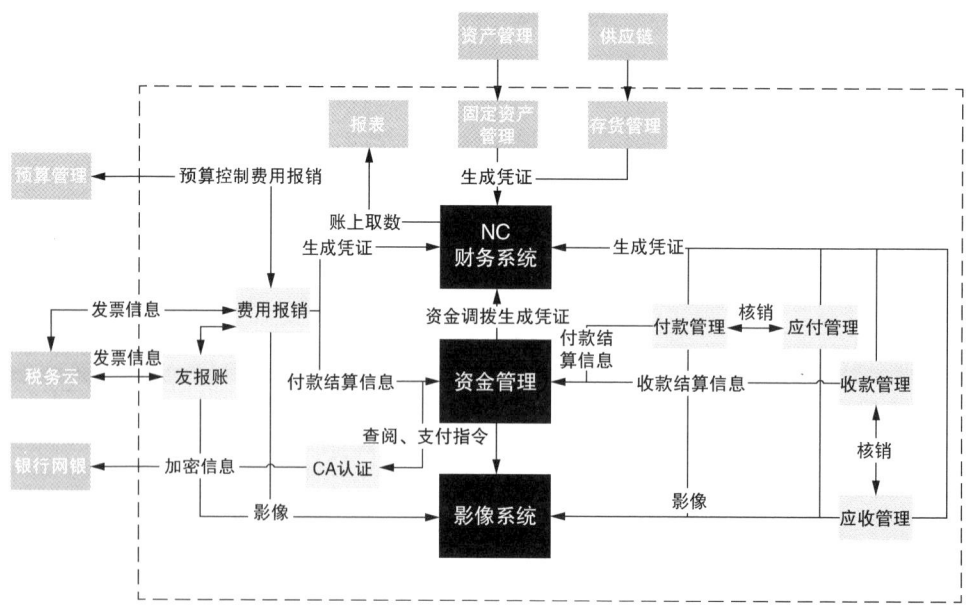

图 10-11　兴蓉环境 FSSC 系统总体集成架构

（1）审核过账的报账单据，根据修改后的凭证信息同步到 NC 财务系统，NC 财务系统自动生成会计凭证后将单据编号信息关联到会计凭证上。

（2）NC 财务系统生成会计凭证后，将凭证号回写至报账系统，报账系统自动记录报账单号与会计凭证号的匹配关系，便于实物单据和会计凭证匹配。

（3）获取到 NC 财务系统入账成功的标志后，报账系统自动将实际入账金额回写到预算管理模块，释放预算冻结数，修改为预算执行数，扣减预算。

（4）NC 财务系统发起支付指令后，经 CA 认证通过后，将支付指令发送到银行端，进行款项的支付；银行端将支付结果回传至资金管理系统，以进行支付指令和支付结果之间的自动对账。

（5）在 NC 财务系统、Portal 端和友报账端均可进行影像的上传和查看。

（6）在友报账、网报系统中上传电子发票和纸质扫描件，将结构化信息同步到税务云验伪并建立发票台账。

六、兴蓉环境财务共享服务中心应用价值及建设总结

（一）兴蓉环境财务共享服务试点上线效果

兴蓉环境 FSSC 上线以来，其运行效果主要体现在以下六个方面：

（1）提升财务效率。兴蓉环境搭建信息一体化平台，实现数据无缝衔接，通过"互联网＋"技术的应用，领导随时随地都可以进行审批，从传统的"人找事"的模式转变为"事找人"的模式，大幅提高了工作效率，降低了财务运营成本。

（2）强化制度执行。FSSC 的建设和运营，不仅有助于兴蓉环境会计政策、会计制度、核算规则的统一，还大幅提升了会计政策和会计制度的贯彻效率和执行效果。

（3）加强财务管控。通过 FSSC 的建设，兴蓉环境从以往分散式、剥离式向集中式、扁平化管理模式转变，不断提高财务以及前端业务的标准化和规范化，特别是对于资金日常收支过程的实时监督，可大幅降低财务运营风险。

（4）支撑公司战略。兴蓉环境核算工作、结算工作和报表工作的共享，为集团快速成长提供了有力支撑和保障，便于为新设项目公司快速复制会计核算模式，在不增加财务人员的情形下，即可为新设公司生产经营提供快速的财务支持。

（5）探索共享模式。兴蓉环境一期财务共享服务项目很好地探索了异地公司进行财务共享的模式。如对于报账类业务，异地公司在属地公司进行填单、扫描、业务审核、收单、财务审核、领导审核和会计存档，FSSC 进行统一复核、统一支付和证

账表的统一生成。

（6）满足监管要求。基于上市公司独立性等监管要求，兴蓉环境财务共享服务系统必须在数据和权限上进行隔离，并按照对应的内控管理规范执行。为此，兴蓉环境在 FSSC 中区分上市主体任务池和非上市主体任务池，在 NC 财务系统中为上市主体设立独立账套，为各子公司设立独立账套，以满足监管要求。

（二）兴蓉环境财务共享服务后续建设总结

1. FSSC 上线初期碰到的问题与应对方案

兴蓉环境 FSSC 上线以来，出现的问题及应对方案主要体现在以下五个方面：

（1）人力配置不充足或人员经验不足，导致业务处理不及时，出现大量单据积压。FSSC 运行初期由于系统和流程尚处于验证阶段，加之人员操作熟练程度不足，可能会影响业务处理效率，需要在上线初期充分做好人员备份；此外，运行初期需及时关注各类业务的库存单据积压情况，对于部分单据积压量大的业务，及时调配人力予以支持。

（2）业务审批不及时或 FSSC 单据处理不及时，影响业务付款。应针对紧急付款业务设置加急处理通道。对于业务领导未审批的单据及时跟催领导进行审批；对于领导已审批并进入 FSSC 的待处理单据，及时通知 FSSC 交接人员将对应单据通过人工分配任务进行优先审核处理；对于尚未取得付款依据的业务，提交加急付款单据，通过简化流程的方式进行加急处理。

（3）系统功能不完善或者系统临时故障导致业务处理受阻。在试点运行期间，建立系统问题反馈机制，明确系统问题跟踪责任人。现场保证有 1~2 名系统实施人员及时响应系统问题；对于当天无法解决的问题做好问题记录，每天定时组织会议进行讨论，并及时跟踪后续处理。

（4）财务沟通变为远程，异地处理问题不方便导致的效率低下。提供多样化的沟通渠道，如服务热线、服务邮箱、即时通信等方式。

（5）新的报销流程与系统操作不习惯。重视系统上线前对业务人员的系统操作培训，使其能快速掌握系统功能。

2. FSSC 成功实施的保障措施

兴蓉环境 FSSC 试运行以来，其成功实施的保障措施主要有以下四个方面：

（1）因为领导对 FSSC 后续应用工作的支持，应用质量才有保障，信息化应用工作才能又快又好地开展。

（2）进一步建立健全财务共享服务信息化应用日常考核制度和绩效评价体系，从制度上落实信息化系统应用要求，确保系统应用效果、质量和水平。

（3）继续加强信息化建设理念宣传，解放思想，避免部分人员特别是基层员工由于认识不到位，思想跟不上，影响整个系统的应用效果和运行质量。

（4）加强财务共享服务人员的储备以及培训，包括作业人员和系统运维人员，为后续财务共享全面推广打下坚实的人力基础。

3. 兴蓉环境 FSSC 的不足与优化

（1）共享业务范围较为有限。兴蓉环境目前仅针对自来水生产与供应、污水处理业务中的基础核算、资金结算和单体报表进行了共享，后续实施项目有必要将共享范围逐渐扩大到兴蓉环境中水利用、污泥处置、垃圾渗滤液处理和垃圾焚烧发电等业务中适合共享的部分。

（2）共享模块范围较为有限。兴蓉环境目前仅针对自来水生产与供应、污水处理业务中的基础核算、资金结算和单体报表进行了共享，后续实施项目有必要对自动单体报表附注、自动合并报表、电子发票开具、电子会计档案、商旅平台等财务会计工作实现共享，也有必要将一部分适合共享的管理会计工作逐步纳入共享范畴。

（3）共享组织范围较为有限。兴蓉环境目前仅针对股份公司和下属 4 家异地公司实施了财务共享，后续实施项目有必要将所有具有同质业务的下属单位纳入，以最大化实现财务共享的规模效应。

（4）人工对单据的干预较多。在兴蓉环境目前的财务共享工作中，尽管能自动生成凭证，但仍然需要较多人工干预，如需要属地公司人工干预凭证摘要、结算对应银行和现金流项目等，后续实施项目有必要尽可能减少人工干预，让系统代替人工，处理程序既定、规则明确的业务，以提高系统的自动化水平，提升会计信息质量。

（5）业财融合程度较为有限。在兴蓉环境目前的财务共享工作中，与业务系统之间的对接较为有限，仅依赖于单据中的收支项目、付款类型、部门和成本费用类型等判断单据与会计科目之间的映射关系，自动生成记账凭证，后续实施项目有必要打通更多业务系统和财务系统之间的对接，实现记账凭证要素、辅助核算项目的自动准确生成。

（6）科目辅助体系有待统一。在兴蓉环境目前的财务共享工作中，会计科目体系、辅助核算体系、预算项目尚未完全统一，导致会计信息质量水平不高，后续实施项目有必要统一会计科目体系、辅助核算体系、稽核要点体系和预算项目体系，实现核算的高度自动化和一定程度的稽核自动化。

扫码观看兴蓉环境财务
共享应用访谈实录

案例十一

雅居乐集团：智能化财务共享
推动千亿级地产集团管理转型升级

——雅居乐集团财务共享服务应用实践

在信息化技术高速发展的当下，传统的财务管理模式正在面临挑战，为使企业获得竞争优势，许多集团选择建设财务共享服务中心来加快企业财务管理转型，形成高效降本的财务管理和运行模式。雅居乐集团控股有限公司（以下简称"雅居乐集团"）作为一家优质上市房企，在其业务高速增长的同时，也希望能提升原有的财务管理体系，使其能更好地支持企业的快速发展。在建设财务共享服务中心的初期，雅居乐集团仅用了3个月的时间便完成了立项与规划，更是以极高的效率和速度实现了部分业务的系统上线。不仅如此，雅居乐集团对于财务共享服务中心的未来也有完善的规划，如财务智能化等。

本篇首先对雅居乐集团所处行业及自身状况进行了简要的介绍，围绕该集团财务共享服务中心的建设历程以及集团建设财务共享服务中心的原因、目标和具体建设规划进行阐述，同时本篇也描述了集团财务共享服务中心建设迄今为止所取得的效果以及未来的发展规划。最后，本篇总结了雅居乐集团财务共享服务中心建设案例的借鉴意义，以期能够为其他企业提供良好的建设经验。

一、雅居乐集团概况

雅居乐集团成立于1992年，是一家以房地产为主，多元化业务并行的综合性企业集团。经过27年的发展，雅居乐"1＋N"的运营模式颇具成效，目前已形成房地产、雅生活、环保、教育、建设、房管、资本投资和商业管理8大产业并行运营的格局。截至2018年年底，总资产规模超过了人民币2 300亿元，业务覆盖国内外100多个城市，员工人数超过24 000人。根据最新数据显示，雅居乐集团2018年全年累积预售金额为人民币1 026.7亿元，首次突破千亿大关，如图11-1所示。

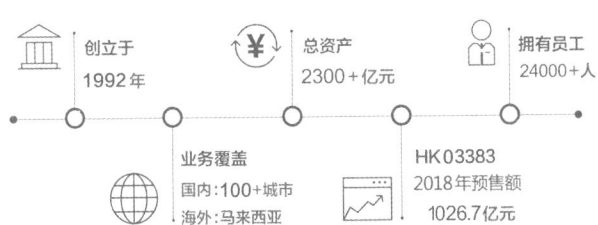

图11-1　雅居乐集团发展历程

同时，雅居乐集团旗下已经拥有了2家上市企业，雅居乐集团控股有限公司（股票代码HK03383）与雅居乐雅生活服务股份有限公司（股票代码HK03319），分别于2005年和2018年在香港联合交易所主板上市。其中，雅居乐集团控股有限公司现为恒生综合指数、恒生环球综合指数、恒生港股通指数系列、恒生高股息率指数、恒生中国内地地产指数、恒生增幅指数、恒生中国（香港上市）100 指数、摩根士丹利中国指数及力宝专选中港地产指数的成份股。

（一）企业主营业务

雅居乐集团的业务划分为 5 个部分，包括物业发展（物业销售）、物业管理、酒店营运、物业投资及环保服务。根据 2018 年年报，各分部外界客户销售额可总结如表 11-1 所示。

表 11-1　雅居乐集团 2018 年各分部外界客户销售额

部分	2018 年（千元）	2017 年（千元）
物业发展	52 487 664	49 261 750
物业管理	2 132 813	1 290 148
酒店营运	721 667	683 939
物业投资（租金）	189 045	166 502
环保服务	613 737	204 720
总计	56 144 926	51 607 059

根据以上数据，在 5 个业务部分中，物业发展（物业销售）业务在企业营业收入中占比最大，其次为物业管理和酒店营运。其中增长最快的是环保服务，这是因为 2018 年雅居乐集团在危险废物处理和一般固体废物处理业务中分别新增了 11 个和 3 个新项目，其环保业务也遍布华东、华南、华中、京津冀等多个地区。

（二）企业战略及理念

在企业战略方面，从 2015 年开始，雅居乐集团开始着手布局多元化战略，将集团战略从"以地产为重"逐步调整为"以地产为主，多元化业务并行"。2016 年，"雅居乐地产控股有限公司"更名为"雅居乐集团控股有限公司"，这宣告了集团正式步入多元化时代。

在企业理念方面，雅居乐集团以"一生乐活"作为集团的品牌理念，雅居乐集团董事会主席兼总裁陈卓林曾表示，无论是物业服务、地产建设、环境保护还是全程教育，雅居乐集团都努力为业主及社会大众奉献更多关怀，让每个人享受"一生乐活"。在此基础上，雅居乐提出了"3W-Life"筑家理念，从"轻奢宜居、社区共和、律动生命"三个维度出发，目标是塑造人与人、人与社区、人与自然的亲密交融，建立和谐共处的现代化生活新领地，打造"入则宁静，出则繁华"的都市版

"桃花源式理想休闲生活"。

（三）企业地位

从企业规模方面看，截至 2018 年 12 月 31 日，雅居乐集团的总市值达到了 327 亿元，在行业中排名第 27 位。集团与市值前 5 名的房企对比如图 11-2 所示。

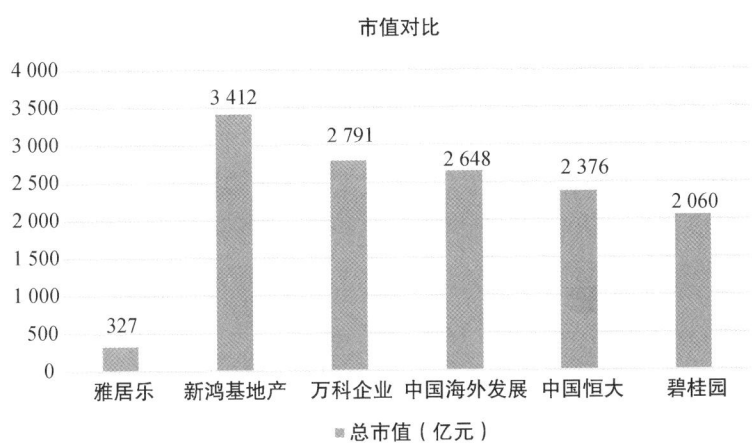

图 11-2　雅居乐集团与市值前 5 名的房企总市值对比

由上述的对比可知，雅居乐集团与行业龙头的市值差异还较大。但在 2018 年，经过第三方测算，雅居乐集团的品牌价值已经达到了 196.71 亿元，位列 "2018 中国房地产公司品牌价值 TOP10（混合所有）第 4 名"，且在 2019 年，雅居乐集团又被评为 "2019 中国房地产百强企业第 20 名"。由此可见，雅居乐在房地产行业中属于高质量型企业，与房产巨头相比也丝毫不逊色。因此，可预见雅居乐集团在未来能够在一定程度上和中国房产巨头们并驾齐驱。

目前，雅居乐集团对旗下物业发展及多元化业务的未来发展满怀信心，将继续贯彻实践其设立的 "新 3 年规划"，在充满挑战的市场环境中，稳步推动整体业务的可持续发展。

二、雅居乐集团建设财务共享服务中心的动机及外在因素

（一）集团对财务共享服务中心的看待和认知

在财务共享服务中心立项之前，雅居乐集团管理层就已逐渐认识到财务共享服

务是一种高效的财务管理模式。与传统的财务管理模式相比，一方面，财务共享服务中心能够释放财务精力，使得一线财务人员可以更加专注于核心业务的拓展；另一方面，财务共享服务中心通过标准化和集中化的管理，可以在最大限度上降低集团运营成本的同时，也能更好地应对集团的发展变化。

近些年，财务共享服务中心推广的步伐有所加快，越来越多的国内企业也参与到了建设财务共享服务中心的潮流中。尤其是近两年，随着智能财务与数字化在越来越多企业中的运用，财务共享服务中心模式的优势也越发凸显。在财务共享服务中心的标准化和集中化的管理模式下，一方面，智能财务与数字化的推行能够更快地看到效果，成本也会更低；另一方面，智能财务与数字化的推行又能够进一步完善财务共享服务中心，从而提升用户体验，两者相辅相成，相互促进。有鉴于此，雅居乐集团高层为了能更好地达到财务管控和财务共享，决定由传统的财务管理模式转向为更高效的财务共享服务模式。

（二）集团建设财务共享服务中心的原因及动机

多年以来，雅居乐集团财务信息化建设实现了"集团管控＋分散处理＋业财集成"的管理和业务处理模式。随着集团的发展和"1＋N"战略模式的展开，财务管理工作也面临了各项挑战：

（1）成本高。随着雅居乐集团经营范围和业务规模的扩大，其包括人力成本在内的成本总额不断增加；同时，企业实施的分级管理的体制很难避免企业内部各同质性进程的重复建设。

（2）管控难。企业管控难主要体现在集团业务处理下沉，人工处理环节较多，业务的复杂程度的提升和财务人员的能力不均。对于集团化的公司，其子公司的财务管控也存在一定的难度。另外，由于会计准则、会计核算政策和税法等方面的不同，海内外公司的会计核算也存在着相当的差异。

（3）复制难。企业扩张快、并购多，较难实现财务的整合以及规范和快速的运作。

（4）业务支持有限。企业的财务人员日常忙于基础性的会计核算以及财务报表，无法深入地进行业务分析与支持，也无法应对快速增长的业务量。尤其在实施了"1＋N"的战略调整后，企业的业务和产业规模不断地增长和扩张，现有的业务管理模式无法支持集团业务的发展。

2018年年初，雅居乐集团的财务信息系统从原NC5.6平台升级至最新的NC6.5平台，新的财务管理平台支持最新的共享3.0平台，高度集成的业财系统随着财务系统的升级也一并完成了接口升级工作。在此基础上，为了解决目前所面临财务管理工作中的各项问题，提高管控效率，降低成本，雅居乐集团开始了财务共享服务中心的建设及试点工作。

（三）集团建设财务共享服务中心的目标

财务共享服务中心将帮助雅居乐集团通过财务管理结构的调整及优化，逐步降低财务人力成本，提高财务运作效率，防范财务风险，最终实现"向创新求突破，向管理要效益，做稳财务"的财务发展目标。同时雅居乐集团也希望财务共享服务中心能够成为整个集团财务大数据以及智能财务化的中心，并能以标准、高效的服务来促进雅居乐集团"1＋N"战略的有效落地。

以上述的大目标为基础，雅居乐集团财务共享服务中心建设有三个阶段性的发展目标：

（1）第一阶段（2～2.5 年）：大集中——会计核算共享、资金共享和税务共享。建立财务共享服务中心，实现财务核算、报表、资金结算、费用报销和发票的集中化和标准化管理，由此来统一集中处理。第一阶段也计划将所有产业集团的会计核算业务纳入财务共享服务中心进行处理。

（2）第二阶段（0.5 年左右）：大数据——财税大数据服务中心。以大量的财税数据为基础，利用大数据技术实现财务大数据挖掘、自动统计、分析等应用，体现数据价值。同时，利用智能 RPA（robotic process automation）技术，进一步提高财务共享服务中心业务处理的效率以及智能化水平。

（3）第三阶段（0.5 年左右）：智能化——智能财务服务中心。随着集团财务业务共享化的进一步成熟，利用智能技术实现大部分会计基础业务操作自动化处理，并将财务共享服务中心建设成为整个集团财务流程化的标准管理中心，对整个集团的财务核算业务的标准化流程及其对应的管理制度进行设计。

三、雅居乐集团建设财务共享服务中心的总体历程

雅居乐集团财务共享服务中心至今的建设历程相对较短，在 2018 年年中立项，3 个月就完成了立项与规划，这也体现了雅居乐集团务实和高效的文化。虽然雅居乐集团财务共享服务中心的建设目前还在初期阶段，但是在集团总部的大力支持以及各个产业集团的协作下，目前整个项目正在快速地推进。因此雅居乐集团的前期筹备和准备工作以及中心建设的执行或可成为企业建设财务共享服务中心的一个学习范本。以下是雅居乐集团财务共享服务中心建设的总体历程。

（一）财务共享服务中心建设前期进度

雅居乐集团财务共享服务中心建设进度可分为筹备阶段、共享咨询以及财务共享服务平台系统功能开发阶段和财务共享试运行阶段。以下是各个阶段的时间和内容，如表11-2所示。

表11-2 各个阶段的时间和内容

筹备阶段：

工作	开始时间	内容
成立工作组	2018.07.03	控股财务部牵头成立财务共享服务中心筹建小组
咨询及系统选型	2018.07.16	启动咨询方招标 财务共享服务中心开始装修
	2018.07.20	确定咨询方
	2018.09.10	启动财务共享系统平台招标
	2018.09.17	确定财务共享系统平台软件供应商
人员招聘及抽调	2018.07.30	财务共享宣讲及沟通；财务共享各业务线管理人员选拔及抽调（先抽调试点产业集团）；财务共享服务中心人员招聘（根据共享的工作范围逐步招聘）

共享咨询以及财务共享服务平台系统功能开发阶段：

工作	开始时间	内容
财务共享咨询	2018.07.30	咨询方进场调研；财务共享服务中心相关内容宣讲及沟通（与各产业集团领导及财务管理中心领导）
	2018.08.13	完成财务共享服务中心建设咨询（财务共享业务流程、权责分工、管理制度等规划）
财务共享服务中心初期人员到位	2018.08.13	财务共享服务中心初期各职能组管理岗人员到位 财务共享服务中心初期操作人员到位
共享信息系统开发	2018.10.09	完成财务共享服务平台系统产品规划（试点）
	2018.10.29	完成财务共享服务平台系统功能开发（试点）

财务共享试运行阶段：

工作	开始时间	内容
财务共享试运行阶段	2019.01.02	举行雅居乐集团财务共享服务中心正式成立挂牌仪式；财务共享服务平台系统功能开发与推广
财务共享试运行阶段	2019.01.03	试点单位上线及优化
财务共享试运行阶段	2019.04.01	推广上线

根据表 2 可知，雅居乐集团在 2018 年年中时开始整个财务共享服务中心的筹备和规划，包括成立工作组、人员的调动以及选用咨询公司等工作。在立项后，雅居乐集团也聘请了普华永道作为咨询方协助财务共享服务中心前期的调研以及研究。同时雅居乐集团也选用了用友来协助建设财务共享服务平台。也因用友是雅居乐集团长期的合作伙伴，其对集团的了解帮助减少了建设过程中调研与磨合的时间。同时，雅居乐集团管理层的大力支持也减轻了财务模式变革中的阻力，中和了推进时间较短、财务业务人员不适应、人员调度与管理困难等问题。因此雅居乐集团才能在 3 个月的时间里就高效率和高速度地完成了整个财务共享服务中心未来的规划。

2019 年 1 月，雅居乐集团的财务共享服务平台开始试运营，4 月，部分业务推广上线，目前集团的计划是利用 2 年的时间将整个雅居乐集团的 8 个产业的财务共享全部上线完毕。

（二）计划建设历程

雅居乐集团财务全面系统的建设历程可分为 4 条主线：NC 系统优化及完善、构建全面共享财务管理模式、实施税务/发票信息化以及财务大数据分析监控。以下将对 4 条主线内容逐一略述。

1. NC 系统的优化及完善

NC 系统的优化及完善过程如表 11-3 所示。

表 11-3　优化及完善过程

日期	2018 年上半年	2018 年下半年	2019 年上半年	2019 年下半年
主要工作内容	完成 NC 系统升级	在 NC 系统中启动资金计划	完善 NC 财务业财集成接口	完善 NC 财务业财集成接口
	启动 NC 融资系统优化	NC 系统在马来西亚开账		
	完成 NC 系统合并报表深化应用（各产业集团合并）	建立 NC 系统管理报表		

该条主线的主要建设内容可以总结如下：

（1）逐步完善各产业集团业财一体化集成接口，推进核算自动化率达到 95% 以上。

（2）启动贷前管理，完善融资系统。

（3）实施资金计划信息化应用，提高各产业集团财务管理中心和控股财务部汇总及检查效率，降低沟通成本。

（4）进一步提升合并报表编制效率，加快报表完成进度。

2. 构建全面共享财务管理模式

构建全面共享财务管理模式如表 11-4 所示。

表 11-4 构建全面共享财务管理模式过程

日期	2018 年下半年	2019 年上半年	2019 年下半年	2020 年上半年	2020 年下半年
工作内容	筹建财务共享服务中心	核算共享试运行	推广核算共享	实施资金共享与税务共享	财务共享服务的完善及优化

该条主线的主要建设内容可以总结如下：

（1）组建核算共享模式，通过集约化、低成本的财务核算管理模式支撑雅居乐集团的快速发展。

（2）构建资金共享模式，通过资金归集、集中支付、内部资金调拨等方式提升资金的使用效益，降低资金成本。

（3）构建税务共享模式（税务信息化），通过集中开票、集中计税及直联纳税申报等方式提高票税的管理效率。

3. 实施税务/发票信息化

税务/发票信息化过程如表 11-5 所示。

表 11-5 税务/发票信息化过程

日期	2018 年下半年	2019 年上半年	2019 年下半年	2020 年上半年
工作内容	启动税务管理系统	税务管理（试点应用）	税务管理（推广应用）	业财票税一体化集成
	启动发票管理系统	发票管理系统上线		

该条主线的主要建设内容可以总结如下：

（1）实施税务全过程管控，建立统一的集团税务规范管理体系。

（2）建立发票信息系统，实现进项发票、销项发票和业务系统的一体化集成。

（3）构建业财票税一体化系统，降低人工检查、核对发票的工作量等，提高效率。

4. 财务大数据分析监控

财务大数据分析监控过程如表 11-6 所示。

表 11-6　财务大数据分析监控过程

日期	2020 年上半年	2020 年下半年
工作内容	财务大数据分析系统需求梳理及系统选型	实施财务大数据分析系统

该条主线的主要建设内容可以总结如下：

（1）有效利用 NC 系统，实现各维度财务数据的实时监控及预警，尽量减少人工统计数据上报，降低财务人员重复取数上报报表的工作量。

（2）通过可视化数据展示，实现实时动态分析及展示各项核心财务指标，协助决策层实时掌握集团财务状况，并进行实时决策。

（三）建设过程中的挑战及其解决思路

在财务共享服务中心的建设过程中，最常面临的一个重要问题是集团内部成员对建设财务共享服务中心的接受度不高。这有很大一部分是来自他们不了解何为财务共享服务中心，因此当管理架构为了建设财务共享服务中心而重新设置时，集团内部成员无法理解，同时也担心自身的工作是否会被新的系统代替。对于财务人员，要让其习惯新的财务工作模式以及改变其工作习惯也是一个挑战。但若无法解决这些问题，对于推广建设财务共享服务中心会是一个障碍。在雅居乐集团，为了使财务共享服务中心建设能够有效率地推行，集团高层加强从上到下的宣导，向各个产业集团的中高层以及基层员工进行宣导，使其了解财务共享服务中心的理念、优势以及建设过程中需要他们如何进行配合等，同时，通过财务共享服务中心业务的逐步上线，让财务人员和其他员工逐渐熟悉这种特殊的财务模式。

另外，一个集团公司该从哪个产业集团开始建设财务共享服务中心和实施财务共享也是一个棘手的问题。为了能更好地应对建设财务共享服务中心可能发生的问题，雅居乐集团决定由房地产产业集团率先开始实施财务共享。在雅居乐集团"1＋N"模式下，房地产产业集团已经较为成熟，尤其是在华南地区，该产业集团应对各种问题的能力较强，因此，从业务最为成熟的部分开始推进，可大大地降低风险。

（四）后续财务共享服务中心的长期迭代创新目标

在未来，雅居乐集团也将继续深化财务共享服务中心的流程和应用。雅居乐集团将继续推进财务共享服务中心流程的优化，同时将把财务共享服务中心与大数据以及 RPA 等结合起来，提升财务共享服务中心效率。另外，雅居乐集团也将继续推进财务共享服务中心建设，使之最终能成为集团的财务大数据以及智能财务中心。

最后，集团财务共享服务中心也会建立起一套自身的客服服务体系，解决计价收费等问题。

四、雅居乐集团财务共享服务中心的特色及实现的价值

（一）集团财务共享服务模式以及中心数据部署模式选择

雅居乐集团采用的是单中心多共享模式。采用该模式的主要原因是受限于集团建设财务共享服务中心的经验，以及管理层对时间与效率的要求较高，因此决定先搭建好财务共享服务中心的体系及其相关架构，逐渐积累经验，将来再进行其他建设，这是较为稳当的一个选择。

目前雅居乐集团采用的中心数据部署模式是数据集中模式。采用该模式的主要原因是集团使用的平台为用友 NC 系统，财务共享服务平台也是搭建在该系统之上的，而用友本身使用的就是集中式的数据模式，因此集团就将这种模式延续了下来。

（二）财务共享服务中心目前及未来接管的业务范围

目前雅居乐集团的财务共享服务中心的业务架构将包括了核算共享、资金共享和税务（增值税）共享。各个共享业务内容如表 11-7 所示。

表 11-7　各个共享业务的业务内容

核算共享（参与公司范围：上市/非上市，境内/境外）			
模块	总账	报表	费用核算	应付及付款
具体业务	• 记账 • 复核 • 对账 • 结账	• 报表模板 • 报表编报 • 数据统计	• 财务（报销）审核 • 发票校验 • 费用核算 • 费用分析	• 财务复核 • 付款 • 应付结算 • 进项发票管理 • 应付统计分析
模块	应收及收款	成本核算	会计档案
具体业务	• 财务复核 • 非首付款（定金） • 非现金类收款 • 应收结算 • 销项开票（电子） • 应收统计分析	• 成本分摊 • 成本核算 • 存货核算 • 成本分析（除地产、建设外）	• 档案归档 • 档案查询 • 档案保管 • 档案电子化归档

（续表）

资金共享（参与公司范围：上市/非上市，境内）			
模块	账户管理	资金结算	资金池
具体业务	• 开户管理 • 销户管理 • 数据统计	• 资金收支 • 银企直联 • 资金对账	• 资金下拨 • 资金归集

税务（增值税）共享（参与公司范围：上市/非上市，境内）			
模块	发票管理	计税及申报	税务报表
具体业务	• 进项发票管理 • 进项发票抵扣 • 销项发票管理 • 发票台账	• 税务信息维护 • 根据税种计税 • 直联纳税申报	• 报表统计 • 税金预测分析 • 税负分析 • 税务风险监控 • 报表分析

目前，集团中房地产产业的费用报销模块已经全部转移到财务共享服务中心，覆盖了140家公司，服务了1 400多名员工。2019年5月初，该产业广州区域的应收、税金以及总账也都开始在财务共享服务中心中进行处理。2019年5月中下旬，由于房地产产业集团费用报销模块推进情况良好，集团又将建设产业集团作为第二批次纳入财务共享服务中心的试运营中。在未来，雅居乐集团也会逐渐把其他产业业务一步一步地纳入财务共享服务中心。

（三）财务共享服务中心的组织、职能以及岗位设置

在确定了如上接管的业务范围后，为了能使集团适应财务共享服务系统，在建设财务共享服务中心的同时，集团的财务组织也进行了相应的变革。在实施变革时，雅居乐集团将城市公司含海外（分子公司）财务部的部分业务转给财务共享服务中心集中处理，而在设立财务共享服务中心的架构和人员调度上，雅居乐集团也充分考虑了以下三点：

（1）若是有新增加的产业，原有财务人员可转岗至新成立的产业集团。

（2）考虑到财务共享服务中心的人员储备，建议人数规模适当增加。

（3）外部招聘人员不用一步到位，随着财务共享服务中心业务范围的逐步扩大以及处理单据量增加再持续增加。

1.财务共享服务中心组织职能和岗位设置

因设立了财务共享服务中心，为了更好地能使原有的财务组织和财务共享服务

中心融合，在充分考量了以上三点后，雅居乐集团变革了原有的财务组织而设计了财务共享服务中心的职能架构。目前，雅居乐集团的财务共享服务中心处于初期阶段，总体员工约50人，其中大约有30%是从各个产业集团抽调的业务骨干，20%是具有建设财务共享服务中心经验的专业人士，还有50%是雅居乐集团和广州的一些高校合作来吸引优质的毕业生。预计整个财务共享服务中心所有人员到位后将会有130~160人。他们将被分为以下几个组：各产业核算组、费用核算组、报表组、资金共享组、税务共享组、运营管理组以及档案管理组。组织架构规划如图11-3所示。

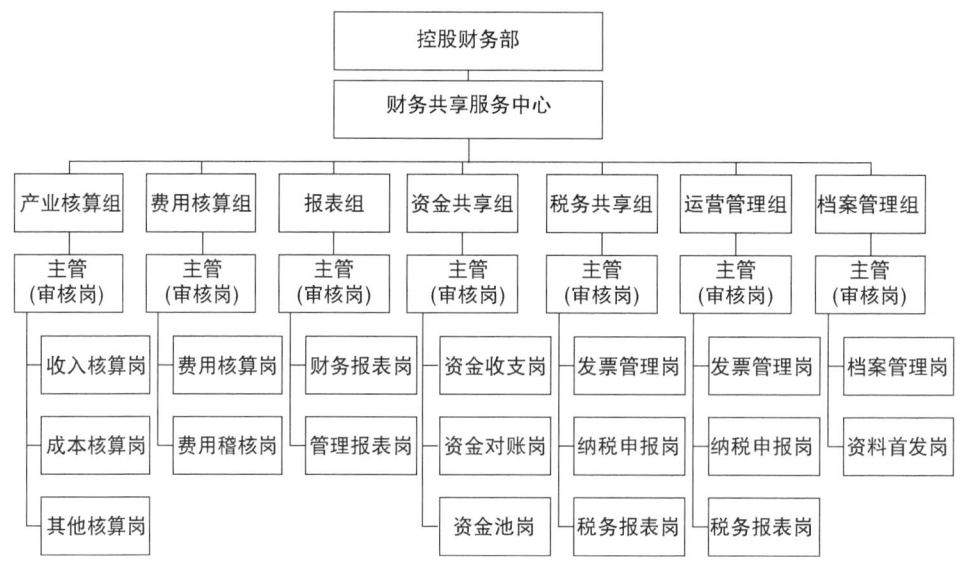

图11-3　财务共享服务中心组织架构图

其中财务共享服务中心的运营管理组主要进行以下工作：信息化问题的解决与跟踪，品质管理，客户问题的收集、反馈与提高，以及人力资源方面的支持工作等。

在上述架构的基础上，为保持雅居乐集团的审计要求，财务工作必须体现出独立性，因此针对集团的2个上市公司建立了单独的核算小组以及办公区域。

2.财务组织变革的效果

雅居乐集团对上述财务组织的变革有着两方面的目标：一方面是加强财务组织对业务的洞察力；另一方面是提升财务组织自身的运营效率。在这两方面的推动作用下，集团希望从价值整合的角度出发，解放一线的财务人员，将基础和重复的财务工作纳入财务共享服务中心进行，在提升效率的同时，让一线财务人员更专注于业务支持、分析预测等工作，帮助集团实现业务增长。另外，集团自身也可以专注于一些制度的建立、资金筹划等能够给集团带来长期价值的业务。在财务共享服务中心建成后，这两方面的目标已开始逐渐看到成效。

另外，在之前的财务组织架构下，集团内部基层财务人员花费大量时间做简单重复的财务工作，效率低下的同时会造成集团的资源浪费，也限制了该部分财务人员自身专业素质的提高。在建立财务共享服务中心后，一般来说，财务共享服务中心内部财务人员的工作较为单一，如内部做费用报销的人员就专门做费用报销。然而，雅居乐集团摒弃了这一固有观念，在加强内部财务人员专业技能培训的同时，建立起了财务人员的培训与轮岗机制，使产业集团、总部集团、财务共享服务中心三个区域的财务人员可以相互流动，从另一种意义上来说，财务共享服务中心也可以看作是一个财务人员的培养基地。

（四）财务共享服务中心目前的运营管理内容

财务共享服务中心试运营至今，其目前的运营管理主要围绕人员管理、资源管理、知识体系管理、服务协议水平管理、财务共享服务中心内控管理、信息化安全管理、内部客户（集团内部 8 个产业集团）的管理等几个方面来建立整个财务共享服务中心的管理体系。目前财务共享服务中心整个管理体系已搭建起来，之后将围绕上述几个方面进行持续细化，持续改善。

比如在人员管理方面，集团利用量化的数据对财务共享服务中心内部的财务人员进行绩效考核。考核时主要有两个方面的内容：一是专业技术，这部分内容主要可以使用审单率、错误率等数据来进行判断，对质量与效率都提出了比较高的要求；二是内部客户满意度，这部分内容也可以通过投诉数量等数据进行判断。以此来提高整体的服务质量和效率。

（五）财务共享服务中心运营至今取得的各项价值

在财务共享服务中心建设之前，雅居乐集团自身也有一套财务信息系统，在原有系统中，存在着人员成本高、管控难等问题。在财务共享服务中心的建设过程中，集团对原有系统进行了梳理与整合，在财务组织架构变革以及运营管理实施后，财务共享服务中心也快速地解决了许多原财务体系的问题，尤其在整体上对信息系统的优化、数字透明度和整合的及时性等方面，做了以下的改善：

（1）缩短了重复财务劳动的工时，加快了审批单据的效率。财务共享服务中心带来的效率提升是显著的，以费用报销为例，在传统财务模式下，费用报销的全部流程的平均时长在 5～7 天；如今，一张常规单据在没有问题的情况下，当天就可以完成从审核到付款的全部流程。

（2）加快数据的整理与分析，并实现了实时反映。利用相应的信息系统，操作人可以看到实时的单量、收件情况、作业人紧急任务的比例等，这能够帮助他进行数据的整理与分析，同时帮助管理层更有效地进行管理，达到随时调控、实时决策的效果。

总的来说，在财务共享服务中心中，集团财务工作的整体效率有所提升，之前不合理的流程也进行了相应的优化。此外，为达到更好的效果，财务共享服务中心在上线过程中，也注重与各产业集团之间的定期沟通，得到反馈意见并加以改进。

五、雅居乐集团信息化建设的历程、效果和试点上线结果

（一）雅居乐集团目前信息化建设状况以及 FSSC 对推动数字化转型的作用

在财务共享服务中心搭建之前，雅居乐集团的财务和业务已有了初步的信息化发展，实现了集团管控、分散处理和业财集成的管理和业务模式。但由于维持的成本高、管控难以及对业务的支持有限，为了能更进一步地让财务智能化和高效的财务和业务管理结合起来，雅居乐集团从全新的思维模式和技术模式出发，把 FSSC 的信息化建设分为三个阶段。第一阶段是在 2018 年完成集中信息化，第二阶段是 2019 年聚焦在线化，第三阶段是 2019 年之后实现智能化。雅居乐集团利用在线化的方式在集团已搭建完成的系统上进行升级，在 2018 年年底已完成了信息化，2019 年也开始了在线化。雅居乐集团希望以此打破内外协同边界，以引入生态数据链等方式，帮助集团不断地提升业务效率和工作效率。

通过财务共享服务中心以及统一的财务信息化平台的建设，工作效率显著提升。目前在财务共享服务中心里可以实时反映收件和处理的情况，对未完成的单量、每个区域的变化、资源的安排、每个作业人当天的效率、紧急任务的比例等都可进行实时了解，这些可帮助雅居乐集团更有效地管理业务，从效率方面去找寻问题，并可随时调试和持续改善。

雅居乐集团目前也将财务数据、税务数据以及资金数据集中到一个大的数据库中，未来雅居乐集团可利用这个大型数据库进行数据的整理与分析，为管理层的决策提供必要的信息。另外，雅居乐集团所处的房地产行业信息随时发生改变，甚至八大产业之一的金融投资行业也是瞬息万变，因此集团高层往往需要在一瞬间作出

决策。如果还继续使用人工的模式去调取、计算和分析数据，数据处理好时也错过了决策的最佳时机。为了能使集团高层第一时间获取信息，利用智能科技把财务共享服务中心打造成一个集业务、财务、税务、资金数据分析一体化和数字化的一个大平台，并利用这个平台抽取数据分析，可以实时且非常迅速地整理分析以及给集团高层提供决策依据。

（二）对 FSSC 价值和重要性的理解

雅居乐集团的业务想要最终落地，都必须经过系统处理这一关，因此信息平台可以决定一个信息化项目的成败，而财务共享服务平台的抉择也直接影响了财务共享服务中心的建设。财务共享服务平台本身并不是单独存在的，它起到一个枢纽作用，能够串联起各个平台，从而能够为集团的各个层级提供多方面的帮助：一方面，财务共享服务平台本身，可以帮助基层的财务人员，减少其工作量；另一方面，财务共享服务平台还可以通过新技术的应用，形成数据中心，再经过进一步的数据的整理，通过报表的输出，为中高层提供决策的支持。从这个意义上来说，财务共享服务平台也可以被定义为数据集合、整合的枢纽平台。

（三）信息系统的选型历程

集团信息系统的选型是在信息部门的协助下进行的，信息部门结合集团对系统的相应需求，进行系统选型，主要考虑以下几方面的因素：

（1）与现有财务平台的融合度是雅居乐集团的重要考量之一。由于最终财务共享服务平台后端连接的最重要的平台是财务平台，所以最先考虑的是原本的财务平台的供应商是否可以提供与原有财务平台完全融合的财务共享服务平台，以及是否能够提供相应的支持服务。

（2）在技术层面，由于财务共享服务平台需要跟各个平台做连接，是一个枢纽平台，所以也要考虑它接口的开放度以及与其他平台接口的耦合性等。

（3）由于财务共享服务平台后期需要进行持续的运作和优化，因此，需要考虑系统供应商本身的运维能力以及平台本身运维的适用性等。

（4）操作界面的友好性也是十分重要的。在操作界面方面，由于国内企业有着一些个性化的想法与需求，很关注系统和扩展的灵活性，一些国外的系统很可能出现"水土不服"甚至"被阉割"的情况，因此操作界面的友好性也是系统选型时需要考量的因素之一。

（四）已实现的信息化建设及其效果和不足之处

目前雅居乐集团的财务部分的信息化建设已经全部实现，也开始在房地产产业集团试运行应收核算、税金核算、资金结算、总账报表等的共享服务。八大产业也正逐步实现其业务部分的信息化。

目前雅居乐集团的信息化建设在其业务和财务支持上面有一定提升。比如，费用报销的速度从平均时长1周到现在可能当天就能够完成从审核到付款；又如，目前的信息化也缩短了重复财务劳动的工时，财务人员不需要重复做一样的事情，同时也提高了审批单据的效率以及加快了数据整理分析的速度，这也相对地解放了一线的财务人员，让他们能专注于业务支持和帮助业务增长的工作上。

（五）后续的完善计划

根据目前信息化建设的不足，雅居乐集团会持续优化财务共享系统的流程，同时也会根据客户反馈的意见作相应的调整，来完善整个财务共享的制度和体系。另外，雅居乐集团也会持续开展建设大数据和人工智能的工作，把RPA加入财务共享服务系统。在未来，财务共享服务中心也会开始一些和客服相关的业务，包括一些服务体系计价收费等服务。

（六）财务共享服务中心试点上线

1. 试点上线结果

2019年1月，集团的财务共享服务中心正式试点上线，主要处理房地产产业集团的费用报销业务，从接收OA系统单据开始，到自动派单、提单、共享审核、资金岗审核、支付等，所有环节无障碍地流转，目前已实现平稳运行。试点上线的各个环节结果经验总结如下。

1）业务与工作流

上线的财务共享服务平台已实现费用报销、借款、还款、付款等流程共享。另外，除了费用核算共享外，后端的费用支付（银企直联）也已实现结算共享。与此同时，财务共享服务中心项目组也积累了同一单据不同交易类型、同一交易类型不同业务场景等工作流的实施经验。

2）上线切换策略

为将风险降到最低，试点使用了一步一验证的方式，共分四步：

（1）解决主要的补丁冲突问题，合并补丁完成测试。

（2）安装共享代码、打入合并后的补丁，试运行1周左右，无重大风险则备份环境。

（3）在备份的环境中进行共享的配置，打入共享的补丁，接口补丁，进行准生产环境的验证。

（4）将验证通过的共享配置、共享补丁、接口补丁部署到生产环境，检查测试完毕，切换上线。

3）在途单据处理问题经验

此工作流按照单据进行设置。但在操作过程中发现，一旦试点组织的单据从审批流切换至工作流，原审批流将无法审批下去。因此财务共享服务中心项目组建议：

（1）通知暂停发起业务单据，并将在途的单据审批完成，新发起的单据走工作流。

（2）终止在途单据的审批流，重新提交或修改保存，触发工作流。（审批流模型，不进共享。）

2．环境要素

财务共享环境要素也是非常重要的一环。好的环境要素可以帮助财务共享服务中心人员更快更有效率地应对工作。在总结了试点上线结果后，雅居乐集团财务共享服务环境要素主要包括：

（1）流程。共享流程的准备，包括共享流程的正向流程、逆向流程，流程判断条件。

（2）平台与环境。包括前端业务系统、二维码、影像系统、共享系统、NC系统、电脑及双显示器、扫描仪（枪）、耳机电话、网络。

（3）组织与人员。包括中心选址、办公区、会议室、培训室、洽谈室、休憩室、茶水间、投影及大屏、文化墙、人员招聘。

（4）共享运营。包括人员入职培训、文化培训、流程及操作规范培训、影像扫描规范及操作培训、考勤／考核办法宣贯。

3．试点挑战

在试点过程中也碰到了少许的挑战，分析归纳后作出了以下的总结：

（1）在财务共享系统进行试点试用的过程中，在独立补丁测试通过后，抽取了正式环境的补丁测试，发现抽取的补丁质量不高，以及碰到了各种未经历过的新问题。同时，修补bug的补丁会冲掉其他人的补丁，测试工作效率低，影响团队氛围。总结此问题后，雅居乐集团更坚定地认为开发工作必须要规范化，管理必须要科学化。

（2）在财务共享系统正式上线几小时前，财务共享服务中心项目组发现在途单据没法按之前的审批流走完流程，只能紧急研讨各类应对方案，最终以反复测试和验证来解决问题。这问题表明之前的测试工作不够完善，往后的测试工作应更全面、更细致，不能放过任何一个风险点。

（七）财务共享服务中心项目的后续计划

财务共享服务中心完成了试点上线后，后续的重点工作目标将会着重在：
（1）完成费用全集团推广。
（2）实现房地产产业集团全业务流程共享的推广上线。
（3）对房地产产业集团外其他一两个集团进行全流程共享推广上线。

六、雅居乐集团建设财务共享服务中心的借鉴意义

（一）执行力

雅居乐集团在 2018 年年中开始进行财务共享服务中心的立项，并在同年年底开始试点工作，在 2019 年更是从第一阶段提升到了第二阶段，集团的执行力强，执行速度快。雅居乐集团的执行力可归功于管理层和项目团队的上下一心。众所周知，建设财务共享服务中心是一个耗时耗力以及资金和资源需求极大的一个项目，其建设时间一般较长，可能会达到 3～4 年。假使领导对财务共享服务中心的建设没有足够的信念，往下推动和实施的力度不够或是实际团队执行的能力不强，都会导致项目停摆和成为所谓的万年工程。反观雅居乐集团的高层们在项目初期时就决定要建设业内一流的财务共享服务中心，这显示出高层们非常大的决心。而中层管理团队的操作能力和执行效率也十分出众，能迅速把高层们的愿景一步一步地实现。因此雅居乐集团才能在立项后的同年年底开始试点，且预计在 2020 年后能完成集团的财务智能化。此等执行能力是未来想实施建设财务共享服务中心的企业的一个借鉴和学习的案例。

（二）沟通能力

财务共享服务中心的建造需要调度集团自身的资源与人员，以此打破原有的财务模式，使各个团队尽快适应新的财务模式。雅居乐集团的建设速度与财务组织的

变革速度也体现了其相当强的沟通能力。在初期，雅居乐集团的执行团队就加强从上到下的宣导，对每个产业集团的高层去宣导建立财务共享服务中心原因、中心建立后对八大产业的好处和需要做的工作等。雅居乐集团同时也对基层员工进行相关的宣导，使他们理解何为财务共享服务中心、为何要建制这个体系以及它对基层的工作的影响等。宣导团队分层次地去做多次的宣导工作，尽量能够让基层人员接受财务共享服务中心。在宣导工作过后，再通过一些业务的逐步上线，让基层人员能够在最快的时间习惯财务共享服务中心的工作模式。

（三）雅居乐集团的财务共享服务中心的建设模式

在财务共享服务中心立项的初期，雅居乐集团高层就明确指示要建造一个业界一流的财务共享服务中心。负责建设的执行团队十分清楚财务共享服务中心的建设需要一个长期的过程，很难在短时间内一步达成高层的目标。因此在前期规划时，操作团队制定了分阶段走的一个发展规划。这个规划分成三个阶段。第一阶段是财务共享1.0，把财务共享服务中心打造成整个雅居乐集团的会计核算中心，并把所有产业的会计核算业务纳入财务共享服务中心处理；第二阶段是财务共享2.0，建立财税大数据中心和智能会计中心，把所有的核算数据都输入财务共享服务中心，并基于大数据施行应用数据分析，在这个阶段同时使用智能RPA的技术，进一步提高整个财务共享服务中心业务处理的效率和智能化；第三阶段是财务共享3.0，让财务共享服务中心成为雅居乐集团财务流程化的标准管理中心，在未来，整个集团的财务核算业务的标准化流程以及对应的管理制度将由财务共享服务中心来负责推导。

若是有企业也希望建立财务共享服务中心，不妨参考雅居乐集团的实施方案。因建立财务共享服务中心的确是一个长时间和高投资的项目，许多企业无法在短时间内一步达标。因此在前期时就必须明确建立的目的并以此为基础来设计阶段性的目标。虽然每个企业情况不同，但对于整体的财务共享服务中心建设模式来说，雅居乐集团仍是一个可供参考的例子。

（四）人员培训机制

在未来，雅居乐集团也想把整个财务共享服务中心打造成培养专业财务人才的摇篮。一方面，可培养人员熟悉和学习整体的业务流程；另一方面，如果有员工想走一条管理或专业的学习通道，也可到业务部门或财务部门去熟悉工作。在雅居乐集团的财务共享服务中心，培训机制有两方面：一方面是加强员工专业技术的培训；另一方面是员工轮岗学习体系和制度。而员工轮岗又分成两个层面：第一，在财务共享服务中心内部不同的岗位轮岗，比如费用报销组成员若是对总账核算组有兴趣，也可申请去总账核算组做应收应付等的工作，以此达到对人员专业技能的一个拓展；第二，若员工有意愿，而其他产业集团也有需求，财务共享服务中心也会支持员工去其他产业集团轮岗。这不但可提升员工的个人能力，在整个八大产业体系内获得一个充足的成长，同时对员工个人的职业发展规划也会有较大的帮助。雅居乐集团希望财务共享服务中心的员工，不仅能在产业集团内部受到欢迎和尊重，也能受到外部公司的欢迎和尊重。

（五）人员考核机制

雅居乐集团的财务共享服务中心人员和基本的财务人员的绩效考核机制有所不同，在指标上会有一些差异。这是因为基本的财务人员的工作很难量化考核。但在财务共享服务中心的人员是可以采取一些量化数据来进行考核的。财务共享服务中心员工的考核主要有两个大的方面：第一是专业技术，比如审单率和错误率等，这里看的是质量和速度效率；第二是满意度考核，主要是强调内部服务的满意度，比如员工投诉率、服务态度等。雅居乐集团的财务共享服务中心可利用大数据来统计一些相关指标，因此可以量化数据对财务人员进行考核。每个月财务共享服务中心也会把这些指标数据反馈给员工，作为绩效考核的依据。雅居乐集团希望通过数据分析和整理来实现整个财务共享服务中心，甚至整个集团的数字化管理。

七、客户证言

目前雅居乐集团的高层认为财务共享服务中心的效果还是较好的，且用友和雅居乐集团是长期的合作关系，因此用友可以很清楚地了解到雅居乐集团建设财务共享服务中心的需求。所以，总体上对于用友提供的技术支持和产品支持很满意。

扫码观看雅居乐集团财务共享应用访谈实录

案例十二

榆能集团：财务共享与平台外包探索

——榆能集团财务共享服务应用实践

一、能源行业概况

　　我国煤炭的生产地、消费地天然分离，且去产能导致供给向资源优势区域集中，煤炭跨区域调运的需求进一步增加。根据中华人民共和国国家发展和改革委员会（以下简称"国家发展改革委"）和中华人民共和国国家能源局（以下简称"国家能源局"）关于印发《煤炭工业发展"十三五"规划》的通知（发改能源〔2016〕2714号），全国煤炭开发的总体布局是压缩东部、限制中部和东北、优化西部。预计到2020年，东部地区煤炭产量为1.7亿吨，煤炭消费量为12.7亿吨，煤炭净调入量为11亿吨；东北地区煤炭产量为1.2亿吨，煤炭消费量为3.6亿吨，煤炭净调入量为2.4亿吨；中部地区煤炭产量为13亿吨，煤炭消费量为10.6亿吨，煤炭净调出量为2.4亿吨；西部地区煤炭产量为23.1亿吨，煤炭消费量为14.5亿吨，煤炭净调出量为8.6亿吨。2020年，预计煤炭调出省区的净调出量合计16.6亿吨，煤炭调入省区的净调入量合计19亿吨，主要由晋、陕、蒙等地调出，由沿海沿江进口煤补充。由于煤炭跨区域调运规模大，且运输过程中往往涉及多次贸易流转，因此煤炭供应链市场的体量可达万亿吨级别。

　　目前，煤炭仍为中国的主导能源，在短期内难以改变。2016年，在中国能源消费结构中煤炭占主要地位，煤炭消费量占能源消费总量的61.83%。根据"十三五"战略规划，到2020年，中国煤炭消费量降至能源消费总量的58%。

二、榆能集团概况

　　陕西榆林能源集团有限公司（以下简称"榆能集团"）成立于2012年7月，经陕西省人民政府批准，由榆林市人民政府出资，整合了原有的6户市属国有企业组建成国有独资公司，拥有员工近7 000名。

　　目前榆能集团已初步形成煤炭、电力、化工、物流、新能源5大产业板块，如图12-1所示。其中，煤炭核定产能为3 000万吨/年，燃煤发电装机容量3 070 MW，铁路集运站年发运中转能力为3 350万吨，盐化工规模为120万吨/年，光伏发电装机容量100 MW。榆能集团目前的在建项目有煤化工在建50万吨/煤焦油深加工多联产项目、40万吨/年煤制乙二醇项目。榆能集团承担着榆林市整个城区的供热保障任务。

　　在能源市场跌宕起伏的背景下，榆能集团连续盈利，截至2018年年底，榆能集团资产总额达到427.98亿元，资产负债率为39.54%。2018年实现营业收入149.4

亿元，利润总额为 55.84 亿元，上缴税费 28.86 亿元。跻身"全国煤炭 50 强"第 30 位、"中国能源企业 500 强"第 150 位、陕西百强企业第 24 位。

榆能集团以新时代中国特色社会主义思想为指导，积极发扬"实干担当、大智拓远"的企业精神，履行"创新能源价值、成就幸福生活"的企业使命，紧贴时代脉搏，顺势而为，谱写追赶超越的崭新篇章，不断推动企业转向高质量发展，全力打造社会认同、行业尊重、员工自豪的一流综合能源企业，让企业发展成果惠及员工，造福社会，实现企业利益和社会价值共赢。

五大板块：煤炭、电力、化工、物流、新能源　　三个中心：财务共享服务中心、资金结算中心、技术研发中心

图 12-1　五大板块三个中心

三、榆能集团建设财务共享服务中心的动机及内外在因素

（一）集团对财务共享服务中心的认知

榆能集团认为财务共享是依托信息技术，以财务业务流程处理为基础，以优化组织结构、规范工作流程、提升管理效率、降低运营成本和创造服务价值为目的，将不同地域、不同法人、同一时间范围内的会计业务拿到一个平台来统一报账、统一核算和统一报告，从而保证会计记录和报告的标准规范和结构统一。

财务共享服务的具体做法是将财务数据采集、处理、应用的责任清晰区分归属到三类组织：采集是通过业财系统集成与报账实现，源数据的质量责任归属采集它的业务发生部门；处理是通过财务共享服务中心记账、审核、形成定制财务报告，并对这些财务数据的质量负责；应用是通过财务管理岗位在财务决策中调用各类数据（包括财务共享服务中心提供的数据）进行分析，并对其分析结论负责。

（二）集团建设财务共享服务中心的原因及动机

榆能集团建设财务共享服务中心的原因及动机主要有三个方面：第一，在人员方面，财务基层人员数量多、机构多、成本较高，使得基础核算工作比例高于管理工作比例，较多的基层财务人员无法深入业务开展财务管理工作，支持业务力度不够；第二，在管理方面，上级获得下级单位信息相对滞后，管理和监控的滞后导致管理人员无法掌握主动权，内控风险增加；第三，在标准和制度方面，下级企业制度、标准、流程均不统一，尤其是财务核算系统不统一，软件版本多而杂，尚存在大量手工财务工作，效率不高。

（三）集团建设财务共享服务中心的目标

榆能集团建设财务共享服务中心的目标主要有以下三个：

（1）降低管理运营成本，提升管理效益。榆能集团建设财务共享服务中心，对流程进行梳理和优化，通过标准化集中作业获取规模效益，大幅提升财务基础业务处理效率和质量，并将主要精力投入战略财务工作和一线业务财务工作中，促进财务人员结构转型，降低财务管理成本，支持集团业务快速扩张，促使榆能集团在经济形势下行、竞争激烈的外部环境下保持企业核心竞争力。

（2）加强经营管控，提升风险识别能力和对下监控能力。榆能集团以建设财务共享服务中心为契机，加强对下属公司财务工作的管控力度，并利用先进的信息化手段，打造业财一体化的财务共享服务大平台，实现实时经营过程的管控预警，从而提升集团对下属公司的风险识别和控制能力。

（3）创新财务管理模式，促进管理转型，进一步提升管理水平。榆能集团通过建设财务共享服务中心，促进集团财务工作重点向管理会计转型，再次提升标准化水平和财务服务质量，更广泛地支持集团经营决策，更好地支撑、保障企业战略落地执行，更好地支撑榆能集团未来迅速扩张。

四、榆能集团建设财务共享服务中心的总体历程

（一）了解、学习考察、决策历程

2017年5月，榆能集团成立财务共享项目小组组织前往各企业财务共享服务中心进行调研，彻底深入业务单位与执行流程的人员沟通，对基础业务、审批权责划分、审批流程、现有表单等进行了全面调研。

（二）建设历程

榆能集团财务共享服务项目于2017年10月启动，同时开展业务详细调研，并于11月完成蓝图设计；2018年1月，榆能集团着手财务共享服务系统建设；同年2月，

榆能集团开始试点单位测试；同年 3 月 1 日，榆能集团的 7 家单位财务共享服务系统上线；同年 4 月 1 日，又有 7 家单位上线；10 月 11 日，完成第一批次的财务共享服务项目验收；2019 年，在系统平稳运行过程中对其余的 43 家单位进行共享推广，部分拟关停、合并的企业不纳入财务共享服务平台，只要求进入 NC 财务系统进行核算。其具体历程如图 12-2 所示。

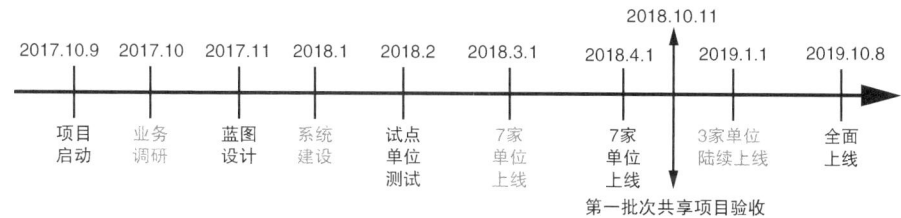

财务共享服务中心建设历程

图 12-2 榆能集团财务共享建设历程

（三）目前财务共享服务中心运行情况

榆能集团是陕西省属企业中第二家建立财务共享服务中心的企业，虽上线运行时间晚于陕西延长石油（集团）有限责任公司，但其先进的理念和勇于创新的精神，使其走在了省属企业的前列。

（四）后续共享中心的长期迭代创新目标

后续共享中心的长期迭代创新目标主要有以下三方面：

（1）建设财务共享服务中心。未来，榆能集团的财务人员都要经过财务共享服务中心的锻炼，力求能对全集团六大板块数据的获取、加工和经营有比较深刻的了解，为榆能集团进行人才的储备和输出。榆能集团财务人员分为四个层次，分别是：战略财务层（具备高级会计师或者注册会计师的会计从业人员）、战略储备层（具备中级会计师职称的会计从业人员）、共享财务层、业务财务层。集团系统各单位财务负责人均需逐步具备共享财务的从业经验。

（2）建设财务共享数据中心。榆能集团要实现业财高度融合、业务表单化，把全集团的数据都集中到财务共享服务中心进行处理。这个数据会逐渐进行拓展，不仅仅是财务数据，还可以包括公司经营（业务）的数据。以往，榆能集团的财务数据就是财务报表，经过了原始凭证到会计凭证、会计凭证到明细账、明细账到总账、总账到报表的层层浓缩过程，但是财务共享服务中心建立后，财务数据可以更加真实、完整、准确地反映公司的过去、现在和未来，所以财务共享服务中心是大数据中心和云数据中心。

（3）建设财务共享知识中心。榆能集团不但要实现国内的业务，未来还要实现煤炭的进出口业务。在经营过程中，全球的会计准则、全球税务法规和政策、全球的金融市场环境、全球汇率的变化，还有全球的风险方面的知识，都会在经营过程中逐渐被积累下来。榆能集团不但要积累国内的业财政策，也要对国际业务知识进行积累。

五、榆能集团财务共享服务中心的特色及实现的价值

（一）榆能集团财务共享服务模式的选择

榆能集团选择了单一共享中心模式的背景、原因、管理效果和价值如下。

1. 背景和原因

榆能集团选择该模式的背景与原因如下：第一，考虑到榆能集团存在多个业务板块（煤炭、运销、热电、其他矿产资源等），其中一部分为在建项目尚未投产，业务相对简单，企业多元化，且各业务板块存在差异性；第二，集团内子公司的人员可以调动；第三，集团盈利能力高，负债水平低，风险承受能力较强，可以一步到位建设一个中心。最重要的是榆能集团需要在"以服务为核心"的管理中提升子公司对集团的认同感，并实现降本增效和人员集约，这也是榆能集团建立财务共享服务中心的主要诉求和第一目标。

2. 目前的管理效果

榆能集团采用单一共享中心模式后，在四个方面取得了显著的管理效果：第一，榆能集团财务共享服务建立了会计核算、资金结算、数据管理、人才以及知识五个中心，统一了会计政策、科目、流程、信息系统以及基础数据五个方面，并且实现了观念、流程、岗位、人员以及系统的五个再造；第二，财务共享后的业务时效远远快于财务共享前的时效，尤其体现于单据报销、付款、会计凭证、财务报表这四个方面；第三，财务共享服务中心也使得移动审批更加便捷，使审批环节从"找领导现场签字"转为了不受地域限制的"移动端审批"；第四，现有模式实现了人员的精简，优化了财务人员结构，显著地降低了财务工作成本，并且在未来单位扩张时也不必大幅度增加财务人员。

3. 目前取得的价值

单一共享中心模式不仅攻克了两大化工企业财务成本核算的难题，为榆能集团

全面实现共享彻底扫清了技术障碍，而且还实现了从基建期到生产期财务共享业务的平滑过渡，达到了支撑集团业务发展的效果。

（二）财务共享服务中心接管的业务范围

榆能集团计划把财务的基础工作纳入财务共享服务中心，可能接管的业务范围包括票、账、表、钱、税。目前账、表、钱已经在实现，票和税依然在下属单位处理。

（三）FSSC目前的特色及价值

1. FSSC的组织架构

榆能集团FSSC的设计原则是通过专业分工，形成以"战略财务、业务财务、共享财务"三位一体为组合职能的集团财务管理新格局。战略财务由总会计师领头，财务部长负责管理榆能集团财务资产部，部门的主要职责是财务战略规划、公司预算、成本管理、投资管理、融资管理、风险控制等。财务共享服务同样接受财务部长领导，可分为总账报表组、应收应付组、成本费用组、资产管理组、资金结算组、总账稽核组、综合管理组，每个小组有其各自的职能。业务财务则独立于上述架构，由二级单位财务部和基层单位财务部构成。其中，基层单位财务部主要为各单位现场财务人员，从价值链角度参与业务部门的财务管理工作；二级单位财务部主要负责板块内财务管理和财务分析工作，主要涉及的岗位包括预算管理、成本管理和业绩管理、资金管理等，如图12-3所示。

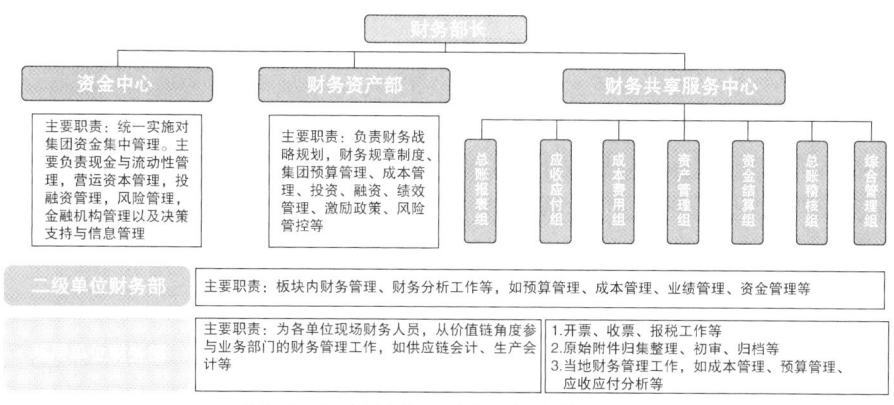

图12-3 榆能集团财务组织架构及职责

2. 建立FSSC的价值

榆能集团FSSC的价值可体现在以下五个方面：第一，降低了成本，分散的活动和资源得到整合，重复岗位消失，且流程得以优化和标准化，财务人员的单位工作时间减少；第二，支持了集团发展，FSSC 促进榆能集团核心业务发展，有利于榆能集团更快建立新业务，不必考虑新建财务支撑部门；第三，提高了服务质量和服务效率，建立 FSSC 后的基础财务工作更加简单化、标准化、流程化，榆能集团通过流程再造和信息技术手段，能够统一规范业务流程，提升工作的效率和质量；第四，促进财务向决策支持转型，财务基础工作受到专业的支撑，使财务角色的拓展成为可能，同时财务共享服务为财务管理提供统一的数据平台，财务的职责角色逐渐向业务方向发展；第五，加强了风险管理，通过集团统一的作业标准和流程、统一的制度和信息系统、统一的资金管控和调度方式，降低支付风险，榆能集团的管控得以加强。

3. FSSC 的岗位特色及职能特色

榆能集团 FSSC 人员及岗位采用二维分工法进行合理分配，纵列为 7 个小组，即应收应付组、成本费用组、资金结算组、资产管理组、总账报表组、综合管理组、总账稽核组；横行为各共享上线业务单位名称。

财务共享服务中心各小组成员需要负责各小组财务共享服务中心工作，同时负责其所对应业务单位的凭证、报表等账务的处理工作。每个小组的组长负首要责任，该小组的其他成员负次要责任，后期将会根据绩效看板对每个小组进行综合考核。由于财务共享服务中心成员多、上线业务单位多，二维分工法既可以对每位共享成员的工作内容、工作性质快速了解，又可以在固定的时间段内进行高效合理的岗位二次分配，达到财务共享服务中心人员高效管理的目的。

（四）FSSC 接管的各项业务的特征介绍

1. 接管的典型业务

榆能集团财务共享服务中心接管的典型业务包括以下八项：销售到应收与收款业务、采购到应付与付款业务、员工类费用报销业务、对公业务类费用报销业务、固定资产核算、资金收付结算、总账核算、基础财务报表。

2. 业务目前的流转模式及取得的成就

1）业务目前的流转模式

以费用报销为例，业务流程是业务人员提交报销单，并将原始单据扫描至影像系统，打印带有条形码的报销封面，粘贴原始票据，提交给财务部门初审岗（本地扫描岗）审核；本地业务部门根据影像系统进行审核，再由本地预算部门、财务部门进行审核，最后经分管领导、总会计师、总经理、董事长审核后，单据自动进入财务共享服务中心进行审核；若审核通过，系统自动发邮件通知财务部门初审岗（本地扫描岗）打印电子单据，将原始凭证进行当地归档，由资金结算岗签字、付款；支付成功后，系统自动生成总账凭证。具体业务流程如图12-4所示。

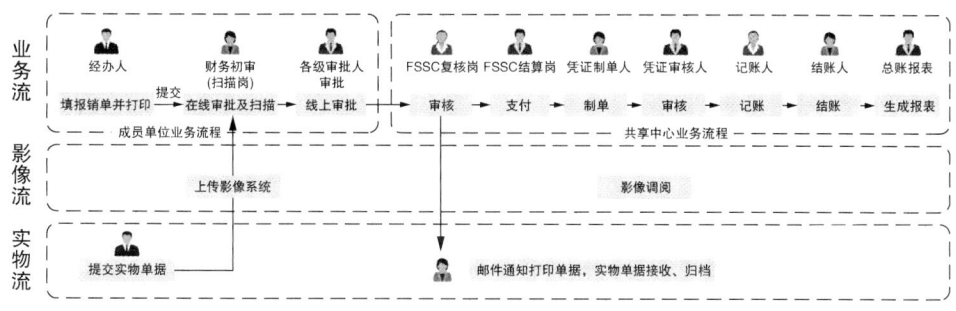

图12-4　业务流程

2）取得的效率、成本和收益

（1）时效显著提升。单据报销周期由共享前的15天变为共享后的7天，最快半小时；付款由共享前的网银支付变为共享后的银企直联；会计凭证由共享前的集中制单变为共享后的实时制单；财务报表数据收集由共享前的4～10天能够查询变为共享后的可实时查询。

（2）业务流转使移动审批更便捷，经办人员无需耗时逐个找各领导手工签字。审批环节移到移动端，使得领导的审批不再受地域限制。

（3）财务人员结构优化产生效益预测，原来需要财务人员220人，财务共享全面上线后，仅需财务人员151人，减少了69名财务人员，实现了人员精简，显著降低了财务工作成本。不仅大幅减少财务人员，也将有效支持了集团的未来扩张。

（4）新流转模式支撑了集团业务发展，攻克了两大化工企业的财务成本核算难题，为榆能集团全面实现共享彻底扫清了技术障碍，实现了从基建期转生产期共享业务的平滑过渡。

（五）FSSC运营至今取得的价值

榆能集团财务共享服务中心运营至今主要取得如下五个方面的价值：

（1）实现业务标准化。共享后业务流程由集团统一确定，以符合内控要求为原则，在流程中涉及的审批权限分级次进行管控并实时进行监控。财务共享服务中心业务流程贯穿各公司、各部门、供应链、共享财务、预算、资金全系统。

（2）实现单据标准化。报账单据依照业务类型进行标准化分类，报账单据的统一和规范提高了报账效率。信息采集点前移，业务语言自动转换为财务语言，更加贴近业务前端。

（3）实现控制实时化。内控流程、关键控制点固化于信息化平台中。财务共享服务系统实现了预算控制、资金控制。

（4）实现入账自动化。财务共享服务中心统一了核算方法和核算口径，自动生成会计凭证信息，全面、准确、细致地采集业务前端信息，达到"一点录入、全程使用"的效果，并保证报账信息在整个审批流转过程中的完整性，减少信息的重复录入。

（5）实现服务共享化。财务共享服务中心创新了财务控制方式，将集团到各公司、供应链、共享财务等全部打通，充分发挥财务管理与业务部门的管理协同作用。另外，审批流程状态共享使报账人、审批人可实时查询审批进展和状态。

六、榆能集团信息化建设的历程及效果

（一）FSSC 搭建之前，集团信息化建设情况

FSSC 搭建之前，榆能集团信息化建设情况存在着制度流程和核算系统不统一、人员业务水平参差不齐、信息不准确不及时等诸多问题。

榆能集团涉及 54 家法人单位，财务人员共 220 人，全部进行分散式办公。在信息化建设方面，目前面向全集团业务单元上线用友 NC6.5 系统，包含财务会计、资金管理、供应链、人力资源、全面预算等模块。

（二）建设 FSSC 的重要性

建设 FSSC 顺应了国内的财务管理发展趋势。在国内，财政部已经发布了相关规范和通知，并组织了相关的研讨会，鼓励大型企业建立财务共享服务中心。此外，对榆能集团而言，FSSC 通过专业分工，形成以"战略财务、业务财务、共享财务"为组合职能的集团财务管理新格局，加强了对分子公司的管控力度，使集团在现有的管理模式基础上，通过对业务流程的梳理再造，对现有资源进行重新规划和整合，实现了财务集中管控及业财一体化，进而为榆能集团的运营发展提供支撑。

（三）已经实现的信息化格局

榆能集团目前已完成全集团业务单元上线用友 NC6.5 系统，包含财务会计、资金管理、供应链、人力资源、全面预算等模块，财务共享服务系统在 NC 系统基础上，与供应链、人力资源等系统实现一体化。

榆能集团财务共享服务项目按计划稳步推进。截至 2019 年 10 月 31 日，已有 50 家单位全面上线，其余单位为计划关停并转企业，暂时在 NC 系统中进行核算。

（四）后续的信息化建设计划

榆能集团财务共享系统在 NC 系统的基础上，与供应链、人力资源等系统实现一体化，计划在 2019 年下半年启动合并报表及财务分析模块，同时完善系统功能，逐步推进财务分析预算、移动商旅、电子档案管理、供热收费、办公平台等业务系统的互联互通，通过统一信息系统，形成统一的基础数据，实现榆能集团的大数据中心。

七、榆能集团财务共享服务中心的功能实现和关键应用

（一）财务共享服务系统的组织架构

榆能集团整个财务共享服务系统中包含 7 个角色专属门户，涉及企业报账、共享运营、影像管理、收付款合同、财务核算、资金结算等内容，如图 12-5 所示。

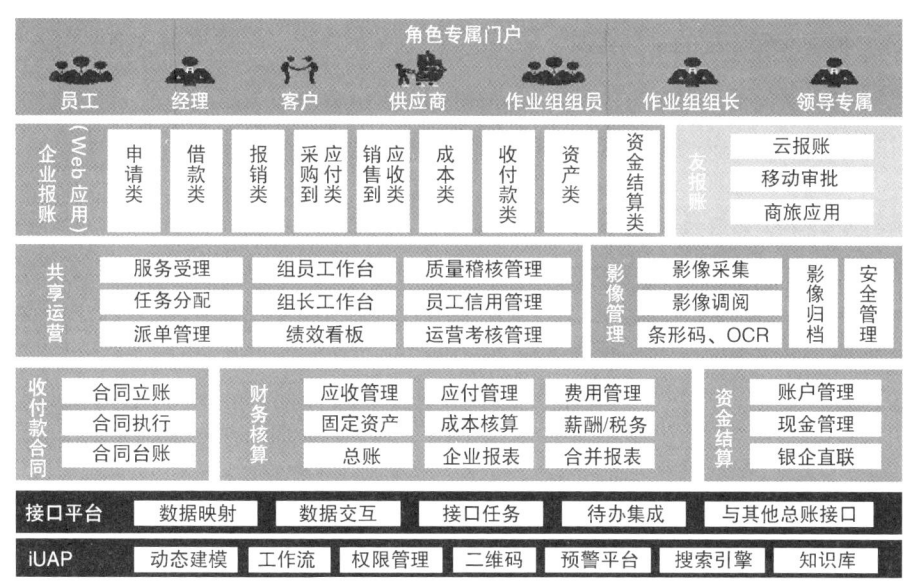

图 12-5　榆能集团财务共享服务系统总体架构

（二）财务共享服务系统的功能架构

榆能集团财务相关信息系统模块分布如图 12-6 所示。本期项目建设新增模块

包括生产制造、友报账、企业报账平台、收付款合同、影像管理系统、共享服务平台。

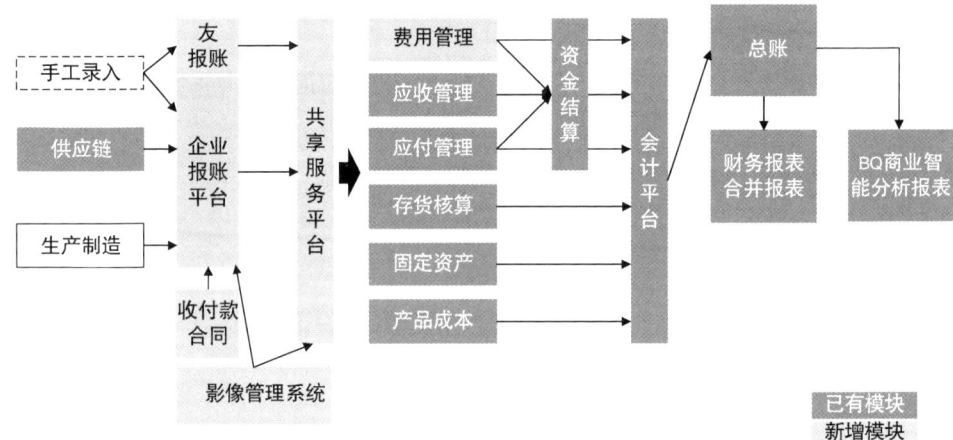

图 12-6　榆能集团财务相关信息系统模块分布

（三）典型业务流程的系统实现

榆能集团的费用报销流程如图 12-7 所示，固定资产、无形资产业务共享流程如图 12-8 所示，总账、报表共享业务流程如图 12-9 所示。

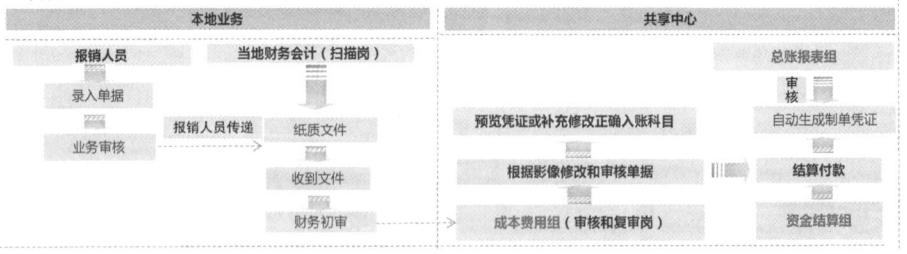

图 12-7　费用报销流程

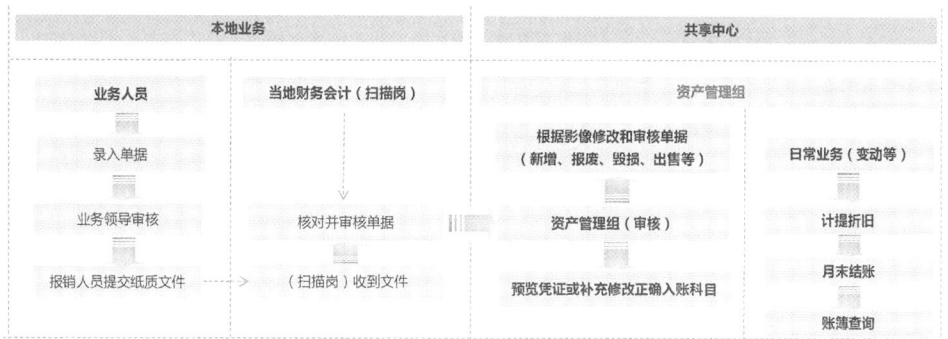

图 12-8　固定资产、无形资产业务共享流程

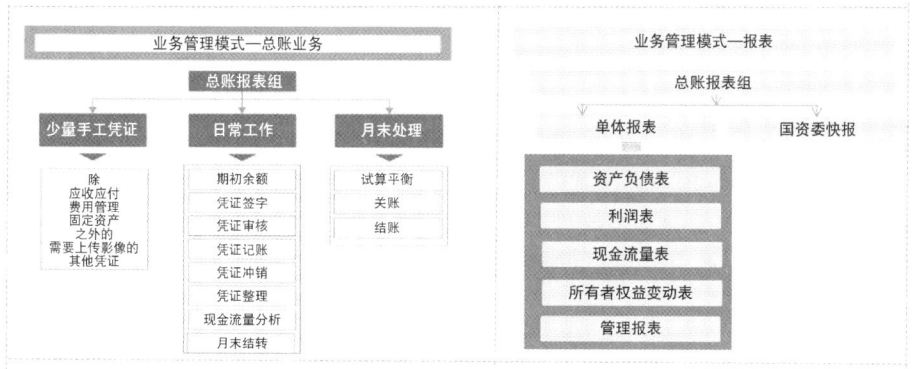

图 12-9　总账、报表共享流程

1. FSSC 组织结构的固化

（1）与成员单位建立委托关系。

（2）设置财务共享服务中心小组。榆能集团 FSSC 小组设置如表 12-1 所示。

表 12-1 榆能集团 FSSC 岗位及职责规划

岗位名称	岗位所在地	分工	职责
财务总监、正主任、副主任	榆能集团财务共享服务中心	负责财务共享服务中心的整体工作	负责榆能集团财务共享服务中心整体工作安排、核算、考核、运营管理等工作
总账稽核组	榆能集团财务共享服务中心	负责财务共享服务中心的整体工作	负责单据从提交到生成的所有环节的业务检查、报表稽核等工作
应收应付组	榆能集团财务共享服务中心	分工以业务单位为标准	负责财务专用表单、内部转账单、应收单、应付单、票到付款单、收款单、付款单、扣款单的审核等工作
成本费用组	榆能集团财务共享服务中心	分工以业务单位为标准	负责通用报销单、差旅费报销单、借款单、还款单的审核等工作
资金结算组	榆能集团财务共享服务中心	分工以业务单位为标准	负责往来、费用日常结算工作等
资产管理组	榆能集团财务共享服务中心	分工以业务单位为标准	负责新增单位卡片批量导入，常见问题处理等工作
总账报表组	榆能集团财务共享服务中心	分工以业务单位为标准	主要负责所属单位的制单、结账、生成会计报表及会计科目、收支项目维护等工作
综合管理组	榆能集团财务共享服务中心	分工以业务单位为标准	主要负责主数据维护、共享中心的运营等工作

2. FSSC 业务流程的固化

1）财务共享服务中心工作流程配置

榆能集团的财务共享业务流程分为一级业务流程和二级业务流程，业务流程清单如表 12-2 所示，费用报销流程如图 12-10 所示。

表 12-2 榆能集团的财务共享业务流程清单

序号	一级业务流程	二级业务流程
1	销售到收款流程	应收、收款——煤炭收入
2		应收、收款——供热、售电收入
3		应收、收款——其他收入
4	采购到付款流程	应付、付款——物资类：原材料、设备、工程类、服务类
5		应付、付款——固定资产、办公用品、低值易耗品等

（续表）

序号	一级业务流程	二级业务流程
6	费用报销单流程（员工）	差旅费
7		业务招待费
8		交通费
9		通信费
10		降温费
11		生日补贴
12		其他
13		借款单——部分还款、全额还款
14	费用付款单（对外）	汽车运输费、修理费、会议费、培训费等
15		港口发生费用
16		其他费用
17	资金流程	银行收款、付款
18		资金上收、资金下拨、资金调拨
19		固定资产新增、固定资产调整、固定资产折旧计提
20		固定资产清理（报废、毁损、出售等）、资产盘点（盘盈、盘亏）
21		在建工程决算转固定资产
22	总账流程	期初数据录入、制单、审核、记账
23		总账、明细账、辅助账、月末结转等
24		银行对账、月末关账
25	报表流程	单体报表编制（3 张主表＋1 张所有者权益表变动表）
26		管理报表分析（本地、财务共享服务中心财务进行分析）

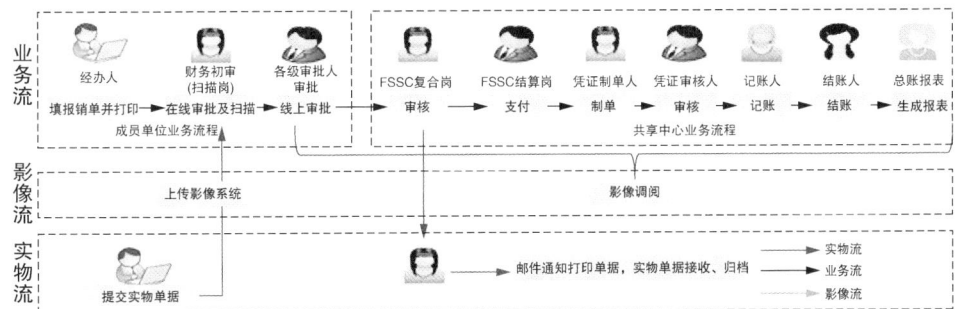

图 12-10　榆能集团费用报销业务流程示意

2）共享服务中心审批流程配置

（1）员工（对内）报销审批。其审批流程如下：

差旅报销审批流程：经办人→财务部会计初审（扫描岗）→业务部门负责人→费用主管部门→财务部门负责人→分管领导→财务负责人（总会计师）→总经理→董事长→共享中心费用会计审核→共享中心结算组签字支付或委托支付，可按照费用类别、金额进行审批流程设置。

费用报销审批流程：经办人→财务部会计初审（扫描岗）→业务部门负责人→费用主管部门→财务部门负责人→分管领导→财务负责人（总会计师）→总经理→董事长→共享中心费用会计审核→共享中心结算组签字支付或委托支付，可按照费用类别、金额进行审批流程设置。

借款审批流程：经办人→财务部会计初审（扫描岗）→业务部门负责人→费用主管部门→财务部门负责人→分管领导→财务负责人（总会计师）→总经理→董事长→共享中心费用会计审核→共享中心结算组签字支付或委托支付，可按照费用类别、金额进行审批流程设置。

还款审批流程：建立财务共享服务中心后，要求各单位如果有借款，剩余款项必须提交还款单，然后再冲借款、费用报销单冲借款。业务人员可在 PC 端填写或在移动端（友报账）填写还款单，当地出纳根据银行回单或收据进行确认审批，然后将银行回单移交财务初审。财务初审签字，银行回单作为附件，上传影像系统，共享中心费用会计确认，生成对应的凭证。

（2）采购类付款审批。其审批流程如下：

应付审批流程：经办人→财务部会计初审（扫描岗）→业务部门负责人→费用主管部门→财务部门负责人→分管领导→财务负责人（总会计师）→总经理→董事长→共享中心费用会计审核→共享中心结算组签字支付或委托支付，可按照费用类别、金额进行审批流程设置。

付款审批流程：经办人→财务部会计初审（扫描岗）→业务部门负责人→费用主管部门→财务部门负责人→分管领导→财务负责人（总会计师）→总经理→董事长→共享中心费用会计审核→共享中心结算组签字支付或委托支付，可按照费用类别、金额进行审批流程设置。

费用付款单（对外）审批流程：经办人→财务部会计初审（扫描岗）→业务部门负责人→费用主管部门→财务部门负责人→分管领导→财务负责人（总会计师）→总经理→董事长→共享中心费用会计审核→共享中心结算组签字支付或委托支付，可按照费用类别、金额进行审批流程设置。

（3）煤炭采购审批。其审批流程如下：

会计初审（扫描岗）→业务部门负责人→费用主管部门→财务部门负责人→分管领导→财务负责人（总会计师）→总经理→董事长→共享中心费用会计审核→共享中心结算组签字支付或委托支付，可按照费用类别、金额进行审批流程设置。

运销煤炭主要采购何家塔煤矿，也有可能从其他煤矿进行采购审批流程：经办人→财务部会计初审（扫描岗）→业务部门负责人→费用主管部门→财务部门负责人→分管领导→财务负责人（总会计师）→总经理→董事长→共享中心费用会计审核→共享中心结算组签字支付或委托支付，可按照费用类别、金额进行审批流程设置。

进出口煤炭主要采购何家塔煤矿，也有可能从其他煤矿进行采购审批流程：经办人→财务部会计初审（扫描岗）→业务部门负责人→费用主管部门→财务部门负责人→分管领导→财务负责人（总会计师）→总经理→董事长→共享中心费用会计审核→共享中心结算组签字支付或委托支付，可按照费用类别、金额进行审批流程设置。

（4）煤炭运费审批。其审批流程如下：

经办人→财务部会计初审（扫描岗）→业务部门负责人→费用主管部门→财务部门负责人→分管领导→财务负责人（总会计师）→总经理→董事长→共享中心费用会计审核→共享中心结算组签字支付或委托支付，可按照费用类别、金额进行审批流程设置。

（5）物资类（原材料、设备）采购审批。其审批流程如下：

横山煤电原材料、设备业务审批流程：经办人→财务部会计初审（扫描岗）→业务部门负责人→费用主管部门→财务部门负责人→分管领导→财务负责人（总会计师）→总经理→董事长→共享中心费用会计审核→共享中心结算组签字支付或委托支付，可按照费用类别、金额进行审批流程设置。

盐田开发原材料、设备采购业务审批流程：经办人→财务部会计初审（扫描岗）→业务部门负责人→费用主管部门→财务部门负责人→分管领导→财务负责人（总会计师）→总经理→董事长→共享中心费用会计审核→共享中心结算组签字支付或委托支付，可按照费用类别、金额进行审批流程设置。

佳县盐化后勤物资采购业务审批流程：经办人→财务部会计初审（扫描岗）→业务部门负责人→费用主管部门→财务部门负责人→分管领导→财务负责人（总会计师）→总经理→董事长→共享中心费用会计审核→共享中心结算组签字支付或委托支付，可按照费用类别、金额进行审批流程设置。

（6）服务类采购审批。其审批流程如下：

经办人→财务部会计初审（扫描岗）→业务部门负责人→费用主管部门→财务

部门负责人→分管领导→财务负责人（总会计师）→总经理→董事长→共享中心费用会计审核→共享中心结算组签字支付或委托支付，可按照费用类别、金额进行审批流程设置。

（7）办公类、低值易耗品采购审批。其审批流程如下：

榆神本部、榆神、运销、佳县盐化、采购办公用品业务审批流程：经办人→财务部会计初审（扫描岗）→业务部门负责人→费用主管部门→财务部门负责人→分管领导→财务负责人（总会计师）→总经理→董事长→共享中心费用会计审核→共享中心结算组签字支付或委托支付，可按照费用类别、金额进行审批流程设置。

横山煤电、新能源办公用品采购业务审批流程：经办人→财务部会计初审（扫描岗）→业务部门负责人→费用主管部门→财务部门负责人→分管领导→财务负责人（总会计师）→总经理→董事长→共享中心费用会计审核→共享中心结算组签字支付或委托支付，可按照费用类别、金额进行审批流程设置。

（8）合同到收款类审批。其审批流程如下：

应收单审批流程：财务会计录入应收单→财务初审岗（扫描岗）→财务负责人审核→共享中心审核。

收款单审批流程：出纳录入收款单→财务初审岗（扫描岗）→财务负责人审核→共享中心审核。

3）财务共享服务中心表单配置

榆能集团 FSSC 表单目前有 12 张，包括应收单、收款单、应付单、付款单、扣款单、通用报销单、差旅费报销单、借款单、还款单、内部转账单、票到付款单和财务专用表单。

3. FSSC 作业平台

榆能集团财务共享作业平台受系统的服务请求产生任务，在任务进入任务池后由受到管理的不同业务小组进行提取，并进行双屏审核。

4. FSSC 业务场景

1）预算控制规则设置

榆能集团将当前业务表单化，通过表单形式反映实际业务。目前在榆能财务共享建设一期的过程中，使用收支项目作为区分不同费用类型及不同会计科目的依据，因此涉及 1 900 个左右的收支项目，单个业务人员常用的范围较少。从用户填写单据易用性角度考虑，将现有单据与收支项目进行匹配，减少业务人员填单时错误选择的概率，以此减少财务审核以及后续账务处理的重复修改问题。如将差旅费报销单匹配差旅费收支项目，其他冗余的收支项目在填写差旅费报销单时自动隐藏。收支项目的系统配置如图 12-11 所示。

图 12-11　收支项目的系统配置图

除了将单据与收支项目进行匹配外，还可选择使用将单据与"部门＋收支项目"进行匹配的方式。例如，各部门所发生的办公费与部门性质有关，管理部门进入管理费用—办公费，销售部门进入销售费用—办公费，因此后续财务共享深化使用时将以"部门＋收支项目"作为与单据匹配的依据。"部门＋收支项目"与单据匹配示例如图 12-12 所示。

2）报销审核要点分析

（1）财务初审核。各业务单位财务部设专人对原始单据进行扫描，同时依照本单位的相关制度及管理办法，对业务人员填制的单据的合规性、真实性、准确性进行审核。本环节是业务报销的首要环节，也是财务共享的第一道审核。

（2）共享审核。本环节主要对该业务的合规性、准确性进行审核，确保业务符合

图 12-12 "部门+ 收支项目"与单据匹配图

会计及税法相关法律法规。该环节是第二道审核，报销单据经过财务初审核，进入共享审核环节。经共享审核通过的单据，进入资金结算环节；若共享审核未通过，则该表单将会被驳回至制单人或者财务初审核环节，待相关人员修改确认后重新提交至财务共享服务中心审核。

（3）会计凭证审核。该环节是第三道审核，由业务财务主管确认财务共享服务系统自动生成的会计凭证中会计分录、借贷方金额、现金流量等相关信息的准确性，并对该业务合规性作最后把关，确保该笔业务的准确无误。本环节是财务共享服务中心的最终环节，实现业务报销流程与会计账务处理工作的完美衔接，确保每笔业务的真实性、准确性及合规性。

3）单体报表之间的快速合并

榆能集团每季度借助财政部指定的统一报表系统进行报表合并。每季度各二级子公司在系统内填报合并数据并报送内部交易明细表。

榆能集团在合并工作底稿上编制合并抵销调整分录，将数据汇总后，过渡至财政部统一报表系统的差额表中，集团审核、合并各二级公司数据，计算得出集团合并报表数据。

此外，榆能集团计划于2019年实施并完成合并报表系统上线工作。通过集团实施财务共享统一结账时间（月末最后1天），旨在解决合并报表不能按时报送问题；通过报表系统功能实现各单位之间自动对账，为合并报表内部交易相互抵销提供准确数据；通过报表系统自动提取数据、报表内部稽核，减少人工输入和检查的时间，更准确、及时地提供合并财务报表，为集团决策提供数据支撑。

4）对业务系统的数据权限管理

榆能集团对供应链系统和人力资源系统的数据权限管理如下：

（1）书面申请访问主数据。在NC系统中，供应链和人力资源属于子模块，因此其主数据都保存在数据库中，对主数据的访问需要子公司提供书面的申请。这样做的目的是保护主数据的安全性。

（2）供应链和人力资源系统数据权限管理。对于供应链和人力资源系统中的数据权限管理，需确定是否允许用户执行所请求操作的流程。用户授权过程出现在认证之后，可以使用与用户相关的属性或权限，控制用户的访问和操作。授权采用基于角色的访问控制，便于组织NC系统中的各种权限，进行灵活精确的权限分配。角色由资源和操作构成，角色通常根据集团内各种职务的需求来确定，从而使系统管理员能够用与组织模型相对应的方式，对用户赋予权限，进行访问控制。

（3）外部用户签订不泄密信用协议。第三方服务提供商和商业伙伴需要提供相关申请并签订不泄密信用协议。外部用户管理的申请单中需要说明使用期限，确保分配给顾问和临时雇员的账号在分配期结束时自动终止。

5）财务共享服务系统中的成本核算

目前，榆能集团财务共享服务系统上线单位成本核算是由财务共享服务中心人员在NC系统的自定义转账功能下完成的。经调研，未上线单位成本核算基本都是在NC系统自定义转账功能中完成。在二期推广中，成本核算是否全部由财务共享服务中心完成，还需考量集团业务板块成本核算的复杂性、成本核算有关问题解决方案的确定等。目前两大化工企业中，涉及较为复杂的成本核算的企业为佳县盐化有限公司与陕西精益化工有限公司，精益化工系统流程如图12-13所示。

以榆能集团佳县盐化有限公司成本核算为例进行阐述。

榆能集团佳县盐化有限公司（以下简称"佳县盐化"）成立于2015年5月，开工建设120万吨/年真空制盐项目，在2019年1月进入生产经营期。公司的主要产品包括电、蒸汽、工业盐（散湿盐、干盐）。

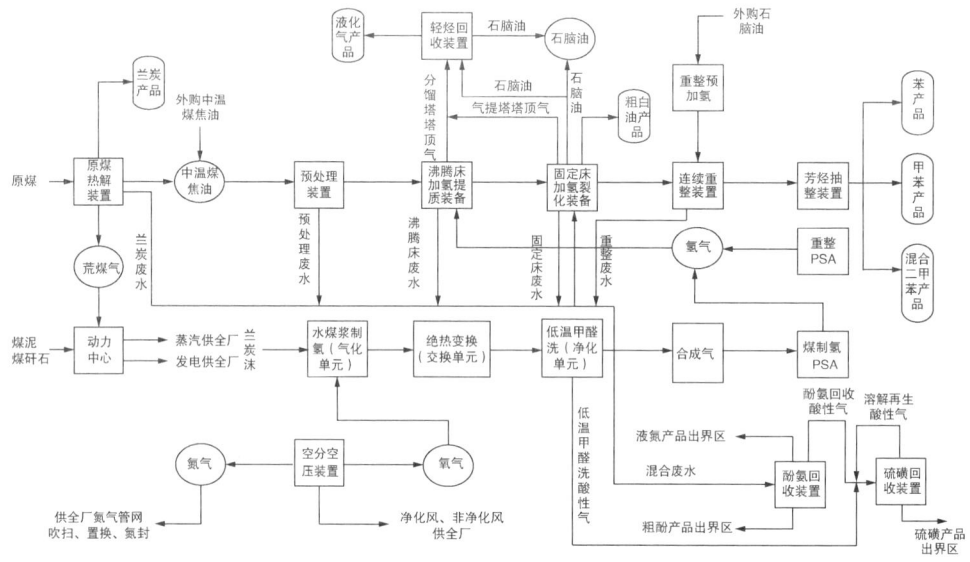

图 12-13　精益化工系统流程图

（1）系统核算。成本核算使用前期，榆能集团财务共享服务中心与佳县盐化进行充分沟通，根据佳县盐化工艺流程制订成本核算方案。其系统流程图和成本核算底稿分别如图 12-14、图 12-15 所示。

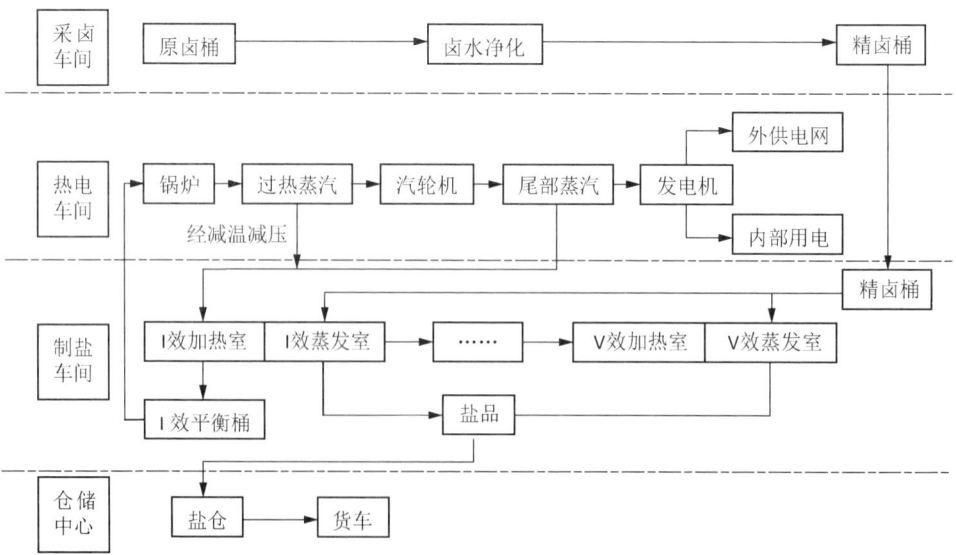

图 12-14　榆能集团佳县盐化有限公司项目系统流程图

榆能集团佳县盐化成本核算底稿

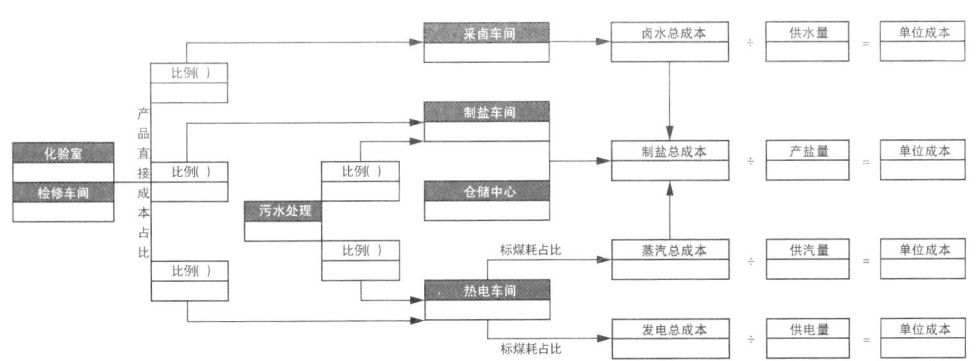

图 12-15　榆能集团佳县盐化成本核算底稿

佳县盐化的成本核算方法为"品种法+分步法"，通过设置部门辅助进行成本核算。其分配方法主要有以下三种：第一，辅助生产成本分摊方法。这种方法是采用当月制盐、发电直接生产成本占比以及直接归属于制盐车间和热电车间的生产成本占比进行分摊。第二，蒸汽及电力成本分摊方法。该方法是按照发电及制盐蒸汽耗用标煤占比进行分摊。第三，干盐及湿盐成本分摊。经成本计算出的盐成本包含干盐及湿盐，干盐成本是经测算得出，在湿盐成本的基础上加固定的金额，然后在总成本基础上进行分摊。

（2）成本核算的两种考量。第一，在榆能集团报账系统内填制其他表单，需要业务单位财务人员填制成本结转的相关凭证，解决结转附件上传问题，但结转分录需手工录入所有成本费用的末级科目，工作量较大；第二，根据成本核算方案，集团在 NC 系统自定义转账功能中设置结转公式，生成凭证。这种方法比较便捷，不改变集团原有成本核算方式，可以节省业务单位财务人员的工作量，但相关分配的比例可能存在变动，需要调整结转公式，同时结转附件需要财务共享服务中心人员导出，由业务单位财务盖章扫描后再上传凭证。

6）财务共享服务质量管理

服务质量是财务共享服务中心持续运行的前提，榆能集团通过以下几个方面提升服务质量管理。

（1）持续优化流程。财务共享服务中心通过统一制定、实施、发布标准及程序，根据业务扩展持续优化流程，保证财务共享服务中心高标准的工作效率。综合管理组负责跟踪处理并及时优化流程。

（2）强化质量控制。财务共享服务中心采用绩效看板分析每个作业环节所耗用的时间及单据积压的情况，从处理流程速度、业务量、业务问题处理等多个方面解决作业时效的"瓶颈"，在第一时间处理完成，保证财务共享服务中心业务的高效运行。财务共享服务中心通过绩效考核机制，保证业务处理的准确率。

（3）提升服务水平。财务共享服务中心设定时效指标、质量指标、满意度指标等关键运营指标并开展测评，实现"答复准确、内容详细、依据充分、口径统一"的工作目标来提高综合服务水平。建立问题处理机制，配备1~2名问题联络人，由联络人直接指派相关人员或相关小组处理，并记录、跟踪问题处理进度及解决方案，提升问题的处理速度，提升业务单位满意度。此外，签订财务共享服务中心服务水平协议，对财务共享服务中心及时性、准确性等进行约束，形成财务共享服务中心新的服务标准。

（4）完善运营制度。财务共享服务中心已制定《财务共享服务中心业务管理办法》《会计核算办法》《财务印章及网上银行CA盾等实施细则》等办法以及相关的操作手册，正在制定操作标准、业务规范等配套管理办法，以此促进财务共享服务中心业务处理进一步规范，强化员工绩效管理、服务意识和服务标准，提高服务满意度。

（5）加强队伍建设。榆能集团目前整体财务人才队伍不足以支撑集团业务的高质量发展，需进一步加强全集团财务人才队伍建设，助力集团做大做强。一方面，财务共享服务中心需要从会计制度、财务管理、税务筹划等方面作出详细的培训计划，采取"走出去"和"请进来"，实现基层单位财务人员与财务共享服务中心人员互动学习业务知识，培养专业人才队伍；另一方面，可以实施集团委派制，通过双委派制，培养自己的管理团队，实现高端人才队伍建设；还可以通过校招，实现人才层次及人才梯次的建设。

5. 应用价值体现

财务共享服务中心目前归集成员单位共41家（包含集团本部）。2019年，财务共享服务中心向二级公司和项目公司下达的归集率指标为80%，前4个月41家单位的资金归集率基本达到这一水平。目前，财务共享服务中心的资金结算组完成资金结算量占全部资金结算业务的95%以上。

八、榆能集团建设财务共享服务中心的经验分享

（一）将FSSC建设与考核挂钩

榆能集团对子公司的考核指标主要有经营业绩、重点项目建设、管理提升、改

革创新、党建工作五项。2018 年，将"资金集中与财务共享建设"定位为管理提升项目，其考核评分标准为纳入合并报表范围的所有单位，在固定时间内将财务核算全部切换至 NC 集中核算系统，一户未完成扣 10 分；第一期纳入共享试点范围的企业要在固定时间内将业务审批、财务核算在财务共享服务平台上完成，一户未完成扣 10 分。这种考核方式有力地推动了榆能集团财务共享的建设、运营和推广工作。

（二）高速扫描仪的分布和使用

榆能集团高速扫描仪的扫描方式如下：一是制单人扫描；二是财务专岗扫描。根据各下级公司的实际业务情况设置不同的扫描方式：数据量大、单据量大的公司采用制单人扫描、公司配置多台扫描仪同时进行业务处理的方式进行，财务人员对影像资料和原始票据进行相应的审核；人员集中、单据量稍少的公司采用财务专岗扫描的方式进行，财务人员进行扫描的时候同时对票据和系统中填制的信息作相应的检查。

（三）财务人员安置与转型考量

建立财务共享服务中心前，榆能集团本部及各子公司的财务人员主要工作都集中在基础财务核算工作上，重核算轻管理；建立财务共享服务中心后，上线单位的部分财务人员集中到财务共享服务中心，承担共享财务的工作，主要工作为会计核算，其他人员从核算业务转向分析等管理会计岗位，人员分布更倾向于管理岗位。

（1）关于下属单位人员安排考量。榆能集团及子公司财务部门的组织架构及人员在不分流、不减员的前提下进行岗位再造、人员再造，其中具有一定管理能力、优秀的财务人才转为战略财务，以财务管理者的身份从事财务管理工作；而基础财务人员必须具备较强的学习能力，承担共享财务、业务财务的工作，为榆能集团整体运营提供保障。财务共享服务中心的建设，加速了财务人员向管理型的转型升级。

（2）关于虚拟战略财务的考量。虚拟战略财务是以财务共享服务中心为基础，同时将榆能集团高素质、高水平专业财务管理人员集中起来所形成的一个战略团队。该团队负责榆能集团整体财务战略规划、财务规章制度、集团预算管理、成本管理、投资管理、融资管理、绩效管理、激励政策、风险管控等。团队成员现有身份保持不变，进入榆能集团战略财务人才库管理。

（四）财务人员专业技术提升规划

榆能集团财务人员有专业技术提升规划，榆能集团 2019 年度员工教育培训需求计划表如表 12-3 所示。

表 12-3　2019 年度员工教育培训需求计划表

培训内容	培训对象	参培人次	培训形式	培训类别	时间	天数	实施单位	培训地点
管理会计新思维与相关应用指引解读高级培训班（二期）	财务人员	2	脱产培训	专业技术培训	2019.06.17	7	北京国家会计学院	厦门
2019 企业会计准则更新与应用	财务人员	3	脱产培训	专业技术培训	2019.07.25	5	北京国家会计学院	大连
财务共享服务中心的建设与实践	财务人员	3	脱产培训	专业技术培训	2019.08.24	4	北京国家会计学院	长沙
企业合并与合并报表课程	财务人员	3	脱产培训	专业技术培训	2019.07.10	3	上海国家会计学院	上海
企业税务筹划与管理	财务人员	3	脱产培训	专业技术培训	2019.07.14	5	总会计师协会	成都
2019 企业会计准则新变化解读与实务操作	财务人员	3	脱产培训	专业技术培训	2019.11.12	6	厦门国家会计学院	厦门
现金流与营运资本管理	财务人员	3	脱产培训	专业技术培训	2019.10.13	5	北京国家会计学院	深圳
司法培训	财务人员	1	脱产培训	专业技术培训	待定	7	待定	待定
企业财务分析决策与投融资管理高级培训班	财务人员	2	脱产培训	专业技术培训	2019.05.15	3	厦门国家会计学院	厦门
智能财务与大数据应用高级培训班	财务人员	2	脱产培训	专业技术培训	2019.06.25	3	厦门国家会计学院	厦门
现金流与营运资本管理	财务人员	2	脱产培训	专业技术培训	2019.10.13	5	上海国家会计学院	深圳

（五）财务共享服务平台的外包探索

榆能集团将财务共享服务平台的部分资源共享给榆林市天元路业有限公司（以下简称"天元路业"），开启了财务共享服务平台外包的探索之路。天元路业成立于

2001 年 7 月，隶属于陕西省榆林公路管理局，是经榆林市人民政府批准成立的大型国有企业。自公司成立以来，转战全国 20 多个省、市、自治区，累计承建各等级公路4 500多公里，完成隧道工程 4.8 公里，完成各类桥梁施工 300 多座，总长 32 660 米。

1. 天元路业业务特点

天元路业业务特点主要有两方面：一是主业为路桥施工，产业单一，以项目部为业务单元进行业务开展与管理，分散且业务量大；二是以项目管理为主，项目部从财务核算层面体现为非法人二级核算单位，因业务数量多而核算工作量大。

2. 天元路业项目启动原因

天元路业项目启动原因主要有以下五点：第一，天元路业财务核算量集中，工作量大，稽核、财务核算、资金支付等环节采用纯手工管理，工作效率有待提升；第二，天元路业业务人员不了解相关财务报销制度，报账人单据填写不规范，财务复核过程量化依据少，不能有效地做到事前管控；第三，天元路业报账业务过程不透明，不能做到有力管控，费用方面存在财务渗漏等潜在风险；第四，天元路业工程项目异地居多，报销周期长，员工满意度不高；第五，天元路业领导需对员工报账业务进行线下审批，彼此占用过多时间，同时员工无法实时了解报销进程。

3. 天元路业项目具体做法

天元路业原使用财务系统为用友 U8，后与榆能集团共用财务共享系统 NC6.5，实现了集中核算（总账 + 报表 + 固定资产 + 应收 + 应付）、智能财务共享服务平台［智能报账服务（友报账）+ 网上报账 + 费用管理 + 预算管理 + 共享作业平台 + 影像系统］。天元路业现依托榆能集团智能财务共享服务平台进行财务核算、预算管理、费用智能管控，实现了财务核算管控一体化。

4. 天元路业项目的亮点

（1）该项目利用榆能集团已经建成的财务共享服务平台的核算管理系统、网报管理系统（含移动应用）、共享作业平台、影像管理系统，高效有力地促进天元路业实现财务管控目标。

（2）本次天元路业依托榆能集团财务共享服务平台，只需要根据自身的管理需求，投入实施、开发、增加的用户数等成本费用即可，节约了巨额的平台成本投入。

（3）天元路业的上线，不会给榆能集团带来额外的负担，也不会挤占榆能集团后期平台的使用空间；反之，还会在财务核算上填补施工单位核算经验的空白。

（4）榆能集团与天元路业同为榆林市国资委系统的全资子公司，经过财务信息化管理系统的升级与变革，已经成为行业内领先的、多板块、多元化的集团管控与财务共享服务精品示范样板。天元路业可以参考榆能集团先进的管理模式与经验，快速提升管理水平。

（5）天元路业的上线使榆能集团的财务共享服务平台迅速增加使用客户，榆能的财务共享服务平台使用客户达到 100 户以上。在互联网时代，用户就是资源，榆能在不产生损失的同时得到了大量的客户资源。

九、客户证言

榆能集团通过建设财务共享服务中心，搭建先进的管理会计体系，提升工作效率与会计核算报告质量的同时，极大地加强了集团管控和风险管控；搭建的业财深度融合的财务共享大平台管理模式，能够在集团战略的快速扩张过程中提供强有力的支撑，同时也促进财务部门由核算职能向管理职能转型。

案例十三

中冶天工：业财税资一体化　管控与服务并重

——中冶天工财务共享服务应用实践

一、中冶天工概况

中冶天工集团有限公司（以下简称"中冶天工"）财务共享服务中心在中冶集团的统筹部署下，按照《中冶集团财务共享服务中心建设指导意见》，结合中冶天工的实际情况，基于用友 NC6.5 财务核算、资金管理、预算管理、固定资产管理、合并报表、增值税管理、报账平台及财务共享服务平台搭建了全业务财务共享服务中心，在"管控服务并重"的基础上，实现了"业财税资一体化"，达到了"强化管控、提高效率、服务一线"的目标。

中冶天工是中国中冶科工股份有限公司的核心企业，拥有中华人民共和国住房和城乡建设部核定的建筑、市政、冶金工程施工总承包特级资质以及相应的工程设计行业甲级资质。作为类型上拥有"三特三甲"、数量上拥有"四特四甲"资质的企业集团（所属子公司"中冶天工集团天津有限公司"拥有建筑工程施工总承包特级资质以及建筑工程设计行业甲级资质），中冶天工具有丰富的工业、建筑、市政、轨交、环保等各类大型工程建设管理经验。

中冶天工始建于 1948 年，2006 年采取分立式改制模式自山西太原迁入天津滨海新区空港经济区，经过几十年的开拓进取，已发展成为实力雄厚的大型建筑企业集团。中冶天工通过了质量、环境、职业健康安全管理体系认证，具有完善的法人治理结构，下设 17 个管理部门、5 个区域公司、9 个专业公司（事业部）、8 个子公司；注册资本 20.5 亿元；现有在职员工 6 000 余人，其中中高级职称人员约 2 100 人，一级、二级建造师逾 1 300 人。

中冶天工坚持走高技术高质量发展之路，通过创新驱动引领发展方向、提升发展质量，先后建立了 3 个天津市级企业技术中心、4 个中冶集团工程技术中心、院士专家工作站以及国家海上应急卸载技术研究中心，被认定为国家级高新技术企业和国家级企业技术中心，拥有有效专利 1 000 余项，主编国标 4 项、行标 7 项，参编国标 6 项、行标 2 项，荣获多项省部级科学技术奖，多项工法被评为国家级工法。

中冶天工凭借雄厚的技术实力、规范的经营管理，先后被中华全国总工会授予"全国五一劳动奖状"，被中国建筑业协会、中国施工企业管理协会、中国对外承包工程商会、中国建设银行评定为 AAA 级信用等级企业，连续多年荣获"全国优秀施工企业""全国建筑业先进企业""全国守合同重信用企业""中国建筑业百强企业""天津市优秀诚信施工企业""天津市文明单位"等荣誉称号。

二、建设背景

（一）外部政策

财会〔2013〕20 号文中明确要求："分公司、子公司数量多、分布广的大型企业、企业集团应当探索利用信息技术促进会计工作的集中，逐步建立财务共享服务中心"。财务〔2014〕27 号文中又进一步明确："鼓励大型企业和企业集团充分利用专业化分工和信息技术优势，建立财务共享服务中心，加快会计职能从重核算到重管理决策的拓展，促进管理会计工作的有效开展。"2014 年，国资委开展了一系列的信息化登高行动，明确财务共享作为大型集团财务管控的重要工具。财会〔2016〕19 号文深化强调加强会计信息化建设，明确要求"密切关注大数据、互联网＋发展对会计工作的影响，及时完善相关规范，研究探索会计信息资源共享机制"。国发〔2017〕35 号文中明确提出"抢抓人工智能发展的重大战略机遇，构筑我国人工智能发展的先发优势，加快建设创新型国家和世界科技强国"。财务共享服务模式开始进入快速发展阶段。由此可见，财政部、国务院均要求有条件的企业实行财务服务集中化，逐步建立财务共享服务中心，这些规定为我国企业探索建立财务共享服务中心提供了政策支持。央企的建筑施工板块，中国铁建股份有限公司、中国中铁股份有限公司、中国交通建设股份有限公司已经建立了财务共享服务中心，为提高企业核心竞争力、推动降本增效、实现战略目标提供更强有力的支撑。

（二）中冶集团深化改革的要求

2017 年，中国五矿集团有限公司（以下简称"五矿集团"）已经将财务共享服务中心的建设纳入五矿集团 2017 年全面深化改革工作内容，中冶集团明确要求中冶天工在 2017 年试点上线运行。中冶集团党委常委、副总裁、总会计师邹宏英 2018 年 3 月在中冶集团财务共享服务中心工作推进会上也提出了相关建议，主要包括：

（1）统一认识，深刻理解推进财务共享服务中心建设的重大意义。一是有利于实现集团高质量发展的新战略；二是有利于实现会计核算的规范化；三是在项目资金支付流程上设置管控点，有利于实现"把二级子公司打造成项目管控的主平台"；四是推动财务人员从核算财务向管理财务转变，有利于实现财务转型，更好地为经营决策服务。

（2）高端定位，打造具有中冶特色的"高效、管控、服务"型财务共享服务中心。要高端定位，做好顶层设计，建设原则是与集团的战略相匹配，二级子公司全覆盖，实现项目财务管控功能的科学、合理、便捷、高效。财务共享服务平台在具备会计核算基本功能的基础上，通过影像报账功能实现集中核算，从而实现会计核算中心的职能；将资金结算、财务预算功能嵌入财务共享服务平台，实现对财务预算的过程管控；采集大数据，提高经济运行分析的主动性、时效性，实现管理决策服务中心的职能。通过把中冶集团的财务共享服务中心打造成为"同行前列，国内一流"的水平，让财务共享服务中心真正成为"会计业务核算中心、项目财务管控中心、管理决策服务中心"。

（3）强化组织，落实责任，确保财务共享服务中心建设达到预期效果。集团高度重视财务共享服务中心建设，并成立了领导小组和工作小组，负责总体规划，统筹推进，对各单位的实施进行指导和监督。在 2017 年先行先试取得的经验基础上，2018 年再进行总结推广，加快推进财务共享服务中心建设。在顶层设计方面，集团的财务共享服务中心框架由总部中心数据库、二级子公司财务共享服务平台构成，中心数据库在实施过程中要留有接口，与子公司接口共享、数据共享、互联互通。子公司是责任主体，在建设财务共享服务中心时，要统筹考虑业务、财务、税务、资金等系统如何结合，要留有衔接业务前端和财务后端的通道，助力业务财务一体化进程，要找到切入点、分步实施，实现集团的既定目标。

（4）全力推进财务共享服务中心建设，促进财务转型。财务共享服务中心建设有助于将人力从重复的基础工作中解放出来，也为战略财务、共享财务、业务财务的职能分离提供了手段和支撑。通过对业务流程、财务流程的再梳理、改进和完善，使管理流程更规范、更科学，促使财务人员把工作重心转到管理财务、经营财务的决策支持上来，整体提升财务管理水平。

（三）中冶天工战略发展的需要

中冶天工获得过大量的荣誉，在新时期，中冶天工继续高举"用心铸造世界"的中冶旗帜，大力发扬"一天也不耽误、一天也不懈怠"的中冶精神，充分发挥天津滨海新区开发开放、京津冀协同发展、雄安新区建设等国家战略带动形成的区位优势，完善管控新体系、增强发展新动能，努力打造升级版的"新天工"，再造集团新优势，携手客户共同成长，创造价值回馈社会，为实现中冶集团"冶金建设国家队、基本建设主力军、新兴产业领跑者"的目标而不懈奋斗。

中冶天工所属分子公司、项目部数量多、分布广，在快速发展的同时，也面临着管理风险和财务资金风险的增加，主要表现在以下三个方面：

（1）公司需要财务共享服务系统支撑公司区域整合的需要。中冶天工在完成区域、专业规划整合后，需要积极推动深度融合，实现资源共享、集中管控的战略发展目标。

（2）在公司发展层面上显现出高增长与低积累、高产值与低利润、高速度与低效率的"三高与三低"的状况，"两金"占用居高不下，给公司发展带来不可预估的风险，影响了公司的资金运作能力。

（3）打破以前多层级项目管理模式，实现资金一对一使用扁平化管理的需要。

为了更好地适应集团战略转型和精细化管理要求，推进集团财务管理转型，必须借助财务共享服务中心这种新的管理模式。

财务共享服务中心就是利用管理信息化平台，促进财务会计与管理会计的分离，加快企业财务人员向业务财务及财务管理决策转型，提升企业财务管理价值，构建能够支撑企业战略目标实现的全新财务管控体系。

财务共享服务中心作为企业管理提升的重要抓手，得到了中冶天工各级领导的高度重视，希望通过搭建"业务—财务—税务"三位一体的财务共享服务中心体系，满足集团战略及组织精细化管理的需要。中冶天工希望借助财务共享服务中心这种新的管理模式，统一核算标准和核算流程，提高财务核算质量和效率，优化提升财务人员专业化能力，降低财务管理成本，实现业务驱动型的财务管理，提高风险管控能力。

（四）建设目标

中冶天工财务共享服务中心依托信息技术以业务流程处理为基础，优化结构、规范流程，通过对人员、技术和流程的有效整合，实现财务核算的标准化和规范化，通过预算引导和财务资金管控，实现业财税资一体化，促进和提高项目经营管理水平，体现财务管理决策支撑作用。核心建设目标如下：

（1）优化业务流程，统一财务核算制度、会计科目、业务审批及财务核算流程，实现财务核算的标准化、规范化，提高财务信息化质量和及时性。

（2）借助财务共享信息平台，实现对工程项目的成本预算、结算、进度审批、发票、收付款等进行全过程管理，在业务流程中融入各项管控要求，在保障公司内控制度落地执行的基础上，提升项目经营管理水平。

（3）围绕财务共享信息平台，实现了会计核算系统、报表系统、资金系统、税务系统等全面集成化和一体化，实现了"业务流程协同、数据信息共享"。

（4）实现各项财务报表（内部和外部）的一键生成，为集团提供及时、准确、标准、规范的财务信息，实现对集团战略决策的支持。

（5）将高度重复、劳动密集的会计核算、报表编制、资金支付等业务全部集中到财务共享服务中心统一处理，实现内部财务资源整合、缩短管理链条，促进业务财务一体化，促进财务管理转型。

（6）以财务共享服务平台打造中冶天工核心业务平台，逐步实现和 ERP 等信息系统的融合，实现业务数据与财务数据的共享、传递，完成深度业财融合。

（五）建设方案

中冶天工财务共享服务中心的建设主要包含"财务核算体系优化、业务流程梳理、组织人员建设、技术数据标准化梳理、信息系统建设、制度建设、新技术探索"等七大方面的内容，具体如下。

1. 建设原则

1）下属机构业务审批权限不变原则

（1）中冶天工的下属单位财务管理架构基本不变，会计业务由财务共享服务中心集中处理，下属单位现有的业务审批权限不变，财务共享服务中心只履行业务处理职能，基层单位资金所有权、使用权、财务控制权不变。

（2）下属单位的各业务部门领导的审批权不变。

2）提高标准化、自动化原则

（1）制定统一的业务流程，并在系统中固化流程。

（2）建立统一的报账模板，并进行集中管理和维护。

（3）设置业务和财务的对应映射关系。

（4）细化流程环节，固化关键控制点，立足业务标准、业务流程两个统一。

（5）结合不同的经济事项制定统一的核算标准。

3）财务业务协同原则

（1）将业务、财务统一到一个平台，信息一点录入、全程共享，实现财务业务操作的无缝集成。

（2）财务信息与业务信息交叉验证，保证会计信息质量。

（3）信息录入前置到业务前端，强化其责任意识，提升管控力度。

4）集中核算和集中报账原则

（1）财务共享服务中心进行集中财务核算处理。

（2）进一步加强会计处理的标准化和规范化。

5）加强风险控制原则

（1）财务核算与预算控制相结合。

（2）资金集中支付，强化资金的监控。

6）统一规范，兼顾差异原则

（1）执行中冶天工财务核算要求和规定，如执行下发的标准会计科目体系等。

（2）结合中冶天工的业务处理现状和企业文化，既要做到统一规范，又要兼顾各下属单位的差异。

7）循序渐进，逐步实施原则

（1）充分考虑实施财务共享给组织架构、业务流程、工作习惯等各方面带来的变革风险。

（2）秉承"整体规划、分步骤实施"稳步推进实施原则。

2. 财务核算体系优化

中冶天工财务共享服务中心的基本诉求是实现财务核算的标准化、规范化、自动化，财务报表的自动化生成。为了实现这个目标，在项目启动的时候，项目组按照符合国家会计准则、满足中冶集团财务管控的要求、符合中冶天工业务实际情况、实现报表一键生成的目标四方面原则，全面梳理了财务会计科目和辅助核算，形成了全集团统一的财务核算标准。

从财务组织架构层面来说，在实施财务共享之前，都是按照一个项目一套账的方式进行财务核算，这种方式为单项目的报表出具、数据统计带来了便利，但是造成财务账套越来越多，内部往来的业务越来越多，在内部对账、财务合并层面工作量巨大。在财务共享服务中心建设过程中，项目组反复探讨、推演，最终形成了法人建账的模式，财务账套只建到分公司层面，项目采用二级核算、辅助核算的方式进行核算，最终将财务账套合并为 66 个，极大地减轻了财务对账、合并的工作量。

在资金管理层面，在实施财务共享之前，按照"集团一级、分子公司二级"的方式建立了二级资金结算中心，考虑到财务共享服务中心建设之后，资金结算业务全部纳入财务共享服务中心，将两级结算中心变更为一级，每个项目建立一个内部账户，由财务共享服务中心统一结算，取消了分公司层面的资金平衡，实现项目、资金一对一管理，内部项目间不能串用资金，提高了资金管理的效率，降低了资金管理的风险。

3. 业务梳理

中冶天工的业态涉及工程施工、工程设计、装备制造、房地产等，按照全业态、全业务、全组织财务共享服务中心的建设目标。公司从集团本部、二级单位抽调了十几位财务、业务骨干和用友公司项目组一起，对公司的经济业务进行了全面梳理，包括报账单据样式、适用的业务场景、数据来源、附件要求、审批流程、预算及业务控制规则、财务核算及入账规则、报表取数等规则和方法等。共梳理了 8 大业务分类的 60 多张报账单据、300 多个业务流程、500 多张凭证模版以及财务核算类的其他业务（见图 13-1 和图 13-2），具体如下。

序号	业务类型	单据名称	序号	业务类型	单据名称	序号	业务类型	单据名称	序号	业务类型	单据名称
1	建造业务（4张）	建造业务收入确认单	11	物资管理（9张）	物资验收入库单	20	费用管理（13张）	借款单	33	计提管理（6张）	工资及奖金计提
2		建造合同结算	12		物资收票	21		还款单	34		社会保险费计提
3		建造合同开票	13		材料领用	22		差旅费报销单	35		工会经费计提
4		建造合同收款	14		暂估材料价格差异调整单	23		业务招待费报销单	36		职工福利计提
5	分包业务（3张）	分包合同结算	15		物资调拨入库单	24		交通、通讯补助报销单	37		职工教育经费计提
6		分包合同收票	16		物资调拨出库单	25		费用报销单	38		税费计提单
7		分包合同付款	17		物资盘盈单	26		工资及奖金发放单	39	固定资产（4张）	新增资产
8	租赁业务（3张）	租赁合同结算	18		物资盘亏单	27		社会保险缴费单	40		固定资产折旧
9		租赁合同收票	19		物资处置单	28		工会经费核算	41		固定资产变动
10		租赁合同付款				29		职工福利核算	42		固定资产调拨
						30		职工教育经费核算			
						31		财务费用核算单			
						32		税费核算单			

图 13-1　报账单据分类

	A	B–D	F	G–I	J	K–N
1	MCC 中冶天工集团有限公司		建造合同收入确认单			
3	基本信息					
4	单据编号	根据规则自动生成编号	单位名称	默认提单人单位，可帮助选择单位	部门名称	默认提单人部门，可帮助选择部门
5	经办人	默认当前人员	单据日期	默认系统日期	单据状态	自动显示
6	合同信息					
7	合同		业主单位		项目名称	
8	工程合同总金额	自动带出	合同起始日期	日期	合同完工日期	日期
9	预计合同总收入	自动合计	初始合同收入	手工录入	变更合同收入	手工录入
10	预计合同总成本	自动合计	初始合同成本	手工录入	变更合同成本	手工录入
11	毛利率	自动算出	期末累计成本期末累计发生成本	手工录入	完工百分比	自动算出
12	其他信息					
13	所属板块	帮助：板块辅助	专业工程	帮助：专业工程辅助	合同毛利类型	自行毛利/分包毛利
14	摘要	生成凭证摘要			附件张数	大于0
15	附件					
16	备注	备注				
17	业务信息					
18	开工累计		本年期间已确认收入		本年应确认收入	
19	开工累计确认收入		手工录入			
20	手工录入	手工录入				
21	年初到上月已确认收入		本月应确认收入		本月成本	本年成本
22						

业务类型表 | 建造合同收入确认（手填） | 甲方结算（增值税） | 开票（增值税） | 收款单（资金系统） | 工程分包结算单（增值税） | 分包收票（增值税） | 租赁结算单

图 13-2　建造合同确认单

（1）支出管理类。包括个人借款、个人还款、员工差旅费报销、预付款（成本、工程）、日常费用、采购业务、人工成本、税费支出、工程管理等业务。

（2）收入管理类。包括合同收入、项目收入、其他收入（包括其他业务收入、营业外收入、投资收益）等业务。

（3）往来管理类。包括保证金核算、代收代付款核算、银行资金内部划转、内部往来划拨、提现及现金缴存等业务。

（4）资产管理类。包括资产新增、资产减值、资产报废、清理、盘盈亏、调拨等业务管理。

（5）月末核算类。包括物料资产领用、基建结转、基建转固、成本摊销、成本结转等业务。

（6）税务管理类。包括税金管理、发票管理、纳税申报、税控管理、税价分离、税务统计分析、税务筹划、税务风险管理等。

（7）资金管理类。包括资金计划编制、控制、资金盈余、银企直联、资金账户管理、收款付款、资金调度、资金中心结算业务、授信管理、应收票据管理、应付票据管理等。

（8）债权债务管理类。包括合同信息、债权债务形成、核销、合同收支。

（9）会计核算及报表分析类。包括日常会计核算业务记账凭证、科目余额查询、三栏账、明细账、辅助账分析、财务对外披露报表分析、内外部管理报表分析、业务台账的分析、指标分析等。

4. 流程优化

中冶天工财务共享服务中心以业务表单为载体，以业务流程为路径，通过业务标准化、标准数字化、数字表单化、表单流程化、流程信息化、信息自动化等运行手段，有效开展项目履约全过程引导和项目财务管控及分析，加强资金集中管控、落实统收统支管理，倒逼项目管理精细化，提高项目风险防范能力，提升整体经营管理水平。

在流程优化中，中冶天工通过统一审批流程，项目业务取消分公司审批环节，但明确管理职责，实现了缩短审批节点、提升工作效率。

中冶天工财务共享服务中心的整体流程如图13-3所示。

财务共享服务中心运行后的业务报账流程如下：

（1）网上填单。报账人员在网上报账系统录入费用报账（挂账、支付）类单据，打印出带二维码的单据附件粘贴单，并将各项附件平铺粘贴在附件粘贴单上。

（2）业务审批。对于差旅费报账单等管理型费用报账单，报账单位的领导直接通过电脑或者手机进行线上审批；对于外部结算单等确实需要纸质审批的报账单，报

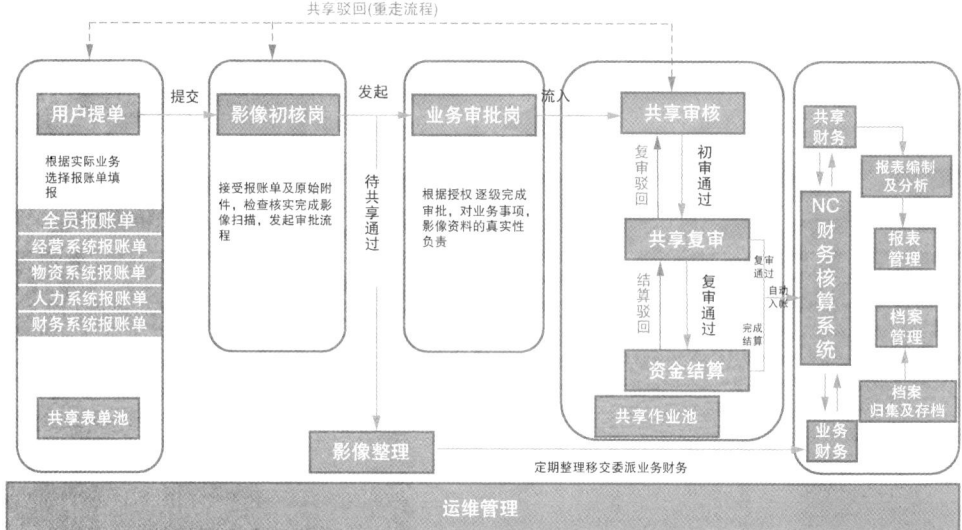

图 13-3 财务共享服务中心的整体流程

账单位的领导在纸质报账单上审批。

（3）影像扫描复核。制单人填写报账单后，交由扫描专岗扫描并复核进入系统的影像资料；业务领导审批完成后，进入财务共享服务中心审核和付款，可以在网上查阅处理进度。

（4）审核处理。基层财务部门复核后的电子单据进入财务共享服务中心进行后续处理，财务共享服务中心会计根据系统中的报账单和影像资料进行审核确认。

（5）财务处理。财务核算人员根据支付结果生成财务凭证，影像资料作为凭证的电子附件。

（6）确认支付。审核确认后的电子单据流转到资金结算室由资金出纳根据系统中的报账单和影像资料进行网银支付。

（7）资料存档。档案管理人员通过单据附件粘贴单上的二维码，核对实物档案和系统的影像资料，确认无误后，完成实物档案的整理和归档。中冶天工财务共享服务中心业务流程如图 13-4 所示。

5. 组织人员建设

考虑到中冶天工的财务管理现状，结合其他财务共享服务中心组织人员建设的案例，最终确定了在集团财务部下设财务共享服务中心，在分子公司设置业务财务三大职能部门。其中财务部门负责战略投资和税务管理两大工作职能，财务共享服

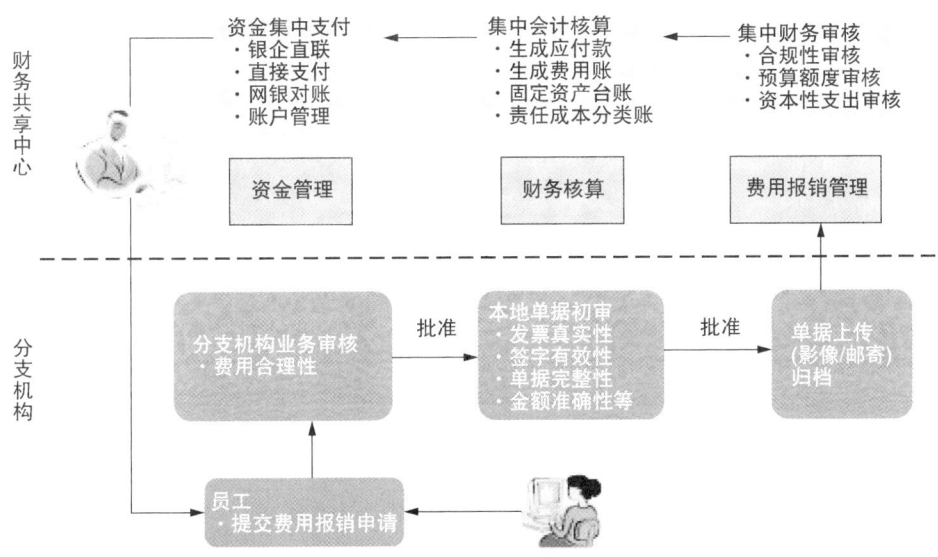

图 13-4　财务共享服务中心的业务流程

务中心下设费用核算组、成本债务组、收入债权组、税务核算组、资金结算组、总账报表组、档案组、运维管理组，共计 8 个小组，业务财务具有业务支付管理和税务处理两大职能。具体组织架构如图 13-5 所示。

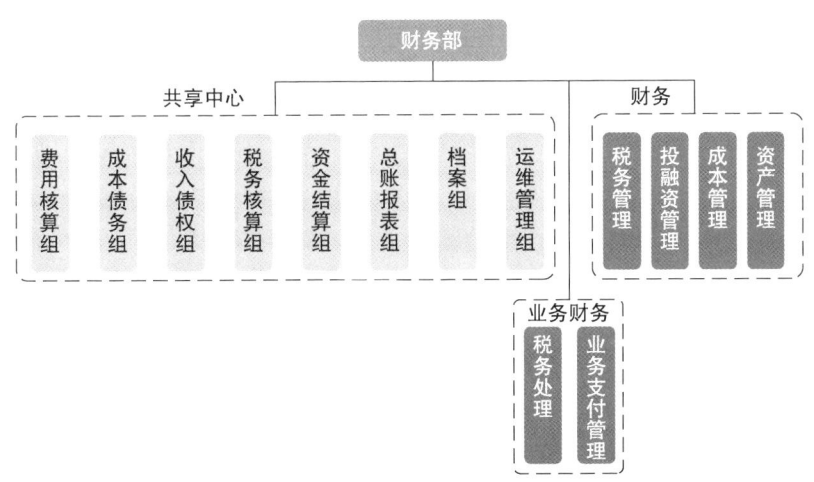

图 13-5　中冶天工财务管理的具体组织架构

财务共享服务中心按照"会计业务核算中心、资金收支结算中心、项目财务管控中心、管理决策服务中心"的职能定位，逐步构建"战略财务、业务财务、共享财务"三大财务管理运行体系和专业分工协作机制,推动财务系统改革,创新财务管理模式,助力财务管理转型和财务人员技能升级,中冶天工财务共享服务中心组织架构职能如图 13-6 所示。

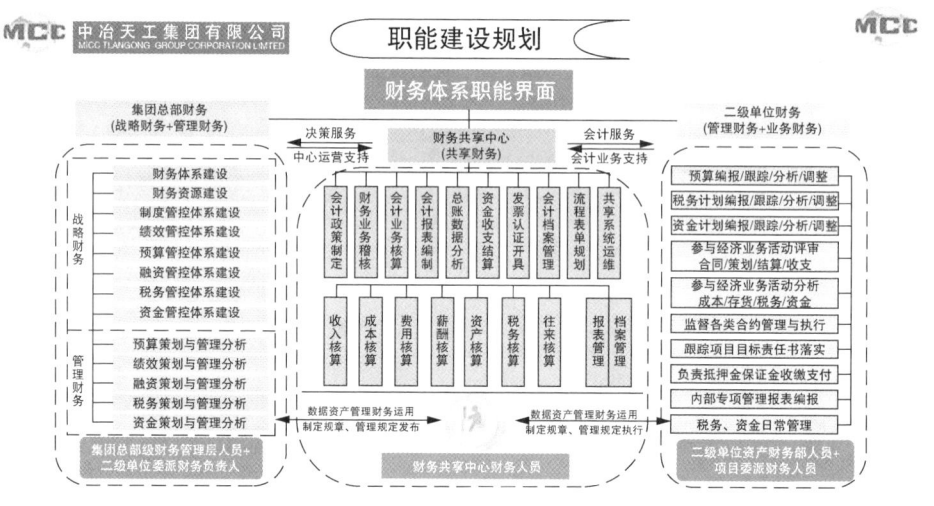

图 13-6　财务共享服务中心组织架构职能

在岗位设计方面,在岗位设置时,为充分考虑员工的发展空间、员工个人的发展要求,如对职务晋升、薪资涨幅或者职称级别的提高,采用轮岗机制,按照业务板块,定时对内部模块间人员进行板块业务处理轮岗、跨模块间人员进行轮岗,充分提高员工的学习能力、业务能力、专业能力等。同时财务共享服务中心的财务人员也将和中冶天工分子公司和项目等业务财务人员进行轮岗,充分培养中冶天工整体财务人员的能力和水平。

中冶天工财务共享服务中心岗位设置除中心副主任外,还包括收入债权、成本债务、费用核算、税务核算、总账报表、资金结算、档案管理、运维管理等 8 组,除运维管理岗位外,其他岗位对财务人员的工作素质要求不同,基本上都属于会计操作性岗位,需要有熟练的专业技能。而运维管理岗位需要一定的计算机维护和部分开发能力,以及流程梳理设计能力。具体岗位职责及人员配备如图 13-7 所示。

6.基础数据标准化建设

综合考虑业财税资一体化核算标准化、报表自动化的财务共享服务中心信息化建设目标定位,在财务共享服务中心建设启动的同时,项目组启动了基础数据标准

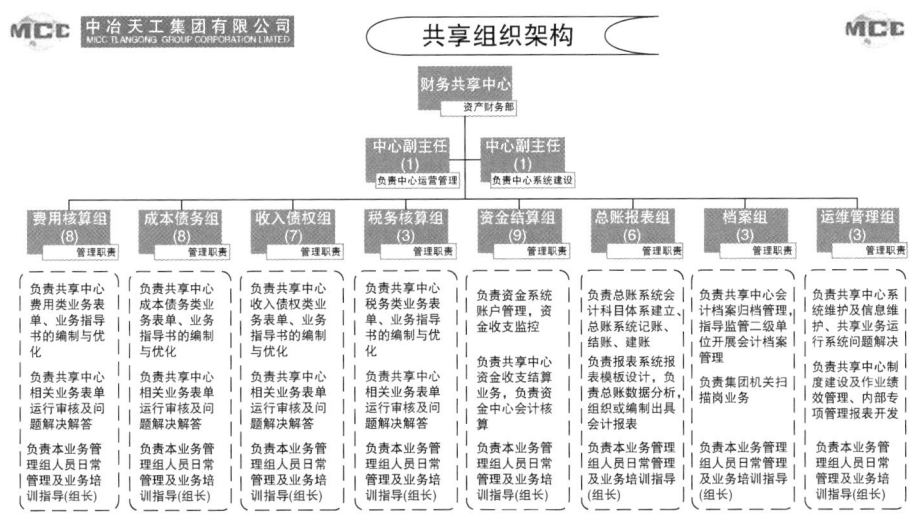

图 13-7 具体岗位职责及人员配备

化的建设工作，包括业务组织、人员、用户、会计科目、资金账户、项目、物料、客商等主要档案和其他档案进行了标准化梳理和建设。整理已经在用的档案，通过去重、清洗、查缺补漏等方式，最终确保了财务共享服务中心信息系统的顺利上线。

7.信息化系统建设

中冶天工财务共享服务中心系统规划（见图 13-8）包括：报账平台、共享平台、影像管理系统、电子会计档案系统、资金管理、预算管理、税务管理、财务核算、报表平台等，基于一体化的平台首先实现财务内部管理的融合，在业财融合的基础上，实现和项目系统、合同管理、OA 系统、HR 系统、集采系统等的集成，实现深度业财一体化。

报账平台是财务共享服务中心的核心，是业财税资一体化的纽带和桥梁，通过财务共享服务中心的建设，构建"业务—税务—资金—财务核算—报表管理"的一体化业务闭环，全面贯彻落实中冶天工的核心管控思路，具体如下所述。

1）实现业务过程管理

将项目合同额、支付条款（约定付款率）、结算额、开票金额、累计付款率等基础信息嵌入系统表单，特别是分包和供应商付款业务，系统自动比对，超比例付款不能保存凭证；累计收到的发票金额小于累计付款额，系统不能生成付款凭证。付款表单通过 NC6.5 平台应付管理模块，实时监控项目结算值和已付款额，避免财务共享服务平台同时或短期支付几笔款项时出现超比例付款情况，如图 13-9 所示。

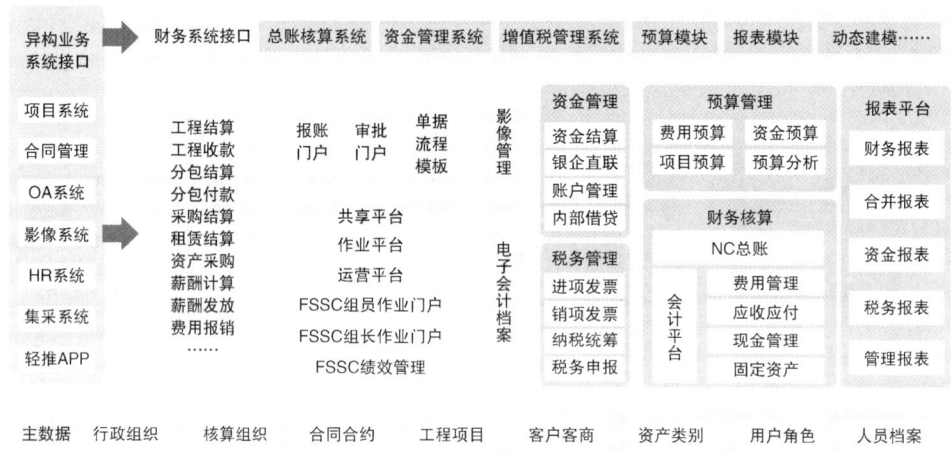

图 13-8　财务共享服务中心系统规划

图 13-9　超比例付款情况

2）系统固化各项管理制度及标准

在报账平台中，将天工集团制度和管理办法规定的员工报销标准嵌入表单，超标准系统无法保存付款凭证，如图 13-10 所示。

图 13-10　报销表单

3）实现资金预算的落地执行

资金二级结算调整为一级结算，实行资金预算管理，无资金预算不予支出，无余额不支出，如图 13-11 所示。

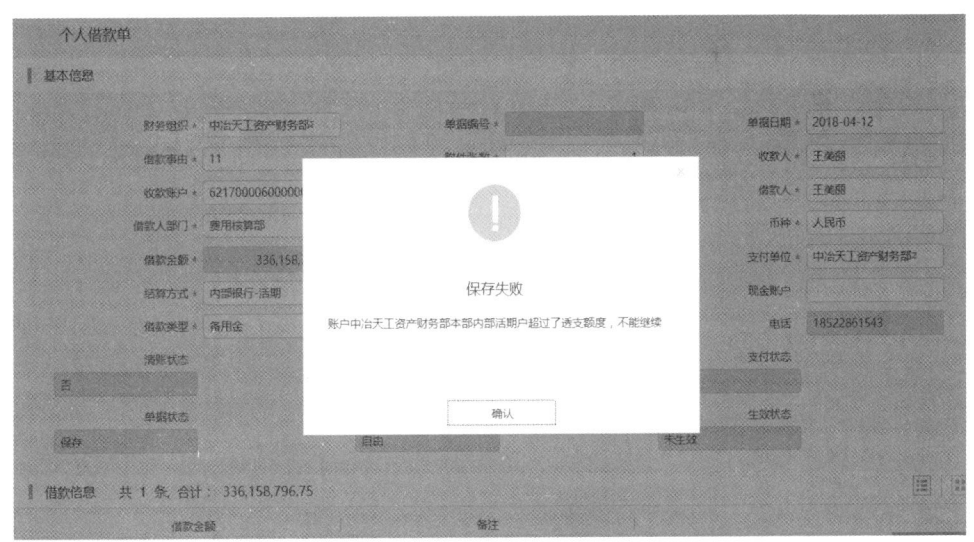

图 13-11　资金预算管理

4）严格把控项目资金，杜绝项目资金串用

项目资金实行一对一管理，不允许项目之间相互串用资金。若资金存在缺口的情况，则在审批通过后采取内部借款方式，承担资金成本、有偿使用，如图 13-12 所示。

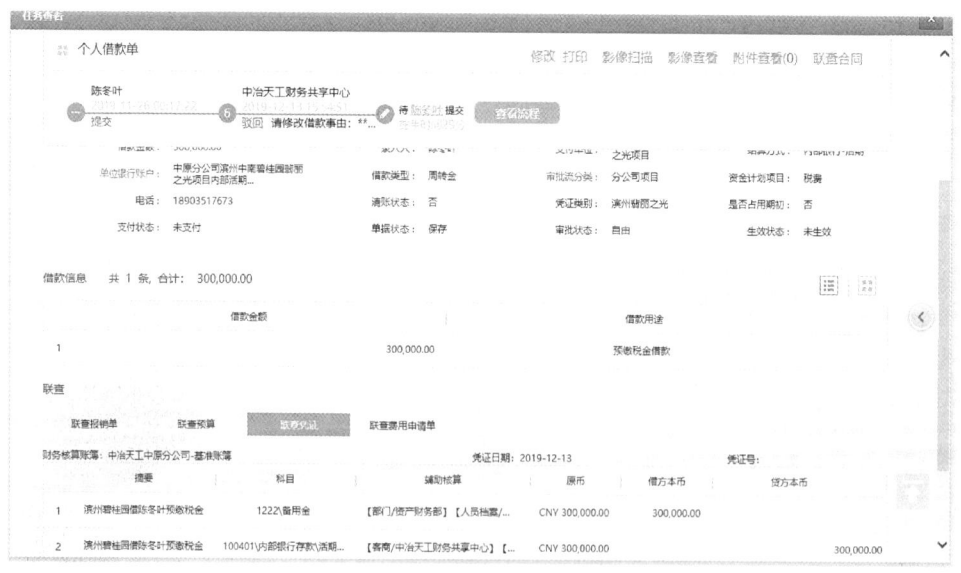

图 13-12　内部账户档案

5）实现财务核算自动化、账表一体化

在动态会计平台，通过会计科目对照和凭证转换模板，实现业务语言和财务语言的自动翻译，实现了财务凭证的自动生成，财务报表的自动生成，如图 13-13 所示。

图 13-13　财务报表自动生成

6）实现法人一套账的核算架构

通过辅助核算、二级核算的方式，实现了中冶天工法人一套账的财务核算架构，解决了财务账套过多、内部往来过多、内部对账复杂、合并报表工作量大的问题。

8. 制度建设

配合财务共享服务中心的建设和运营，全面梳理、优化相关财务制度，制定了《中冶天工集团有限公司财务共享服务中心业务指导书》《中冶天工集团有限公司财务共享报账业务核算手册》，对财务共享服务中心的运营作了制度上的保障。

9. 新技术探索

在财务共享建设过程中，中冶天工也融合了服务器虚拟化、桌面虚拟化、影像管理、移动应用等新技术，一方面极大地降低了信息化建设成本，另一方面也提升了财务共享的运营效率。

三、建设历程

财务共享服务中心的建设涉及流程梳理优化和标准化、制度规范建设、组织人员建设、场地建设以及信息系统建设，对中冶天工来说，也是一场变革。中冶天工财务共享服务中心秉承"整体规划、分步实施、快速部署"的建设策略和方法，按照《中冶天工财务共享服务中心业务解决方案》，从 2017 年 3 月正式调研开始，历经了 10 个月，于 2017 年 12 月完成施工业务板块上线，经过 1 年的试运行，2018 年 12 月完成装备制造、房地产业务板块共享上线，实现了全业态、全业务的全面上线，圆满完成了财务共享服务中心建设第一阶段建设目标。最终以战略财务、业务财务、共享财务体系建设落地运行，业务、财务、资金、税务一体化为建设路径，由业务数据驱动税务、资金、财务数据，形成完整的财务信息，全面进行财务供给侧改革，从深度广度上满足集团需要，全方位改善工作方法和思路，建立新的财务管控体系，初步实现了"会计业务核算中心、资金收支结算中心、项目财务管控中心、管理决策服务中心"四个功能中心的建设。

中冶天工财务共享服务中心建设总体分为筹备启动、全面建设、上线运营、持续优化四个阶段，具体如下。

（一）筹备启动阶段

中冶天工财务共享服务中心建设在筹备过程中，主要有以下几个阶段。2017 年 3 月起中冶天工开始组织调研，4 月成立财务共享服务中心筹备组，5 月通过招标确定用友集团为财务共享服务中心的实施方，6 月正式启动财务共享服务中心建设，如图 13-14 所示。

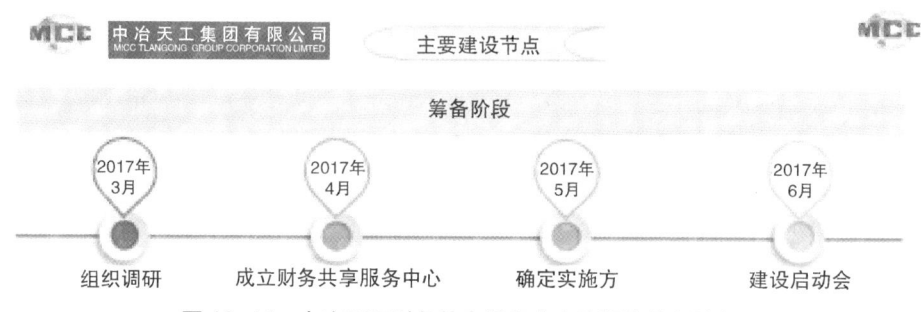

图 13-14　中冶天工财务共享服务中心建设的筹备阶段

（二）全面建设阶段

中冶天工财务共享服务中心建设在全面建设的过程中，主要有以下几个阶段。2017年7月举办中冶天工财务共享服务中心建设研讨会，8月成立财务共享服务中心领导小组，9月对已有的 NC 系统结合共享建模升级，10月进行财务共享服务中心初始化培训。中冶天工财务共享服务中心建设的上线准备阶段如图 13-15 所示。

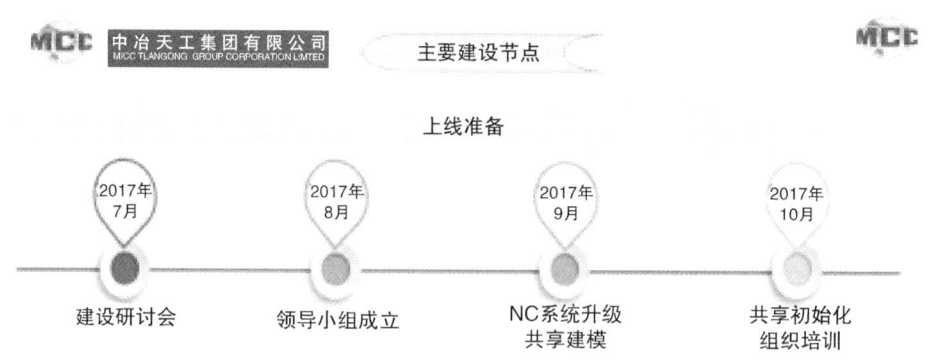

图 13-15　中冶天工财务共享服务中心建设的上线准备阶段

（三）上线运行阶段

中冶天工财务共享服务中心建设在上线过程中，主要有以下几个阶段。2017年11月中冶天工财务共享服务中心试点运营上线，12月编制财务共享服务中心业务指导书，2018年1月中冶天工施工版块全面上线，2018年12月中冶天工装备房地产版块全面上线。中冶天工财务共享服务中心建设的上线运行阶段如图 13-16 所示。

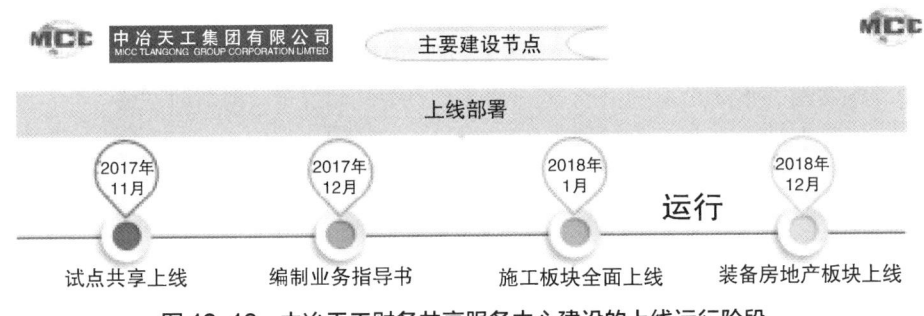

图 13-16　中冶天工财务共享服务中心建设的上线运行阶段

（四）持续优化阶段

中冶天工财务共享服务中心在持续优化过程中，主要有以下几个阶段。2019 年 1 月中冶天工财务共享服务中心编制共享中心运营管理办法，2019 年 2 月财务共享服务中心扫描岗节点配置业务指导书升级，2019 年 3 月对财务共享服务中心 2018 年功能优化项目进行评估，2019 年 4 月完成中冶天工登录门户集成移动平台部署。中冶天工财务共享服务中心的持续优化阶段如图 13-17 所示。

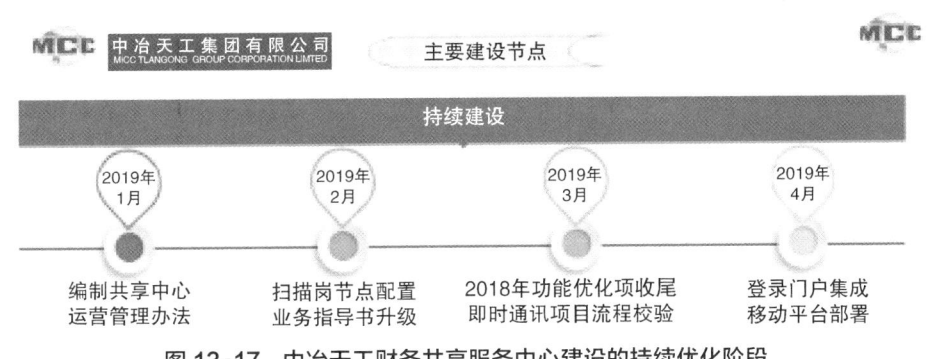

图 13-17　中冶天工财务共享服务中心建设的持续优化阶段

四、取得的成效

中冶天工财务共享服务中心自 2017 年 11 月试运行以来，经过持续不断的优化完成，目前已经稳定运行，初步实现了预期目标，取得了较好的成效，也获得了中冶集团的高度认可，具体如下：

（1）实现了中冶天工全组织、全业务共享，其服务单位包括工程施工、工程设计、装备制造、房地产开发四大板块，业务类型包括费用类、成本类、收入类、资金类、资产类、税务类、薪酬类、总账类的所有经济业务。

（2）实现了业财税资一体化，在业务系统缺失的情况下，财务共享服务中心以报账平台为纽带，打通了全面预算、项目管理、合同管理、合同结算、税务管控、金税三期、财务共享、财务核算、资金管理等系统，全面落实了中冶天工的业务管控诉求，降低了经济业务运营风险，促进了项目经济管理的标准化和规范化。

（3）全面落实业务过程管控，将项目合同额、支付条款（约定付款率）、结算额、开票金额、累计付款率等信息自动推送到业务端，预算、财务、资金管控前移至业务报账环节，在报账单上预置了业务控制、合同控制、预算控制、核算控制、资金控制等规则，业务经办人员填写报账单的时候自动触发业务管控点，防止超结超付，落实以收定支，满足内控要求。

（4）将公司制度和管理办法嵌入表单和流程，全面贯彻八项规定，系统预置员工报销标准，通过系统落实和固化管理制度，降低合规风险和财务审核的工作负荷。

（5）实现全公司一体化运作和管理区域化的目标，通过明确各级管理职责，缩短审批节点，提升工作效率。

（6）在核算规则、核算口径统一的基础下，通过报账平台全面、准确、细致地采集业务前端信息，达到"一点录入、全程使用"的效果，实现会计凭证的自动生成、财务报表的一键生成，极大地提高了财务信息质量和效率。

财务共享服务中心的建设是一项长期持续的工作，中冶天工的财务共享服务中心建设才刚刚起步，未来还将持续在流程优化、业务集成、数据分析、共享运营等方面持续优化和完善。

案例十四

珠江投资：财务共享的前后台工作模式探索

——珠江投资财务共享服务应用实践

20 世纪 90 年代以来，我国房地产行业一直稳步上升，对宏观经济有着较为显著的贡献。Wind 的统计数据显示，1998—2016 年，我国房地产投资完成额占我国城镇固定资产投资完成额的比例约为 20%。随着宏观经济进入"新常态"，国家房地产调控政策进一步收紧，房地产投资增速可能趋于平稳。

多年来，随着房地产企业规模的扩张和人员的增长，很多企业陷入财务标准化管理的矛盾中。一方面，财务标准化管理的需求日益紧迫；另一方面，管理的难度却越来越大。这促使一些领先企业纷纷转向构建财务共享服务中心，希望通过应用财务共享，实现企业财务的标准化管理，推动财务转型。

财务共享服务模式在房地产行业大有可为，以房地产行业典型的物业业务板块为例。目前市场上的物业机构很多，但利润不高，工作人员流动性又高，造成日常财务管理困难。再加上企业的发展迅速，人员增多，整个财务的标准化管理困难重重，更不用去谈强化集团的管控。而实现财务共享以后，就可以很好地解决类似的问题。

大型房地产企业下属多是项目公司、城市公司，分支企业众多，地域分散。对于财务共享服务中心的搭建无法一蹴而就，往往需要长期分步推进。在财务共享服务中心建设初期，企业的目标往往是规范化的核算与支付中心，强调财务核算、资金支付的统一性和准确性，随着财务共享服务中心的发展，其逐步成为企业的大数据中心、人才培养中心、知识管理中心，控制企业集团的风险，放大企业价值。

一、珠江投资概况

广东珠江投资股份有限公司（以下简称"珠江投资"）成立于 1993 年，是国内最早的房地产开发企业之一，总资产超 1 300 亿元，累计开发面积超 3 000 万平方米，土地储备面积超 2 500 万平方米。经过 25 年的稳健发展，珠江投资深耕于一线城市及周边热点区域，成为一家以房地产为核心业务，并在商业、教育、医疗、文化、金融等领域有多元化投资的大型企业，具备一级土地整理、二级开发建设、各业态运营管理的全产业链经营能力。珠江投资目前拥有地产与基建、基础设施及能源投资、投资与管理三个业务板块，企业概况如图 14-1 所示。

珠江投资凭借不断创新的精神和兢兢业业的态度，以前瞻性的全国化布局战略及房地产行业少有的全程产业链经营模式即土地开发—设计规划—地产项目开发—工程施工—物业管理，将国际级居住模式引入中国，实现国人人居梦想。展望未来，面对全球经济一体化和中国加快城市化大潮的机遇和挑战，珠江投资正以每年数百

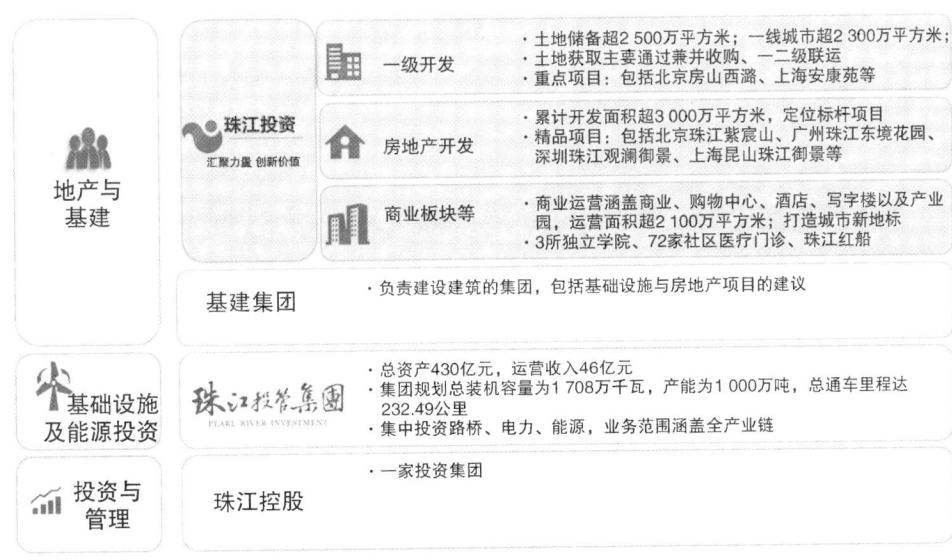

图 14-1 珠江投资业务模块概况

万平方米的房地产开发量和数万套的住宅供应量的速度增长，年均增长速度超过30%，向国际化、专业化方向迈进，成就"珠江投资"领导品牌。

珠江投资在组织设置上按照"集团—子集团—区域总公司—项目公司"四级管理模式设计。其中，集团分为股份地产、商业管理集团、投资管理集团、投资控股集团等9家子集团，共600余家法人主体，子集团下按区域分为多个总公司，总公司下根据不同项目类别成立不同的项目公司，详细组织架构如图14-2所示。

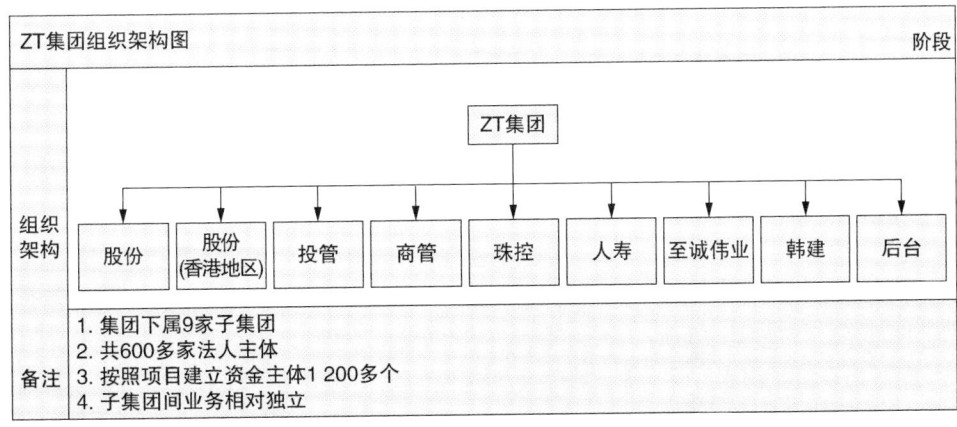

图 14-2 珠江投资组织架构图

经过 25 年的发展，珠江投资的员工数量达 2 万人，其中，男员工占比 65%，女员工占 35%。人力资源相关数据显示，公司近 3 年年均离职率为 7%，团队稳定性较好。

二、珠江投资建设财务共享服务中心的动机与目标

（一）企业建设财务共享服务中心的动机

经过 25 年的快速发展，珠江投资实现了从区域性发展上升为全国跨区域性经营的布局规划。通过实施跨地域发展战略，珠江投资将投资版图从广州扩展到北京、上海、深圳、西安、成都、东莞、惠州等地，完成具有经济活力的城市核心区域战略布局。珠江投资多元化的产业发展形成了房地产、物业、酒店、餐饮食品、高等院校、金融证券、建筑装饰、能源铁路、电力行业、路桥高速十大业务板块。但集团的管控力度也由此被多业务削弱，集团的战略、运营、财务、人力资源等方面均面临管理挑战。

财务共享服务中心搭建之前，珠江投资信息化建设前期的整体实施规划考虑不太完整，在过程中出现了一些无法解决的问题，比如，凭证手动干预较多、自动化程度不高，预算执行需手工对照、事后分析，前后台两套 NC 业务数据同步不及时等。此外，珠江投资现用的财务系统为 NC6.0 系统，已经使用了 5 年多。在建设过程中，由于个性功能开发较多，维护难度大，系统效率低。并且，随着珠江投资的发展和业务拓展，其在业务方面会出现新的需求，如银企直联、利润中心、移动应用等。

珠江投资建设财务共享服务中心的原因及动机主要如下：

（1）集团管控力度不足。珠江投资财务人员 60%～70% 的精力用于日常基础业务处理，不能有效深入业务进行决策支持，从事更高价值的业务活动；集团下达的战略、政策，不能通过系统强制控制，集团管控力度弱。

（2）信息孤岛较为严重。珠江投资的财务系统与各业务系统相分离，缺少有效连接，从而导致信息孤岛，数据"中途下车"；业务人员手工重复录入，无法保证数据的准确性、及时性与一致性，经营风险大。

（3）财务专业化能力弱。珠江投资不同规模的机构财务工作量不均衡，无法形成专业化分工，资源配置不尽合理。只能事后反馈，不能及时监控，财务转型难以推动。

（4）核算标准流程不统一。珠江投资业务众多，业务流程没有统一标准，缺乏保

障基础核算口径和作业流程一致的措施，风险较大。

（5）财务管理成本较高。珠江投资规模和业务的快速增长使得财务管理模式无法快速植入，管理成本上升，复制难度大。

综上所述，为了更好地适应集团战略转型和精细化管理要求，推进集团财务管理转型，珠江投资期望借助财务共享服务中心这种新的管理模式，达到统一核算标准和核算流程、提高财务核算质量和效率、提升财务人员专业化能力、控制财务人员总量、降低财务管理成本的目的，实现集团财务管理转型，提高风险管控能力。

（二）企业建设财务共享服务中心的目标

珠江投资建设财务共享服务中心，是为了实现提升管理水平、降本增效、加强集团管控、实现互联互通四个目标。

（1）提升管理水平。珠江投资建设财务共享管理服务平台，实现业财的高度融合、核算自动化，创新财务管理模式；同时借助财务共享促进管理转型，进一步提升管理水平。通过建设财务共享服务中心，促进珠江投资财务工作重点向管理会计转型，即从以"核算会计"为核心的价值记录型财务向以"管理会计"为核心的价值创造型财务升级，实现业财高度融合，使业务表单化，进一步提升标准化水平和财务服务质量，更广泛地支持公司经营决策，更好地保障公司战略落地执行，更好地支撑公司未来迅速扩张。

（2）降本增效。珠江投资通过建设财务共享服务中心，可以降低管理运营成本，提升管理效益，梳理和优化流程；通过标准化集中作业获取规模效益，大幅提升财务基础业务的处理效率和质量，并将主要精力投入战略财务工作和一线业务财务工作中，促进财务人员结构转型，降低财务管理成本，支持业务快速扩张，促使珠江投资保持核心竞争力。

（3）加强集团管控。珠江投资通过建设财务共享服务中心，可以加强经营管控，提升风险识别能力和对下属公司的监控能力；利用先进的信息化手段，加强对下属公司财务工作的管控力度，打造业财一体化的财务共享服务大平台，实现实时经营过程管控预警。

（4）实现互联互通。珠江投资建设财务共享服务中心时，可以同时建设财务共享人才中心、财务共享数据中心、财务共享知识中心，从而更好地为集团知识资产的互联互通提供平台。

珠江投资为建设财务共享服务中心设立了三个阶段的目标，分别为短期目标、中期目标和长期目标。其中，短期目标是建设财务管控的标准化和集中化平台，提高工作效率和降低成本；划分战略财务、业务财务和共享财务，提升集团财务管控水平；建立资金集中管控平台，提升资金管控能力。中期目标一方面是通过数据采集、流程嵌入、信息传递和模型预测，实现财务和业务数据整合，支持财务业务一体化的决策系统；另一方面是通过财务共享服务中心建立嵌入式风险管控体系，实现全员风险管理。长期目标是使财务共享服务中心成为集团人才培养中心、知识管理中心、大数据中心，同时能够向外拓展业务，提供市场化服务。

三、珠江投资建设财务共享服务中心的总体历程

（一）建设历程

如图 14-3 所示，珠江投资财务共享服务中心建设历程分为四个阶段：

（1）2011 年 7 月至 2012 年 4 月，财务共享服务 1.0 阶段，实现标准建设。

（2）2012 年 4 月至 2013 年 7 月，财务共享服务 2.0 阶段，实现业务集中管理。

（3）2013 年 7 月至 2015 年 2 月，财务共享服务 3.0 阶段，实现集团经营管控。

（4）2015 年 2 月至今，财务共享服务 4.0 阶段，实现集团财务转型。

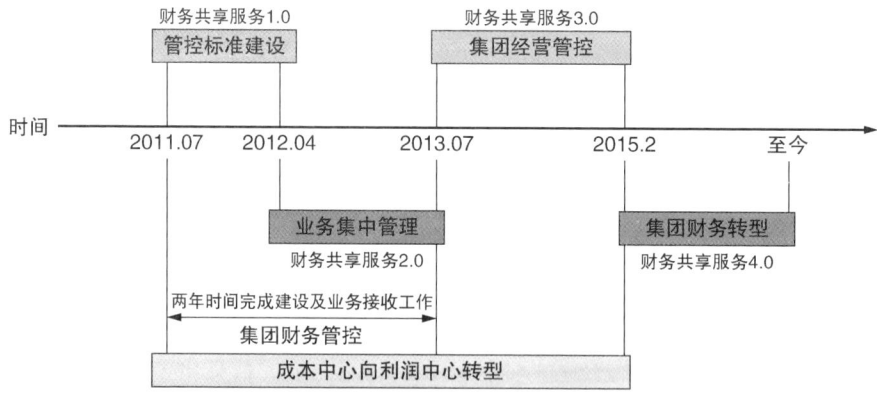

图 14-3 财务共享服务中心建设历程

珠江投资财务自动化建设过程分为两期。项目一期是从 2018 年 4 月至 2018 年 8 月，该项目在珠江投资集团下属共 1 400 多个组织中推广，项目实施的内容包括 2 套财务系统的合并升级、基础数据和凭证的迁移、基础档案的梳理以及实现会计科目与业务系统的科目对照，集成 28 个业务系统，从而实现业财一体化，优化原有报账单业务，通过业务拆分实现凭证自动化生成。项目二期是从 2018 年 8 月至今，目前

二期已在珠江投资集团共 1 100 多个组织中推广，二期将完成一期内容在集团内所有组织的推广，实施银企直联、资金调度、资金计息等，实现移动报账、移动审批等。

（二）财务共享服务中心运营

1. 信息化管控

珠江投资企业信息化管控平台由基础管理平台、运营管控平台、投资管控平台组成，如图 14-4 所示。

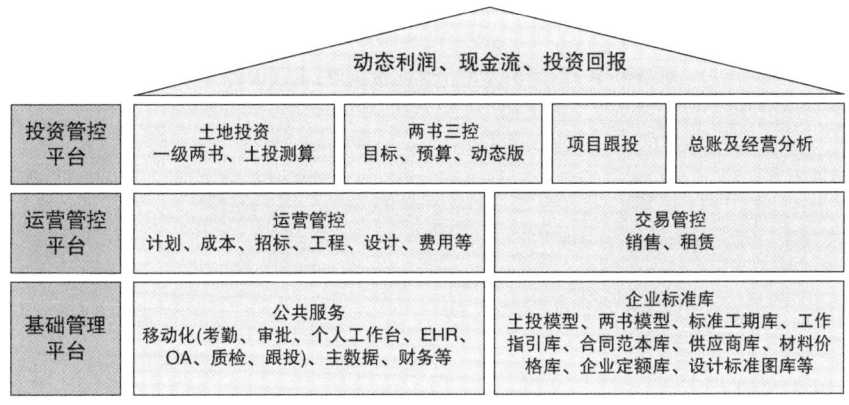

图 14-4　信息化管控平台

其中，基础管理平台包括公共服务和企业标准库；运营管控平台包括运营管控和交易管控；投资管控平台包括土地投资、两书三控、项目跟投、总账及经营分析。珠江投资管控要点如下：首先，是以业财一体化管控为核心与切入点进行整合；其次，建设影像系统，实现电子影像化；此外，还要寻找数据的业务源头，实现系统间的智能传递；最后，还要确保系统强制控制，减少人为干预。

2. 业务运营

珠江投资的运营架构主要有以下两个方面：

（1）从审批流程角度看，珠江投资前台、后台组织操作流程为资金制单—资金复核—监事会审批—结算中心。其中，资金制单、资金复核是前台人员操作；监事会审批、结算中心是后台人员操作（结算中心付款后，财务作账务处理也是在后台）。

（2）从系统角度看，珠江投资业务审批在业务系统上进行，前台主要处理单据，后台主要处理稽核、支付和账务。

四、珠江投资财务共享服务中心的特色及实现的价值

（一）财务共享服务中心目前接管的业务范围

珠江投资财务共享服务中心目前接管的业务范围有以下三个方面：

（1）流程管理体系。珠江投资财务共享服务中心接管的流程管理体系分为五个部分，分别为属地财务、共享财务、组织人员、运营支撑、信息化建设。每个部分的具体内容如表 14-1 所示。

表 14-1　财务共享服务中心接管的流程管理体系

属地财务	共享财务	组织人员	运营支撑	信息化建设
• 成本核算管理 • 会计档案管理 • 票据管理 • 影像系统操作规范	• 集中核算制度 • 资金统收统支 • 付款前置条件稽核 • 合并报表业务规范	• 组织架构建设 • 审批权限管理 • 人才培训体系 • 绩效考核体系	• 后勤管理 • 服务标准管理 • 知识管理 • 服务外包拓展	• 信息化项目管理体系 • 信息化运维服务体系 • 信息安全管理制度

（2）知识库体系。珠江投资财务共享服务中心接管的知识库体系分为三个部分，分别为业务规范、IT 管理和系统管理，其中 IT 管理分为项目管理体系和 IT 服务管理体系。每个部分的具体内容如表 14-2 所示。

表 14-2　财务共享服务中心接管的知识库体系

业务规范	IT 管理		系统管理
	项目管理体系	IT 服务管理体系	
• 影像扫描及稽核标准 • 信息化系统岗位工作手册 • 费用报销费用标准 • 报销及收付款流程标准 • 付款前置条件等	• 影像系统项目管理文档 • NC 财务系统升级项目管理文档 • 接口项目管理文档等	• 财务系统运维服务标准 • 财务系统管理员操作指引 • 用户操作指南等	• NC 财务系统新增账套手册 • NC 财务系统账套分离指导手册 • NC 财务系统工作流维护手册 • 费用报销操作手册 • 影像系统操作手册等

（3）人员培训体系。珠江投资财务共享服务中心接管的人员培训体系包括岗位要求、岗前培训、岗位进阶、工作指引、知识管理等。

（二）财务共享服务中心目前的组织、职能及岗位设置

1. 组织架构

珠江投资财务共享服务中心的组织架构为集团财务共享服务中心—业务单位的二级管理架构，就是将各个分支机构的财务人员集中到财务共享服务中心，这样做既可以降低成本，又可以提高集团内部沟通协调的效率。

2. 财务组织的变革路径

珠江投资的组织改革，将原来一人多岗的业务模式改为专人专岗的模式，并将此标准制度化，使之成为其他单位操作执行的参照标准，最终实现整个集团的核算业务按照模块划分，几个财务人员即可以负责集团某一模块的核算业务。

（三）财务共享服务中心运营至今取得的各项价值

广东耀正财务管理咨询有限公司是以财务公司的形式与珠江投资下属所有法人公司签订服务合同，为珠江投资下属 400 多家公司、10 个行业板块提供财务共享服务。在规范化、标准化和高效化管理的基础上，满足不同行业管理诉求，促进经营效益得到有效提升。

珠江投资变革财务管理模式，规范财务核算体系，重组管理流程、业务流程，构建业财一体化信息管控平台，实现财务共享服务在珠江投资下属所有法人公司的高效运行。

珠江投资以财务共享服务中心为核心，将信息化建设向日常运营延伸，从而建立了一套高整合能力的财务共享服务模式，帮助集团实现了降低成本、规范管理、快速扩张与业务整合的目标。

珠江投资实现的价值如表 14-3 所示。

表 14-3 财务共享服务中心运营至今取得的价值

价值归集	价值描述
标准化进程	• 业务流程标准化 • 凭证生成自动化 • 资金结算集中化 • 系统集成一体化 • 外来票据影像化 • 自制票据电子化

（续表）

价值归集	价值描述
成本控制	• 重复岗位消失，人工减少，业务增加 • 流程优化和标准化，降低单位工作时间 • 选址低成本地区
促进核心业务	• 为业务大范围提供足够的后台支持 • 释放财务人员，从事更好价值的工作活动
服务质量与效率	• 工作简单化、标准化、流程化 • 分工更细，为从事高质量的工作打好基础
扩张能力	• 增强了企业分支机构复制能力，有助于快速扩张 • 有助于企业更快建立新业务

珠江投资财务共享服务中心上线前后对比如表 14-4 所示。

表 14-4　共享中心上线前后对比

上线前	上线后
• 纸质凭证手工存档、管理，并通过邮寄方式流转，成本高、易丢失 • 手工新增各业务单据，效率低、错误率高，资金风险高 • 账务处理不规范，凭证新增操作混乱，查询复杂 • 银行账户分散管理，收付款流程不统一，业务没有统一规范	• 纸质单据电子影像化，推动业务向全电子化流程的转变，流转快、易存档且风险低 • 业务系统与财务系统无缝对接，统一财务核算口径，实现数据共享，提高数据准确性与安全性 • 系统自动生成凭证，借、贷双方科目自动带出，减少工作量，规范操作，方便查询 • 统一管理银行账户，统一收付款审批流程，加强内部管控与业务规范，确保账户资金安全

（四）对业务的支撑和达成的效果

目前珠江投资财务共享服务中心对业务的支撑和达成的效果主要有以下六点：

（1）打通 30 个业务系统，实现数据贯通。图 14-5 展示了珠江投资的信息化建设整体架构，以用友 NC 系统为中心向外连接外围的航信系统、OA 系统、EAS 系统和 PM1 等 16 个系统。

珠江投资打通了各大业务系统，开发了 90 多个与财务系统的接口，实现数据互联互通，收支不下线。此外，还增加了特殊接口字段信息，以满足核算需要和经营管理报表需要，增加了接口类型，全面细化了数据对接。

（2）实现业务数据与财务数据的贯通。珠江投资的各个业务系统可以从收入类和

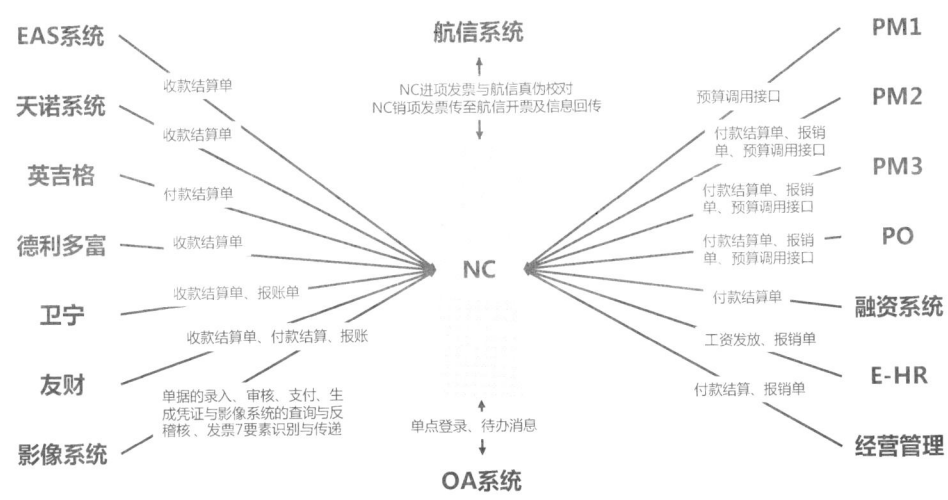

图14-5　珠江投资的信息化建设整体架构

支出类两个方面与NC财务系统中的资金、应收应付模块贯通，然后连接到NC财务系统总账和会计平台，实现业务数据与财务数据的贯通，具体内容如图14-6所示。

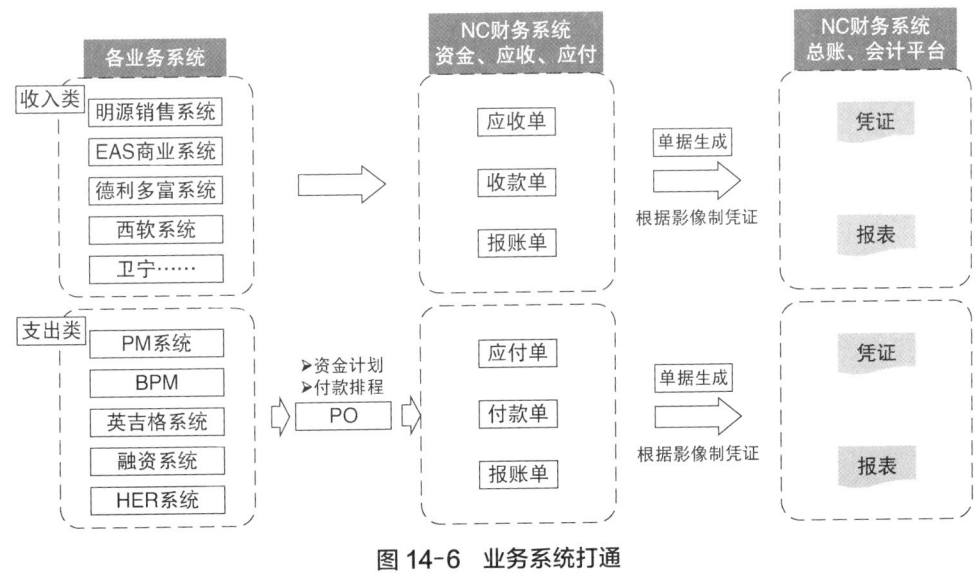

图14-6　业务系统打通

（3）通过资金管控—资金计划—付款排程—银企直联的流程，最终实现银企直联。珠江投资财务共享服务中心根据已经审批完成的业务单据，自动提取数据上报月度资金计划，提高资金计划数据准确性，减少数据统计工作量，从而实现资金管控到资金计划再到付款排程，最后实现银企直联的流程，具体如图14-7所示。

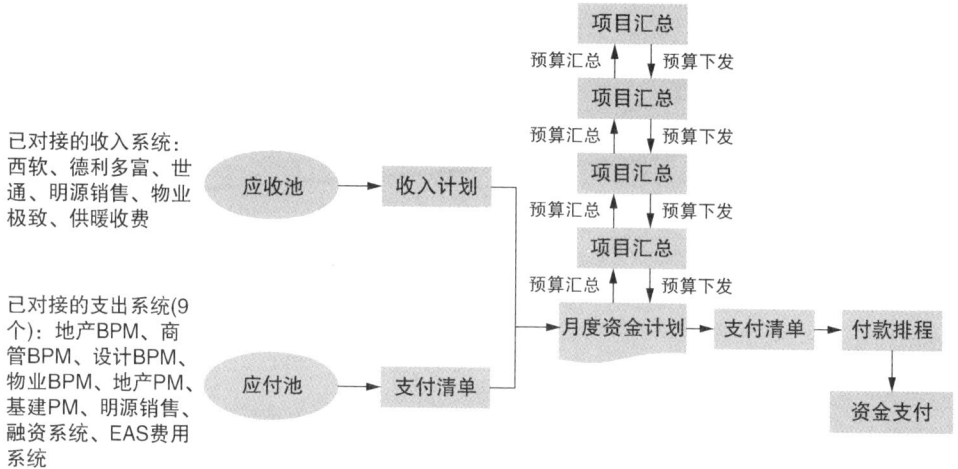

图 14-7　资金流程

（4）细化报账单据类型，实现凭证生成自动化。珠江投资财务共享服务中心根据业务系统生成的数据，将数据对应生成的单据类型进行细化，分为收款结算单、付款结算单、费用报销单、报账单等，从而实现凭证自动生成。具体内容如图14-8所示。

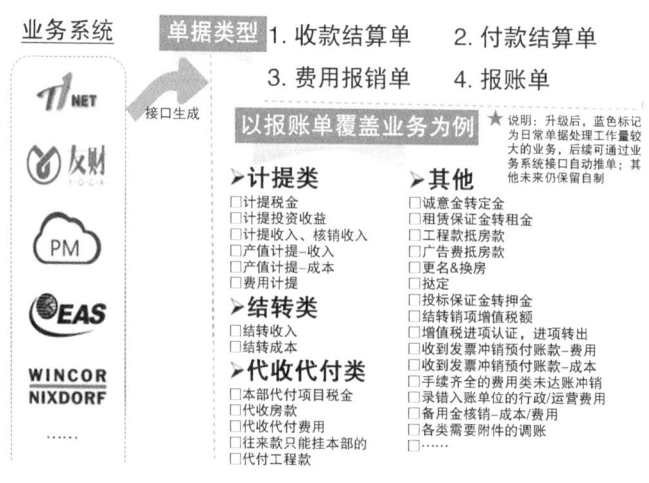

图 14-8　凭证自动化

（5）实现了核算自动化。珠江投资财务共享服务中心通过辅助账自动化、多条件科目映射、费用计提自动化、数据自动反写、自动对账和单据录入时间控制等功能和手段，实现核算自动化。具体内容如图14-9所示。

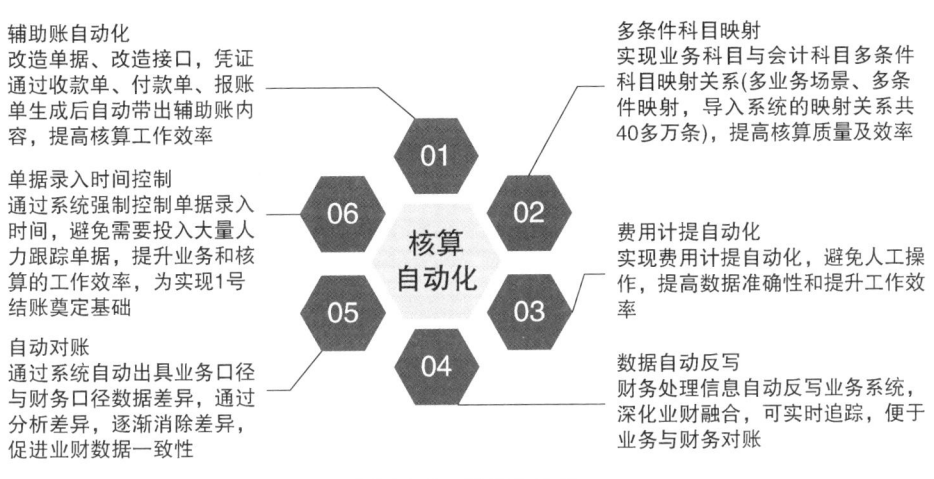

辅助账自动化
改造单据、改造接口，凭证通过收款单、付款单、报账单生成后自动带出辅助账内容，提高核算工作效率

单据录入时间控制
通过系统强制控制单据录入时间，避免需要投入大量人力跟踪单据，提升业务和核算的工作效率，为实现1号结账奠定基础

自动对账
通过系统自动出具业务口径与财务口径数据差异，通过分析差异，逐渐消除差异，促进业财数据一致性

多条件科目映射
实现业务科目与会计科目多条件科目映射关系(多业务场景、多条件映射，导入系统的映射关系共40多万条)，提高核算质量及效率

费用计提自动化
实现费用计提自动化，避免人工操作，提高数据准确性和提升工作效率

数据自动反写
财务处理信息自动反写业务系统，深化业财融合，可实时追踪，便于业务与财务对账

图14-9　核算自动化

（6）实现了报表自动化。珠江投资的报表系统建立统一表样，一共建立了253个报表表样；并且建立了90套合并报表体系，含板块合并、地区合并、行业合并、股权关系合并等；报表系统可以自动调整及抵销，通过建立109个调整及抵销凭证模板，实现对账自动化，自动生成抵销凭证，确保合并报表数据准确、及时。通过以上手段从而实现法人单位、责任单位报表（税务用）实现100%系统自动生成；完成合并报表的系统配置与开发，实现75%左右的系统自动生成；除系统中原有的报表外，完成了新增71张报表的开发与配置。合并报表的自动化过程如图14-10所示。

五、珠江投资信息化建设的实现和关键应用

（一）信息化架构总览

珠江投资财务共享服务中心的目标是将现有的NC6.0系统（含NC1和NC2）升级为NC6.5系统，加入银企直联、移动应用共享中心等新功能，梳理并开发与外系统的接口，实现财务自动化，如图14-11所示。

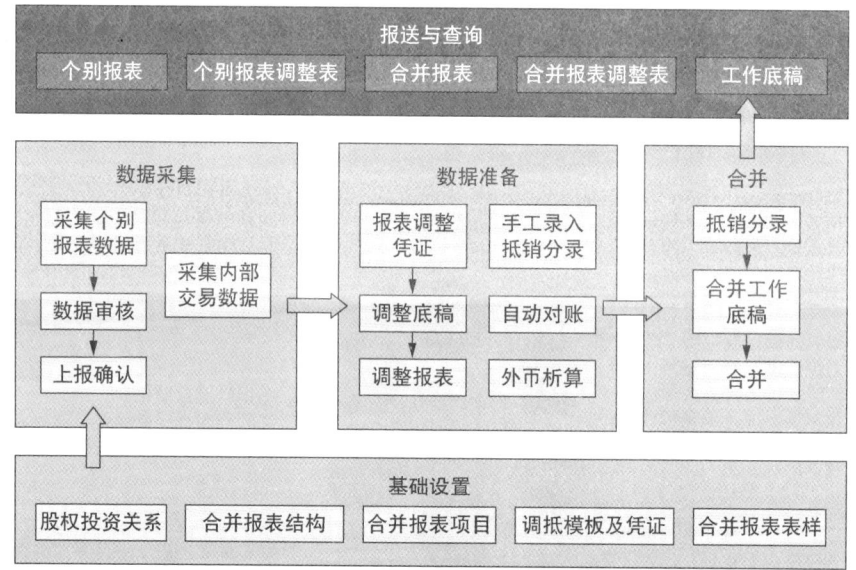

图 14-10　合并报表自动化示意

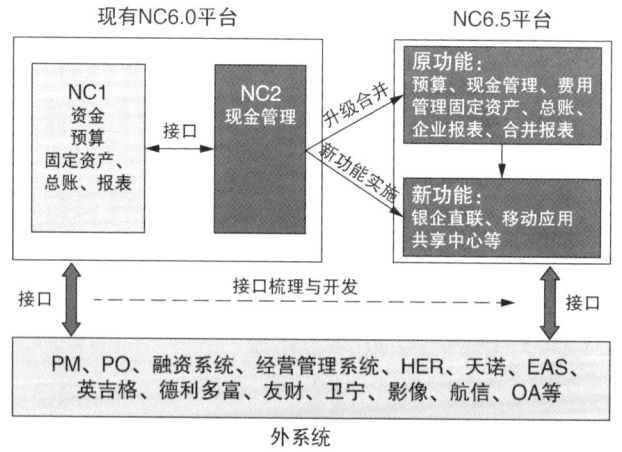

图 14-11　财务共享服务中心创新目标

　　珠江投资财务共享服务中心实现数据归集，生成责任会计凭证。责任会计的业务数据尽可能"借道"财务会计，实现业务与责任会计的一体化应用，减少重复工作。如图 14-12 所示。

　　珠江投资实现移动办公，打破时间、空间限制，全面提升业务效率。如图 14-13所示。

费用报销
费用报销单
固定资产
月计提折旧
折旧分摊
应收管理
应收单
收款单
应付管理
应付单
付款单
现金管理
财务费用单
其他收付单
会计平台
利润中心会计

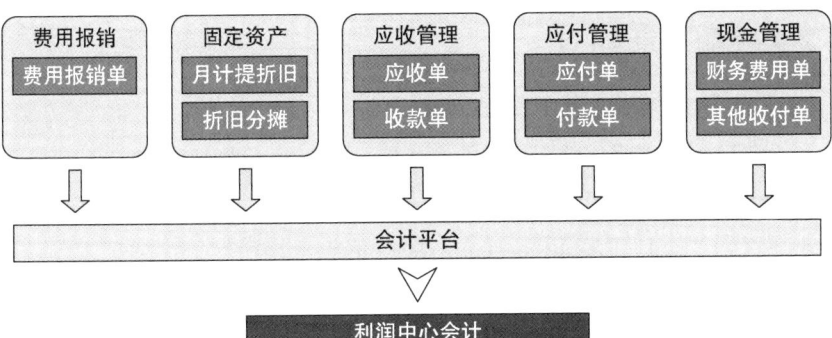

图 14-12　生成责任会计凭证

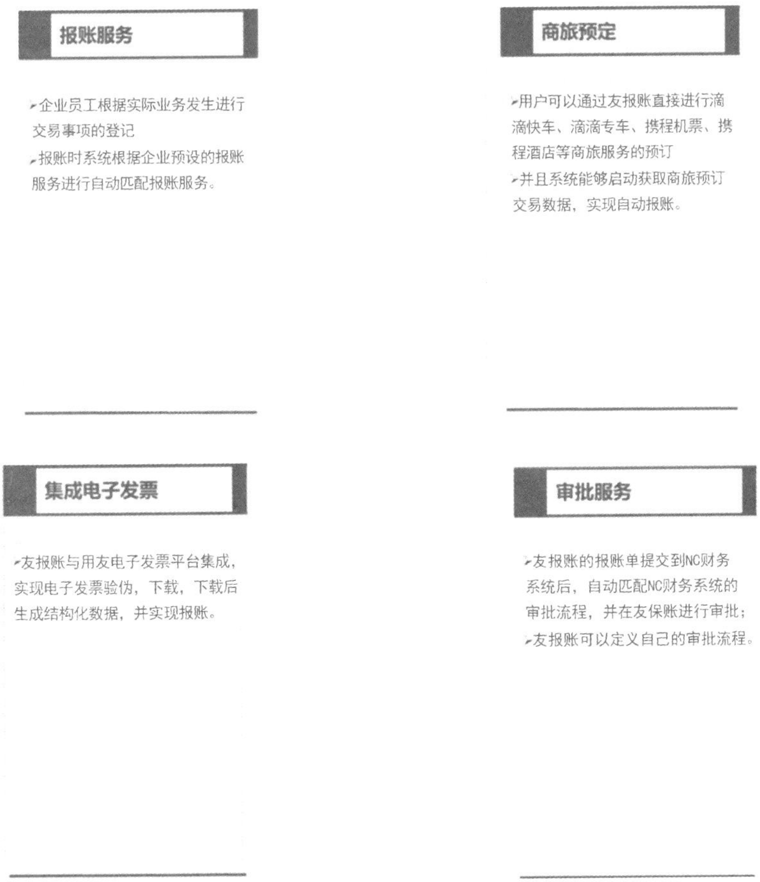

报账服务
企业员工根据实际业务发生进行交易事项的登记
报账时系统根据企业预设的报账服务进行自动匹配报账服务。
商旅预定
用户可以通过友报账直接进行滴滴快车、滴滴专车、携程机票、携程酒店等商旅服务的预订
并且系统能够启动获取商旅预订交易数据，实现自动报账。
集成电子发票
友报账与用友电子发票平台集成，实现电子发票验伪，下载，下载后生成结构化数据，并实现报账。
审批服务
友报账的报账单提交到NC财务系统后，自动匹配NC财务系统的审批流程，并在友保账进行审批；
友报账可以定义自己的审批流程。

图 14-13　移动办公

（二）财务共享服务系统平台

1. 财务共享服务中心建设的流程优化

珠江投资财务共享服务中心建设的流程优化包括以下六个方面。

1）总账作业流程

组织在人员分工上打破界限，成立总账组负责全集团转账类凭证工作，重新定义分工，人员职责分为前台、后台。其中，前台人员负责单据制单、扫描、审核；后台财务人员根据影像信息负责凭证信息的正确性、报表数据的正确性，对内、对外提供报表信息等。在系统搭建上，统一用户登录界面的入口，由前台业务人员以单据的形式维护默认的借、贷方科目，维护摘要，上传对应影像；后台核算人员根据影像及摘要信息，自动按规则生成凭证。

2）固定资产作业流程

业务人员收到入库单和采购发票后，在实物管理系统中做设备卡片，同时将入库单、采购发票、采购合同等附件通过影像系统上传，提交审批，业务部门领导审批后，自动流转到财务部门，实现业务系统与财务系统无缝连接；财务人员根据业务场景梳理入账规则，配置到系统中；财务人员在财务共享服务平台参照设备卡片信息，生成固定资产卡片信息，固定资产卡片保存后自动生成会计凭证，实现凭证生成自动化。

3）收、付款作业流程

收款作业流程分为有业务系统对接和没有业务系统对接两种情况：

（1）有业务系统推送收款单（见图14-14）。客户刷卡完成付款后，业务员将信

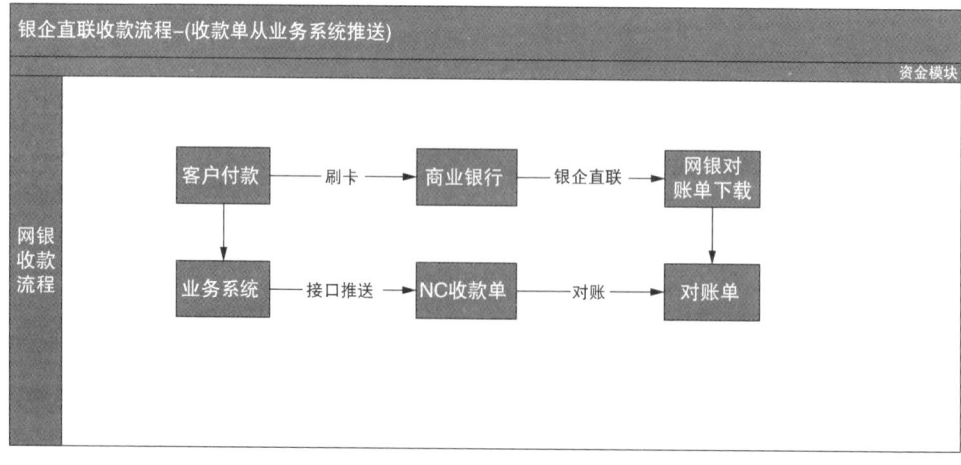

图14-14　收款业务流程图（有接口）

息录入业务系统，审核完成后推送至财务系统的收款单，保证业务单据信息与财务单据信息的正确性、及时性；然后支付中心人员下载网银对账单与收款单对账，对账后可以出具银行存款余额调节表，减少出纳对账时间和单独出具余额调节表的工作量；出纳对账通过后，将收款单据推送消息给后台财务人员，后台财务人员检查收款单凭证信息的正确性。

（2）没有业务系统推送收款单，如图 14-15 所示。客户刷卡付款后，前台财务人员从银企直联系统下载对账单，自动生成到账通知；销售人员到系统中做到账通知的认领，保存、补充相关信息后，推式生成收款单，减少手工做财务单据的工作量；银行对账单与推式生成的收款单自动对账，对账后可以出具银行存款余额调节表，减少出纳对账时间和单独出具余额调节表的工作量；出纳对账通过后，将收款单据推送消息给后台财务人员，后台财务人员检查收款会计凭证信息的正确性，如果不正确，退回给销售人员修改。当客户使用票据付款时，财务人员做收款单，输入收到票据的票据号及单据上的其他信息后，收款动作完成，同时自动完成收票登记动作，既可保证收款与票据的无缝对接，也能提高出具票据台账的效率。

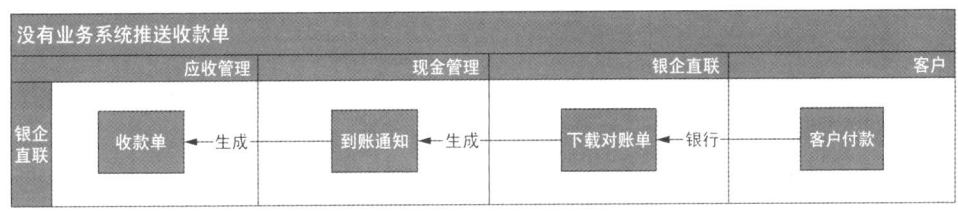

图 14-15　收款业务流程图（无接口）

付款业务流程如图 14-16 所示。

业务人员在业务系统（PM）上填制付款审批表，扫描上传发票等相关附件信

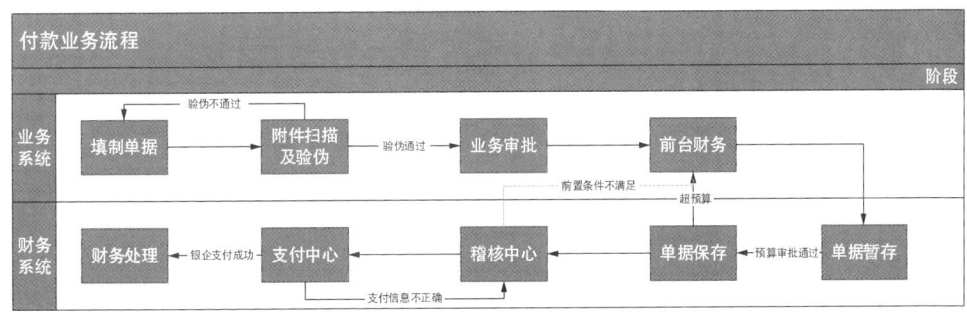

图 14-16　付款业务流程图

息，从技术上将影像系统与税务总局的系统打通，通过 OCR 进行单据识别，影像识别后自动进行发票验伪，若发票验伪不通过，不允许提交审批流程；若发票验伪通过，进入业务相关领导审批流程。

进入业务相关领导审批流程后，若单据有误，驳回至制单人修改；若单据信息正确，业务领导将单据推送至前台财务人员，由前台财务人员检查业务人员填制的相关财务信息，如果信息填制有误，驳回至制单人，制单人修改后，直接提交至前台业务人员，不经过业务领导审批，避免重复工作，前台财务人员审批通过后进入财务系统，单据为暂存状态。前台财务人员在财务系统进行单据保存时，应进行预算控制检查，如果超出预算，不允许进行付款单据保存，即不能进入财务系统审批状态，需要退回至业务系统，同时系统进行序时控制，按照资金安排的先后顺序推送，资金安排后不允许人为控制先付哪笔款项，除非走领导特殊审批流程。

前台人员审批通过后，稽核人员要检查单据的审批前置条件是否齐全，如果不齐全则退至前台人员，前台人员退回业务系统，重新发起流程；如果审批前置条件齐全，将单据推送至支付中心。

出纳人员检查银行支付信息的正确性，如果与实际银行账户信息不相符，退回至稽核中心，稽核中心退回至前台人员，前台人员退回给业务系统，再补充修改完整后重新发起流程；如果支付中心审批支付信息通过，则自动进行银企直联支付，不需要在网银界面补录信息，减少人为干预出错的概率。

出纳人员银企直联支付成功后，财务人员接收到生成凭证的信息，检查自动生成凭证信息的正确性。

4）报销的作业流程

图 14-17 展示了报销业务共享前后对比情况。

共享后，报账人在报销系统中填制单据，如果金额超出预算则不允许保存单据，避免之前人为控制预算而出错的可能性。单据提交前扫描附件，附件分为两种：一种是发票；另一种是合同等其他必需的文件。发票又分为纸质发票和电子发票两种，纸质发票通过 OCR 技术识别发票的信息，识别信息后连接税务系统查验发票真伪，如果发票为真，返回发票信息为验证通过；如果发票信息有误，返回发票信息为验证不通过。电子发票上传系统可以避免重复报销，避免发票抬头信息不对，避免发票信息与单据不符等不允许报销的问题。

业务审批流程，按照金额判断自动流转到下一环节审批人；按照不同的业务内容自动流转到不同的分管领导审批；通过移动审批 App，实现手机端办公，提高工作效率，缩短审批周期，提高员工及客户的满意度；修改后的资金审批流程是制单人—业

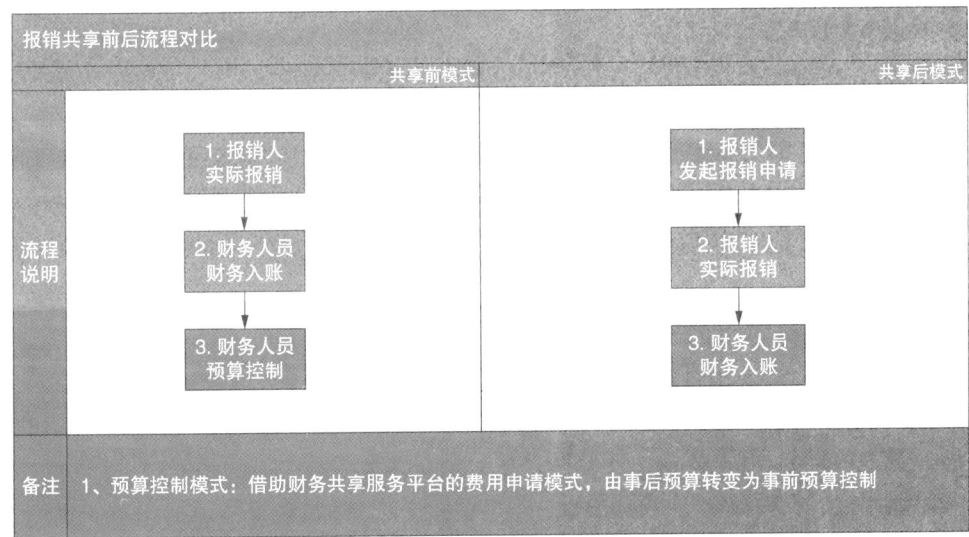

图 14-17　报销业务共享前后对比图

务审批—监事会审批—支付中心；业务单元设定默认的对私、对公支付账号；通过编辑公式触发，选择业务单元时自动带出银行账号，且银行账号设置为不可编辑。

　　财务共享服务中心人员应审批单据填制信息的合规性、附件信息的正确性、审批过程前置条件的完整性，并查看财务信息的正确性，最终自动生成财务凭证信息，提高工作效率；支付人员集中办公，一个出纳负责多个公司的银行账号，根据银行账号接收单据，即有权限的能接收到，没有权限的接收不到，再通过银企直联进行支付，支付成功后自动生成银行日记账，从而保证支付信息的准确性，提高工作效率，且出纳人数明显减少，降低了人力成本。

　　图 14-18 展示了薪资发放流程。HR 工作人员在财务管理系统银企直联模块下，工资清单节点通过 Excel 导入工资明细，经 HR 经理审批通过后，推出付款单，付款

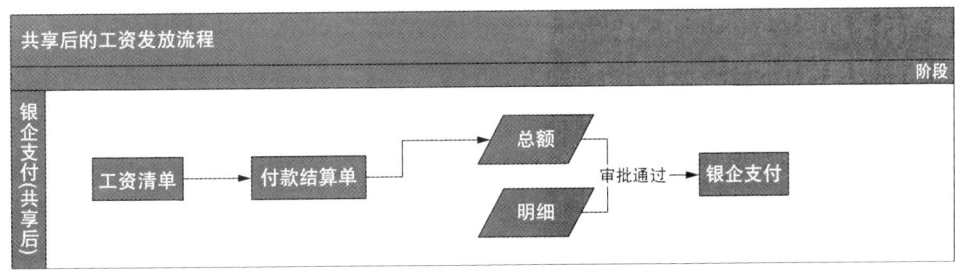

图 14-18　薪资发放流程图

单体现的是银行付款总额数据，不能修改，前台人员提交审批付款单，支付中心人员根据付款单总额作银企支付，银行根据两个信息（付款单总额和工资清单明细）进行支付。优化流程后可以减少出纳人员导盘出错的可能；可以通过银企直联做工资发放，提高支付效率；可以满足工资数据审批过程保密，即 HR 经理能看到明细数据，业务审批人员、支付中心人员看不到薪资明细。

5）支付中心作业流程

图 14-19 展示了支付中心作业流程。共享后将 NC1、NC2 合并到一个系统，减少对账的工作量，降低因为接口传输、网络延时导致数据不一致的概率。同时，为保证进入支付中心的单据在资金余额范围内，提高工作效率，实行如下流程：监事会审批后，支付中心审批前，账户实时余额减少，账户账面金额不变；监事会审批后，支付中心审批前，银行存款日记账查询，勾选是否包含占账，是否在支出记录里包含这一笔；监事会审批后，支付中心审批前，账户余额查询实时金额、可用金额减少，账面金额不变；监事会审批过程中会进行透支校验，如果透支，则审批不通过。

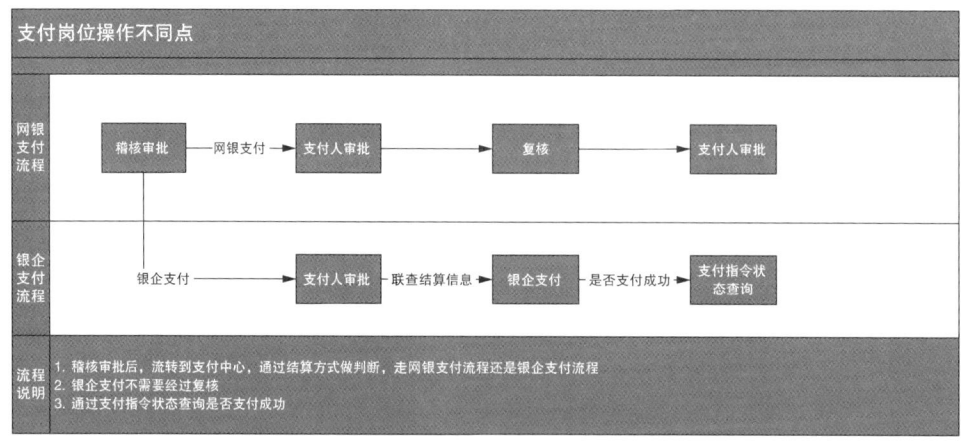

图 14-19　支付中心作业流程图

系统将内部单位单据设置为协同单据；设置内部调拨流程，由付款单位发起，收款单位不允许发起；最后实现的效果是内部单位间发生款项调拨时，付款方发起一笔付款单据，收款方当月需确认，否则收款方单位不允许结账，即将付款方与收款方在系统中建立起勾稽关系。这样可以减少关联方之间对账的工作量，保证收付金额一致，提高工作效率。

在银企直联系统下载对账单后，通过银企直联系统付款，收款是通过到账通知认领生成收单，即建立起对账单与收付款单据之间的勾稽关系，最终实现银行对账单与收付款单据自动对账；并由系统自动出具银行存款余额调节表，减少出纳人员手工对账的工作量；银企直联支付代替企业网银支付，由每个人几十个 U 盾，变为每人一个 U 盾，通过 CA 加密保证支付通道安全，银行账号密码统一由资金主管在银行前置机进行设置，支付人员只需要记住 CA 密码；通过权限控制，按照银行账号推送支付单据给支付人员。例如，张三管理 50 个银行账号，则只推送 50 个付款账号的单据，而不需要从整个集团所有付款单据里查找。

将付款单、借款单、报销单、调拨单等支付类单据，通过接口开发的方式统一对接一张单据，支付人员只需要一个节点、一张单据即能查看所有支付单据信息；优化审批流程中，由原来的需要第一步支付人员支付、第二步复审支付、第三步支付人员查看，调整为支付人员银企支付一步完成；银行反馈信息自动下载到银企直联系统，即不需要人为查看款项是否已支付成功。银企支付成功后，系统单据自动结算，不需要出纳人员再手工干预；如果支付不成功，银企直联系统会返回明确的失败原因。对于对方银行账户信息错误的，驳回制单人，修改银企支付信息后，再重新发起付款流程；对于网络原因引起的支付失败，修改支付指令状态后由出纳重新付款，不需要驳回制单人。

6）会计档案归档作业流程

首先，根据《会计档案管理办法》（财政部 国家档案局〔2015〕79 号）的规定，在单位内部形成电子会计资料、外部接收的原始凭证，同时满足电子归档条件的，可仅以电子形式归档保存。其次，信息技术上将电子档案系统与财务管理系统建立双向接口，电子档案系统从财务管理系统抓取数据到电子档案系统，在电子档案系统可以联查财务管理系统的会计档案数据，查阅便捷，提高档案信息的利用效率。此外，将会计资料、外部取得的可以作为电子档案归档的原始凭证转化为 PDF 文件保存，再与记账凭证、凭证对应的单据建立关联。例如：当报销单上含有电子发票等附件信息，该报销单生成的总账凭证进行归档时，需要将总账凭证、报销单的PDF、报销单附件、报销单影像的资料全部进行归档。最后，依靠信息化手段多维检索调阅，为集团节约大量纸张、打印耗材；而通过模拟会计档案盒管理，自动生成会计档案封面信息，也可为集团节省仓库保管费用及人工成本。

2. 财务共享服务中心建设的标准化建设

珠江投资财务共享服务中心建设的标准化建设主要从以下七个方面展开。

1）接口标准化解决方案

由珠江投资信息部统筹，非财务系统按照财务系统设计的统一接口和数据规范调整传递数据；当增加一个业务系统时，财务系统按照标准接口传输数据进行传输测试，不需要额外开发接口，为企业节省开发、维护成本；当业务需求发生变更时，业务系统做好逻辑处理，财务系统不需要对接收的数据再做二次加工处理，保证财务系统的运行效率和稳定性。

2）基础档案标准化解决方案

基础数据是后续所有数据的基础，其编码及名称需要规范、准确、唯一；其中基础数据分为两部分：新增数据和历史数据，新增数据按照主数据的处理方式，集团统一规则，统一源头，统一管理。

历史数据按照如下方式处理：

（1）珠江投资成立历史数据清理专项小组，按职责分工并设定好实施计划，针对历史数据，梳理出有余额、发生额的客商档案。

（2）将梳理出的档案分解到每个单位，在此基础上通过工商登记网站查询。

（3）汇总各集团的会计科目：根据行业、公共的分类维度，按照末级科目为管理角度倒推，保留一级会计科目，合并相似的、没有发生的、很少发生且金额小的会计科目，根据政策对应新增的会计科目，最后整个集团形成一套统一的会计科目体系。

（4）将过去的历史数据按照新的会计科目表修改维护到新系统。

（5）以集团为顶层对基础档案划分档案级别，集团级档案由系统管理员增加，公司级档案由公司财务人员增加。

（6）建立基础档案增加审批流程，系统增加基础档案申请单，客商申请增加人员需提供附件作为支撑，具体指客商档案按照工商查询结果清晰截图，客商编码以企业识别码作为唯一标识。

（7）调整岗位职责，具体指增加档案、审核档案。

（8）系统增加唯一性校验规则，身份证号作为人员档案唯一标识码，纳税识别码作为客商档案唯一识别码。

3）审批流程标准化解决方案

调整珠江投资审批流程的目的是提高工作效率，缩短审批时间，提高客户、员工满意度；在集团层面划分审批流程、做流程调整，合并没有必要的审批流程，集团下级地区允许审批条件存在差异，但审批流程需相同。

集团修订审批制度，内容包含：

（1）明确审批流程中不同角色的岗位职责。

（2）按照经济发生内容统一规定岗位审批额度。

（3）统一不作事前申请单据，填制报销单据保存时作预算控制，对于超出预算的，系统不允许保存单据。

（4）按照单据提交时间审批，不允许无故挑单审批，如有特殊需要可以走加急处理流程。

（5）按照业务规则自动流转到对应领导审批，不需要手工选择提交给哪个领导审批。

（6）指定、发布每个审批环节的审批通过前置条件。

（7）健全审批制度，每个审批环节不超过24小时，超过时间需向总经理作单独解释说明，系统审批列表需列出每个环节停留时间、审批批语。此外，安装移动App，提高工作效率。制单人可以通过App填制单据、提交单据、上传附件、查询审批进度；审批人通过App可以审批单据、查看影像，填写审批批语。

4）单据模板标准化解决方案

珠江投资将各地区的单据模板按照业务类型分类汇总；再将各地区的管控要求汇总分析讨论。按照内控的角度，结合各地区管控点，梳理出单据信息的必填项、档案的存在形式、是否允许查看/修改/显示，以及是否是后台统计需要。同时，集团根据员工使用习惯、获取单据信息工作量大小、单据字段显示名称是否明晰、单据字段摆放位置是否合理等一系列信息，统一进行汇总，通过多维度的分析得出统一的模板。通过信息化手段提高单据填制自动化程度，节省员工操作时间，提升员工满意度。例如，制单人填制报销单，可以直接显示该报销人所在公司、所属部门、预算控制部门、费用承担单位、支付单位、个人银行账号等信息，员工只需要维护必要的收支项目、金额、摘要等信息。对于集团要求必填的字段、单据模板作相应设置，否则不允许保存单据，进一步实现加强监督管控的目的。

5）新设、收购公司推广信息系统标准化解决方案

珠江投资重新明确工作职责，信息部门有责任承建运维开发工作，设立承担软件运维开发工作的奖罚机制，业务部门指定专门的人员同信息部门一同承接将新设公司纳入信息系统的任务，并与软件公司签订协议，需要将软件系统知识转移给信息部门、业务部门指定的人员，软件公司需要将实施过程中的标准化文档、方法论知识提交或转移给信息部门，即信息部门可以参考这些资料进行相关调研工作；与软件公司签订技术合同，并邀请软件公司进场辅助实施。

珠江投资通过上述一系列组合措施来培养公司内部的IT力量，节省软件公司的实施成本，也提高了珠江投资内部的运维质量和效率。

6）报表统计维度标准化解决方案

珠江投资收集各地区的业务科目，按照业务性质统一归类，形成全集团的业务科目，出具业务科目涵盖哪些具体业务内容的指引；并由集团发文，全员培训，将业务科目与会计科目相对应，对应关系应是多对一和一对一，若存在一对多的现象，需要重新对业务作进一步拆分；各业务系统、财务系统对应增加业务科目字段，业务科目以财务为源头，各业务系统使用财务系统增加的业务科目，不允许自行添加；财务报表查询系统增加业务科目查询维度，增加业务系统以业务科目为维度、财务系统以会计科目为维度的对账表，保证业财数据金额一致。

7）核算标准化解决方案

集团统一业务科目及业务内容，统一会计科目及核算内容。按照业务类型划分不同的单据类型，按照不同的单据类型梳理不同的入账规则，将相同的业务统一入账规则，并将单据类型作为影响因素判断归入具体的会计科目，通过不同影响因素的组合建立与财务科目的对照关系；单据审批通过后，通过对照关系，自动生成财务凭证。

（三）珠江投资财务前台的核心工作、工作流程及工作场景举例

珠江投资财务前台的核心工作包括资金计划、资金复核以及预算编制、调整、分析。珠江投资财务前台的工作流程是业务员先在业务系统维护单据，推送单据到财务系统，前台人员接收信息，修订付款账号并提单，资金经理作单据审批；资金经理审批后再推送到稽核中心审批。如果是费用类付款，则审批流程是"制单人—业务审批—资金经理—监事会审批—结算中心"。

以PM—PO—NC工作场景为例，PM是客户的付款系统，PO是客户的资金计划系统，PM和PO的主要作用是看账户是否足够支付、先支付给谁，然后再推送到财务系统。根据在财务系统接收到的付款单据，按照推送的时间付款，即不能挑单付款，除非走特殊审批流程。

在珠江投资划分财务前台和财务后台之后，出现的主要问题是缺少能说清全面业务的人员，需要开会讨论业务内容；此外，核算自动化需要的信息涉及前台修改时，前台配合积极性不高，部门墙的存在使得各部门间信息沟通和合作不易实现。为了应对这些问题，项目组对前、后台分别调研，梳理清楚业务的来龙去脉，然后出具解决方案，分别与前、后台沟通，再组织前、后台人员一起沟通，如有沟通不清楚的地方（双方不妥协），约中台的负责人以会议的形式进行决策。

（四）珠江投资财务前、后台的工作现状

珠江投资财务后台核心工作包括稽核、支付、核算、报表、系统运维等。珠江投资财务后台组织架构如图 14-20 所示。

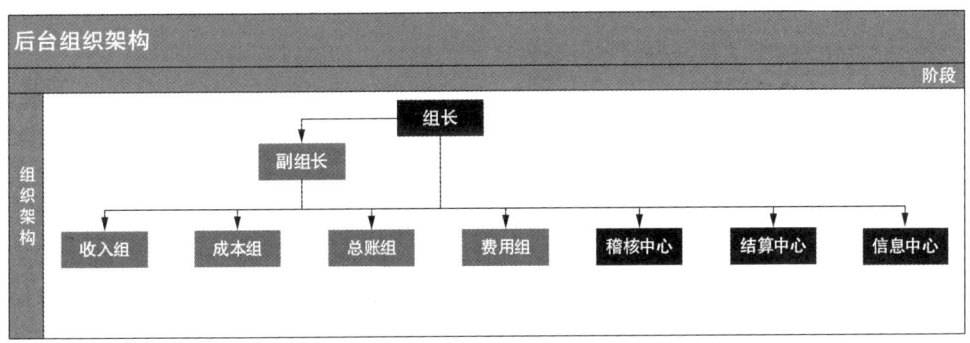

图 14-20　珠江投资财务后台组织架构

目前，珠江投资合并报表自动化的实现方式主要通过 NC 财务系统合并。合并体系有多套，分别按照不同的合并体系合并。约 70% 的合并抵销由系统自动处理，约 30% 的合并抵销由人工处理。珠江投资在接口上作了一些处理，实现了财务系统和业务系统之间的对账及调平。首先，针对业务系统信息是否已传递到财务系统；其次，通过接口传递的单据不允许在财务系统中删除，部分字段不允许修改，例如金额、账户、客商等信息，如果发现单据有错，应退回业务系统重新传递；最后，月底核对业务系统与财务系统的金额时，涉及跨月的，每月最后 1 天的单据传递到下个月。关于珠江投资前台财务和后台财务的权责划分和考量，就财务系统而言，前台主要负责接收外部系统单据提单及资金稽核和预算的维护、调整、分析，而后台主要是稽核、结算和账务处理。

六、客户证言

"大智物移云"新的信息技术革命的到来，迫使财务人员快速地转型，财务真正的价值是为企业决策层提供战略支持，提高企业的运营效率。每一个财务人员都要向着复合型人才转型，这样才能跟上时代的步伐。财务共享服务中心的建设不是一件容易的事儿，最后效果如何还是取决于团队的素质和管理者的综合能力。成熟的财务共享服务中心最后一定是财务、人力资源、IT 三管齐下的，财务共享其实是一

个全面的系统工程。所以，财务、人力资源、IT三大块中有一块薄弱，财务共享服务中心都是搞不好的。同时财务共享服务中心的搭建又是一个"一把手"工程，这对管理者的知识储备、沟通协调能力、向上管理的能力要求极高。

不管采用任何一种运营管理模式，想要提高效率的同时还要保证质量精益求精，都是非常困难的，需要加固和提升其他的管理系统。不论财务共享服务中心的搭建是处于什么初衷，节约成本也好，提高运营效率也好，精细化管理也好，其建设本身就是对丰富财务管理知识的一种升华。在珠江投资财务共享服务中心建设过程中，完成了组织变革、业务标准化梳理与规范、业务前台与核算后台分离，在系统层面打通了业务与财务的数据接口，在成本、风险、运营效率、精细化管控各个层面都有了较大提升，支撑珠江投资集团健康稳健地发展。

致 谢

本书的顺利出版源于多方的支持和案例项目组共同的努力，现一并表示感谢（排名不分先后）：

感谢鞍钢集团对用友公司的信赖和支持，感谢在其案例编纂过程中付出努力的如下人员：上海国家会计学院副教授刘梅玲博士、鞍钢集团财务共享中心副主任郑良文先生、东北大学工商管理学院会计学博士刘林先生、用友公司财务专家张恒先生；

感谢中国国旅股份有限公司对用友公司的信赖和支持，感谢在其案例编纂过程中付出努力的如下人员：上海国家会计学院副教授吴忠生博士、中国国旅财务共享中心负责人唐江武先生、用友公司财务专家陈志光先生；

感谢奥德集团有限公司对用友公司的信赖和支持，感谢在其案例编纂过程中付出努力的如下人员：上海国家会计学院副教授刘梅玲博士、奥德集团财务总监林存峰先生、用友公司财务专家唐勇先生；

感谢北京汽车集团有限公司对用友公司的信赖和支持，感谢在其案例编纂过程中付出努力的如下人员：上海国家会计学院讲师季周博士、北汽集团副总经理张建勇先生、北汽集团财务部部长萧枭先生、用友公司财务专家胡文杰先生；

感谢湖南友谊阿波罗商业股份有限公司对用友公司的信赖和支持，感谢在其案例编纂过程中付出努力的如下人员：上海国家会计学院教授王琴博士、友阿股份财务部部长龚宇丽女士、用友公司财务专家吉培尧先生；

感谢绿城物业服务集团有限公司对用友公司的信赖和支持，感谢在其案例编纂过程中付出努力的如下人员：上海国家会计学院讲师刘曜榘博士、用友公司财务专家吕华新先生；

感谢广东省南粤交通投资建设有限公司对用友公司的信赖和支持，感谢在其案例编纂过程中付出努力的如下人员：上海国家会计学院副教授刘梅玲博士、南粤交通资金财务部党支部书记、部长林楠先生、南粤交通资金财务共享服务中心政策研究组负责人陈丽女士、用友公司财务专家唐勇先生；

感谢陕西广电网络传媒（集团）股份有限公司对用友公司的信赖和支持，感谢在其案例编纂过程中付出努力的如下人员：上海国家会计学院教授王琴博士、陕西广电财务部长张革文先生、用友公司财务专家唐勇先生；

感谢郑州航空港兴港投资集团有限公司对用友公司的信赖和支持，感谢在其案例编纂过程中付出努力的如下人员：上海国家会计学院副教授杨寅博士、兴港投资集团纪检监察审计部总监吴永红女士、兴港投资集团财务管理部总监李占森先生、用友公司财务专家郑丹蕊女士；

感谢成都市兴蓉环境股份有限公司对用友公司的信赖和支持，感谢在其案例编纂过程中付出努力的如下人员：上海国家会计学院教授佟成生博士、兴蓉环境副总经理胥正楷先生、用友公司财务专家曾明先生；

感谢雅居乐集团对用友公司的信赖和支持，感谢在其案例编纂过程中付出努力的如下人员：上海国家会计学院讲师刘曜榘博士、雅居乐控股公司财务负责人许力先生、雅居乐控股公司 CIO 宋廷剑先生、用友公司财务专家吉培尧先生；

感谢陕西榆林能源集团有限公司对用友公司的信赖和支持，感谢在其案例编纂过程中付出努力的如下人员：上海国家会计学院副教授刘梅玲博士、榆能集团财务部部长李志伟先生、用友公司财务专家吉培尧先生；

感谢中冶天工集团有限公司对用友公司的信赖和支持，感谢在其案例编纂过程中付出努力的如下人员：上海国家会计学院副教授杨寅博士、用友公司财务专家李桢先生；

感谢广东珠江投资股份有限公司对用友公司的信赖和支持，感谢在其案例编纂过程中付出努力的如下人员：上海国家会计学院副教授刘梅玲博士、用友公司财务专家吕华新先生。

因篇幅限制，对于本书所涵盖全部案例的访谈、录制、撰写、出版过程中给予支持的其他所有机构和同仁一并表示感谢！

案例项目组
2019 年 12 月